“十三五”国家重点图书出版规划项目

交通运输科技丛书·公路基础设施建设与养护

Cross-tensioned Prestressed Concrete Pavement

斜向预应力混凝土路面

张东省　李　娜　张　威　韩微微　贾德生　张　浩　著

王秉纲　郑木莲　审

人民交通出版社股份有限公司
China Communications Press Co.,Ltd.

内 容 提 要

本书以西部交通建设科技项目——"斜向预应力水泥混凝土路面技术研究"为依托，系统介绍了水泥混凝土路面设计理论；阐述了斜向预应力混凝土路面结构理论、荷载应力和温度应力数值模拟分析结果、滑动层摩擦系数测试方法及类型选择；介绍了斜向预应力混凝土路面材料要求、结构设计、施工技术、质量检验标准及经济和环境效益。

本书可供从事道路工程科研、设计及施工的技术人员使用，也可供高等院校相关专业师生参考使用。

图书在版编目(CIP)数据

斜向预应力混凝土路面 / 张东省等著. — 北京 : 人民交通出版社股份有限公司, 2016.5

ISBN 978-7-114-13004-5

Ⅰ. ①斜… Ⅱ. ①张… Ⅲ. ①预应力混凝土—水泥混凝土路面 Ⅳ. ①U416.216

中国版本图书馆 CIP 数据核字(2016)第 107027 号

"十三五"国家重点图书出版规划项目

交通运输科技丛书 · 公路基础设施建设与养护

书　　名：**斜向预应力混凝土路面**

著 作 者：张东省　李　娜　张　威　韩微微　贾德生　张　浩

责任编辑：尤　伟

出版发行：人民交通出版社股份有限公司

地　　址：(100011)北京市朝阳区安定门外外馆斜街 3 号

网　　址：http://www.ccpress.com.cn

销售电话：(010)59757973

总 经 销：人民交通出版社股份有限公司发行部

经　　销：各地新华书店

印　　刷：北京市密东印刷有限公司

开　　本：787 × 1092　1/16

印　　张：19.75

字　　数：465 千

版　　次：2016 年 8 月　第 1 版

印　　次：2016 年 8 月　第 1 次印刷

书　　号：ISBN 978-7-114-13004-5

定　　价：60.00 元

交通运输科技丛书编审委员会

（委员排名不分先后）

总　序

科技是国家强盛之基，创新是民族进步之魂。中华民族正处在全面建成小康社会的决胜阶段，比以往任何时候都更加需要强大的科技创新力量。党的十八大以来，以习近平同志为总书记的党中央作出了实施创新驱动发展战略的重大部署。党的十八届五中全会提出必须牢固树立并切实贯彻创新、协调、绿色、开放、共享的发展理念，进一步发挥科技创新在全面创新中的引领作用。在最近召开的全国科技创新大会上，习近平总书记指出要在我国发展新的历史起点上，把科技创新摆在更加重要的位置，吹响了建设世界科技强国的号角。大会强调，实现"两个一百年"奋斗目标，实现中华民族伟大复兴的中国梦，必须坚持走中国特色自主创新道路，面向世界科技前沿、面向经济主战场、面向国家重大需求。这是党中央综合分析国内外大势、立足我国发展全局提出的重大战略目标和战略部署，为加快推进我国科技创新指明了战略方向。

科技创新为我国交通运输事业发展提供了不竭的动力。交通运输部党组坚决贯彻落实中央战略部署，将科技创新摆在交通运输现代化建设全局的突出位置，坚持面向需求、面向世界、面向未来，把智慧交通建设作为主战场，深入实施创新驱动发展战略，以科技创新引领交通运输的全面创新。通过全行业广大科研工作者长期不懈的努力，交通运输科技创新取得了重大进展与突出成效，在黄金水道能力提升、跨海集群工程建设、沥青路面新材料、智能化水面溢油处置、饱和潜水成套技术等方面取得了一系列具有国际领先水平的重大成果，培养了一批高素质的科技创新人才，支撑了行业持续快速发展。同时，通过科技示范工程、科技成果推广计划、专项行动计划、科技成果推广目录等，推广应用了千余项科研成果，有力促进了科研向现实生产力转化。组织出版《交通运输建设科技丛书》，是推进科技成果公开、加强科技成果推广应用的一项重要举措。"十二五"期间，该丛书共出版72册，全部列入"十二五"国家重点图书出版规划项目，其中12册获得国家出版基金支持，6册获中华优秀出版物奖图书提名奖，行业影响力和社会知名度不断扩大，逐渐成为交通运输高端学术交流和科技成果公开的重要平台。

"十三五"时期，交通运输改革发展任务更加艰巨繁重，政策制定、基础设施建设、运输管理等领域更加迫切需要科技创新提供有力支撑。为适应形势变化的需要，在以往工作的基础上，我们将组织出版《交通运输科技丛书》，其覆盖内容由建设技术扩展到交通运输科学技术各领域，汇集交通运输行业高水平的学术专著，及时集中展示交通运输重大科技成果，将对提升交通运输决策管理水平、促进高层次学术交流、技术传播和专业人才培养发挥积极作用。

当前，全党全国各族人民正在为全面建成小康社会、实现中华民族伟大复兴的中国梦而团结奋斗。交通运输肩负着经济社会发展先行官的政治使命和重大任务，并力争在第二个百年目标实现之前建成世界交通强国，我们迫切需要以科技创新推动转型升级。创新的事业呼唤创新的人才。希望广大科技工作者牢牢抓住科技创新的重要历史机遇，紧密结合交通运输发展的中心任务，锐意进取、锐意创新，以科技创新的丰硕成果为建设综合交通、智慧交通、绿色交通、平安交通贡献新的更大的力量！

交通运输部部长：杨传堂

2016年6月24日

序

我国幅员辽阔，人口众多。改革开放以来，随着国民经济发展和人民生活水平提高，公路交通事业突飞猛进。截至 2014 年年底，我国公路总里程达 446.4 万 km，高速公路超 11.2 万 km。已铺装的公路路面中，基本路面类型为水泥混凝土路面和沥青路面。水泥混凝土路面和沥青路面，虽都具有明显的优势，但也各自存在一定的缺陷，在使用时往往不尽如人意。水泥混凝土路面承载力高，但需设置伸缩缝，降低了路面耐久性和行车舒适性；沥青路面，行车舒适性好，但因沥青材料的高温稳定性和低温抗裂性问题，容易出现车辙和开裂病害，影响其使用性能。因此，研究和开发承载能力高，平整、耐久的新型路面，是公路建设工作者的夙愿和责任。

本书介绍的斜向预应力混凝土路面，是在水泥混凝土路面内设置双层斜向预应力筋，预应力筋表面经过特殊处理，不需要预留张拉管道，直接在路面两侧通过后张法施加斜向预应力，不仅解决了预应力水泥混凝土路面不能连续施工的难题，而且使水泥混凝土路面板内同时产生纵向和横向的二元预应力，提高了水泥混凝土路面的抗弯拉强度和抗开裂性能，使水泥混凝土路面可以不设置缩缝，从而增强了水泥混凝土路面的承载能力、行车舒适性和耐久性。

本书对斜向预应力混凝土路面进行了系统阐述，包括斜向预应力混凝土路面的设计理论、设计方法、施工工艺、质量检验和经济环保效益分析，为水泥混凝土路面品质的提升和发展开辟了新途径。

本书作者长期从事于水泥混凝土路面的研究与实践，从斜向预应力混凝土路面理念的提出到高速公路工程的成功应用，历时十年，不断攻坚克难，不断充实完善，创新精神值得称颂。虽然《斜向预应力混凝土路面》书中难免存在不足之处，但对水泥混凝土路面的应用和发展，必将起到推动引领作用，故此为序。

2016 年 3 月

前　言

水泥混凝土路面，具有强度高、无车辙、耐久性好、夜间行车可视性好、修建和养护过程中无须对原材料加热、二氧化碳排放量少等诸多优点，在低等级公路路面建设中被大量应用。然而，由于现行的普通水泥混凝土路面需设置一定的伸缩缝，伸缩缝使车辆震动产生噪声，影响周围居住环境和行车舒适性。且伸缩缝极易破坏，养护费工费时，影响交通周期长，因而限制了其在高等级公路上的发展应用。纵向预应力混凝土路面虽可采用较少的横向接缝达到路面平整、行车舒适的要求，但是纵向预应力混凝土路面预应力筋纵向布置，施工时需要预留预应力施加区域（即后浇带），因而不能连续施工和大规模推广应用。为克服普通水泥混凝土路面和纵向预应力混凝土路面的不足，本书首次提出和介绍了斜向预应力混凝土路面（Cross-tensioned Prestressed Concrete Pavement，简称 CPCP）理论研究和施工工艺。

斜向预应力混凝土路面即在水泥混凝土路面内布置双斜向预应力筋，通过对斜向预应力筋表面的特殊处理，不需要预留预应力筋张拉管道，采用后张法工艺，在路面两侧（或一侧）施加斜向预应力，使路面混凝土板内产生纵向和横向二元预应力，由此大大提高混凝土路面的承载能力，减少横向伸缩缝，消除纵向裂缝，提高了行车舒适性和路面耐久性。是重载交通和高速公路长寿命路面结构发展的方向之一。

斜向预应力混凝土路面探索性研究始于 2006 年，2011 年交通运输部西部交通建设科技项目管理中心立项“斜向无粘结预应力无缝水泥混凝土路面技术研究”（项目批准号:2011318793650），由西安公路研究院主持承担，长安大学、陕西省交通建设集团公司、陕西省公路局、河北省交通运输厅公路管理局、铜川市交通运输局、榆林市交通运输局、汉中市交通运输局等全国多家单位参与。系统进行了斜向预应力混凝土路面理论、结构设计、材料性能和施工技术研究。2013 年经交通运输部西部交通建设科技项目管理中心鉴定验收“项目成果总体达到国际领先水平”。

斜向预应力混凝土路面研究过程历时八年，试验工程从陕西省 G210 国道宜君县南山峁段开始，目前已铺筑斜向预应力混凝土路面20多万m^2。铺筑区域有陕西、河北、内蒙古、山东、北京等省(市)。其应用路段为重载高速公路、高速公路收费广场面层；高速公路复合路面下面层；新建、改建二级公路面层；旧沥青路面、旧水泥路面加铺面层。使用效果受到各方一致好评。

斜向预应力混凝土路面研究项目成果是：建立了斜向预应力混凝土路面结构力学模型，分析了在荷载、温度作用下斜向预应力混凝土板的力学特性，研究了不同参数对路面荷载应力及温度翘曲应力的影响；进行了力学特性、收缩性能和耐久性能试验研究，提出了基于高强度、低收缩、低弹性模量的斜向预应力混凝土路面混凝土配合比及不同掺合料用量；通过研发“斜向预应力混凝土路面滑动层摩擦系数测试仪”，测试分析滑动层类型及基层类型对摩擦系数的影响，推荐了滑动层类型、结构和参数；以现行规范中的设计指标和标准为基础，综合疲劳应力指标，提出了斜向预应力混凝土路面板厚设计方法和验算方法，编制了设计软件；通过大范围和大量修筑斜向预应力混凝土路面试验路，解决了施工过程中的一些关键技术问题，编制了《斜向预应力混凝土路面结构设计与施工技术指南》和陕西省地方标准《斜向预应力混凝土路面技术规范》。采用寿命周期费用分析和现场观测方法，对斜向预应力混凝土路面、钢纤维混凝土路面、连续配筋混凝土路面和普通混凝土路面对比分析结果表明：斜向预应力混凝土路面较其他水泥混凝土路面具有使用寿命长，养护费用低，使用性能好，节能环保等优势。

斜向预应力混凝土路面技术成果已列入交通运输部2014年科技成果推广目录。本书围绕斜向预应力混凝土路面结构特点、荷载效应分析、设计及施工技术、材料要求、环境影响等研究内容进行介绍。仅供各位同仁参考，期望获得各位同仁的指导，以利斜向预应力混凝土路面的提升和发展。

斜向预应力混凝土路面项目研究过程中得到了交通运输部西部交通建设科技项目管理中心、陕西省交通运输厅、交通运输部公路科学研究院、项目参与单位及下属部门单位的鼎力支持，试验工程铺筑过程中得到了涉及项目工程单位的无私资助。项目研究历时八年，推广仍在继续。为该项目立项、研究、实施、应用过程做出贡献的教授、专家、领导、工程管理人员、研究生、技术工作者和主要参加者有数百人，他们名字和事迹，难以一一列举。斜向预应力混凝土的发展，载誉着他们的功绩，作者仅以本书的付印出版，对他们表示深深的敬意和感谢。

本书共分为11章，第1、2、5章由张东省撰写，第3、8、10章由李娜撰写，第4、

11 章由张威撰写,第 6 章由张浩撰写,第 7 章由贾德生撰写,第 9 章由韩微微撰写,全书的审阅和统稿由张东省完成。鉴于作者知识及水平有限,书中难免有谬误、疏漏及不足之处,敬请相关领域专家和读者谅解、赐教,提出宝贵意见。

作　者

2016 年 3 月于西安

目　录

第1章 绪　　论

1.1 背　　景

随着我国经济建设的迅速发展,公路运输事业突飞猛进,公路里程快速增长。截至2014年年底,我国公路建设总里程达446.39万km,其中高速公路11.2万km,跃居世界第一。已铺设的公路路面大部分为水泥混凝土路面和沥青路面两种类型。在高速公路和二级以上公路中,90%以上为沥青路面,水泥路面不足10%。就已有的沥青路面而言,由于重载交通比重的增加,路面的车辙和坑槽以及冬季低温开裂已成为沥青路面的重要病害。又由于我国优质沥青价格昂贵,且资源不足,新建和养护沥青路面的造价在不断攀升。我国水泥产量居世界首位,水泥的价格远远低于沥青价格,无疑发展水泥混凝土路面既具有资源和价格优势,又可拉动地方经济的发展。相对沥青路面,水泥混凝土路面具有强度高、经久耐用、养护费用低廉、修建和养护过程无须对原材料加热、二氧化碳排放量少、车辆运营油耗低、低碳环保等优点[1]。但是,毋庸置疑,现行修筑的普通水泥混凝土路面也存在诸多缺点。诸如,普通水泥混凝土路面需设置伸缩缝,这些伸缩缝不但增加施工和养护的难度和复杂性,而且容易造成行车跳动,增加行车噪声,影响行车的舒适性;接缝又是路面的受力薄弱点,如果处理不当,将导致路面板边和板角处破坏,形成挤碎、错台、拱起和唧泥等病害。

为改善普通水泥混凝土路面使用性能,路面工作者研究了各种水泥混凝土路面结构形式,其特征如表1-1[2]所示。

各种水泥混凝土路面的特征　　表1-1

混凝土路面类型	板厚(cm)	配筋率(%)	横向缩缝间距(m)	主要损坏类型
素混凝土路面	18~30	0.0	4~6	开裂
碾压混凝土路面	18~30	0.0	4~6	开裂
钢筋混凝土路面	18~30	0.10~0.15	6~8	开裂
连续配筋混凝土路面	18~30	0.6~0.8	100~120	细小裂纹(0.2~0.5mm)
预应力混凝土路面(预应力筋纵向布置)	15~20	0.2~0.3	90~210	无开裂
钢纤维混凝土路面	18~30	0.6~1.0	15~30	微小裂纹

从表1-1可以看出,预应力混凝土路面可以采用很少的横向接缝达到消除裂缝的目的[3]。除预应力混凝土路面不出现裂缝之外,其他混凝土路面均会出现不同程度的开裂。连续配筋混凝土路面板和纵向预应力混凝土路面板都可以修筑得较长,减少了路面接缝,但连续配筋混凝土路面允许出现横向裂缝(图1-1),尽管路面板中配有大量的纵向钢筋使这些横向裂缝挨得很紧,但是随着长时间荷载的作用,如果在裂缝宽度发展到比较宽的情况下,仍会出现破碎,

图 1-1　连续配筋混凝土路面裂缝

有时甚至出现剪断错台，从而影响路面的行车舒适性。因此大量减少水泥混凝土路面裂缝的有效方法是应用预应力混凝土路面。

预应力混凝土路面是预应力混凝土在路面工程中的应用，其秉承了预应力混凝土的特性。预应力混凝土路面具有较大的柔性和弹性，荷载传递范围大，对基础的不均匀变化也有较大的适应性，承载力高、抗变形能力强、耐久性好、行车舒适性好，具有良好的发展前景。预应力混凝土理论是预应力混凝土路面的理论基础和研究出发点，只有在了解预应力混凝土原理的基础上才能提升预应力混凝土路面技术。

1.2　预应力混凝土

1.2.1　预应力混凝土的基本原理

钢筋混凝土是由混凝土和钢筋两种物理力学性能不同的材料所组成的弹塑性材料。混凝土抗拉强度及极限拉应变值都很低，其抗拉强度只有抗压强度的 1/18 ~ 1/10，极限拉应变仅为 0.1 ~ 0.15，即每米只能拉长 0.1 ~ 0.15mm，超过后就会出现裂缝。而钢筋达到屈服强度时的应变却要大得多，为 0.5 ~ 1.5。对使用上不允许开裂的钢筋混凝土构件，受拉钢筋的应力只能用到 20 ~ 30MPa，不能充分利用其强度。对于允许开裂的钢筋混凝土构件，当受拉钢筋应力达到 250MPa 时，裂缝宽度已达 0.2 ~ 0.3mm，构件耐久性有所降低，不宜用于高湿度或侵蚀性环境中。

由于混凝土的抗拉性能很差，使钢筋混凝土存在两个无法解决的问题：一是在容许荷载作用下，钢筋混凝土受拉、受弯等构件通常是带裂缝工作的。裂缝的存在，不仅使构件刚度大为降低，而且使其不能应用于不允许开裂的结构中；二是从保证结构耐久性出发，必须限制裂缝宽度。为了要满足变形和裂缝控制的要求，则需增大构件的截面尺寸和用钢量，这将导致自重过大，使钢筋混凝土结构用于大跨度或承受动力荷载的结构成为不可能或很不经济。从理论上讲，提高材料强度可以提高构件的承载力，从而达到节省材料和减轻构件自重的目的。但在普通钢筋混凝土构件中，提高钢筋强度却难以收到预期的效果。这是因为，对配置高强度钢筋的钢筋混凝土构件而言，承载力可能已不是控制条件，起控制作用的因素可能是裂缝宽度或构件的挠度。当钢筋应力达到 500 ~ 1000MPa 时，裂缝宽度将很大，无法满足使用要求。因而，钢筋混凝土结构中采用高强度钢筋是不能充分发挥其作用的，而提高混凝土强度等级对提高构件的抗裂性能和控制裂缝宽度的作用也极其有限。

为了避免钢筋混凝土结构的裂缝过早出现，充分利用高强度钢筋及高强度混凝土，可以设法在结构构件承受使用荷载前，预先对受拉区的混凝土施加压力，使它产生预压应力来减小或抵消荷载所引起的混凝土拉应力，从而将结构构件的拉应力控制在较小范围，甚至处于受压状态。也就是借助混凝土较高的抗压能力来弥补其抗拉能力的不足，以推迟混凝土裂缝的出现和开展，从而提高构件的抗裂性能和刚度。这就是预应力混凝土的基本原理。

1.2.2 预应力的建立方法

在预应力混凝土结构中建立预加应力，按其结构上加力的方式不同，主要分为两大类：外部预加应力法和内部预加应力法。目前，我国在工程实践中大多采用内部（自平衡）预加应力法，即预应力筋与混凝土结构构成一个整体。

内部预加应力法主要通过张拉预应力筋并锚固在混凝土体上来实现。张拉的方式有机械法、电热法、自张法等。机械张拉法一般采用千斤顶或其他张拉工具；电热张拉法是将低压强电流通过预应力筋使其发热伸长，锚固后利用预应力筋的冷缩而建立预应力；自张法是利用膨胀水泥带动预应力筋一起伸长的张拉方法。目前，公路工程中预应力混凝土结构主要采用机械张拉法。根据张拉预应力筋与浇筑构件混凝土的先后次序，可分为先张法和后张法两种。

1）先张法

先张法，即先张拉预应力筋后浇筑构件混凝土的施工方法，如图1-2所示。按设计要求张拉预应力筋由专用锚具临时固定在台座上（此时预应力筋的反作用力由台座承受），然后浇筑构件混凝土；待混凝土养护结硬到一定强度后（一般应不低于混凝土设计强度的75%，且混凝土龄期不小于7d，以保证具有足够的黏结力和避免徐变值过大，简称混凝土强度和龄期双控制），放松预应力筋，利用预应力筋的回缩力及其与混凝土之间的黏结作用使混凝土获得预压应力。

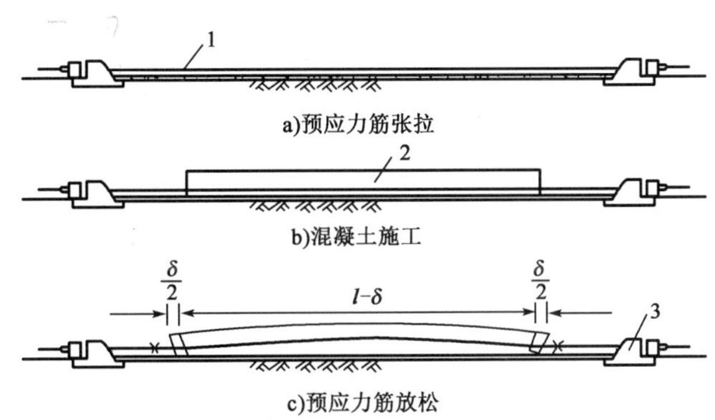

图1-2 先张法施工流程

1-预应力筋；2-混凝土构件；3-台座

一般先张法所用的预应力筋为高强钢丝、直径较小的钢绞线和小直径的冷拉钢筋等。

先张法的工艺简单、工序少、效率高、质量易保证，且能省去锚固预应力筋所用的永久锚具，但需要专门的张拉台座，基建投资较大，还须考虑交通运输条件。预应力筋一般采用直线或折线布置，适宜于预制大批量生产的中小型构件。

2）后张法

后张法是先浇筑构件混凝土，待混凝土养护达到要求强度后，再在构件上张拉预应力筋的方法，如图1-3所示。这种施工工艺的要点为：首先，在构件混凝土浇筑之前按预应力筋的设计位置预留孔道（或明槽）；待混凝土养护达到一定强度后（一般不应低于混凝土设计强度的

75%，混凝土龄期不宜小于7d)，再将预应力筋穿入孔道内；然后，以混凝土构件本身作为支撑件，张拉预应力筋使混凝土构件压缩；待张拉力达到设计值后，用特制的锚具将预应力筋锚固于混凝土构件上，从而使混凝土获得永久的预压应力；最后，在预留孔道内压注水泥浆，以保护预应力筋并使其与混凝土黏结成整体。后张法是通过锚具锚固预应力筋从而保持预加力的预应力体系。

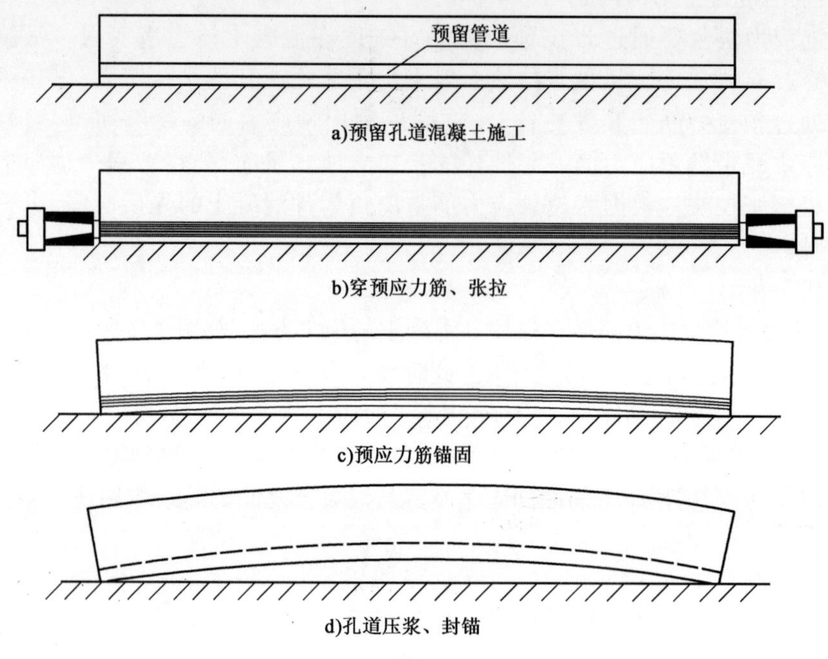

图1-3 后张法预应力工艺流程

后张法适用性较大，它可以是预制构件，也可以是施工现场按设计部位在支架上施工的混凝土构件等。但后张法施工工艺相对比较复杂，锚具耗钢量较大。

后张法混凝土构件的预留孔道，是由制孔器来形成的。常用的制孔器的形式有以下两类：

(1)抽拔式制孔器。即在预应力混凝土构件中根据设计要求预埋制孔器具，待混凝土初凝后拔出制孔器具，从而形成预留孔道。最常用的橡胶抽拔管的工艺为：在钢丝网加劲的胶管内穿入钢筋(称芯棒)，再将胶管(连同芯棒)放入构件模板内，待构件混凝土结硬到一定强度(一般为初凝期)后，抽掉芯棒再拔出胶管，从而形成预留孔道。

(2)埋入式制孔器。即在预应力混凝土构件中根据设计要求永久埋置制孔器(管道)，从而形成预留孔道。通常可采用铁皮管、螺旋波纹铁皮管和特制的塑料管作为制孔器。这种预埋管道的构件，在混凝土达到设计强度后，即可直接张拉管道内的预应力筋。我国现在一般都采用预埋波纹管方式制孔。

在后张法预应力混凝土构件中，为防止预应力筋的锈蚀和使预应力筋与梁体混凝土结合成一个整体，一般在预应力筋张拉完毕之后，即需向预留孔道内压注水泥浆。为了减少水泥浆结硬过程中的收缩，保证孔道内水泥密实，可在水泥浆中加入少量的膨胀材料，使水泥浆在硬化过程中膨胀，但应控制其膨胀率不大于5%，水泥浆的水灰比一般取0.4~0.5为宜。水泥浆的强度不低于构件混凝土强度的80%，且不低于C30，具体可以参考我国有关预应力混凝土施工技术规范。

1.2.3　预应力度

1）预应力度的定义

对预应力混凝土施加预应力大小的程度，叫预应力度。预应力度 λ 是由预加应力大小确定的消压弯矩 M_0 与外荷载产生的弯矩 M_s 的比值，它是一个相对值。预应力度对预应力混凝土结构是一个重要指标，预应力度的大小对预应力构件的一些主要性能，例如抗裂性能、刚度、延性及疲劳强度都产生影响。因此在设计预应力混凝土结构时，对其预应力度应做出较为合理的选择。

2）预应力度的表达式

（1）按弯矩比表达（λ）

$$\lambda = \frac{M_0}{M_s} \tag{1-1}$$

式中：M_0——消压弯矩，即使构件控制截面受拉边缘应力抵消到零时的弯矩。

M_s——荷载（不包括预应力）的短期效应组合下控制截面的弯矩。

此表达式的特点：

①不适用于轴心受力构件，缺乏应力概念；

②它将有限预应力与部分预应力混凝土结构的分类混淆；

③不能反映构件本身的特性，λ 值随使用条件的不同（永久荷载、可变荷载的大小不同）而变化。

因此，当框架大梁等受弯构件截面不开裂时，式（1-1）可变为式（1-2），按应力比表达（λ）：

$$\lambda = \frac{\sigma_0}{\sigma_{sc}} \tag{1-2}$$

式中：σ_0——混凝土受拉边缘的消压应力；

σ_{sc}——荷载短期效应组合下截面边缘应力。

按预应力度划分：全预应力混凝土 $\lambda \geqslant 1$，部分预应力混凝土 $1 > \lambda > 0$，钢筋混凝土 $\lambda = 0$。此表达式以我国《混凝土结构设计规范》（GB 50010—2010）的应用为代表。

（2）按强度比表达（i_p）

$$i_p = \frac{A_p f_{pyk}}{A_p f_{pyk} + A_s f_{yk}} \tag{1-3}$$

式中：A_p——控制截面处预应力筋截面面积；

A_s——控制截面处普通钢筋截面面积；

f_{yk}——普通钢筋强度标准值；

f_{pyk}——预应力钢筋强度标准值（残余变形为0.2%时的条件屈服强度 $\sigma_{0.2}$）。

部分预应力比和强度比是以配置预应力筋和非预应力筋的面积多少来表明其承担的极限强度的预应力度表达式。该式形式简单，但其缺点亦很明显：

①这种表达式当张拉控制应力的大小和预应力损失大小变化时，也能反映出预应力筋和

混凝土的有效预压力对使用性能的影响,但缺乏明显的应力特征。

②从区分全预应力、部分预应力、钢筋混凝土的界限来看,仅在截面中配置普通钢筋的称为钢筋混凝土,全部配预应力筋的称为全预应力混凝土,配有混合配筋的称为部分预应力混凝土。这种区分势必就不包括全部采用高强预应力筋而张拉预应力略低的,或配置全部中强预应力筋,而张拉力略高一些的部分预应力混凝土。

(3)按平衡荷载比表达(K)

$$K=\frac{S_p}{S_g}(\text{荷载效应比}),\text{或}\ K=\frac{M_p}{M_g}(\text{弯矩比}),\text{或}\ K=\frac{p}{g}(\text{荷载比}) \tag{1-4}$$

式中:S_p、S_g——平衡荷载效应和永久荷载效应;

M_p、M_g——平衡荷载产生的弯矩和永久荷载产生的弯矩;

p、g——平衡荷载和永久荷载。

该式考虑了使用荷载情况下预应力的影响,对布置有抛物线预应力筋的梁和板是适宜的,而预应力筋是直线时,该预应力度定义不能用。

1.2.4 预应力混凝土构件的优缺点

为了避免钢筋混凝土结构的裂缝过早出现,充分利用高强度钢筋及高强度混凝土,在混凝土结构或构件承受使用荷载前,预先对受拉区的混凝土施加压力,以减小或抵消荷载所引起的混凝土拉应力,从而将结构构件的拉应力控制在较小范围,甚至处于受压状态,以推迟混凝土裂缝的出现和开展,充分利用混凝土的抗压和预应力筋的抗拉特性,从而提高构件的抗裂性能和刚度。

预应力混凝土结构与钢筋混凝土结构相比,具有下列主要优点:

(1)提高构件或结构的使用性能。受拉和受弯构件中采用预应力,可延缓裂缝出现并降低较高荷载水平时的裂缝开展宽度;采用预应力,也能降低甚至消除使用荷载下的挠度,因此,可跨越大的空间,建造大跨结构。

(2)提高受剪承载力,减小混凝土梁的剪力和主拉应力。纵向预应力的施加可延缓混凝土构件中斜裂缝的形成,提高其受剪承载力。预应力混凝土梁的曲线筋(束),可使混凝土梁在支座附近承受的剪力减小,由于混凝土截面上预压应力的存在,使荷载作用下的主拉应力也相应减小,有利于减薄混凝土腹梁的厚度,这也是预应力混凝土梁能减轻自重的原因之一。

(3)完善卸载后的恢复能力。混凝土构件上的荷载一旦卸去,预应力就会使裂缝完全闭合,大大改善结构构件的弹性恢复能力。

(4)提高耐疲劳强度。预应力作用可降低钢筋中应力循环幅度,而混凝土结构的疲劳破坏一般是由钢筋的疲劳(而不是由混凝土的疲劳)所控制的。

(5)能充分利用高强度钢材,减轻结构自重。在普通钢筋混凝土结构中,由于裂缝和挠度问题,如使用高强度钢材,不可能充分发挥其强度。例如,1860MPa 级的高强钢绞线,如用于普通钢筋混凝土结构中,钢材强度发挥不到 20%,其结构性能早已满足不了使用要求,裂缝宽,挠度大;而采用预应力技术,不仅可控制结构使用阶段性能,而且能充分利用高强度钢材的潜能。这样,采用预应力,可大大节约钢材用量,并减小截面尺寸和混凝土用量,具有显著的经济效益。

(6)可调整结构内力。将预应力筋对混凝土结构的作用作为平衡全部和部分外荷载的反向荷载,成为调整结构内力和变形的手段。此外,预应力混凝土还能提高结构的耐疲劳性能。因为具有强大预应力筋、混凝土全截面或基本全截面参加工作的构件,在使用阶段因加荷或卸荷所引起的应力相对变化很小,因而引起疲劳破坏的可能性也小,这对于承受动荷载的桥梁结构来说是很有利的。

预应力混凝土结构也存在着一些缺点:

(1)工艺较复杂,质量要求高,因而需要配备一支技术较熟练的专业队伍。

(2)需要有一定的专门设备,如张拉机具、灌浆设备等。

(3)预应力反拱不易控制,它将随混凝土的徐变增加而加大,可能影响结构使用效果。

(4)预应力混凝土结构的开工费用较大,对于跨径小、构件数量少的工程,成本较高。

但是,以上缺点是可以设法克服的。例如应用于跨径较大的结构,或跨径虽不大但构件数量很大时,采用预应力混凝土就比较经济。总之,只要从实际出发,合理地进行设计和妥善安排,预应力混凝土结构就能充分发挥其优越性。

1.2.5 预应力混凝土结构的发展与应用

随着科学的发展,人们对材料的充分利用、结构耐久性等方面提出了更高的要求。钢筋混凝土结构虽然改善了混凝土抗拉强度过低的缺点,但仍存在着混凝土开裂等不能解决的问题。预应力混凝土结构是利用高性能材料、现代设计理论和先进施工工艺设计建造起来的高效结构。与非预应力混凝土结构相比,预应力混凝土结构不仅具有跨越能力大、受力性能好、使用性能优越、耐久性高、轻巧美观等优点,而且较为经济、节材、节能。因此,预应力混凝土结构是建造高(高层建筑、高耸建筑)、大(大跨度、大空间结构)、重(重载结构)、特(特种结构及特殊用途)工程中不可缺少的重要结构形式之一。

预应力混凝土结构按其受力状态分为有黏结预应力结构和无黏结预应力结构两大类。有黏结预应力结构是指结构、构件或块体制作时,在放置预应力筋的部位预先留出孔道,待混凝土达到设计强度后,在孔道内穿入预应力筋进行张拉即施加预应力,张拉完毕进行锚固,最后在孔道内灌浆,使预应力钢筋和混凝土之间产生黏结力。

无黏结预应力结构指结构、构件或块体制作时,把预先组装好的无黏结筋在浇筑混凝土之前,同非预应力筋一道按设计要求铺放在模板内,或留置孔道,浇筑构件后穿入无黏结筋,待混凝土达到一定强度后,利用无黏结筋与周围混凝土不黏结,在结构内可作纵向滑动的特性,进行张拉锚固,借助两端锚具,达到对结构产生预应力的效果。

体外预应力混凝土结构是后张预应力体系的分支,是将预应力筋布置在混凝土截面以外施加预应力的一种结构体系,需要保证较高的可靠度和耐久性;它又分为有黏结体外预应力和无黏结体外预应力两种体系,近年来成为预应力技术发展的热点。

可见,预应力混凝土结构在今天已经成为土木工程领域中重要的结构形式,并且在预应力混凝土结构新材料领域取得巨大的成就。

1)混凝土

大量工程实践表明,一些使用期限较长的混凝土结构在不利环境中破坏的原因,并不是混凝土强度引起的,而是混凝土耐久性的问题。高性能混凝土是一种新型的高技术混凝土,高性能混凝土不只是高强混凝土，是在大幅度提高普通混凝土性能的基础上采用现代混凝土技术制作的混凝土，它以耐久性作为设计的主要指标，针对不同用途要求，保证混凝土的适用性和强度并达到高耐久性、高工作性、高体积稳定性和经济性。10 多年来，法国、日本、挪威、美国、中国等各国对高性能混凝土技术进行了大量的研究，取得了丰硕的成果，并在工程实践中得到推广应用。随着推广应用范围的扩大，社会效益和经济效益将日益显著。

混凝土材料的强度重度比一般较低，随着预应力混凝土结构跨径的不断增大，自重也随之增大，导致结构的承载能力大部分耗于抵抗自重内力，故追求更高的强度重度比是混凝土材料发展的目标之一。虽然兼有高强度和低重度混凝土的研究进展缓慢，但其显著的优越性已受到各国的重视。

预应力混凝土结构所采用的混凝土必须具有高强、轻质和高耐久性。高强混凝土具有强度高、耐久性好、变形小等优点。在高层建筑、大跨径桥梁、海上平台、漂浮结构等工程中显示出其独特的优越性，在工程安全使用性、经济合理性、环境条件的适用性等方面产生了明显的效益。现在实验室里已能制造出抗压强度 200MPa 的混凝土，世界各国目前正致力于将高强混凝土的研究成果编入设计规范。1989 年挪威新 NS5473 中对普通密度混凝土的抗压强度限值已达到 105MPa，轻质混凝土为 85MPa。我国《混凝土结构设计规范》(GB 50010—2010)中混凝土最高强度等级已达到 C80。高强、轻质混凝土材料的广泛使用为预应力混凝土结构的发展提供了广阔的空间。

2)预应力筋

预应力混凝土结构必须采用高强度且具有一定塑性性能的钢材。目前能满足塑性性能要求的钢材的极限强度为 1800 ~ 2000MPa。钢材的低松弛性也是预应力钢筋的重要技术指标。虽然预应力钢材的本身性质无重大进展，但在耐久性、新材料预应力筋和大吨位预应力锚具及张拉设备方面均有所发展。

随着预应力结构设计使用年限的延长和预应力结构用于不利环境越来越多，预应力结构的耐久性问题逐步反映出来，1985 年在英国就曾发生因预应力筋腐蚀引起的桥梁倒塌事故。预应力钢筋采用外涂环氧层以免遭腐蚀是增强其耐久性的一项重要措施。然而，环氧涂层仅起到防锈作用，并不能替代对钢筋的整体防护。

近年来，非钢材预应力筋得到了很大发展，它们主要是纤维加劲塑料(FRP)预应力筋，如玻璃纤维加劲塑料(GFRP)、芳纶纤维加劲塑料(AFRP)及碳纤维加劲塑料(CFRP)预应力筋。它们由多股连续纤维以环氧树脂等作为基底材料胶合后，经过特制的模具挤压、拉拔成型。塑料筋的应力—应变曲线没有条件屈服点，直到拉断都呈线弹性，它们的弹性模量仅为 50 ~ 150GPa，抗拉强度则接近于高强钢绞线。纤维加劲塑料筋与钢材相比具有抗腐蚀、耐疲劳性能好、热膨胀系数低、强度与质量密度之比高(约比钢材高 5 倍)、表面形态多等优点；但它的缺点为价格高，拉断时应变低(极限伸长率仅为 2% ~3%)，长期的静力强度比短期的低等。目前，各种纤维加劲塑料(FRP)预应力筋仍处于研究试用阶段，纤维加劲塑料(FRP)预应力筋的发展前景将十分广阔。

与传统预应力混凝土结构相比，现代预应力结构具有以下特点：

(1)广泛采用高强度材料。目前国内预应力混凝土结构中常用的混凝土强度等级为 C40 ~ C80，甚至达到 C100 以上，预应力钢绞线的极限抗拉强度可达 1860MPa。

(2)按照现代设计理论设计。如抗震设计理论、延性设计理论等,通过合理确定结构预应力度和截面配筋指数,大大改善了高强预应力结构的抗震性能、正常使用性能等。

(3)先进施工工艺的开发。近年来高吨位、大冲程千斤顶的应用和多种锚固体系的开发等,为预应力结构的大规模推广应用提供了技术基础。

(4)适用范围广。预应力混凝土结构适用于大跨和超大跨度、重载以及使用性能高的结构,其应用范围拓展到高层以及结构转换层、钢—混凝土组合结构、基础、路面等结构领域。

总之,预应力混凝土结构的发展在设计概念、施工工艺以及高强材料的应用和锚固技术等方面都取得了巨大的成就。在预应力结构理论方面,今后将更趋于理论与计算方法的统一性,并与国际接轨。在设计与研究方面,预应力混凝土结构的裂缝控制问题、疲劳问题、抗震问题以及耐久性和环境保护等将成为需要解决的突出问题。由于预应力混凝土结构良好的性能和材料利用优势,国内外公路工作者和研究人员,也在公路路面结构中进行大量研究和应用。

1.3 预应力混凝土路面

预应力混凝土路面是预应力混凝土结构在公路路面工程中的发展,预应力混凝土路面是在20世纪40年代后期发展起来的一种特殊的水泥混凝土路面。最早是在法国使用,后来在英国和其他欧洲国家先后使用于道路路面或机场道面上[4-6]。美国、日本和苏联等国家也都修建了一定数量的预应力混凝土路面和机场道面。

1946年法国Orly机场跑道首次应用预应力混凝土道面[7],全长409.5m,由带横向钢索和台座的三角形面板组成。1953年在同一地点采用有间隙千斤顶和横向钢索的连续矩形面板。最早的预应力混凝土公路路面是法国于1946年和1949年所建的Luzancy和Esby,在两条公路上使用了两条斜向钢索。在法国只有一条试验路是板边薄于板中的,其他都是由平均约15cm的等厚板组成。法国除在Bourg-Servas路上使用了5.18MPa的初始预应力外,对板所施加的纵向预应力在数量级上与其他国家都相同。

英国是自1950年的Crawley道路才开始预应力混凝土路面研究的。该路主要是为了调查预应力混凝土在道路建设中的使用情况,在该路上对一些设计因素和施工方法(采用了Freyssinnet型钢丝索和锚具,24.6m长的钢索在2.25m中心处形成了一个菱形图案)进行了研究。其后又先后修建了伦敦机场的停机坪、Essex道路、PortTalbot道路、Catwick停机坪等。这些工程项目使用纵向后张以及横纵向都后张的施工方法。英国的纵向预应力一般为:1.575MPa(公路),3.15MPa(机场);除三角板外,横向预应力一般少于0.35MPa。英国的预应力混凝土路面板绝大多数都是“单独型”的,即有钢丝索和分隔的膨胀缝。因为它们认为,“单独型”板要好于“连续型”。在英国,广泛地使用15cm等厚板,除在伦敦机场上用的三角形板为16.25cm外。它曾使用的最大截面是25cm等厚板,而一块采用开口式千斤顶的板厚为10cm。

在德国一些有关预应力板的早期分析工作要比其他国家早,但其理论应用只限于桥面板、楼板等,而不是路面板。在1953年才开始在Mergelstetten修筑预应力路面,其后又修筑了几条道路。

美国最早著名的Patuxent River Navae Air Station预应力道面是由Bureau of Yards and Docks于1953~1954年修建的,这是一条长150m、宽3.6m、厚17.5cm的道面,纵向钢索的初

始预应力大约为4.9MPa。其后又修了许多试验路，其中1980年修建了芝加哥O'Hare国际机场的预应力混凝土跑道（长240m，宽45m，厚20～22.5cm），这是美国首次将预应力混凝土用于商用机场道面。

其他国家如比利时、奥地利等都于20世纪50年代前后起步，巴西也于1972～1978年在里约热内卢修了一条厚18cm、面积为552000m^2的预应力混凝土机场道面，在荷兰、瑞士也都修建了一些预应力混凝土机场道面。

随着我国经济建设的快速发展，公路建设突飞猛进。同时由于汽车行驶速度和重载交通比重的增加，对公路路面的使用性能和承载能力提出了更高的要求。通过公路科技工作者多年的努力，水泥混凝土路面研究取得了可喜成果，水泥混凝土路面设计、施工技术日趋完善。针对我国优质沥青不足和水泥资源相对丰富的现状，将水泥混凝土路面应用于高等级公路是我国公路发展的趋势和必然。

从我国路面的现状来看，普通水泥混凝土路面在胀缩缝处常发生挤碎、拱起、错台、唧泥等病害，因此，很有必要对普通水泥混凝土路面进行结构和技术的创新。特别是胀缩缝对行车舒适性的影响，使我国高速公路很少采用普通水泥混凝土路面。由于预应力混凝土路面具有很多普通水泥混凝土路面无法比拟的优点，加之近代预应力技术有了长足的发展，为改善传统路面的不足，适应交通运输的发展，有必要开展预应力混凝土路面的研究工作。

我国开展预应力混凝土路面研究工作始于20世纪90年代，我国第一条试验路段位于南京新机场高速公路禄口互通式立交匝道上（BK0+080～BK0+180），为禄口开发区与宁溧公路间的连接道路。路基宽度19m，路面宽度14.4m（2×7.2m），中央分隔带宽1.6m，土路肩宽1.5m。试验路全长100m，路面板宽为7.2m（单幅），板厚20cm，采用后张法施工，该试验路竣工于1997年6月30日。第二条预应力路面试验段位于江苏省省道310徐州市贾汪区汴塘段（K0+025～K0+185），路基宽度15m，路面宽度12m（2×6m），土路肩宽1.5m。试验路全长160m，路面板宽6m，板厚18cm，采用后张法施工，并基于试验路编制了《预应力混凝土路面工程技术规范》（GB 50422—2007）。

预应力混凝土路面具有以下优点：

（1）预应力混凝土路面是在混凝土路面板中施加了预应力，混凝土路面接缝数量可大大减少，改善了行车的舒适性，减少了由于接缝引起的水损害问题。

（2）预应力的存在使混凝土路面板抗弯拉性能增强，边角软弱部分得以改善，大大减少了路面开裂的可能性，提高了路面的耐久性。

（3）预应力混凝土路面充分利用了水泥混凝土的抗压和预应力筋的抗拉性能，提高了材料的利用效率，有利于资源节约。

（4）从国外已建路面的使用状况来看，预应力混凝土路面几乎30年不需大修，养护需求较少，可以作为耐久性路面。

（5）预应力混凝土路面在建设和养护过程中无须对原材料加热，二氧化碳排放量小。路面刚度大，车辆运行时节约燃料，是低碳环保型路面。

（6）预应力混凝土路面建设的主要材料水泥和砂石，在我国生产量大，资源丰富，因此修建水泥路面有利于拉动地方经济的发展。

目前国内外建成的预应力混凝土路面主要是纵向预应力混凝土路面，即在路面纵向施加

预应力的混凝土路面,纵向预应力混凝土路面的缺点在于:

(1)预应力筋纵向布设,浇筑混凝土时须预留张拉空间,即后浇带,致使纵向预应力混凝土路面不能连续施工,也限制了其在公路路面建设中大规模推广应用。

(2)后浇带只能在对路面板预应力施加完成后浇筑,增长了施工周期。

(3)由于受路面基层摩阻力和预应力筋张拉长度的影响,国内外已建成的预应力混凝土路面的每段修筑长度一般为 90 ~ 210m,影响机械连续施工。

(4)后浇带内不能施加预应力,致使路面整体承载能力不一致,后浇带成为纵向预应力混凝土路面的薄弱环节,易出现病害,影响路面使用效果。

1.4 斜向预应力混凝土路面

纵向预应力混凝土路面虽然能在路面结构中产生一定的纵向预压力,提高了混凝土路面的纵向抗弯拉强度,但是对于较宽的混凝土路面,不能解决其受力后路面纵向开裂等问题,加之不能连续施工和施工时要预留后浇带,且后浇带浇筑需增加施工周期、在车辆荷载作用下易损坏等诸多缺点,纵向预应力混凝土路面虽然在国内外小规模试验半个多世纪,至今仍然没有在路面工程大规模推广应用。

为了克服纵向预应力混凝土路面的缺点,发挥预应力混凝土路面的优势,本书提出斜向预应力混凝土路面的新理念,并对其设计、施工方法进行介绍,如图 1-4 所示。

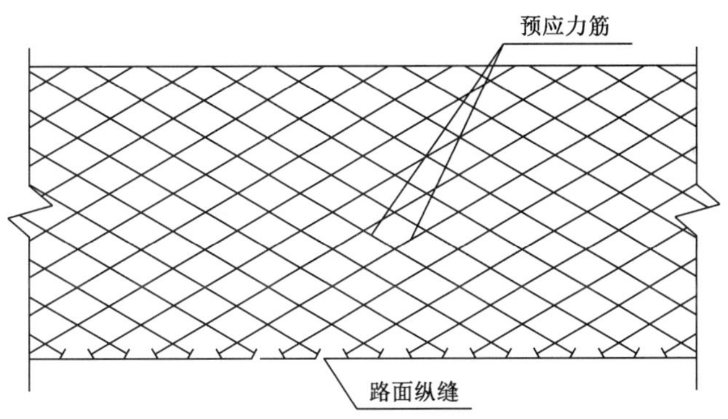

图 1-4 斜向预应力混凝土路面示意图

斜向预应力混凝土路面是在水泥混凝土路面混凝土内对称布置“两层斜向预应力筋”,斜向布筋即是将预应力筋与路面纵向布置一定的夹角,通过预应力筋的张拉使其在路面长度和宽度方向产生二元预应力,充分发挥预应力混凝土路面的优势。施工时预应力在路面两侧施加,不需预留后浇带。路面混凝土张拉施加预应力和路面混凝土浇筑分前后工序实施,互不影响,克服了纵向预应力混凝土路面不能连续施工的弊端。由于斜向预应力混凝土路面混凝土内施加了预应力,使路面在较长范围内可以不设置伸缩缝,解决了普通水泥混凝土路面由于伸缩缝产生的损害现象,提高了路面使用性能,降低了混凝土路面因大量伸缩缝产生的行车噪声,增加了行车舒适性,也提高了路面混凝土的抗渗性和耐磨性,从而有效延长了水泥混凝土路面的使用寿命。

相对于纵向预应力混凝土路面,斜向预应力混凝土路面有以下优点:

(1)斜向预应力混凝土路面既可产生纵向预应力,又可产生横向预应力,可双向对路面施加预应力,使路面预应力为二元预应力,比单一方向的预应力更适合路面的受力状况。混凝土路面板的受力特性得到改善,从而大大提高了路面双向受弯变形的能力,解决了较宽路面出现纵向裂缝的问题。

(2)由于施加了纵向和横向预应力,约束了水泥混凝土路面的双向变形,提高了水泥混凝土抗弯拉强度,使水泥混凝土路面承载能力大大提高。

(3)斜向预应力混凝土路面是考虑连续施工而设置的路面结构,预应力筋的张拉可在路面两侧(一侧)进行,不间断施工,加快了施工进度。

(4)斜向预应力混凝土路面,预应力筋长度较短,不仅可以节省连接器,而且避免了纵向预应力路面留设后浇带和后浇带易于损坏的问题。

(5)斜向预应力混凝土路面相比纵向预应力路面,除预应力筋外,只需在路面板两侧和板端布置少量的构造钢筋,节省了横向构造钢筋的数量。

(6)斜向预应力混凝土路面在较长路段内不设置伸缩缝,大大降低了因伸缩缝引起的行车噪声,减少了水损害问题,提高了路面的使用寿命。

综上所述,斜向预应力混凝土路面较普通混凝土路面、连续配筋混凝土路面以及纵向预应力混凝土路面有着不可比拟的优点,可以提高混凝土路面的承载能力和耐久性,减少噪声,增加行车舒适性,实现预应力混凝土路面的连续施工。同时由于我国重载车辆日益显著增加,对路面使用品质和承载力的要求也将不断提高。加之水泥混凝土路面的环保性能优于其他路面,大量应用水泥混凝土有利于拉动地方经济的发展。因此,积极深入研究和应用斜向预应力混凝土路面结构,并将其大规模推广,不仅会极大地提高水泥混凝土路面的使用品质,推动水泥混凝土路面的发展,实现高等级公路沥青路面和水泥混凝土路面并举,而且社会效益和环境效益显著,推广应用前景广阔。

第 2 章　水泥混凝土路面设计理论

水泥混凝土路面是以各种水泥混凝土作为路面主要材料的路面。水泥混凝土路面是一种弹性层状结构,可应用弹性层状体系理论求解水泥混凝土路面问题。当混凝土面层下为基层、底基层或垫层的层状地基时,可用弹性层状体系理论求解基层顶面的当量回弹模量。水泥混凝土路面板在荷载作用下变形微小,在力学分析时常将其视为弹性板,将地基视为弹性地基,因此水泥混凝土路面在力学上可视为弹性地基上的弹性板,简称弹性地基板。

本章将介绍弹性层状体系理论和弹性地基板理论。针对目前水泥混凝土路面设计采用的概率型方法,也将介绍结构可靠度理论。

2.1　弹性层状体系理论

2.1.1　求解的基本假设

弹性层状体系在荷载作用下的计算图式如图 2-1 所示,求解时引入如下基本假设:

(1)各层材料为均质、各向同性、完全弹性、变形微小,以弹性模量 E_i 和泊松比 μ_i 表征其弹性性质。

(2)除最下层外,各层在水平向均为无限大的等厚度层 h_i;而最下层则为均质半无限体。

(3)在水平方向无穷远处和垂直方向无限深处的应力和位移等于零。

(4)层间的接触面可为完全光滑,即层面间无摩阻力,可以相对滑移,接触面上的竖向位移和法向应力连续;或者,层间的接触面为完全结合,层面间的位移和应力完全连续。

(5)不计体积力。

根据上述假设,可求解弹性层状体系的应力与位移。这里,先求轴对称弹性空间课题的一般解。

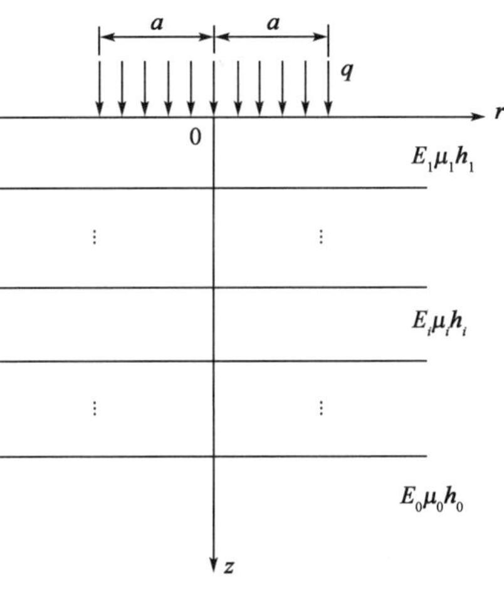

图 2-1　弹性层状体系图

2.1.2　轴对称弹性空间课题的一般解

轴对称弹性空间课题弹性体的几何形状、约束条件以及荷载作用均对称于某一轴,也即所有的应力、变形和位移对称于这一轴。因此,描述这类课题的应力、变形和位移时,采用柱坐标(r,θ,z)要比直角坐标(x,y,z)方便。求解轴对称空间课题柱坐标形式的一般解时,由弹性力

学知,其平衡微分方程为:

$$\left.\begin{aligned}\frac{\partial\sigma_r}{\partial r}+\frac{\partial\tau_{zr}}{\partial z}+\frac{\sigma_r-\sigma_\theta}{r}=0\\\frac{\partial\sigma_z}{\partial z}+\frac{\partial\tau_{zr}}{\partial z}+\frac{\tau_{zr}}{r}=0\end{aligned}\right\}\tag{2-1}$$

物理方程为:

$$\left.\begin{aligned}\varepsilon_r&=\frac{1}{E}[\sigma_r-\mu(\sigma_\theta+\sigma_z)]\\\varepsilon_\theta&=\frac{1}{E}[\sigma_\theta-\mu(\sigma_r+\sigma_z)]\\\varepsilon_z&=\frac{1}{E}[\sigma_z-\mu(\sigma_r+\sigma_\theta)]\\\gamma_{zr}&=\frac{1}{G}\tau_{zr}\end{aligned}\right\}\tag{2-2}$$

式中:E——弹性模量;

μ——泊松比;

G——剪切模量,$G=\frac{E}{1+\mu}$。

几何方程为:

$$\left.\begin{aligned}\varepsilon_r&=\frac{\partial u}{\partial r}\\\varepsilon_\theta&=\frac{u}{r}\\\varepsilon_z&=\frac{\partial w}{\partial z}\\\gamma_{zr}&=\frac{\partial u}{\partial z}+\frac{\partial w}{\partial r}\end{aligned}\right\}\tag{2-3}$$

将式(2-3)微分消去位移分量,可得变形之间的微分关系式为:

$$\left.\begin{aligned}\frac{1}{r}\frac{\partial\varepsilon_r}{\partial r}-\frac{\partial^2\varepsilon_\theta}{\partial r^2}-\frac{2}{r}\frac{\partial\varepsilon_\theta}{\partial r}=0\\\frac{\partial^2\varepsilon_\theta}{\partial z^2}+\frac{1}{r}\frac{\partial\varepsilon_z}{\partial r}=\frac{1}{r}\frac{\partial\gamma_{zr}}{\partial z}\\\frac{\partial^2\varepsilon_z}{\partial r^2}+\frac{\partial^2\varepsilon_r}{\partial z^2}=\frac{\partial^2\gamma_{zr}}{\partial r\partial z}\\\frac{\partial^2\varepsilon_\theta}{\partial r\partial z}+\frac{1}{r}\frac{\partial\varepsilon_\theta}{\partial z}-\frac{1}{r}\frac{\partial\varepsilon_r}{\partial z}=0\end{aligned}\right\}\tag{2-4}$$

将式(2-2)代入式(2-4),得到以应力表示的变形连续方程为:

$$\left.\begin{aligned}
&\nabla^2\sigma_r - \frac{2}{r^2}(\sigma_r - \sigma_\theta) + \frac{1}{1+\mu}\frac{\partial^2\Theta}{\partial r^2} = 0\\
&\nabla^2\sigma_\theta + \frac{2}{r^2}(\sigma_r - \sigma_\theta) + \frac{1}{1+\mu}\frac{1}{r}\frac{\partial\Theta}{\partial r} = 0\\
&\nabla^2\sigma_z + \frac{1}{1+\mu}\frac{\partial\Theta}{\partial z^2} = 0\\
&\nabla^2\tau_{zr} - \frac{\tau_{zr}}{r^2} + \frac{1}{1+\mu}\frac{\partial^2\Theta}{\partial r\partial z} = 0
\end{aligned}\right\} \tag{2-5}$$

式中：∇^2——拉普拉斯算子，$\nabla^2 = \frac{\partial^2}{\partial r^2} + \frac{1}{r}\frac{\partial}{\partial r} + \frac{\partial^2}{\partial z^2}$；

Θ——第一应力不变量，$\Theta = \sigma_r + \sigma_\theta + \sigma_z$。

式(2-5)所示的变形连续方程又称为相容条件，由 B. de Saint-Venant 于 1864 年提出。方程中共有 4 个应力分量，由式中 4 个方程可以求解，但是这种解法相当困难，甚至无法解出。为此，一般采用分离变量法或积分变换法。后者可用 Hankel 积分变换求解，从而可得应力与位移表达式。最常用的应力函数有 Love 函数与 Southwell 应力函数，由此可将其解法称为 Love 法和 Southwell 法。下面根据 Love 法求解式(2-5)。

设应力函数 $\phi = \phi(r,z)$，并给定：

$$\left.\begin{aligned}
&\sigma_r = \frac{\partial}{\partial z}\left(\mu\nabla^2\phi - \frac{\partial^2\phi}{\partial r^2}\right)\\
&\sigma_\theta = \frac{\partial}{\partial z}\left(\mu\nabla^2\phi - \frac{1}{r}\frac{\partial\phi}{\partial r}\right)\\
&\sigma_z = \frac{\partial}{\partial z}\left[(2-\mu)\nabla^2\phi - \frac{\partial^2\phi}{\partial z^2}\right]\\
&\sigma_{zr} = \frac{\partial}{\partial z}\left[(1-\mu)\nabla^2\phi - \frac{\partial\phi}{\partial r}\right]
\end{aligned}\right\} \tag{2-6}$$

将式(2-6)代入平衡微分方程(2-1)和变形连续方程(2-5)，除平衡微分方程中第一式恒等于零外，其余全部转换为重调和方程，即

$$\nabla^2\nabla^2\phi = 0 \tag{2-7}$$

如果能从式(2-7)中解得应力函数，代入式(2-6)中则得各应力分量。将各应力分量代入物理方程(2-2)，得各变形分量。由式(2-6)、式(2-2)及式(2-3)，可得以应力函数表示的位移分量，即

$$\left.\begin{aligned}
&u = \frac{1+\mu}{E}\frac{\partial^2\phi}{\partial r\partial z}\\
&w = \frac{1+\mu}{E}\left[2(1-\mu)\nabla^2\phi - \frac{\partial^2\phi}{\partial z^2}\right]
\end{aligned}\right\} \tag{2-8}$$

式(2-8)所示重调和方程中应力函数 ϕ 的求解，在路面力学计算中常采用 Hankel 积分变

换法。此外,根据应力与位移分量同应力函数 $\phi(r,z)$ 之间的微分关系,可得应力与位移分量的一般表达式。省略求解过程,给出应力、位移分量如式(2-9)所示。

式(2-9)适用于任何类型的轴对称空间课题。要解决某一轴对称的具体课题时,只要根据其边界条件和层间结合条件求得 A、B、C、D,就能获得该课题的全部解析解。

$$\left.\begin{aligned}
\sigma_r &= -\int_0^\infty \xi\{[A-(1+2\mu-\xi z)B]e^{-\xi z}-[C+(1+2\mu+\xi z)D]e^{\xi z}\}J_0(\xi r)\mathrm{d}\xi+\frac{1}{r}U \\
\sigma_\theta &= 2\mu\int_0^\infty \xi(Be^{-\xi z}+De^{\xi z})J_0(\xi r)\mathrm{d}\xi-\frac{1}{r}U \\
\sigma_z &= \int_0^\infty \xi\{[A+(1-2\mu+\xi z)B]e^{-\xi z}-[C-(1-2\mu-\xi z)D]e^{\xi z}\}J_0(\xi r)\mathrm{d}\xi \\
\tau_{zr} &= \int_0^\infty \xi\{[A-(2\mu-\xi z)B]e^{-\xi z}+[C+(2\mu+\xi z)D]e^{\xi z}\}J_1(\xi r)\mathrm{d}\xi \\
u &= -\frac{1+\mu}{E}U \\
w &= \frac{1+\mu}{E}\int_0^\infty \{\xi[A+(2-4\mu+\xi z)B]e^{-\xi z}+[C-(2-4\mu-\xi z)D]e^{\xi z}\}J_0(\xi r)\mathrm{d}\xi
\end{aligned}\right\} \tag{2-9}$$

式中:$U=\int_0^\infty\{[A-(1-\xi z)B]e^{-\xi z}-[C+(1+\xi z)D]e^{\xi z}\}J_1(\xi r)\mathrm{d}\xi$。

作用于弹性半空间体表面上任意斜向轴对称荷载,可分解为轴对称垂直荷载 $p(r)$ 和水平荷载 $g(r)$(图 2-2),则本课题的边界条件为:

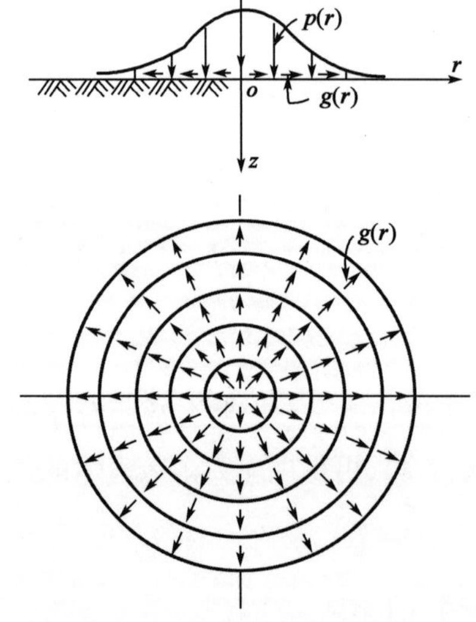

图 2-2　斜向轴对称荷载分解示意图

$$\left.\begin{aligned}
\sigma_z|_{z=0} &= -p(r) \\
\tau_{zr}|_{z=0} &= -g(r) \\
\lim_{r\to\infty}[\sigma_r,\sigma_\theta,\sigma_z,\tau_{zr},u,w] &= 0 \\
\lim_{r\to\infty}[\sigma_r,\sigma_\theta,\sigma_z,\tau_{zr},u,w] &= 0
\end{aligned}\right\} \tag{2-10}$$

根据上述边界条件和式(2-9),结合 Hankel 积分变化理论,可以求得参数 A、B 为:

$$\left.\begin{aligned}
A &= -[2\mu\bar{p}(\xi)+(1-2\mu)]\bar{g}(\xi) \\
B &= -[\bar{p}(\xi)-\bar{g}(\xi)] \\
C &= 0 \\
D &= 0
\end{aligned}\right\} \tag{2-11}$$

将 A、B、C、D 代入式(2-9),可得任意斜向轴对称荷载下弹性半空间体的应力与位移分量表达式为:

$$\left.\begin{aligned}
\sigma_r &= -\int_0^{\infty}\xi[(1-\xi z)\bar{p}(\xi)-(2-\xi z)\bar{g}(\xi)]e^{-\xi z}J_0(\xi r)\mathrm{d}\xi+\frac{1}{r}U\\
\sigma_\theta &= -2\mu\int_0^{\infty}\xi[\bar{p}(\xi)-\bar{g}(\xi)]e^{-\xi z}J_0(\xi r)\mathrm{d}\xi-\frac{1}{r}U\\
\sigma_z &= -\int_0^{\infty}\xi[(1+\xi z)\bar{p}(\xi)-\xi z\bar{g}(\xi)]e^{-\xi z}J_0(\xi r)\mathrm{d}\xi\\
\tau_{zr} &= -\int_0^{\infty}\xi[\xi z\bar{p}(\xi)+(1-\xi z)\bar{g}(\xi)]e^{-\xi z}J_1(\xi r)\mathrm{d}\xi\\
u &= -\frac{1+\mu}{E}U\\
w &= \frac{1+\mu}{E}\int_0^{\infty}[(2-2\mu+\xi z)\bar{p}(\xi)-(1-2\mu+\xi z)\bar{g}(\xi)]e^{-\xi z}J_0(\xi r)\mathrm{d}\xi
\end{aligned}\right\}\tag{2-12}$$

式中：$U=\int_0^{\infty}[(1-2\mu-\xi z)\bar{p}(\xi)-(2-2\mu-\xi z)\bar{g}(\xi)]e^{-\xi z}J_1(\xi r)\mathrm{d}\xi$。

若弹性半空间体表面上仅有轴对称垂直荷载 $p(r)$ 作用，则可将 $\bar{g}(\xi)=0$ 代入式(2-12)中，得任意轴对称垂直荷载作用下弹性半空间体的应力与位移分量表达式为：

$$\left.\begin{aligned}
\sigma_r &= -\int_0^{\infty}\xi\bar{p}(\xi)(1-\xi z)e^{-\xi z}J_0(\xi r)\mathrm{d}\xi+\frac{1}{r}U\\
\sigma_\theta &= -2\mu\int_0^{\infty}\xi\bar{p}(\xi)e^{-\xi z}J_0(\xi r)\mathrm{d}\xi-\frac{1}{r}U\\
\sigma_z &= -\int_0^{\infty}\xi\bar{p}(\xi)(1+\xi z)e^{-\xi z}J_0(\xi r)\mathrm{d}\xi\\
\tau_{zr} &= -z\int_0^{\infty}\xi^2\bar{p}(\xi)e^{-\xi z}J_1(\xi r)\mathrm{d}\xi\\
u &= -\frac{1+\mu}{E}U\\
w &= \frac{1+\mu}{E}\int_0^{\infty}\bar{p}(\xi)(2-2\mu+\xi z)e^{-\xi z}J_0(\xi r)\mathrm{d}\xi
\end{aligned}\right\}\tag{2-13}$$

式中：$U=\int_0^{\infty}\bar{p}(\xi)(1-2\mu-\xi z)e^{-\xi z}J_1(\xi r)\mathrm{d}\xi$。

2.1.3 弹性双层体系

弹性双层体系为弹性半空间体上覆一弹性层，上下层面之间的结合情形可能是绝对光滑，或者完全连续。

1）弹性双层连续体系解

弹性双层连续体系上层厚度为 h，弹性模量和泊松比分别为 E_1、μ_1，半空间体的弹性模量和泊松比分别为 E_0、μ_0，如图 2-3a）所示。为了获得双层连续体系的一般解，由 2.1.1 节中假设上下两层之间完全连续接触，应用一般解式(2-9)，并根据本课题的边界条件和层间结合条件求取参数 A、B、C、D。

采用静力学中的截面法，将双层体系沿 $z=0$ 的平面切开，使之成为两个脱离体，如图 2-3b）所示。上层表面上的边界条件为：

$$\left.\begin{aligned}\sigma_z\big|_{z=-h} &= -q(r)\\ \tau_{zr}\big|_{z=-h} &= -s(r)\end{aligned}\right\} \tag{2-14}$$

根据假设,层间接触面处的结合条件为:

$$\left.\begin{aligned}\sigma_z\big|_{z=0} &= -p(r)\\ \tau_{zr}\big|_{z=0} &= -g(r)\\ u_1\big|_{z=0} &= u_0\big|_{z=0}\\ w_1\big|_{z=0} &= w_0\big|_{z=0}\end{aligned}\right\} \tag{2-15}$$

式中:u_1、w_1——上层的位移;

u_0、w_0——下层的位移。

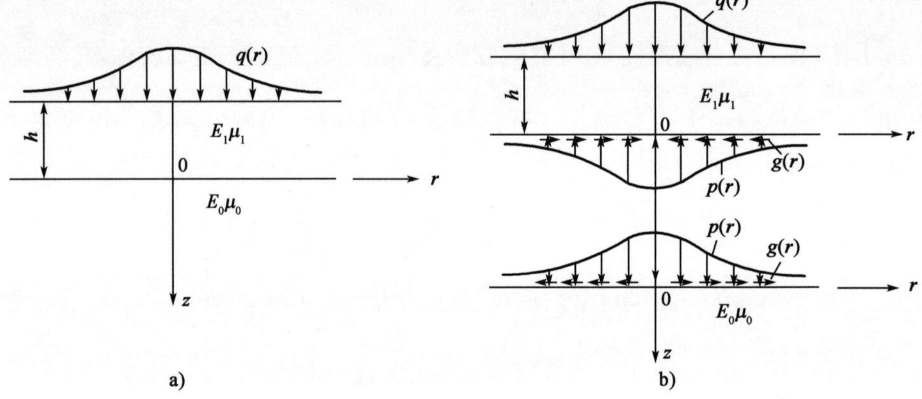

图 2-3 双层弹性体系

利用上述边界条件和层间结合条件,运用 Hankel 积分变换方法,可求得 4 个参数 A、B、C、D 为:

$$\left.\begin{aligned}A &= \frac{\bar{q}(\xi)e^{-\xi h}}{2\Delta}\{[(1-4\mu_1)(1-2\xi h)M-L]e^{-2\xi h}+2(2\mu_1+\xi h)\}-\\ &\quad \frac{\bar{s}(\xi)e^{-\xi h}}{2\Delta}\{[(1-4\mu_1)(1+2\xi h)M+L]e^{-2\xi h}-2(1-2\mu_1-\xi h)\}\\ B &= -\frac{\bar{q}(\xi)e^{-\xi h}}{\Delta}[(1-2\xi h)Me^{-2\xi h}-1]+\frac{\bar{s}(\xi)e^{-\xi h}}{\Delta}[(1+2\xi h)Me^{-2\xi h}-1]\\ C &= -\frac{\bar{q}(\xi)e^{-\xi h}}{2\Delta}\{[(1-4\mu_1)(1+2\xi h)M-L]+2LM(2\mu_1-\xi h)e^{-2\xi h}\}-\\ &\quad \frac{\bar{s}(\xi)e^{-\xi h}}{2\Delta}\{[(1-4\mu_1)(1-2\xi h)M+L]-2LM(1-2\mu_1+\xi h)e^{-2\xi h}\}\\ D &= -\frac{\bar{q}(\xi)Me^{-\xi h}}{\Delta}[(1+2\xi h)-Le^{-2\xi h}]-\frac{\bar{s}(\xi)Me^{-\xi h}}{\Delta}[(1-2\xi h)-Le^{-2\xi h}]\end{aligned}\right\} \tag{2-16}$$

式中:$\bar{q}(\xi)$——轴对称垂直荷载 $q(r)$ 的零阶 Hankel 变换,$\bar{q}(\xi)=\int_0^\infty rq(r)J_0(\xi r)\mathrm{d}r$;

$\bar{s}(\xi)$——轴对称水平荷载 $s(r)$ 的一阶 Hankel 变换,$\bar{s}(\xi)=\int_0^\infty rs(r)J_1(\xi r)\mathrm{d}r$;

$\Delta = 4\xi^2 h^2 M e^{-2\xi h} - (1 - L e^{-2\xi h})(1 - M e^{-2\xi h})$；

$L = \dfrac{3 - 4\mu_0 - m_0(3 - 4\mu_1)}{m_0 + 3 - 4\mu_0}$；

$M = \dfrac{1 - m_0}{m_0(3 - 4\mu_1) + 1}$；

$m_0 = \dfrac{(1 + \mu_1)E_0}{(1 + \mu_0)E_1}$。

将参数 A、B、C、D 代入应力和位移分量的一般表达式(2-9)，则可得到任意轴对称荷载作用下上层内应力与位移分量的全部表达式。

从图2-3b)中可以看出，下层脱离体相当于一个任意轴对称荷载 $p(r)$ 和 $g(r)$ 作用下的弹性半空间体。如欲把下层内应力与位移分量写成表面荷载Hankel积分变换式 $\bar{q}(\xi)$ 和 $\bar{s}(\xi)$ 的函数，则首先须把下层给予上层未知反力的积分变换式 $\bar{p}(\xi)$ 和 $\bar{g}(\xi)$ 写成 $\bar{q}(\xi)$ 和 $\bar{s}(\xi)$ 的函数。为获得这种表达式，将参数 A、B、C、D 代入层间结合条件式(2-15)中的前两个条件中，即可得出式(2-17)。

$$\left.\begin{aligned}
\bar{p}(\xi) = & -\frac{\bar{q}(\xi)e^{-\xi h}}{2\Delta}\{[(1-2\xi h)(L-1)M + L(M-1)]e^{-2\xi h} - [(1+2\xi h)(M-1) + \\
& (L-1)]\} + \frac{\bar{s}(\xi)e^{-\xi h}}{2\Delta}\{[(1+2\xi h)(L-1)M - L(M-1)]e^{-2\xi h} + \\
& [(1-2\xi h)(M-1) - (L-1)]\} \\
\bar{g}(\xi) = & \frac{\bar{q}(\xi)e^{-\xi h}}{2\Delta}\{[(1-2\xi h)(L-1)M - L(M-1)]e^{-2\xi h} + [(1+2\xi h)(M-1) + \\
& (L-1)]\} - \frac{\bar{s}(\xi)e^{-\xi h}}{2\Delta}\{[(1+2\xi h)(L-1)M + L(M-1)]e^{-2\xi h} + \\
& [(1-2\xi h)(M-1) + (L-1)]\}
\end{aligned}\right\} \tag{2-17}$$

式中：$\bar{p}(\xi)$——层间反力 $p(r)$ 的零阶Hankel变换，$\bar{p}(\xi) = \int_0^\infty r p(r) J_0(\xi r)\mathrm{d}r$；

$\bar{g}(\xi)$——层间反力 $g(r)$ 的一阶Hankel变换，$\bar{g}(\xi) = \int_0^\infty r g(r) J_1(\xi r)\mathrm{d}r$；

其余符号意义同前。

将式(2-17)中 $\bar{p}(\xi)$ 和 $\bar{g}(\xi)$ 代入任意轴对称荷载作用下弹性半空间体的应力与位移分量表达式(2-12)中，即可得到下层应力与位移分量的解析解。

如果在弹性双层连续体系表面上仅作用有半径为 a 的圆形轴对称垂直荷载 q，将有下述Hankel积分变换式：

$$\left.\begin{aligned}
\bar{q}(\xi r) &= \frac{2^{m-1}\Gamma(m+1)qa}{\xi(\xi a)^{m-1}}J_m(\xi a) \\
\bar{s}(\xi) &= 0
\end{aligned}\right\} \tag{2-18}$$

代入参数 A、B、C、D 的表达式(2-16)中，有：

$$\left.\begin{aligned}A &= \frac{qaJ(m)e^{-\xi h}}{2\xi\Delta}\{[(1-4\mu_1)(1-2\xi h)M-L]e^{-2\xi h}+2(2\mu_1+\xi h)\}\\B &= -\frac{qaJ(m)e^{-\xi h}}{\xi\Delta}[(1-2\xi h)Me^{-2\xi h}-1]\\C &= -\frac{qaJ(m)e^{-\xi h}}{2\xi\Delta}\{[(1-4\mu_1)(1+2\xi h)M-L]+2LM(2\mu_1-\xi h)e^{-2\xi h}\}\\D &= -\frac{qaJ(m)e^{-\xi h}}{\xi\Delta}[(1+2\xi h)-Le^{-2\xi h}]\end{aligned}\right\}\tag{2-19}$$

式中：$J(m)=\frac{2^{m-1}\Gamma(m+1)}{(\xi a)^{m-1}}J_m(\xi a)$；

L、M 及 Δ 的意义同前。

对于圆形均布垂直荷载作用下的解取 $m=1$；半球形垂直荷载时取 $m=3/2$；刚性承载板 $m=1/2$。

2）弹性双层滑动体系解

按照2.1.1节假设，上下两层之间绝对光滑，接触面上除垂直位移和垂直应力两项连续外，其他应力和位移都是不连续的。

令图2-3中 $q(r)=0$，即为双层滑动体系上下层的脱离体图。可以看出下层脱离体图即为任意轴对称垂直荷载作用下弹性半空间体的力学图式，因此求解其应力和分量归结为求解反力函数 $p(r)$。

根据假设，当坐标原点设在接触面上时，上层表面和底面的边界条件和层间结合条件为：

$$\left.\begin{aligned}\sigma_z\big|_{z=-h} &= -q(r)\\\tau_{zr}\big|_{z=-h} &= 0\\\sigma_z\big|_{z=0} &= -p(r)\\\tau_{zr}\big|_{z=0} &= 0\\w_1\big|_{z=0} &= w_0\big|_{z=0}\end{aligned}\right\}\tag{2-20}$$

将上述条件代入式(2-9)，运用Hankel积分变换理论，可求得上层的四个参数 A、B、C、D 和未知反力 $p(r)$ 的Hankel积分变换式为：

$$\left.\begin{aligned}A &= \frac{\bar{q}(\xi)e^{+\xi h}}{\Delta_F}\{K_F(2\mu_1+\xi h)-[K_F(2\mu_1-\xi h)+(1-2\mu_1)\xi h]e^{-2\xi h}\}\\B &= -\frac{\bar{q}(\xi)e^{-\xi h}}{\Delta_F}[K_F-(K_F-\xi h)e^{-2\xi h}]\\C &= -\frac{\bar{q}(\xi)e^{-\xi h}}{\Delta_F}[K_F(2\mu_1+\xi h)-2\mu_1(1+\xi h)-(K_F-1)(2\mu_1-\xi h)e^{-2\xi h}]\\D &= -\frac{\bar{q}(\xi)e^{-\xi h}}{\Delta_F}[K_F-1-\xi h-(K_F-1)e^{-2\xi h}]\\\bar{p}(\xi) &= -\frac{\bar{q}(\xi)e^{-\xi h}}{\Delta_F}(2K_F-1)[(1-\xi h)e^{-\xi h}-(1+\xi h)]\end{aligned}\right\}\tag{2-21}$$

式中：$\Delta_F = K_F + [2\xi h(2K_F - 1) - (1 + 2\xi^2 h^2)]e^{-2\xi h} - (K_F - 1)e^{-4\xi h}$；

$$K_F = \frac{1 - \mu_0 + m_0(1 - \mu_1)}{2(1 - \mu_0)};$$

$$m_0 = \frac{(1 + \mu_1)E_0}{(1 + \mu_0)E_1}。$$

将上式代入式(2-9)可得上层的各应力分量和位移分量。如将 $\bar{p}(\xi)$ 代入式(2-13)，即可得到下层的应力与位移表达式。

弹性双层体系在轴对称垂直荷载作用下的应力和位移数值计算，归结为求含有指数函数和 Bessel 函数的被积函数的广义积分。可采用数值积分方法，其计算工作量大，需用计算机来完成。

2.1.4 弹性多层体系

弹性多层体系的求解与弹性双层体系相类似，只是各分量表达式较为复杂，但随着计算机的应用，做数值计算时不必给出解析表达式，可编制任意多层体系的数值计算程序。此处概要介绍圆形垂直均布荷载作用下的多层体系编写计算程序用到的公式推演。

弹性多层体系表面作用圆形均布荷载（图 2-4），其表面条件（$z=0$）为：

$$\sigma_{z,1} = \begin{cases} -p(r) & (r < a) \\ 0 & (r > a) \end{cases}$$

$$\sigma_{zr,1} = 0$$

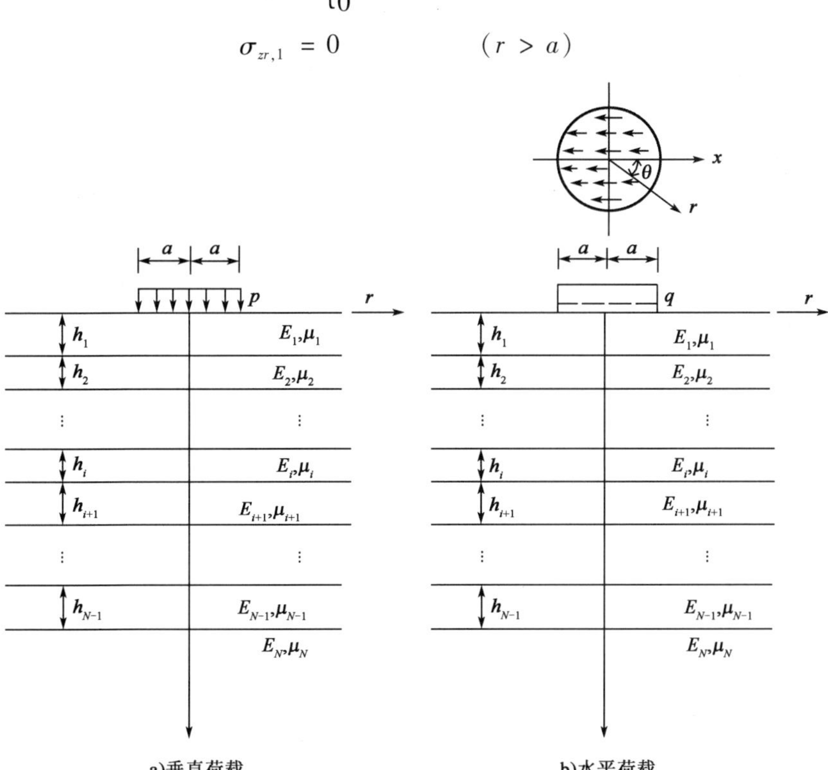

图 2-4 多层弹性体系

将上述条件代入式(2-9)中的相应分量公式，由 Hankel 变换可得：

$$\left.\begin{aligned} &A_1 + (1-2\mu_1)B_1 - C_1 + (1-2\mu_1)D_1 = -\frac{paJ_1(\xi a)}{\xi} \\ &A_1 - 2\mu_1 B_1 + C_1 + 2\mu_1 D_1 = 0 \end{aligned}\right\} \tag{2-22}$$

对于层间接触条件，当第 i 层与第 $i+1$ 层层间为连续接触时，有：

$$\left.\begin{aligned} &①\sigma_{z,i} = \sigma_{z,i+1} \\ &②\tau_{rz,i} = \sigma_{rz,i+1} \\ &③u_i = u_{i+1} \\ &④w_i = w_{i+1} \end{aligned}\right\} \tag{2-23}$$

将式(2-23)代入式(2-9)的相应分量公式中可得：

$$\left.\begin{aligned} &[A_i + (1-2\mu_i+H_i)B_i]e_i - C_i + (1-2\mu_i-H_i)D_i \\ =& [A_{i+1} + (1-2\mu_{i+1}+H_i)B_{i+1}]e_i - C_{i+1} + (1-2\mu_{i+1}-H_i)D_{i+1} \\ &[A_i - (2\mu_i-H_i)B_i]e_i + C_i + (2\mu_i+H_i)D_i \\ =& [A_{i+1} - (2\mu_{i+1}-H_i)B_{i+1}]e_i + C_{i+1} + (2\mu_{i+1}+H_i)D_{i+1} \\ &g_i\{[A_i - (1-H_i)B_i]e_i - [C_i + (1+H_i)D_i]\} \\ =& g_{i+1}\{[A_{i+1} - (1-H_i)B_{i+1}]e_i - [C_{i+1} + (1+H_i)D_{i+1}]\} \\ &g_i\{[A_i + (2-4\mu_i+H_i)B_i]e_i + [C_i - (2-4\mu_i-H_i)D_i]\} \\ =& g_{i+1}\{[A_{i+1} + (2-4\mu_i+H_i)B_{i+1}]e_i + [C_{i+1} - (2-4\mu_i-H_i)D_{i+1}]\} \end{aligned}\right\} \tag{2-24}$$

式中：

$$\left.\begin{aligned} &H_i = \xi\sum_{j=1}^{i} h_j \\ &e_i = \exp(-2H_i) \\ &g_j = \frac{1+\mu_j}{E_j} \end{aligned}\right\} \quad (j=i,i+1) \tag{2-25}$$

当层间接触为滑动时，上述边界条件②、③不成立，需另补充两个条件，才能求解 4 个待定系数。因此可增加层间滑动时接触面上剪应力为零的条件，如第 j 层与第 $j+1$ 层是层间滑动时有 $\tau_{zr,j}=0$ 及 $\tau_{zr,j+1}=0$，由此可得到：

$$\left.\begin{aligned} &[A_j - (2\mu_j - H_j)B_j]e_j + C_j + (2\mu_j + H_j)D_j = 0 \\ &[A_{j+1} - (2\mu_{j+1} - H_j)B_{j+1}]e_j + C_{j+1} + (2\mu_{j+1} + H_j)D_{j+1} = 0 \end{aligned}\right\} \tag{2-26}$$

式中 H_j 及 e_j 意义同前，将式(2-24)的第 2 式和第 3 式代入式(2-26)，即为层间滑动的多层体系的边界条件表达式。

第 n 层，由无限深($z=\infty$)处应力和位移为零的条件可得 $C_n = D_n = 0$。

根据不同边界条件可得方程组，求解其中各应力和位移分量表达式中的待定系数，是弹性多层体系数值计算的关键步骤。国内外一些研究者提出了不同的方法，常用的有矩阵代数法或递推回代法。采用这些方法，可以求得圆形均布垂直荷载作用下层间光滑或连续时的解。

尽管水泥混凝土路面可以采用弹性层状体系分析其荷载应力，但它假设面层在水平方向伸展无限远，因而只能考虑板中受荷的情况。由于混凝土路面层中接缝的存在，将其分为有限尺寸的板块,对于板边、角受荷的情况,很难利用弹性层状体系理论求出解析解,因此常用数值计算方法求得结果。

对于有限尺寸弹性层状结构的解,研究较多的是采用有限元法。而为了解决有限元方法对计算机容量要求过大的问题,提出了半解析—半数值方法,即有限元半分析法,其中常用的有有限条法、有限棱柱法及有限层法等。

2.2　弹性地基板理论

弹性地基板理论是分析水泥混凝土路面荷载应力时最常用的一种理论。考虑到混凝土面层板的厚度不到其平面尺寸的十分之一,荷载作用下板的挠度又远小于其厚度,因此混凝土路面的构造和工作状态符合弹性地基薄板小挠度理论。由于对弹性地基采用的模型不同,可以得出不同弹性地基板的理论解。具有代表性的弹性地基模型,是以地基反应模量表征的文克勒(Winkler)地基,以弹性模量和泊松比表征的弹性半空间地基以及双参数地基。

Winkler 地基也称作稠密液体地基,这种地基模型如同许多互不联系又紧密排列的线性弹簧所组成,地基顶面任一点的挠度仅同作用于该点的压力成正比,而与其他点上的压力无关。此压力同挠度的比例系数 k,称作地基反应模量。弹性半空间地基被看作是均质的半无限连续介质。地基顶面任一点的挠度不仅同作用于该点的压力,也同顶面其他点上的压力有关。这种地基模型采用弹性模量 E_0 和泊松比 μ_0 来表征其弹性性质。

此外,水泥混凝土路面暴露在大气中,直接承受大气温度的影响而产生翘曲和伸缩变形。这些变形受到板自重、地基反力和相邻板的制约,以及面层板与基层接触面间的摩阻力等约束作用时,面层板内就会产生翘曲应力和胀缩应力。

2.2.1　基本假设和弹性曲面方程

弹性地基板理论把刚度大的水泥混凝土面层看作是支承在弹性地基上的小挠度薄板,且板为具有弹性常数弹性模量 E 和泊松比 μ 的等厚弹性体。研究该问题时,对板做如下三点假设:

(1)同其他应变分量相比,垂直于中面方向的正应变,即形变分量 ε_z 很小,可以略去不计。

(2)应力分量 τ_{zx}、τ_{zy} 和 σ_z 远小于其余三个应力分量,它们所引起的形变可以忽略不计。

(3)薄板中面内各点都没有平行于中面的位移。

此外,当板置于弹性地基上并与之共同工作时,还需对板与地基之间的联系做出如下假设:

(4)在变形过程中,板与地基的接触面始终是吻合的,即板底与地基表面的垂直位移是相同的。

(5)在板与地基的接触面上无摩阻力,即接触面上的剪应力等于零。

由本节假设(1)可得:

$$w = w(x,y) \tag{2-27}$$

由本节假设(2)可得:

$$\frac{\partial u}{\partial z} = -\frac{\partial w}{\partial x};\frac{\partial v}{\partial z} = -\frac{\partial w}{\partial y} \tag{2-28}$$

依据上述假设,可由几何方程(2-27)和物理方程(2-28)推导出薄板的应变位移关系式和应力位移关系式如下。

$$\left.\begin{aligned} \varepsilon_x &= \frac{\partial u}{\partial x} \\ \varepsilon_y &= \frac{\partial v}{\partial y} \\ \gamma_{xy} &= \frac{\partial v}{\partial x} + \frac{\partial u}{\partial y} \end{aligned}\right\} \tag{2-29}$$

$$\left.\begin{aligned} \varepsilon_x &= \frac{1}{E}(\sigma_x - \mu\sigma_y) \\ \varepsilon_y &= \frac{1}{E}(\sigma_y - \mu\sigma_x) \\ \gamma_{xy} &= \frac{2(1+\mu)}{E}\tau_{xy} \end{aligned}\right\} \tag{2-30}$$

$$\left.\begin{aligned} \varepsilon_x &= -z\frac{\partial^2 w}{\partial x^2} \\ \varepsilon_y &= -z\frac{\partial^2 w}{\partial x^2} \\ \gamma_{xy} &= -2z\frac{\partial^2 w}{\partial x\partial y} \end{aligned}\right\} \tag{2-31}$$

$$\left.\begin{aligned} \sigma_x &= \frac{E}{1-\mu^2}(\varepsilon_x + \mu\varepsilon_y) = -\frac{Ez}{1-\mu^2}\left(\frac{\partial^2 w}{\partial x^2} + \mu\frac{\partial^2 w}{\partial y^2}\right) \\ \sigma_y &= \frac{E}{1-\mu^2}(\mu\varepsilon_x + \varepsilon_y) = -\frac{Ez}{1-\mu^2}\left(\mu\frac{\partial^2 w}{\partial x^2} + \frac{\partial^2 w}{\partial y^2}\right) \\ \tau_{xy} &= \frac{E}{2(1+\mu)}\gamma_{xy} = -\frac{Ez}{1+\mu}\frac{\partial^2 w}{\partial x\partial y} \end{aligned}\right\} \tag{2-32}$$

式中:σ_x、ε_x——x 方向上的正应力和正应变;

σ_y、ε_y——y 方向上的正应力和正应变;

E、μ——板的弹性模量和泊松比;

w——z 正方向位移,即挠度。

由式(2-31)和式(2-32)可以看出,各应力和应变分量均可表达为挠度的奇函数,且 σ_x、σ_y 和 τ_{xy} 同 z 成正比。这些应力在板全厚上的总和分别等于零,并只可能合成为弯矩和扭矩,即

$$\left.\begin{aligned} M_x &= -D\left(\frac{\partial^2 w}{\partial x^2} + \mu\frac{\partial^2 w}{\partial y^2}\right) \\ M_y &= -D\left(\mu\frac{\partial^2 w}{\partial x^2} + \frac{\partial^2 w}{\partial y^2}\right) \\ M_{xy} &= -D(1-\mu)\frac{\partial^2 w}{\partial x\partial y} \end{aligned}\right\} \tag{2-33}$$

式中：M_x、M_y——x 和 y 方向上的弯矩；

M_{xy}——xy 面上的扭矩；

D——板的弯曲刚度，其表达式为 $D=\frac{Eh^3}{12(1-\mu^2)}$，其中 h 为板厚。

根据板的基本假设及内力与荷载的平衡条件，可以求得板弹性曲面的微分方程。根据图 2-5，由微分单元上的所有力对 x 轴与 y 轴的力矩及 z 轴方向的力的平衡所得关系式化简并略去高阶微量得：

$$\left.\begin{aligned} Q_x &= \frac{\partial M_x}{\partial x}+\frac{\partial M_{yx}}{\partial y} = -D\left(\frac{\partial^3 w}{\partial x^3}+\frac{\partial^3 w}{\partial x\partial y^2}\right) \\ Q_y &= \frac{\partial M_y}{\partial y}+\frac{\partial M_{yx}}{\partial x} = -D\left(\frac{\partial^3 w}{\partial y^3}+\frac{\partial^3 w}{\partial x^2\partial y}\right) \end{aligned}\right\} \tag{2-34}$$

$$\frac{\partial Q_x}{\partial x}+\frac{\partial Q_y}{\partial y}+q=0 \tag{2-35}$$

式中：Q_x、Q_y——yz 和 xz 面上的剪力。

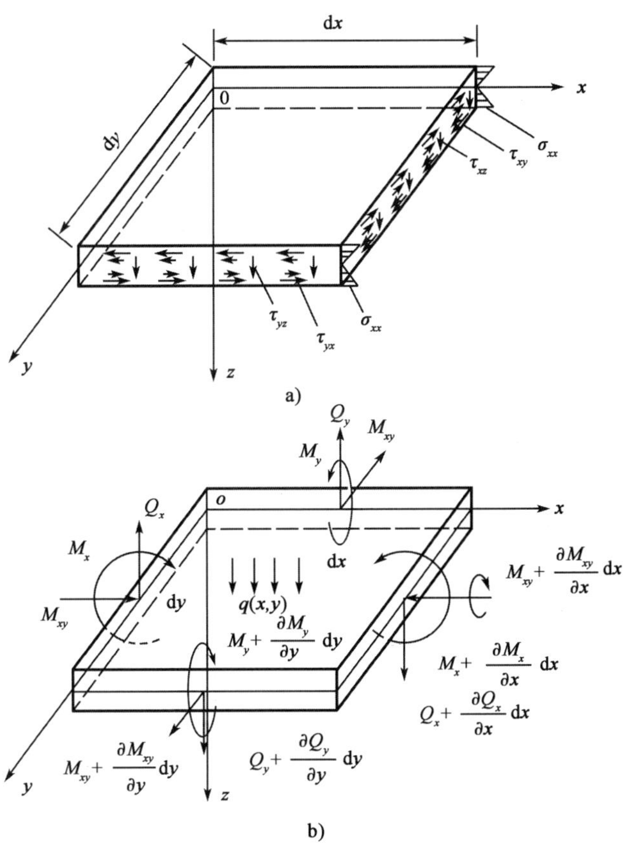

图 2-5　板弯单元体

由式(2-34)和式(2-35)，且 $M_{xy}=M_{yx}$，建立薄板在局部荷载 $q(x,y)$ 和地基反力 $p(x,y)$ 作用下弯曲的挠曲面微分方程为：

$$D\left(\frac{\partial^4 w}{\partial x^4}+2\frac{\partial^4 w}{\partial x^2\partial y^2}+\frac{\partial^4 w}{\partial y^4}\right)=q(x,y)-p(x,y) \tag{2-36}$$

或

$$D\nabla^2\nabla^2 w=q-p \tag{2-37}$$

式中：∇^2——拉普拉斯算子，即 $\nabla^2=\frac{\partial^2}{\partial x^2}+\frac{\partial^2}{\partial y^2}$。

如果采用圆柱坐标，则式(2-37)可改写为：

$$D\nabla^2\nabla^2 w(r,\theta)=q(r,\theta)-p(r,\theta) \tag{2-38}$$

式中：$q(r,\theta)$——作用在板顶面的荷载；

$p(r,\theta)$——作用在板底面的地基反力；

∇——拉普拉斯算子，$\nabla^2=\frac{\partial^2}{\partial r^2}+\frac{1}{r}\cdot\frac{\partial}{\partial r}+\frac{1}{r^2}\cdot\frac{\partial^2}{\partial\theta^2}$。

对于轴对称课题，弹性曲面微分方程为：

$$D\nabla^2\nabla^2 w(r)=q(r)-p(r) \tag{2-39}$$

式中：$\nabla^2=\frac{\mathrm{d}^2}{\mathrm{d}r^2}+\frac{1}{r}\cdot\frac{\mathrm{d}}{\mathrm{d}r}$。

此时应力位移关系式为：

$$\left.\begin{aligned}\sigma_r&=-\frac{Ez}{1-\mu^2}\left(\frac{\mathrm{d}^2 w}{\mathrm{d}r^2}+\frac{\mu}{r}\frac{\mathrm{d}w}{\mathrm{d}r}\right)\\ \sigma_\theta&=-\frac{Ez}{1-\mu^2}\left(\mu\frac{\mathrm{d}^2 w}{\mathrm{d}r^2}+\frac{1}{r}\frac{\mathrm{d}w}{\mathrm{d}r}\right)\end{aligned}\right\} \tag{2-40}$$

弯矩为：

$$\left.\begin{aligned}M_r&=-D\left(\frac{\mathrm{d}^2 w}{\mathrm{d}r^2}+\frac{\mu}{r}\frac{\mathrm{d}w}{\mathrm{d}r}\right)\\ \sigma_\theta&=-D\left(\mu\frac{\mathrm{d}^2 w}{\mathrm{d}r^2}+\frac{1}{r}\frac{\mathrm{d}w}{\mathrm{d}r}\right)\end{aligned}\right\} \tag{2-41}$$

也即：

$$\left.\begin{aligned}\sigma_r&=\frac{Ez}{(1-\mu^2)D}M_r\\ \sigma_\theta&=\frac{Ez}{(1-\mu^2)D}M_\theta\end{aligned}\right\} \tag{2-42}$$

以荷载和地基反力函数代入式(2-36)、式(2-37)或式(2-38)，求解微分方程，可得板中面的挠度曲线 $w(x,y)$、$w(r,\theta)$或 $w(r)$。而后，即可由式(2-32)～式(2-34)，或与之相对应的柱坐标关系式，求得各内力或各应力分量。

弹性地基板在承受局部荷载作用时的挠度和应力分析，可以采用解析法或数值法。前者可以得到精确的解，但有时却得不到，对此可由后者得到近似解，并可考虑较复杂荷载状况、边界条件或板与地基的非线性性质。

2.2.2 弹性地基板的挠度和弯矩解

在建立接触面处地基顶面挠度同地基反力之间的关系时，需对地基建立假设模型，常用的有 Winkler 地基和弹性半空间地基两种模型。

1) Winkler 地基板

Winkler 地基模型采用地基反力与地基顶面的挠度成正比的假设,即

$$\left.\begin{aligned} p(x,y) &= kw(x,y) \\ p(r,\theta) &= kw(r,\theta) \end{aligned}\right\} \tag{2-43}$$

或

当 Winkler 地基上无限大板作用轴对称荷载时(图 2-6),采用柱坐标求解较为方便,此时有:

$$p(r) = kw(r) \tag{2-44}$$

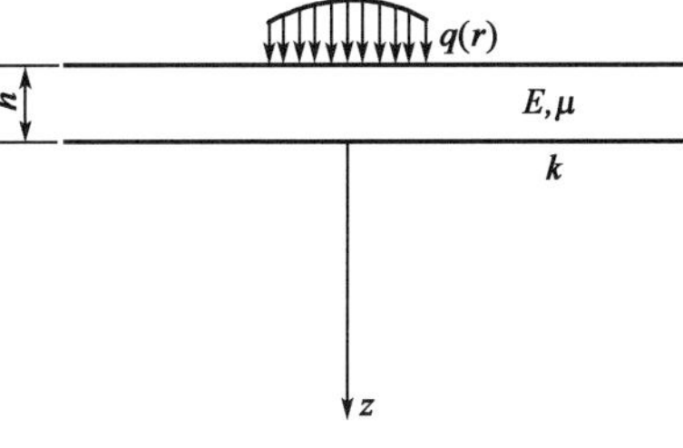

图 2-6 地基无限大板

将式(2-43)代入式(2-38),可得 Winkler 地基板的基本方程为:

$$D\nabla^2\nabla^2 w(r) = q(r) - kw(r) \tag{2-45}$$

采用积分变换方法求解,对式(2-44)两端做零阶 Hankel 变换,可得:

$$D\xi^4\bar{w}(\xi) = \bar{q}(\xi) - k\bar{w}(\xi) \tag{2-46}$$

式中:$\bar{w}(\xi)$、$\bar{q}(\xi)$——分别为板的挠度 $w(r)$ 与荷载 $q(r)$ 的零阶 Hankel 变换。

由式(2-46)解得:

$$\bar{w}(\xi) = \frac{\bar{q}(\xi)}{k + D\xi^4} \tag{2-47}$$

对式(2-47)做反演,并令 $l^4 = \dfrac{D}{k}$,可得挠度表达式为:

$$w(r) = \frac{1}{k}\int_0^\infty \frac{\bar{q}(\xi)J_0(\xi r)\xi}{1 + l^4\xi^4}\mathrm{d}\xi \tag{2-48}$$

将式(2-48)代入式(2-41),可得 Winkler 地基无限大板轴对称课题弯矩的一般公式为:

$$\left.\begin{aligned} M_r &= l^4\int_0^\infty \frac{\bar{q}(\xi)}{1 + l^4\xi^4}\left[\xi J_0(\xi r) - \frac{1-\mu}{r}J_1(\xi r)\right]\xi^2\mathrm{d}\xi \\ M_\theta &= l^4\int_0^\infty \frac{\bar{q}(\xi)}{1 + l^4\xi^4}\left[\mu\xi J_0(\xi r) + \frac{1-\mu}{r}J_1(\xi r)\right]\xi^2\mathrm{d}\xi \end{aligned}\right\} \tag{2-49}$$

式中:$J_0(\xi r)$、$J_1(\xi r)$——分别为一类零阶和一阶 Bessel 函数,以后如无特殊说明,符号意义相同。

(1)集中荷载作用下的解

当板表面作用集中荷载 Q 时,其 Hankel 变换为 $\bar{q}(\xi) = \dfrac{Q}{2\pi}$,将其代入式(2-48)和式(2-41),可得挠度与弯矩为:

$$\left.\begin{aligned}w(r)&=\frac{Q}{2\pi k}\int_0^\infty\frac{J_0(\xi r)\xi}{1+l^4\xi^4}\mathrm{d}\xi\\M_r&=\frac{Ql^4}{2\pi}\int_0^\infty\frac{1}{1+l^4\xi^4}\left[\xi J_0(\xi r)-\frac{1-\mu}{r}J_1(\xi r)\right]\xi^2\mathrm{d}\xi\\M_\theta&=l^4\int_0^\infty\frac{1}{1+l^4\xi^4}\left[\mu\xi J_0(\xi r)+\frac{1-\mu}{r}J_1(\xi r)\right]\xi^2\mathrm{d}\xi\end{aligned}\right\}\tag{2-50}$$

(2)圆形垂直均布荷载作用下的解

当板表面作用半径为 a 的圆形垂直均布荷载 q 时,该荷载的 Hankel 变换为 $\bar{q}(\xi)=\frac{qaJ_1(\xi a)}{\xi}$,将其代入式(2-48)和式(2-41),可得挠度与弯矩为:

$$\left.\begin{aligned}w(r)&=\frac{qa}{k}\int_0^\infty\frac{J_0(\xi r)J_1(\xi a)}{1+l^4\xi^4}\mathrm{d}\xi\\M_r&=qal^4\int_0^\infty\frac{J_1(\xi a)}{1+l^4\xi^4}\left[\xi J_0(\xi r)-\frac{1-\mu}{r}J_1(\xi r)\right]\xi\mathrm{d}\xi\\M_\theta&=qal^4\int_0^\infty\frac{J_1(\xi r)a}{1+l^4\xi^4}\left[\mu\xi J_0(\xi r)+\frac{1-\mu}{r}J_1(\xi r)\right]\xi\mathrm{d}\xi\end{aligned}\right\}\tag{2-51}$$

2)弹性半空间地基板

将弹性半空间地基无限大薄板分别绘成脱离体如图 2-7 所示。板表面作用已知轴对称荷载 $q(r)$,在板底面作用未知的轴对称反力 $p(r)$,而在地基表面作用着由板传递下来的轴对称荷载 $p(r)$,此时地基表面的垂直位移,即板的挠度由式(2-13)得:

$$w(r)=\frac{2(1-\mu_0^2)}{E_0}\int_0^\infty\bar{p}(\xi)J_0(\xi r)\mathrm{d}\xi\tag{2-52}$$

式中:E_0、μ_0——均质弹性半空间地基的弹性模量和泊松比;

$\bar{p}(\xi)$——$p(r)$的零阶 Hankel 变换式。

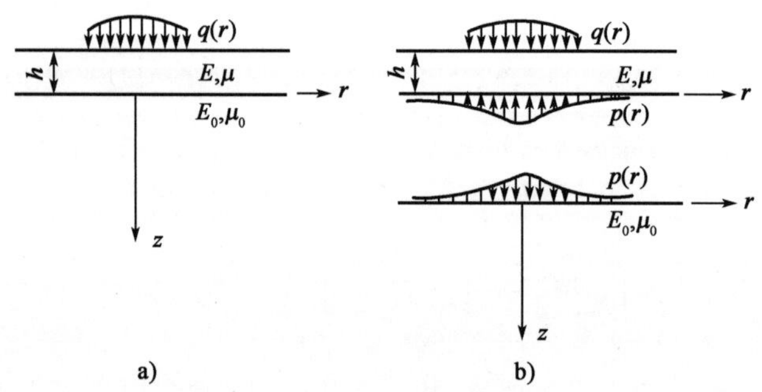

图 2-7　无限大板脱离体

将式(2-52)代入轴对称课题弹性地基板的挠曲面微分方程式(2-39),做 Hankel 变换反演,整理后可得:

$$\bar{p}(\xi)=\frac{\bar{q}(\xi)}{1+l^3\xi^3}\tag{2-53}$$

式中：l——板的相对刚度半径，$l=\sqrt[3]{\dfrac{2D(1-\mu_0^2)}{E_0}}=h\sqrt[3]{\dfrac{E(1-\mu_0^2)}{6E_0(1-\mu_1^2)}}$；

$\bar{q}(\xi)$ ——$q(r)$的零阶 Hankel 变换式。

对式(2-53)做 Hankel 变换反演，即可得到板底反力函数的一般解为：

$$p(r)=\int_0^\infty \frac{\bar{q}(\xi)J_0(\xi r)\xi\mathrm{d}\xi}{1+l^3\xi^3} \tag{2-54}$$

将式(2-54)代入式(2-52)，可得板的挠度 $w(r)$，再代入式(2-41)，可得弹性半空间地基板的挠度与弯矩解为：

$$\left.\begin{aligned}
w(r)&=\frac{2(1-\mu_0^2)}{E_0}\int_0^\infty \frac{\bar{q}(\xi)J_0(\xi r)}{1+l^3\xi^3}\mathrm{d}\xi\\
M_r&=\int_0^\infty \frac{\bar{q}(\xi)}{l^{-3}+\xi^3}\left[\xi J_0(\xi r)-\frac{1-\mu}{r}J_1(\xi r)\right]\mathrm{d}\xi\\
M_\theta&=\int_0^\infty \frac{\bar{q}(\xi)}{l^{-3}+\xi^3}\left[\mu\xi J_0(\xi r)+\frac{1-\mu}{r}J_1(\xi r)\right]\mathrm{d}\xi
\end{aligned}\right\} \tag{2-55}$$

(1)集中荷载作用下的解

当板上作用集中荷载 Q 作用时，其 Hankel 变换为 $\bar{q}(\xi)=\dfrac{Q}{2\pi}$。将其代入式(2-54)和式(2-55)，得到弹性半空间地基上无限大板的挠度、反力及弯矩为：

$$\left.\begin{aligned}
w(r)&=\frac{(1-\mu_0^2)Q}{\pi E_0}\int_0^\infty \frac{J_0(\xi r)}{1+l^3\xi^3}\mathrm{d}\xi\\
p(r)&=\frac{Q}{2\pi}\int_0^\infty \frac{J_0(\xi r)}{1+l^3\xi^3}\xi\mathrm{d}\xi\\
M_r&=\frac{Q}{2\pi}\int_0^\infty \frac{\xi}{l^{-3}+\xi^3}\left[\xi J_0(\xi r)-\frac{1-\mu}{r}J_1(\xi r)\right]\mathrm{d}\xi\\
M_\theta&=\frac{Q}{2\pi}\int_0^\infty \frac{\xi}{l^{-3}+\xi^3}\left[\mu\xi J_0(\xi r)+\frac{1-\mu}{r}J_1(\xi r)\right]\mathrm{d}\xi
\end{aligned}\right\} \tag{2-56}$$

在荷载作用点($r=0$)的挠度和反力分别为：

$$\left.\begin{aligned}
w(0)&=\frac{2\sqrt{3}(1-\mu_0^2)Q}{9E_0l}=0.3849\,\frac{(1-\mu_0^2)Q}{E_0l}\\
p(0)&=\frac{\sqrt{3}Q}{9l^2}=0.1925\,\frac{Q}{l^2}
\end{aligned}\right\} \tag{2-57}$$

(2)圆形垂直均布荷载 q 作用下的解

半径为 a、集度为 q 的圆形垂直均布荷载的荷载函数为：

$$q(r)=\begin{cases}\dfrac{Q}{\pi a^2} & 0\leqslant r<a\\[2mm] 0 & r>a\end{cases}$$

其 Hankel 变换为：

$$\bar{q}(\xi)=\begin{cases}\dfrac{QJ_1(\xi a)}{\pi a\xi} & 0\leqslant r<a\\ 0 & r>a\end{cases}$$

将其代入式(2-54)和式(2-55),得到弹性半空间地基上无限大板在圆形均布垂直荷载作用下的挠度、反力和弯矩为:

$$\left.\begin{aligned}w(r)&=\frac{2(1-\mu_0^2)Q}{\pi aE_0}\int_0^\infty\frac{J_0(\xi r)J_1(\xi a)}{\xi(1+l^3\xi^3)}\mathrm{d}\xi\\p(r)&=\frac{Q}{\pi a}\int_0^\infty\frac{J_0(\xi r)J_1(\xi a)}{1+l^3\xi^3}\mathrm{d}\xi\\M_r&=\frac{Q}{\pi a}\int_0^\infty\frac{J_1(\xi a)}{l^{-3}+\xi^3}\left[\xi J_0(\xi r)-\frac{1-\mu}{r}J_1(\xi r)\right]\mathrm{d}\xi\\M_\theta&=\frac{Q}{\pi a}\int_0^\infty\frac{J_1(\xi a)}{l^{-3}+\xi^3}\left[\mu\xi J_0(\xi r)+\frac{1-\mu}{r}J_1(\xi r)\right]\mathrm{d}\xi\end{aligned}\right\}\tag{2-58}$$

3)弹性层状半空间地基板

弹性层状地基假定及层状地基板求解与弹性地基板相似,其弹性层状地基由有限层次的弹性层状体与弹性半空间体组成。其假设和解法如2.1节。对于多层地基板的求解比较麻烦,由于其解法同双层弹性地基板类似,此处仅讨论弹性双层地基上薄板的解。

双层弹性体系地基是由有限厚度的弹性层与弹性半空间体组成。弹性层与半空间体的接触面可以是完全连续或绝对光滑的,其计算图示如图2-8a)所示。

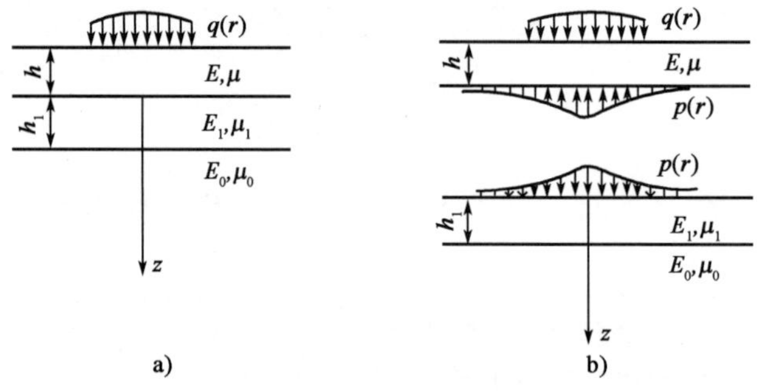

图2-8 层状半空间地基板

在图2-8b)的双层地基板的脱离体图中,板上下表面分别作用轴对称荷载 $q(r)$ 及轴对称反力 $p(r)$,$p(r)$ 也作用在双层地基的表面上。与均质弹性半空间地基板的求解相类似,板的弹性曲面方程仍为式(2-39),板的挠度即双层弹性体系地基表面的位移 $w(r)$,可借助弹性双层体系理论解求取,结果为:

$$w(r)=\frac{2(1-\mu_1^2)}{E_1}\int_0^\infty\bar{p}(\xi)J_0(\xi r)\frac{LMe^{-4\xi h_1}-4\xi h_1Me^{-2\xi h_1}-1}{4\xi^2h_1^2Me^{-2\xi h_1}-(1-Le^{-2\xi h_1})(1-Me^{-2\xi h_1})}\mathrm{d}\xi\tag{2-59}$$

式中:$\bar{p}(\xi)$——$p(r)$ 的Hankel变换;

$L=\dfrac{3-4\mu_0-m_0(3-4\mu_1)}{3-4\mu_0+m_0}$;

$M=\dfrac{1-m_0}{m_0(3-4\mu_1)+1}$;

$m_0=\dfrac{(1+\mu_1)E_0}{(1+\mu_0)E_1}$;

其余符号见图2-8。

双层地基板的求解可仿照弹性均质半空间地基板的方法与步骤进行。将式(2-39)做Hankel积分变换后代入式(2-59),可得:

$$w(r)=\frac{2(1-\mu_1^2)}{E_1}\int_0^\infty[\bar{q}(\xi)-D\xi^4\bar{w}(\xi)]J_0(\xi r)\times\frac{LMe^{-4\xi h_1}-4\xi h_1Me^{-2\xi h_1}-1}{4\xi^2h_1^2Me^{-2\xi h_1}-(1-Le^{-2\xi h_1})(1-Me^{-2\xi h_1})}\mathrm{d}\xi \tag{2-60}$$

又由Hankel反演定理知:

$$w(r)=\int_0^\infty\bar{w}(\xi)J_0(\xi r)\xi\mathrm{d}\xi \tag{2-61}$$

对比式(2-60)和式(2-61),可得:

$$\bar{w}(\xi)=\frac{2(1-\mu_1^2)}{E_1}\frac{\bar{q}(\xi)}{q}\times\frac{LMe^{-4\xi h_1}-4\xi h_1Me^{-2\xi h_1}-1}{4\xi^2h_1^2Me^{-2\xi h_1}-(1-Le^{-2\xi h_1})(1-Me^{-2\xi h_1})+l^3\xi^3(LMe^{-4\xi h_1}-4\xi h_1Me^{-2\xi h_1}-1)}\mathrm{d}\xi \tag{2-62}$$

式中:$l=\sqrt[3]{\dfrac{2D(1-\mu_1^2)}{E_1}}=h\sqrt[3]{\dfrac{E(1-\mu_1^2)}{6E_0(1-\mu^2)}}$。

如令 $\eta=LMe^{-4\xi h_1}-4\xi h_1Me^{-2\xi h_1}-1\lambda=4\xi^2h_1^2Me^{-2\xi h_1}-(1-Le^{-2\xi h_1})(1-Me^{-2\xi h_1})+l^3\xi^3\eta$,则

$$\bar{w}(\xi)=\frac{2(1-\mu_1^2)}{E_1}\frac{\bar{q}(\xi)}{\xi}\frac{\eta}{\lambda} \tag{2-63}$$

反演得:

$$w(r)=\frac{2(1-\mu_1^2)}{E_1}\int_0^\infty\bar{q}(\xi)J_0(\xi r)\frac{\eta}{\lambda}\mathrm{d}\xi \tag{2-64}$$

将式(2-61)代入式(2-38)的Hankel变换式,得:

$$\bar{p}(\xi)=\bar{q}(\xi)\left(1-l^3\xi^3\frac{\eta}{\lambda}\right) \tag{2-65}$$

反演得:

$$p(r)=\int_0^\infty\bar{q}(\xi)J_0(\xi r)\left(1-l^3\xi^3\frac{\eta}{\lambda}\right)\xi\mathrm{d}\xi \tag{2-66}$$

将式(2-63)代入式(2-45),可得弹性双层连续地基板的弯矩为:

$$\left.\begin{aligned}M_r&=l^3\int_0^\infty\bar{q}(\xi)\left[\xi J_0(\xi r)-\frac{1-\mu}{r}J_1(\xi r)\right]\frac{\eta}{\lambda}\xi\mathrm{d}\xi\\M_\theta&=l^3\int_0^\infty\bar{q}(\xi)\left[\mu\xi J_0(\xi r)+\frac{1-\mu}{r}J_1(\xi r)\right]\frac{\eta}{\lambda}\xi\mathrm{d}\xi\end{aligned}\right\} \tag{2-67}$$

当地基为双层滑动体系乃至多层体系时,也可按上述方法求得相应地基板的挠度、反力及

弯矩解。

(1)集中荷载作用下的解

弹性层状半空间地基上无限大板在集中荷载 Q 作用下,其 Hankel 变换与弹性半空间地基板相同,可得板的挠度、反力和弯矩解为:

$$\left.\begin{aligned}
w(r) &= \frac{(1-\mu_1^2)Q}{\pi E_1}\int_0^\infty J_0(\xi r)\ \frac{\eta}{\lambda}\mathrm{d}\xi \\
p(r) &= \frac{Q}{2\pi}\int_0^\infty J_0(\xi r)\left(1 - l^3\xi^3\ \frac{\eta}{\lambda}\right)\xi\mathrm{d}\xi \\
M_r &= \frac{l^3 Q}{2\pi}\int_0^\infty \left[\xi J_0(\xi r) - \frac{1-\mu}{r}J_1(\xi r)\right]\frac{\eta}{\lambda}\xi\mathrm{d}\xi \\
M_\theta &= \frac{l^3 Q}{2\pi}\int_0^\infty \left[\mu\xi J_0(\xi r) + \frac{1-\mu}{r}J_1(\xi r)\right]\frac{\eta}{\lambda}\xi\mathrm{d}\xi
\end{aligned}\right\} \tag{2-68}$$

(2)圆形垂直均布荷载作用下的解

弹性层状半空间地基上无限大板在半径为 a 的圆形垂直均布荷载 q(总荷载 Q)作用下,其荷载分布函数及 Hankel 变换与弹性半空间地基板相同,可得板的挠度、反力和弯矩解为:

$$\left.\begin{aligned}
w(r) &= \frac{2(1-\mu_1^2)Q}{\pi a E_1}\int_0^\infty \frac{J_0(\xi r)J_1(\xi a)}{\xi}\ \frac{\eta}{\lambda}\mathrm{d}\xi \\
p(r) &= \frac{Q}{\pi a}\int_0^\infty J_0(\xi r)J_1(\xi a)\left(1 - l^3\xi^3\ \frac{\eta}{\lambda}\right)\mathrm{d}\xi \\
M_r &= \frac{l^3 Q}{\pi a}\int_0^\infty J_1(\xi a)\left[\xi J_0(\xi r) - \frac{1-\mu}{r}J_1(\xi r)\right]\frac{\eta}{\lambda}\mathrm{d}\xi \\
M_\theta &= \frac{l^3 Q}{2\pi}\int_0^\infty J_1(\xi a)\left[\mu\xi J_0(\xi r) + \frac{1-\mu}{r}J_1(\xi r)\right]\frac{\eta}{\lambda}\mathrm{d}\xi
\end{aligned}\right\} \tag{2-69}$$

2.2.3 弹性地基上的双层板

混凝土路面的基层如果采用刚度大、强度高的材料,如贫混凝土,可近似地当作弹性薄板,则路面结构可模型化为弹性地基上由面层板和基层板组成的双层板。旧混凝土路面上加铺新的混凝土面层时,也可将其看作弹性地基上的双层板。面层板和基层板之间,按照接触条件的不同,可分为 3 种情况:①层间绝对光滑接触;②层间完全连续接触;③介于绝对光滑和完全连续之间的部分结合。

一种简化的双层板应力分析方法是将不同接触状况的双层板转换为刚度相当的单层板。然后按弹性地基上的当量单层板计算荷载作用下的应力,再根据上、下层板的刚度计算其所分担的弯矩和应力。分析时面层与基层的接触条件取绝对光滑、完全连续和介于连续和光滑之间三种情况,即按分离式、结合式及部分结合式双层板分别计算。

1)弹性地基上的分离式双层板

对于如图 2-9a)所示轴对称垂直荷载作用下弹性地基上的分离式无限大双层板,可将两层板及地基分别绘成图 2-9b)所示的分离体进行求解。在板 2 的表面作用有已知的轴对称荷载 $q(r)$,在板底面作用着轴对称反力 $p_2(r)$,此 $p_2(r)$ 即为板 1 的表面荷载,在板 1 的底面作用

着轴对称反力 $p_1(r)$,$p_1(r)$ 也即弹性半空间体的表面荷载。

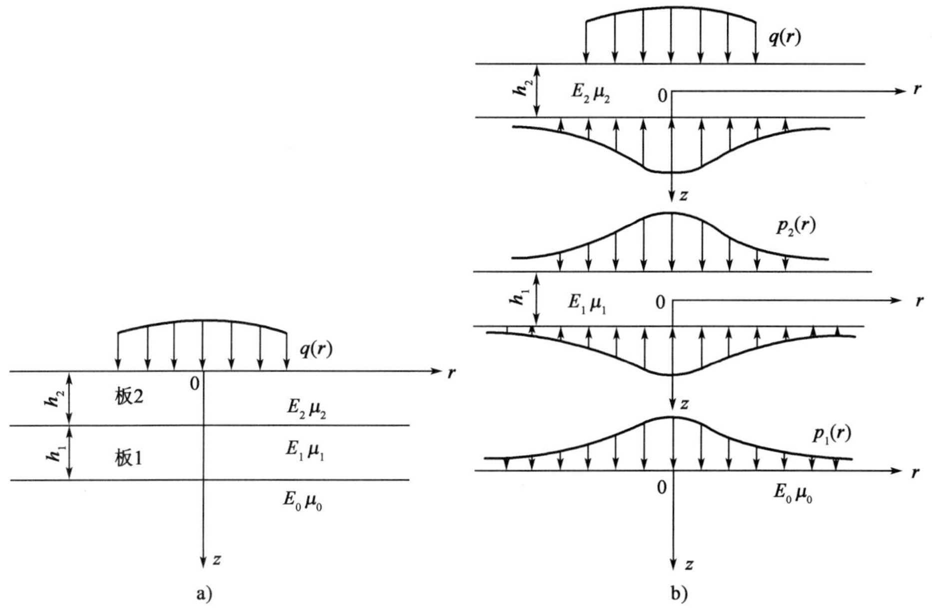

图 2-9 分离式双层板

分离式双层板层间无摩阻力,其上层板和下层板在荷载作用下分别绕各自中性面弯曲,其应力 σ_r 和应变 ε_r 沿板厚分布如图 2-10 所示。

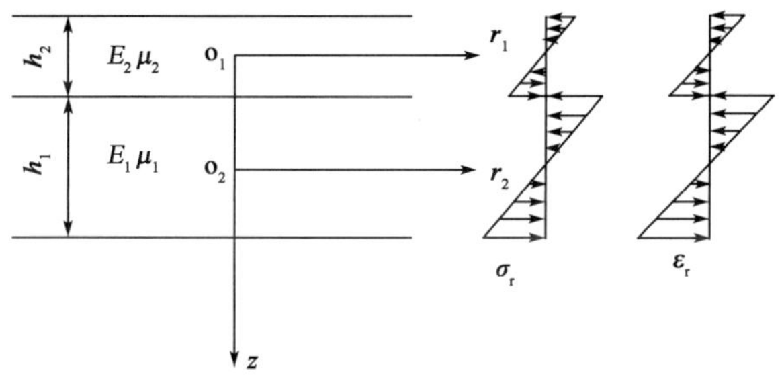

图 2-10 σ_r、ε_r 分布图

对这种分离式双层板的求解,按照小挠度薄板理论,上板与下板的弹性曲面方程分别为:

$$\left.\begin{aligned} D_2\nabla^2\nabla^2 w(r) &= q(r) - p_2(r) \\ D_1\nabla^2\nabla^2 w(r) &= p_2(r) - p_1(r) \end{aligned}\right\} \tag{2-70}$$

式中:$q(r)$——作用于双层板表面的已知轴对称荷载;

$p_2(r)$——上下板层间的轴对称反力;

$p_1(r)$——地基反力;

D_2、D_1——上板与下板的弯曲刚度,即

$$D_2 = \frac{E_2 h_2^3}{12(1-\mu_1^2)};D_1 = \frac{E_1 h_1^3}{12(1-\mu_1^2)} \tag{2-71}$$

$w(r)$——板的挠度，根据薄板假设，两板的挠度相等，且等于地基表面的垂直位移。

将式(2-70)中的两式相加，可以得到：

$$(D_2 + D_1)\nabla^2\nabla^2 w(r) = q(r) - p_1(r) \tag{2-72}$$

令 $D_f = D_2 + D_1$，可得：

$$D_f\nabla^2\nabla^2 w(r) = q(r) - p_1(r) \tag{2-73}$$

该式与轴对称课题弹性地基上单层板的弹性曲面方程(2-39)相仿，因而可以得到分离式双层板的挠度为：

$$w(r) = \frac{2(1-\mu_0^2)}{E_0}\int_0^{\infty}\frac{\bar{q}(\xi)J_0(\xi r)}{1+l_f^3\xi^3}\mathrm{d}\xi \tag{2-74}$$

式中：$l_f = \sqrt[3]{\dfrac{2D_f(1-\mu_0^2)}{E_0}} = \sqrt[3]{\dfrac{1-\mu_0^2}{6E_0}\left(\dfrac{E_2h_2^3}{1-\mu_2^2}+\dfrac{E_1h_1^3}{1-\mu_1^2}\right)}$。

地基表面的荷载为：

$$p_1(r) = \int_0^{\infty}\frac{\bar{q}(\xi)J_0(\xi r)\xi}{1+l_f^3\xi^3}\mathrm{d}\xi \tag{2-75}$$

对式(2-70)中第二式两端做 Hankel 变换，并将 $\bar{w}(\xi)$ 与 $\bar{p}_1(\xi)$ 代入所得试验结果，可得双层板层间反力为：

$$p_2(r) = \int_0^{\infty}\frac{\bar{q}(\xi)(1+l_1^3\xi^3)J_0(\xi r)}{1+l_f^3\xi^3}\mathrm{d}\xi \tag{2-76}$$

式中：$l_1 = \sqrt[3]{\dfrac{2D_1(1-\mu_0^2)}{E_0}} = h_1\sqrt[3]{\dfrac{E_1(1-\mu_0^2)}{6E_0(1-\mu_1^2)}}$。

上板的弯矩为：

$$\left.\begin{aligned} M_{r2} &= -D_2\left(\frac{\mathrm{d}^2w}{\mathrm{d}r^2}+\frac{\mu_2}{r}\frac{\mathrm{d}w}{\mathrm{d}r}\right) = l_2^3\int_0^{\infty}\frac{\bar{q}(\xi)}{1+l_f^3\xi^3}\left[\xi J_0(\xi r) - \frac{1-\mu_2}{r}J_1(\xi r)\right]\mathrm{d}\xi \\ M_{\theta 2} &= -D_2\left(\mu_2\frac{\mathrm{d}^2w}{\mathrm{d}r^2}+\frac{1}{r}\frac{\mathrm{d}w}{\mathrm{d}r}\right) = l_2^3\int_0^{\infty}\frac{\bar{q}(\xi)}{1+l_f^3\xi^3}\left[\mu_2\xi J_0(\xi r) + \frac{1-\mu_2}{r}J_1(\xi r)\right]\mathrm{d}\xi \end{aligned}\right\} \tag{2-77}$$

下板的弯矩为：

$$\left.\begin{aligned} M_{r1} &= -D_1\left(\frac{\mathrm{d}^2w}{\mathrm{d}r^2}+\frac{\mu_1}{r}\frac{\mathrm{d}w}{\mathrm{d}r}\right) = l_1^3\int_0^{\infty}\frac{\bar{q}(\xi)}{1+l_f^3\xi^3}\left[\xi J_0(\xi r) - \frac{1-\mu_1}{r}J_1(\xi r)\right]\mathrm{d}\xi \\ M_{\theta 1} &= -D_2\left(\mu_1\frac{\mathrm{d}^2w}{\mathrm{d}r^2}+\frac{1}{r}\frac{\mathrm{d}w}{\mathrm{d}r}\right) = l_2^3\int_0^{\infty}\frac{\bar{q}(\xi)}{1+l_f^3\xi^3}\left[\mu_1\xi J_0(\xi r) + \frac{1-\mu_1}{r}J_1(\xi r)\right]\mathrm{d}\xi \end{aligned}\right\} \tag{2-78}$$

上下板承受的总弯矩为两板各自承受的弯矩之和，即

$$\left.\begin{aligned} M_r &= M_{r1} + M_{r2} = -(D_2+D_1)\frac{\mathrm{d}^2w}{\mathrm{d}r^2} - (\mu_2D_2+\mu_1D_1)\frac{1}{r}\frac{\mathrm{d}w}{\mathrm{d}r} \\ M_\theta &= M_{\theta 1} + M_{\theta 2} = -(\mu_2D_2+\mu_1D_1)\frac{\mathrm{d}^2w}{\mathrm{d}r^2} - (D_2+D_1)\frac{1}{r}\frac{\mathrm{d}w}{\mathrm{d}r} \end{aligned}\right\} \tag{2-79}$$

当 $\mu_1 = \mu_2 = \mu$ 时，有：

$$\left.\begin{aligned} M_r &= -(D_2+D_1)\left(\frac{\mathrm{d}^2w}{\mathrm{d}r^2}+\frac{\mu}{r}\frac{\mathrm{d}w}{\mathrm{d}r}\right) = -D_\mathrm{f}\left(\frac{\mathrm{d}^2w}{\mathrm{d}r^2}+\frac{\mu}{r}\frac{\mathrm{d}w}{\mathrm{d}r}\right) \\ M_\theta &= -(D_2+D_1)\left(\mu\frac{\mathrm{d}^2w}{\mathrm{d}r^2}+\frac{1}{r}\frac{\mathrm{d}w}{\mathrm{d}r}\right) = -D_\mathrm{f}\left(\mu\frac{\mathrm{d}^2w}{\mathrm{d}r^2}+\frac{1}{r}\frac{\mathrm{d}w}{\mathrm{d}r}\right) \end{aligned}\right\} \tag{2-80}$$

因此,上下板的总弯矩可表示为:

$$\left.\begin{aligned} M_r &= \int_0^\infty \frac{\bar{q}(\xi)}{l_\mathrm{f}^{-3}+\xi^3}\left[\xi J_0(\xi r) - \frac{1-\mu}{r}J_1(\xi r)\right]\mathrm{d}\xi \\ M_\theta &= \int_0^\infty \frac{\bar{q}(\xi)}{l_\mathrm{f}^{-3}+\xi^3}\left[\mu\xi J_0(\xi r) + \frac{1-\mu}{r}J_1(\xi r)\right]\mathrm{d}\xi \end{aligned}\right\} \tag{2-81}$$

以上各式中:$l_\mathrm{f} = \sqrt[3]{\dfrac{2D_\mathrm{f}(1-\mu_0^2)}{E_0}} = \sqrt[3]{\dfrac{(1-\mu_0^2)}{6E_0(1-\mu^2)}(E_2h_2^3+E_1h_1^3)}$;

$l_1 = \sqrt[3]{\dfrac{2D_1(1-\mu_0^2)}{E_0}} = h_1\sqrt[3]{\dfrac{E_1(1-\mu_0^2)}{6E_0(1-\mu^2)}}$;

$l_2 = \sqrt[3]{\dfrac{2D_2(1-\mu^2)}{E_0}} = h_2\sqrt[3]{\dfrac{E_2(1-\mu^2)}{6E_1(1-\mu^2)}} = h_2\sqrt[3]{\dfrac{E_2}{6E_1}}$。

由式(2-77)、式(2-78)及式(2-80)的对比分析,可以得到上下板各自的弯矩与总弯矩的关系:

$$\left.\begin{aligned} M_{r2} &= \frac{D_2}{D_\mathrm{f}}M_r = \frac{E_2h_2^3}{E_2h_2^3+E_1h_1^3}M_r \\ M_{\theta 2} &= \frac{D_2}{D_\mathrm{f}}M_\theta = \frac{E_2h_2^3}{E_2h_2^3+E_1h_1^3}M_\theta \\ M_{r1} &= \frac{D_1}{D_\mathrm{f}}M_r = \frac{E_1h_1^3}{E_2h_2^3+E_1h_1^3}M_r \\ M_{\theta 1} &= \frac{D_2}{D_\mathrm{f}}M_r = \frac{E_1h_1^3}{E_2h_2^3+E_1h_1^3}M_r \end{aligned}\right\} \tag{2-82}$$

2)弹性地基上的结合式双层板

结合式双层板层间无相对位移,在荷载作用下的表现如同单层板,围绕着一个中性面弯曲(图2-11)。中性面的位置随着上、下层板的厚度和弹性模量而异,可近似按作用于两板横截面上的合力为零推演得到,即

$$\int_2 \sigma_2 z\mathrm{d}z + \int_1 \sigma_1 z\mathrm{d}z = 0 \tag{2-83}$$

如取 $\mu_1 = \mu_2 = \mu$,则合力为零的条件表示为:

$$-\frac{E_2}{1-\mu^2}\left(\frac{\mathrm{d}^2w}{\mathrm{d}r^2}+\frac{\mu}{r}\frac{\mathrm{d}w}{\mathrm{d}r}\right)\int_2 z\mathrm{d}z - \frac{E_1}{1-\mu^2}\left(\frac{\mathrm{d}^2w}{\mathrm{d}r^2}+\frac{\mu}{r}\frac{\mathrm{d}w}{\mathrm{d}r}\right)\int_1 z\mathrm{d}z = 0 \tag{2-84}$$

按图2-11所示的积分限,则有:

$$E_2\int_{-h_0}^{-(h_0-h_2)} z\mathrm{d}z + E_1\int_{-(h_0-h_2)}^{h_1-(h_0-h_2)} z\mathrm{d}z = 0 \tag{2-85}$$

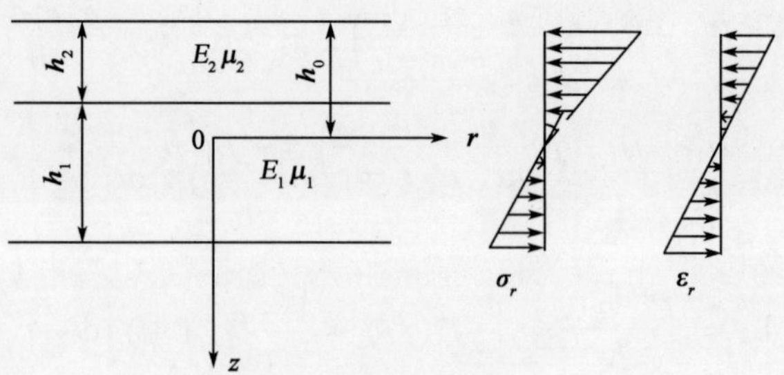

图 2-11　结合式双层板

积分可得中性面的位置为:

$$h_0 = \frac{E_1 h_1^2 + 2E_1 h_1 h_2 + E_2 h_2^2}{2(E_1 h_1 + E_2 h_2)} \tag{2-86}$$

结合式双层板所承受的径向总弯矩为:

$$M_r = -\frac{1}{1-\mu^2}\left(\frac{\mathrm{d}^2 w}{\mathrm{d}r^2} + \frac{\mu}{r}\frac{\mathrm{d}w}{\mathrm{d}r}\right)\left[E_2\int_{-h_0}^{-(h_0-h_2)} z^2\mathrm{d}z + \int_{-(h_0-h_2)}^{h_1-(h_0-h_2)} z^2\mathrm{d}z\right] \tag{2-87}$$

如令:

$$\begin{aligned} D_j &= \frac{1}{1-\mu^2}\left[E_2\int_{-h_0}^{-(h_0-h_2)} z^2\mathrm{d}z + \int_{-(h_0-h_2)}^{h_1-(h_0-h_2)} z^2\mathrm{d}z\right] \\ &= \frac{E_1[(h_1+h_2-h_0)^3 - (h_2-h_0)^3] + E_2[(h_2-h_0)^3 + h_0^3]}{3(1-\mu^2)} \end{aligned} \tag{2-88}$$

则

$$\left.\begin{aligned} M_r &= -D_\mathrm{j}\left(\frac{\mathrm{d}^2 w}{\mathrm{d}r^2} + \frac{\mu}{r}\frac{\mathrm{d}w}{\mathrm{d}r}\right) \\ M_\theta &= -D_\mathrm{j}\left(\mu\frac{\mathrm{d}^2 w}{\mathrm{d}r^2} + \frac{1}{r}\frac{\mathrm{d}\omega}{\mathrm{d}r}\right) \end{aligned}\right\} \tag{2-89}$$

式中:D_j——结合式双层板的弯曲刚度。

同求弹性地基上无限大板轴对称课题一样,可获得结合式双层板的挠度与地基反力表达式为:

$$\left.\begin{aligned} w(r) &= \frac{2(1-\mu_0^2)}{E_0}\int_0^\infty \frac{\bar{q}(\xi)J_0(\xi r)}{1+l_\mathrm{j}^3\xi^3}\mathrm{d}\xi \\ p(r) &= \int_0^\infty \frac{\bar{q}(\xi)J_0(\xi r)\xi}{1+l_\mathrm{j}^3\xi^3}\mathrm{d}\xi \end{aligned}\right\} \tag{2-90}$$

式中:$l_\mathrm{j} = \sqrt[3]{\dfrac{2D_\mathrm{j}(1-\mu_0^2)}{E_0}}$

$= \sqrt{\dfrac{2(1-\mu_0^2)}{3E_0(1-\mu^2)}\{E_1[(h_1+h_2-h_0)^3 - (h_2-h_0)^3] + E_2[(h_2-h_0)^3 + h_0^3]\}}$ 。

为求得结合式双层板径向与切向总弯矩,将式(2-90)中的挠度代入式(2-89),可得:

$$\left.\begin{aligned}M_r &= \int_0^\infty \frac{\bar{q}(\xi)}{l_j^{-3}+\xi^3}\left[\xi J_0(\xi r) - \frac{1-\mu}{r}J_1(\xi r)\right]d\xi \\ M_\theta &= \int_0^\infty \frac{\bar{q}(\xi)}{l_j^{-3}+\xi^3}\left[\mu\xi J_0(\xi r) + \frac{1-\mu}{r}J_1(\xi r)\right]d\xi\end{aligned}\right\} \tag{2-91}$$

为从弯矩求上下板的应力，由式(2-42)弯矩与应力的关系可以得出上下层板的弯曲应力为：

$$\left.\begin{aligned}\sigma_{r2} &= \frac{E_2 z}{(1-\mu^2)D_j}M_r;\sigma_{r1} = \frac{E_1 z}{(1-\mu^2)D_j}M_r \\ \sigma_{\theta 2} &= \frac{E_2 z}{(1-\mu^2)D_j}M_\theta;\sigma_{\theta 1} = \frac{E_1 z}{(1-\mu^2)D_j}M_\theta\end{aligned}\right\} \tag{2-92}$$

当计算上层板底面的应力时，取 $z=-(h_0-h_2)$，计算下层板底面应力时，取 $z=h_1+h_2-h_0$。

在做具体计算时，可根据已知荷载，写出其 Hankel 变换，例如集中荷载 $\bar{q}(\xi)=\dfrac{Q}{2\pi}$，圆形均布荷载 $\bar{q}(\xi)=\dfrac{QJ_1(\xi a)}{\pi a\xi}$。再将其代入相应的表达式，则可得已知荷载作用的弹性地基双层板的挠度、反力及弯矩表达式。

3）部分结合式双层板

分离式双层上下层各有一个中性面，位于相应层板截面的一半厚度处。结合式双层板由于上下层处于完全黏结状态，因而只有一个中性面。部分结合式上下层的工作状态介于分离式和结合式双层板之间，有两个中性面，并随上下板的结合情形不同而上下移动，当上下层从完全分离的状态向完全结合的状态过渡时，两个中性面逐渐向一起靠拢。

对于部分结合式双层板中性面的位置变化近似用系数 η 表示，如图 2-12 所示，当为分离式双层板时，$\eta=0$；结合式双层板时，$\eta=1$。部分结合式上下层中性面距分离式双层板上下层中性面的距离分别为$\left(h_0-\dfrac{h_2}{2}\right)\eta$ 及$\left(\dfrac{h_1}{2}+h_2-h_0\right)\eta$，其中 h_0 见式(2-86)。

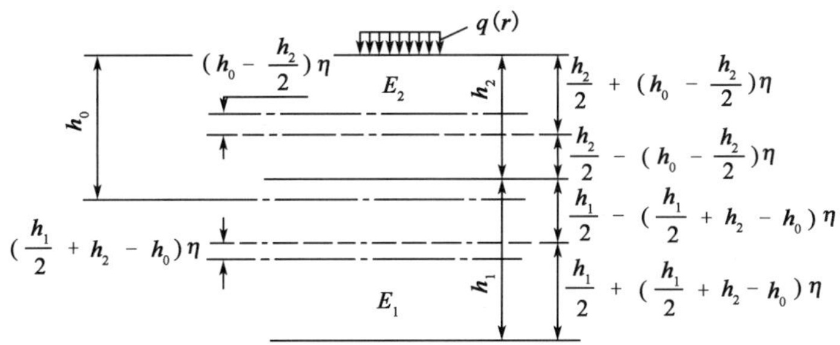

图 2-12　部分结合式双层板计算图式

轴对称荷载作用下部分结合式双层板的总弯矩为：

$$M_r = -\frac{1}{1-\mu^2}\left(\frac{\partial^2 w}{\partial r^2}+\frac{\mu}{r}\frac{\partial w}{\partial r}\right)\left(E_1\int_{z_1}^{z_2} z^2 dz + E_2\int_{z_3}^{z_4} z^2 dz\right) \tag{2-93}$$

式中积分限分别为：

$$\left.\begin{aligned}z_1 &= -\left[\frac{h_1}{2}+\left(\frac{h_1}{2}+h_2-h_0\right)\eta\right]\\z_2 &= \frac{h_1}{2}-\left(\frac{h_1}{2}+h_2-h_0\right)\eta\\z_3 &= -\left[\frac{h_2}{2}-\left(h_0-\frac{h_2}{2}\right)\eta\right]\\z_4 &= \frac{h_2}{2}+\left(h_0-\frac{h_2}{2}\right)\eta\end{aligned}\right\}\tag{2-94}$$

式(2-93)积分得:

$$M_r = -\frac{G}{3(1-\mu^2)}\left(\frac{\partial^2 w}{\partial r^2}+\frac{1}{r}\frac{\partial w}{\partial r}\right)\tag{2-95}$$

式中:$G = E_1\left\{\left[\frac{h_1}{2}-\left(\frac{h_1}{2}+h_2-h_0\right)\eta\right]^3+\left[\frac{h_1}{2}+\left(\frac{h_1}{2}+h_2-h_0\right)\eta\right]^3\right\}+E_2\left\{\left[\frac{h_2}{2}+\left(h_0-\frac{h_2}{2}\right)\eta\right]^3+\left[\frac{h_2}{2}-\left(h_0-\frac{h_2}{2}\right)\eta\right]^3\right\}$。

同理可得:

$$M_\theta = -\frac{G}{3(1-\mu^2)}\left(\mu\frac{\partial^2 w}{\partial r^2}+\frac{1}{r}\frac{\partial w}{\partial r}\right)\tag{2-96}$$

上下层板的弯矩分别为:

$$\left.\begin{aligned}M_{r1} &= \frac{E_1\left\{\left[\frac{h_1}{2}-\left(\frac{h_1}{2}+h_2-h_0\right)\eta\right]^3+\left[\frac{h_1}{2}+\left(\frac{h_1}{2}+h_2-h_0\right)\eta\right]^3\right\}}{G}M_r\\M_{r2} &= M_r-M_{r1}\\M_{\theta1} &= \frac{E_1\left\{\left[\frac{h_1}{2}-\left(\frac{h_1}{2}+h_2-h_0\right)\eta\right]^3+\left[\frac{h_1}{2}+\left(\frac{h_1}{2}+h_2-h_0\right)\eta\right]^3\right\}}{G}M_\theta\\M_{\theta2} &= M_\theta-M_{\theta1}\end{aligned}\right\}\tag{2-97}$$

相应的弯曲应力为:

$$\left.\begin{aligned}\sigma_{r1} &= M_{r1}\left\{\frac{1}{\frac{h_1^2}{4}+3\left[\left(\frac{h_1}{2}+h_2-h_0\right)\eta\right]^2}-\frac{2}{h_1^2}\right\}\\\sigma_{r2} &= M_{r2}\left\{\frac{2}{\frac{h_2^2}{4}+3\left[\left(h_0-\frac{h_2}{2}\right)\eta\right]^2}+\frac{2}{h_2^2}\right\}\\\sigma_{\theta1} &= M_{\theta1}\left\{\frac{1}{\frac{h_1^2}{4}+3\left[\left(\frac{h_1}{2}+h_2-h_0\right)\eta\right]^2}-\frac{2}{h_1^2}\right\}\\\sigma_{\theta2} &= M_{\theta2}\left\{\frac{2}{\frac{h_2^2}{4}+3\left[\left(h_0-\frac{h_2}{2}\right)\eta\right]^2}-\frac{2}{h_2^2}\right\}\end{aligned}\right\}\tag{2-98}$$

上述层间部分结合的处理方法，是一种近似的手段，力学意义不甚明确，物理意义不大清晰，实际应用时会带来一定的误差。

在前述各小节得出的不同地基模型上无限大板轴对称课题解，其数值计算都归结为求算含有 Bessel 函数的无穷积分数值，可以通过编程电算求出。

弹性地基板理论研究已有百年历史，板的挠度和应力的解析解却局限于某些具体情况，而对于像弹性半空间地基上矩形板的水泥混凝土路面等课题，尚难求得解析解。

因此，弹性地基上有限尺寸板的求解，则需采用数值法，其中最有效最常用的是有限元法。从 20 世纪 70 年代起，很多研究者先后将有限元法应用于分析水泥混凝土路面的挠度和应力，探讨了接缝传荷和板部分脱空等情况的计算，分析不同地基类型、不同地基接触程度、单层和多层地基板、单块和多块有接缝或裂缝板，不同荷载构成和作用位置等各种条件下混凝土路面的应力和位移，大大扩展了路面结构分析的内容和范围。有限元法还可根据不同的模型和不同的能量原理，建立不同的分析方法，如位移法、力法、杂交法及混合法等，其中位移法是应用最普遍的一种方法。

此外，边界元法、无限元法、加权残值法、半解析半数值法等求解弹性地基上有限尺寸板的数值解法也得到很大发展。

2.2.4 混凝土路面数值解法

混凝土路面的数值解法主要分为有限单元法、边界单元法、边界无单元法三种。这些方法大同小异，这里仅介绍混凝土路面板有限元法。

从现有资料来看，早先采用有限元法对路面板进行应力分析的研究并不多。但随着计算机技术和计算机的迅速发展，采用复杂的有限元法进行路面荷载应力分析成为可能。有限元法可模拟路面结构和地基的实际情况，并能考虑诸如开裂、接缝等不连续的情形。

Y. K. cheung 和 O. C. zienkiewic 率先用有限元法分析了水泥混凝土路面问题，在力学模型的建立上，地基采用了温克勒模型，板单元类型采用了 4 节点 12 自由度矩形单元。地基反力模式如式(2-98)所示。这样对于水泥混凝土路面板(如图 2-13 所示)，可简化为如图 2-14 所示的温克勒地基上的周边自由矩形板，单元边长为 a_0 和 b_0。

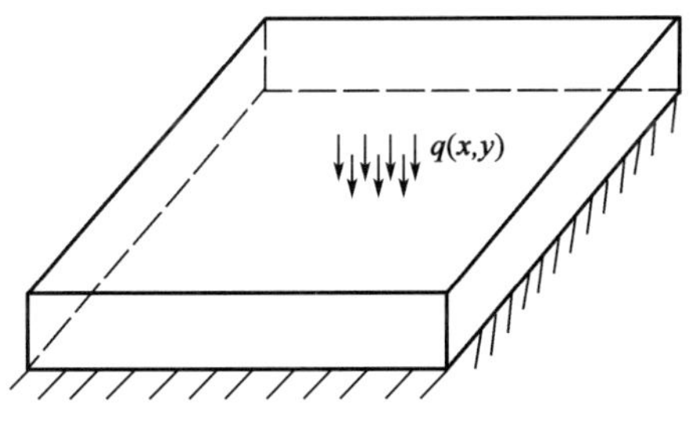

图 2-13 水泥混凝土板

取 $w=[N]\{\delta\}^{\theta}$ 的矩形薄板位移模式，则单元节点 i 处的地基等效反力为式(2-99)：

$$p_i = a_0 b_0 k a_i w_i \tag{2-99}$$

式中：k——地基反力系数；

w_i——地基在节点 i 处的表面竖向位移；

a_i——计及反力区域面积对节点力影响系数：板角节点取 0.25，板边节点取 0.5，内部节点取 1.0，直角凹角节点取 0.75。

这样对于整板，地基反力写成如式(2-100)所示的矩阵形式：

$$\{p\} = a_0 b_0 k[\alpha]\{w\} \tag{2-100}$$

式中：$[\alpha]$——纯对角矩阵；

$\{w\}$——地基表面竖向位移分量。从板和地基的连续条件，$\{w\}$也表示在各对应节点处板的位移。

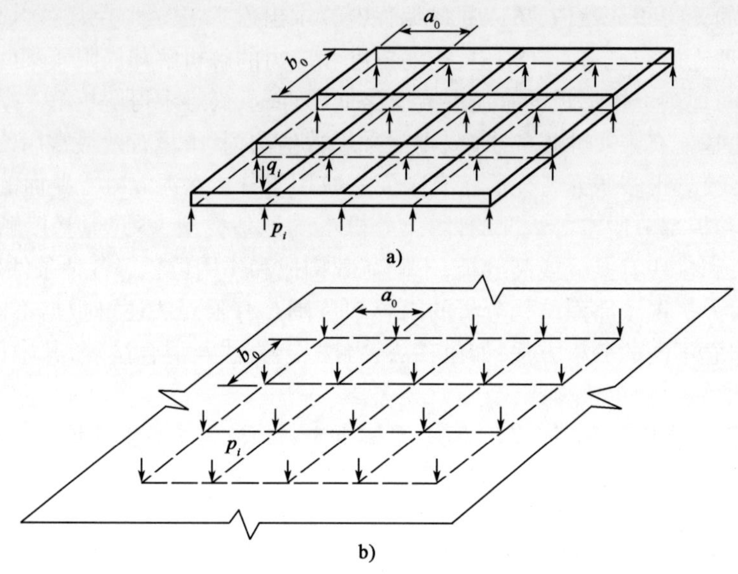

图2-14　有限元计算模型

对应于一般有限元静力方程$[k]\{\delta\}=\{R\}$，板的弯曲方程如式(2-101)所示：

$$[k]\{w\}=\{R\} \tag{2-101}$$

式中：$\{w\}$——板的挠度；

$[k]$——板的刚度矩阵；

$\{R\}$——作用在板面上的已知分布荷载的等效节点力列阵。

考虑到地基的反力则有式(2-102)：

$$[k]\{w\}=\{R\}-a_0b_0k[\alpha]\{w\} \tag{2-102}$$

即

$$[k]+a_0b_0k[\alpha]\{w\}=\{R\} \tag{2-103}$$

板的挠度如式(2-104)所示：

$$\{w\}=([k]+a_0b_0k[\alpha])^{-1}\{R\} \tag{2-104}$$

有了挠度，板的内力可以代入式(2-99)直接求得。

2.3　水泥混凝土路面温度应力

2.3.1　路表热流分析

袒露在地表的路面表面，与周围大气不断地进行着热交换。众所周知，导热、对流和辐射是热量传递的基本方式。导热现象一般发生在固体中，流体中也能发生，但较弱，一般予以忽略。对流是物体内部各部分发生相对位移而引起的热量转移现象，只能发生在流体内部。路表的热流，不似大气内部进行的热对流，而是气流掠过路表时，由温差引起的热量交换，这种现象称为对流换热。辐射是物体对外发射电磁波的过程，当物体辐射或吸收辐射能时，都伴随着辐射能和热能之间的转换，在传热形式上是非接触式，路表则是吸收了太阳的辐射能，并将其转化为热能。可见，路表的热流主要是由对流换热、太阳辐射以及辐射换热等引起的。

1）对流换热

气流与路表面之间的对流换热与流体的物理特性、速度、温度和流动空间大小，以及与路表温度、几何形状等有关。牛顿在综合前人大量实验的基础上，就流体与壁面之间的对流换热提出计算公式（常称牛顿公式）为：

$$P = FB\Delta T \tag{2-105}$$

若令路表面温度为 T_s，气流温度为 T_a，当气流加热路表面时，$\Delta T = T_a - T_s$，并取 F 为单位面积，则：

$$P = B(T_a - T_s) \tag{2-106}$$

式中路面放热系数 B 单位为 kcal/（$m^2 \cdot h \cdot ℃$），表示气流与路表面间的温差为1℃时，在单位时间内通过单位面积的热量。放热系数 B 是风速 v、气温 T_a、物性量（导热系数 λ、比热 c、密度 ρ、黏性 ν 等）、路表面温度 T_s、光滑程度、相关尺寸 L_i 等的函数。确定放热系数是一个很复杂的问题，土木工程中可用如下有足够精度的经验关系：

$$B = 2.6(\sqrt[4]{\Delta T} - 1.54v) \tag{2-107}$$

由此可知，放热系数 B 主要与风速及路表和气温的差值有关，通常 B 变化在 16 ~ 22 之间，一般可取 $B = 20$kcal/（$m^2 \cdot h \cdot ℃$）。气温 T_a 随时间 t 的变化规律可用如下正弦函数描述：

$$T_a = \bar{T}_a + \tilde{T}_a[0.96\sin\omega(t - t_0) + 0.14\sin2\omega(t - t_0)] \tag{2-108}$$

或

$$T_a = \bar{T}_a + 0.5\tilde{T}_a\sin\omega(t - t_0') \tag{2-109}$$

式中：$\bar{T}_a$、$\tilde{T}_a$——分别为日均气温和气温振幅，℃；

t_0——初相位，一般取 $t_0 = 9$；

t_0'——最高气温滞后于太阳辐射强度峰值的时间，一般可取为 2h；

t——时间变量，规定早上 6 时为 $t = 0$；

ω——角频率，rad，$\omega = \dfrac{2\pi}{24}$。

2）太阳辐射

太阳辐射是路表热量的主要来源。太阳辐射能 Q 投射到路表，其中一部分被吸收，一部分被反射，一部分可能透过。其中吸收部分 Q_a 与总辐射能 Q 之比 α 称为吸收系数。路表对太阳辐射的吸率与表面的性状有关。试验得知，混凝土表面的吸收系数 α_s 为 0.60 ~ 0.65，可取 0.63。

具有一定温度的路表或空气向外辐射能量，同时也吸收来自对方的辐射能。这种相互辐射和吸收，构成了路表与空气之间的辐射换热。对于路表，单位时间内单位面积上空气投射到的能量为 E_a，其中 $\alpha_s E_a$ 部分被路面吸收。此时路面本身辐射 E_s 与吸收辐射的差额，等于路面的热量收支差额，即为辐射换热量 E。

$$E = E_s - \alpha_s E_a \tag{2-110}$$

3)路表热流

由上所述,路表面的热流等于吸收太阳辐射、对流换热及路表辐射换热之和,即

$$q = \alpha_s Q + P - E \tag{2-111}$$

由于太阳辐射和辐射换热均呈正弦规律变化,通过实测与综合分析,可用正弦函数的线性组合拟合,即

$$\alpha_s Q - E = 0.021Q\left(\frac{\bar{t}}{\bar{t}_{max}}\right)^5 + \alpha_s^2 Q\left\{0.078\sin\left[\frac{\pi}{12}(t-6)\right] + 0.034\sin\left[\frac{\pi}{6}(t-9)\right]\right\} \tag{2-112}$$

式中:$\bar{t}$——当地计算日所在月份的最大日照时数(h);

$\bar{t}_{max}$——当地日照时间最长月份的最大日照时数(h)。

$\bar{t}$ 与 $\bar{t}_{max}$ 两者均取多年平均值。

或

$$\alpha_s Q - E = \alpha_s Q - E_0 \sin\omega t - E_i \tag{2-113}$$

式中:E_i——$t=0$ 时的有效波幅;

E_0——$t=\frac{t_d}{2}$有效辐射的波幅;

t_d——日照时间。

所以,将式(2-105)、式(2-107)及式(2-111)代入式(2-110)中,可得:

$$q = B\left\{T_a + \tilde{T}_a\left\{0.96\sin\left[\frac{\pi}{12}(t-9)\right] + 0.14\sin\left[\frac{\pi}{6}(t-9)\right] - T_s\right\} + B\left\{0.021\left(\frac{\bar{t}}{\bar{t}_{max}}\right)^5 \cdot \frac{Q}{B} + \frac{Q}{B}\alpha_s^2\left\{0.078\sin\left[\frac{\pi}{12}(t-6)\right] + 0.034\cos\left[\frac{\pi}{6}(t-9)\right]\right\}\right\}\right\} \tag{2-114}$$

或将式(2-106)、式(2-109)及式(2-113)代入式(2-111)中,可得:

$$q = \alpha_s Q - E_0\sin\omega t - E_i + B[\bar{T}_a + 0.5\tilde{T}_a\sin\omega(t - t_0') - T_s] \tag{2-115}$$

2.3.2 温度场解

热流进入路表之后,以导热的方式将热量传递给路面体内各处。温度的空间分布称为温度场。导热问题中,温度场不随时间 t 变化,称为稳态导热;若随时间 t 而变化,则称为非稳态导热。路面体内导热属于后者,温度 T 是位置坐标和时间 t 的函数,即

$$T = f(x,y,z,t)$$

1)导热微分方程

J. B. Fourier 在实验的基础上,提出导热方程式(2-116),也即导热的热流量 q 与温度梯度成正比。

$$q = -\lambda \mathrm{grad}T = -\lambda\frac{\partial T}{\partial n} \tag{2-116}$$

式中的负号表示,导热热流方向永远沿着温度降低的方向。导热系数 λ 表征物质导热能

力的大小，在数值上等于温度梯度为1℃/m时单位时间内单位导热面积的导热量，计量单位为kcal/(m·h·℃)。

对于路面假定是连续、均质物体，物性参数密度ρ、比热c及导热系数λ等为常数，无内热源。在体内取一微元平行六面体如图2-15所示，使其棱边分别平行于x、y、z轴，体积$dV = dxdydz$，则沿x、y、z三个方向导入微元体的净热流量为：

$$\Delta Q_{d} = \lambda\left(\frac{\partial^2 T}{\partial x^2} + \frac{\partial^2 T}{\partial y^2} + \frac{\partial^2 T}{\partial z^2}\right)dxdydz \tag{2-117}$$

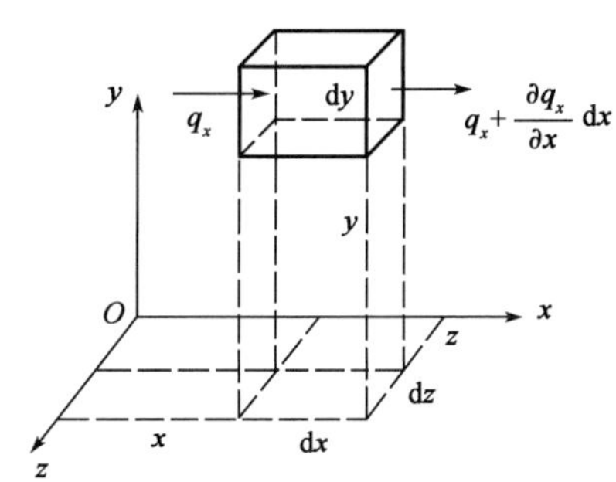

图2-15　微元六面体模型

单位时间微元体内能的增量ΔE为：

$$\Delta E = \rho c \frac{\partial T}{\partial t}dxdydz \tag{2-118}$$

由能量守恒定律可得：

$$\Delta E = \Delta Q_{d}$$

即

$$\frac{\partial T}{\partial t} = \frac{\lambda}{\rho c}\left(\frac{\partial^2 T}{\partial x^2} + \frac{\partial^2 T}{\partial y^2} + \frac{\partial^2 T}{\partial z^2}\right) \tag{2-119}$$

或

$$\frac{\partial T}{\partial t} = a\nabla^2 T \tag{2-120}$$

式中：∇——拉普拉斯算子，$\nabla^2 = \frac{\partial^2}{\partial x^2} + \frac{\partial^2}{\partial y^2} + \frac{\partial^2}{\partial z^2}$；

a——热扩散系数（导温系数），$a = \lambda/(\rho c)$，m^2/s。

导温系数a只对非稳态场有意义，它与导热系数λ是两个不同的物理量，前者综合了材料的导热能力和单位容积的热容量大小，而后者仅指导热能力的大小。式(2-119)与式(2-120)即为导热微分方程，是在能量守恒和Fourier定律的基础上建立起来的，实际上是导热的能量方程。

式(2-119)的解是一个泛函数，即有无数个解。对于某一具体的导热问题，还必须附加限制条件，即单值条件。单值条件分为几何、物理、时间和边界等条件。

几何条件表明导热体的几何形状和大小；物理条件表明和导热过程有关的物性值（λ、c、ρ等）；时间条件给定某一时刻导热体内的温度分布，即$T_{t=0} = f(x,y,z)$，又称为初始条件，稳态导热中，初始条件没有意义。

边界条件表明导热体边界处的温度或换热情况，常分为以下三类：

第一类边界条件：给出物体表面温度T_s随时间t的变化关系。最简单的第一类边界条件是物体的边界温度为常数。

第二类边界条件：给出通过物体表面的热流密度q_s随时间t的变化。由傅立叶定律可知，第二类边界条件可表述为给定物体边界任一时刻的温度梯度$\mathrm{grad}T_s$。

第三类边界条件：给出物体周围介质温度T_a以及物体表面与周围介质间的放热系数B。其数学表达式为：

$$B(T_s - T_a) = -\lambda\frac{\partial T}{\partial n}\bigg|_s \tag{2-121}$$

式中：$\left.\dfrac{\partial T}{\partial n}\right|_{s}$——物体表面层的温度梯度。

按照单值条件求解热传导微分方程，在数学上是个难题，对于工程实际提出的问题，用函数求解一般是不现实的。对于平面问题，可以用差分法求解，最好是用有限单元法求解。对于空间问题，则只能使用有限单元法求解。而对于长度和宽度均较结构层厚度大得多的路面结构，可近似认为仅向深处的一维导热，即

$$T = f(z,t)$$

则式(2-120)变为：

$$\frac{\partial T}{\partial t} = a\frac{\partial^2 T}{\partial z^2} \tag{2-122}$$

2）温度场求解

为了求解如图2-16所示的层状路面温度场，作如下假定：各层结构为均匀的各向同性体；不考虑路面结构温度场的横向分布，即假定热流沿垂直于路面方向一维传递；路面各层之间结合紧密，层间温度及热流连续；不考虑各层材料的热物性参数受温度变化的影响；路面温度场以天为周期变化。

h_1	λ_1,α_1
h_2	λ_2,α_2
⋮	⋮
h_i	λ_i,α_i
⋮	⋮
h_n	λ_n,α_n
土基	

图2-16　n层体系路面结构示意图

对于各层材料的热物理性能参数可作近似处理，如用各层的当量导温系数代替其导温系数，即

$$\alpha_i = \alpha_0\left(\frac{\lambda_i}{\lambda_0}\right)^2 \tag{2-123}$$

式中：λ_0、α_0——某一层(如面层)材料的导热系数和导温系数，称为基准导热系数和基准导温系数[m^2/h、$kJ/(m\cdot h\cdot ℃)$]；

α_i——第i层材料的当量导温系数(m^2/h)；

λ_i——第i层材料的导热系数[$kJ/(m\cdot h\cdot ℃)$]。

对于水泥混凝土路面，可取面层混凝土的相应值为λ_0和α_0。

如路面结构某层材料的热物性参数分别为：导热系数λ_i，导温系数α_i；层厚h；温度函数$T_i(z,t)$，则n层体系一维问题的热传导方程为：

$$\left.\begin{aligned}
&\frac{\partial T_1}{\partial t} = \alpha_1\frac{\partial^2 T_1}{\partial^2 z} && 0\leqslant y\leqslant h_1\\
&\frac{\partial T_2}{\partial t} = \alpha_2\frac{\partial^2 T_2}{\partial^2 z} && h_1\leqslant y\leqslant \sum_{i=1}^{2}h_i\\
&\cdots\cdots\\
&\frac{\partial T_n}{\partial t} = \alpha_n\frac{\partial^2 T_n}{\partial^2 z} && \sum_{i=1}^{n-1}h_i\leqslant y\leqslant \sum_{i=1}^{n}h_i
\end{aligned}\right\} \tag{2-124}$$

由于层间接触良好，温度函数应满足连续条件，即在接触面上

$$\left.\begin{aligned}
&T_i = T_{i+1} && z=\sum_{j=0}^{i}h_j\\
&\lambda_i\frac{\partial T_i}{\partial z} = \lambda_{i+1}\frac{\partial T_{i+1}}{\partial z} && z=\sum_{j=0}^{i}h_j
\end{aligned}\right\}\quad (h_0=0, i=1,2,\cdots,n) \tag{2-125}$$

路表边界条件为第二类边界条件，即

$$-\lambda\frac{\partial T_1}{\partial z}=q(t)\qquad(z=0)\tag{2-126}$$

$$T_n(z,t)=C\qquad(z=\sum_{i=1}^{n}h_i)\tag{2-127}$$

此外，对于周期性边界条件的温度场而言，初始温度只是在温度场形成初期的有限时间内对其产生影响，之后温度场完全由边界条件确定，因此，可不考虑温度场的初始条件。

对于任一结构层，热传导方程为：

$$\frac{\partial T_i}{\partial t}=\alpha_i\frac{\partial^2 T_i}{\partial z^2}\qquad\sum_{j=1}^{i-1}h_j<z\leqslant\sum_{j=1}^{i}h_j\qquad(h_0=0,i=1,2,\cdots,n)\tag{2-128}$$

用分离变量法求解，省略求解过程，得到各层导热方程的基本解为：

$$T_i(z,t)=B_i\cdot\exp\left(-\sqrt{\frac{\omega}{2\alpha_i}}z\right)\cdot\cos\left(\omega t-\sqrt{\frac{\omega}{2\alpha_i}}\right)\quad\sum_{j=1}^{i-1}h_j\leqslant z<\sum_{j=1}^{i}h_j\quad(i=1,2,\cdots,n)\tag{2-129}$$

从上式可以看出，导热方程的波动幅度随深度的增加以指数形式衰减，并且相位延迟量与深度成正比。

因为各层材料的热物性参数不同，由此引起热流的衰减速率、传播速率不同，这反映为导热方程中系数的变化，故可将式（2-129）改写为：

$$\begin{aligned}T_i(z,t)=B_i\cdot\exp\left[\sum_{j=1}^{i-1}\sqrt{\frac{\omega}{2\alpha_i}}h_j-\sqrt{\frac{\omega}{2\alpha_i}}(z-\sum_{j=1}^{i-1}h_j)\right]\cdot\\ \cos\left[\omega t-\sum_{j=1}^{i-1}\sqrt{\frac{\omega}{2\alpha_j}}h_j-\sqrt{\frac{\omega}{2\alpha_i}}(z-\sum_{j=1}^{i-1}h_j)\right]\quad(i=1,2,\cdots,n)\end{aligned}\tag{2-130}$$

容易证明式（2-130）满足导热微分方程（2-128）。

根据叠加原理，可以求得路表在自然边界条件下［式（2-114）］道路结构温度场的解析解，具体表达式为：

$$T_1(z,t)=A_0+\sum_{j=1}^{4}A_j\cdot B_j\cdot\exp\left(-\sqrt{\frac{\omega_j}{2\alpha_j}}z\right)\cdot\cos\left\{\frac{\pi}{2}-\left[\omega_j(t-t_j)-\sqrt{\frac{\omega_j}{2\alpha_j}}z-\varphi_j\right]\right\}\tag{2-131}$$

式中：$A_0=T_{a1}+\frac{0.021\cdot Q_d}{B}\left(\frac{\bar{t}}{\bar{t}_{max}}\right)^5$；

$A_1=0.96T_{\alpha 2},A_2=0.14T_{a2},A_3=\frac{0.078\cdot Q_d}{B},A_3=\frac{0.034\cdot Q_d}{B}$；

$T_{a1}=\frac{T_{d(max)}+T_{d(min)}}{2},T_{a1}=\frac{T_{d(max)}-T_{d(min)}}{2}$，分别为日气温均值、振幅；

$B_j=\left[1+2\frac{\lambda_1}{B}\sqrt{\frac{\omega_j}{2\alpha_1}}+2\left(\frac{\lambda_1}{B}\sqrt{\frac{\omega_j}{2\alpha_1}}\right)^2\right]^{-\frac{1}{2}}$；

$t_1=t_2=t_4=9,t_3=6$；

$\varphi_j=\arctan\left[\frac{1}{\left(1+2\frac{B}{\lambda_1}\sqrt{\frac{2\alpha_1}{\omega_j}}\right)}\right]$；

$\omega_1=\omega_3=\dfrac{2\pi}{24},\omega_2=\omega_4=\dfrac{2\pi}{12}$。

根据式(2-130),由 $T_1(z,t)$ 可以推导出 $T_i(z,t)$ 的表达式为:

$$T_i(z,t)=A_0+\sum_{j=1}^{4}A_j\cdot B_j\cdot\exp\left[-\sum_{k=1}^{i-1}\sqrt{\frac{\omega}{2\alpha_k}}h_k-\sqrt{\frac{\omega}{2\alpha_i}}\left(z-\sum_{k=1}^{i-1}\sqrt{\frac{\omega_j}{2\alpha_k}}h_k\right)\right]\cdot$$
$$\cos\left\{\frac{\pi}{2}-\left[\omega_j(t-t_j)-\sum_{k=0}^{i-1}\sqrt{\frac{\omega}{2\alpha_k}}h_k-\sqrt{\frac{\omega}{2\alpha_i}}\left(z-\sum_{k=0}^{i-1}\sqrt{\frac{\omega}{2\alpha_k}}h_k\right)-\varphi_j\right]\right\}\quad(i=1,2,\cdots,n)\tag{2-132}$$

对于路面结构,其各层材料的导热性能差别不是很大,因而求解温度场时,可将路面结构近似简化为均质半无限体。此时,导热方程为式(2-122)。用分离变量法求解,并考虑第二类边界条件,得到:

$$T(z,t)=\overline{T}_a-\frac{E_i}{B}+\frac{e^{-zC}}{A_0}\left\{\frac{\alpha_s Q-E_0}{B}\sin(\omega t-zC-m)+0.5\widetilde{T}_a\sin[\omega(t-t_0)-zC-m]\right\}$$

$$C=\sqrt{\frac{\omega}{2\alpha}};m=\arctan\left(\frac{S}{S+1}\right);S=\frac{\lambda}{B}C;A_0=\sqrt{1+2S+2S^2}\tag{2-133}$$

式中:λ——混凝土的导热系数[W/(m^2·℃)],一般为1.4~2.3;

α——混凝土的导温系数(m^2/h),一般变动于0.003~0.005范围内。

有了温度场的解,便可由该解求得路面某一厚度的上(常为路表)下界限的温度表达式,除以厚度,并寻求其最大值,即得该厚度的温度梯度。

2.3.3 水泥混凝土路面温度应力计算

在温度变化下水泥混凝土板内的应力,分为两种。一种是当混凝土内温度均匀升降引起的胀缩变形受到约束时,在板内产生胀缩应力;另一种是,当混凝土板截面内存在温度梯度时,势必会引起板的翘曲变形。如果这种翘曲变形由于外界约束不能自由发生,则将引起约束应力,习惯上称之为翘曲应力。这样,水泥混凝土板的热应力,即由胀缩应力与翘曲应力两部分组成,统称为热应力。

威斯特卡德在分析水泥混凝土板热应力时,假设:

(1)板内温度沿板厚线性分布;

(2)板与地基始终保持接触;

(3)地基为温克勒模型。

通过假设可以得到薄板的热物理方程为:

$$\left.\begin{aligned}\varepsilon_x&=\frac{1}{E}(\sigma_x-\mu\sigma_y)+\alpha T_z\\\varepsilon_y&=\frac{1}{E}(\sigma_y-\mu\sigma_x)+\alpha T_z\\\gamma_{xy}&=\frac{2(1+\mu)}{E}\tau_{xy}\end{aligned}\right\}\tag{2-134}$$

解上式并将克希霍夫板理论中的应变式(2-135):

$$\varepsilon_x = -z\frac{\partial^2 w}{\partial x^2},\varepsilon_y = -z\frac{\partial^2 w}{\partial y^2},\gamma_{xy} = -2z\frac{\partial^2 w}{\partial x\partial y} \tag{2-135}$$

代入热物理方程,则得到用板挠度表示的应力方程:

$$\left.\begin{aligned}\sigma_x &= -\frac{Ez}{1-\mu^2}\left(\frac{\partial^2 w}{\partial x^2}+\mu\frac{\partial^2 w}{\partial y^2}\right)-\frac{E\alpha T_2}{1-\mu}\\ \sigma_y &= -\frac{Ez}{1-\mu^2}\left(\frac{\partial^2 w}{\partial y^2}+\mu\frac{\partial^2 w}{\partial x^2}\right)-\frac{E\alpha T_2}{1-\mu}\\ \tau_{xy} &= -\frac{Ez}{1+\mu}\frac{\partial^2 w}{\partial x\partial y}\end{aligned}\right\} \tag{2-136}$$

板的内力为:

$$\left.\begin{aligned}M_x &= -D\left(\frac{\partial^2 w}{\partial x^2}+\mu\frac{\partial^2 w}{\partial y^2}\right)+M_T\\ M_y &= -D\left(\frac{\partial^2 w}{\partial y^2}+\mu\frac{\partial^2 w}{\partial x^2}\right)+M_T\\ M_{xy} &= -D(1-\mu)\frac{\partial^2 w}{\partial x\partial y}\end{aligned}\right\} \tag{2-137}$$

由于温度沿混凝土板线性分布,则式(2-137)中

$$\begin{aligned}M_T &= -\frac{E\alpha}{1-\mu}\int_{-\frac{h}{2}}^{-\frac{h}{2}}T_z z\mathrm{d}z = -\frac{E\alpha}{1-\mu}\int_{-\frac{h}{2}}^{\frac{h}{2}}\left[\frac{1}{2}(T_a+T_b)-\frac{z}{h}(T_a-T_b)\right]z\mathrm{d}z\\ &= -\frac{Eah^3}{12(1-\mu)h}(T_a-T_b) = -D(1+\mu)\frac{\alpha\Delta T}{h}\end{aligned}$$

式中:T_a、T_b——分别为水泥顶板、底面的温度。

这样板的内力如式(2-138)所示:

$$\left.\begin{aligned}M_x &= -D\left[\left(\frac{\partial^2 w}{\partial x^2}+\mu\frac{\partial^2 w}{\partial y^2}\right)+(1+\mu)\frac{\alpha\Delta T}{h}\right]\\ M_y &= -D\left[\left(\frac{\partial^2 w}{\partial y^2}+\mu\frac{\partial^2 w}{\partial x^2}\right)+(1+\mu)\frac{\alpha\Delta T}{h}\right]\\ M_{xy} &= -D(1-\mu)\frac{\partial^2 w}{\partial x\partial y}\end{aligned}\right\} \tag{2-138}$$

当路面混凝土板完全受约束,不产生翘曲变形,或者不计板的自重和行车荷载时,挠度为零,则有:

$$M_x = M_y = \frac{E\alpha h^2\Delta T}{12(1-\mu)}M_{xy} = 0 \tag{2-139}$$

板内的温度应力为:

$$\sigma = \frac{E\alpha\Delta T}{2(1-\mu)} \tag{2-140}$$

2.4 水泥混凝土路面结构可靠度理论

我国原水泥混凝土路面设计规范采用的是一种确定型的设计方法,未考虑材料和结构

参数的变异性对设计结果的影响,因而并不明确所设计的路面结构实际具有的可靠度。对于数学模型、材料性质、荷载以及施工质量等因素的不确定性都是简单地通过安全系数加以考虑。

新近修订的《公路水泥混凝土路面设计规范》(JTG D40—2011)采用了可靠性设计方法,计入了设计参数变异性的影响,对上述各种不确定性因素加以合理的考虑,并根据实际路面损坏状况调查结果对设计方法与实际情况的不相符偏差做了部分修正,从而使路面结构设计更符合实际。

2.4.1 结构可靠度

为保证工程结构的质量,必须规定其安全性、适用性、耐久性等性能指标,只有当其具备这些性能时,人们才能认为这种结构是可靠的。结构的可靠问题,可以由可靠性来描述,其定义为"结构在规定的时间内和规定的条件下,完成预定功能的能力"。而结构可靠性的数量度量用可靠度加以描述,其定义为"结构在规定的时间内和规定的条件下,完成预定功能的概率"。

"规定的时间"是指分析结构可靠度时考虑各项基本变量与时间关系所取用的时间参数,称为设计基准期。它是计算结构可靠度时所采用的参考坐标时间,即在此时间域内所计算的可靠度结果有效。也可以说是在此时间域内所计算的完成预定功能的概率不会改变。因此,设计基准期与结构的使用寿命有一定的关系,但不能把两者简单地等同起来。若结构的使用时间超过了设计基准期,只是说明所计算的完成预定功能的概率改变,但是并不等于结构丧失了功能或不能使用。设计基准期需根据结构的重要性和使用情况等因素综合确定。

"规定的条件"是指结构设计时所确定的正常设计、正常施工和正常使用的条件。

"预定功能"是指结构应满足的下列各项功能:①能承受在正常施工和正常使用期间可能出现的各种作用;②在正常使用时,结构及其构件具有良好的工作性能;③在正常维护下具有足够的耐久性;④在发生规定的偶然情况下,结构能保持必要的整体稳定性。结构完成各项功能的标志用"极限状态"衡量,"当整个结构或结构的一部分超过某一特定状态就不能满足设计规定的某一功能要求,此特定状态即为该功能的极限状态"。极限状态实际上就是结构可靠(有效)或不可靠(失效)的界限。我国的《公路工程结构可靠度设计统一标准》(GB/T 50283—1999)将极限状态划分为承载能力极限状态和正常使用极限状态。前者对应于结构或结构构件达到最大承载能力或不适于继续承载的变形;后者对应于结构或结构构件达到正常使用或耐久性能的某项规定限值。

从统计数学的观点看,结构的极限状态可用其功能函数来表示:

$$Z = g(X_1, X_2, \cdots, X_n) \tag{2-141}$$

式中: $Z = g(\cdot)$——表示结构的功能函数;

$X_i (i = 1, 2, \cdots, n)$——基本变量,是指结构上的各种作用或作用效应、材料性能、几何参数等。

可以将上述基本变量组合成综合变量,将作用方面的基本变量组合成综合作用效应,抗力方面的基本变量综合成综合抗力,当仅有这两个综合变量时,结构的功能函数可表示为:

$$Z = g(R,S) = R - S \tag{2-142}$$

其中，R 表示作用于结构的综合效应，即由结构上的荷载、环境等作用而引起的各种内力、变形等，通常简称为作用。S 表示结构具有的综合抗力，也即结构抵抗破坏或变形的能力，如极限内力、极限强度、刚度以及抗滑力、抗倾覆力矩等，通常简称为抗力。

若 $Z = R - S > 0$，表明结构处于可靠状态；

若 $Z = R - S < 0$，表明结构已失效或破坏；

若 $Z = R - S = 0$，表明结构处于极限状态。

按式(2-141)，结构或构件完成预定功能($Z \geqslant 0$)的概率即为可靠度(p_s)，亦称可靠概率；结构不能完成预定功能($Z \leqslant 0$)的概率，称为失效概率(p_f)。因此，结构可靠度与失效概率之间的关系为：

$$p_s + p_f = 1 \tag{2-143}$$

可见，可靠度与失效概率均可用以描述结构的可靠程度，此外，后面将要叙述的可靠指标也是评价结构可靠程度的重要指标。

不同的设计问题，功能函数及相应的极限状态方程的形式和内容各不相同。只要对作用效应 S 和结构抗力 R 赋予相应的意义，各类极限状态方程均可用上述通式表示。

2.4.2　结构可靠度计算

结构可靠度理论是以概率论和数理统计学为基础发展起来的，要解决的中心问题是怎样描述和分析可靠度，研究影响可靠度各基本变量的概率模型以及可靠度的计算方法。

可靠度计算方法有精确法和近似法。精确法是指在已知各基本变量概率分布的基础上，通过多重积分，求解结构的可靠度或者失效概率，通常称为全概率法，有时亦称为直接积分法。由于工程实践中一些基本变量的概率分布很难确定，一般难以求得其解析解，因而精确方法较少采用。近似法主要是指一次二阶矩法等，虽然是近似的，但它仍属概率法。这种方法的近似性主要表现在对于所有的基本变量，仅用平均值和方差，即一阶原点矩和二阶中心矩，描述其统计特征。而且，当功能函数为非线性时，也都按线性处理。这种方法可以将一个复杂的多重积分问题转化为一个简单的数值计算问题，计算效率较高，尽管得出的可靠度具有一定的近似性，但其精度一般足以满足工程需要，因而在工程中被广泛采用。

下面给出可靠度或失效概率的这两种计算方法，并对结构可靠度的分析步骤作以简要介绍。

1)全概率法

(1)极限状态功能函数的基本变量只有两个时

设功能函数仅与作用效应 S 和结构抗力 R 两个基本变量有关，此时结构的功能函数如式(2-141)所示。相应的极限状态方程为：

$$Z = R - S = 0 \tag{2-144}$$

①R、S 均服从正态分布，且相互独立。

设 R、S 均服从正态分布，其均值和标准差为 μ_R、μ_S 和 σ_R、σ_S，功能函数 Z 是 R、S 组合成的新函数。由概率论可知 Z 也服从正态分布，且平均值和标准差分别为 $\mu_Z = \mu_R - \mu_S$ 和 $\sigma_Z = \sigma_R - \sigma_S$。则 Z 的概率密度函数为：

$$f_Z(Z) = \frac{1}{\sqrt{2\pi}\sigma_Z}\exp\left[-\frac{1}{2}\left(\frac{Z-\mu_Z}{\sigma_Z}\right)^2\right] \quad (-\infty < Z < +\infty) \tag{2-145}$$

其分布如图 2-17 所示，结构的失效概率 p_f 即为图中阴影面积，即

$$p_f = P(Z<0) = \int_{-\infty}^{0} f_Z(Z)\mathrm{d}Z = \int_{-\infty}^{0} \frac{1}{\sqrt{2\pi}\sigma_Z}\exp\left[-\frac{1}{2}\left(\frac{Z-\mu_Z}{\sigma_Z}\right)^2\right]\mathrm{d}Z \tag{2-146}$$

而非阴影面积即为结构的可靠度，即

$$p_s = P(Z>0) = \int_{0}^{+\infty} f_Z(Z)\mathrm{d}Z = \int_{0}^{+\infty} \frac{1}{\sqrt{2\pi}\sigma_Z}\exp\left[-\frac{1}{2}\left(\frac{Z-\mu_Z}{\sigma_Z}\right)^2\right]\mathrm{d}Z \tag{2-147}$$

引入标准化变量

$$t = \frac{Z-\mu_Z}{\sigma_Z}, \mathrm{d}Z = \sigma_Z \mathrm{d}t$$

则式(2-145)可改写为：

$$p_f = \frac{1}{\sqrt{2\pi}}\int_{-\infty}^{\frac{\mu_Z}{\sigma_Z}} e^{-\frac{t^2}{2}}\mathrm{d}t = \Phi\left(-\frac{\mu_Z}{\sigma_Z}\right) = \Phi(-\beta) \tag{2-148}$$

由于 $p_f = \Phi(-\beta) = 1-\Phi(\beta)$，因此

$$\beta = \Phi^{-1}(1-p_f) = \frac{\mu_Z}{\sigma_Z} = \frac{\mu_R - \mu_S}{\sqrt{\sigma_R^2 + \sigma_S^2}} \tag{2-149}$$

式中：$\Phi(\cdot)$——标准正态分布函数；

$\Phi^{-1}(\cdot)$——$\Phi(\cdot)$的反函数。

β 称为可靠指标，为变异系数的倒数，它与失效概率一样，可以用来描述结构的可靠程度，还可用大于零的无量纲的数字来度量结构可靠度。由图 2-18 可以看出，β 是极限状态函数 Z 的均值 μ_Z 距原点（极限状态 $Z=0$）的距离。当 σ_Z 保持不变，则随均值 μ_Z 增大（曲线向右移），β 也增大，而失效概率 p_f（曲线左端面积）减小，可靠度 p_s 增大。因而，可靠指标 β 可直接反映结构可靠度的大小。表 2-1 中所列为可靠度 p_s 与可靠指标 β 之间的对应关系。

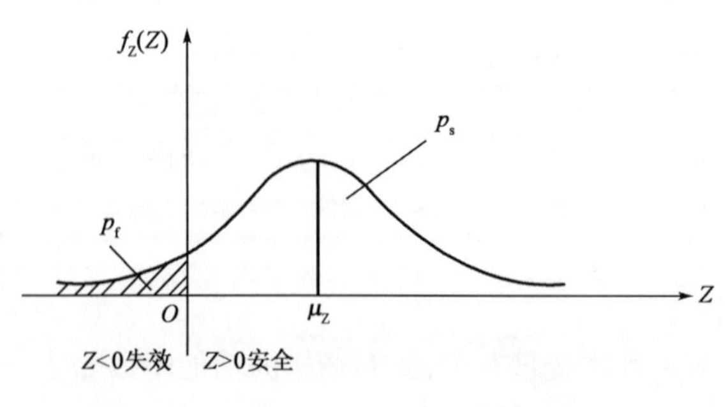

图 2-17　结构可靠度与失效概率的关系

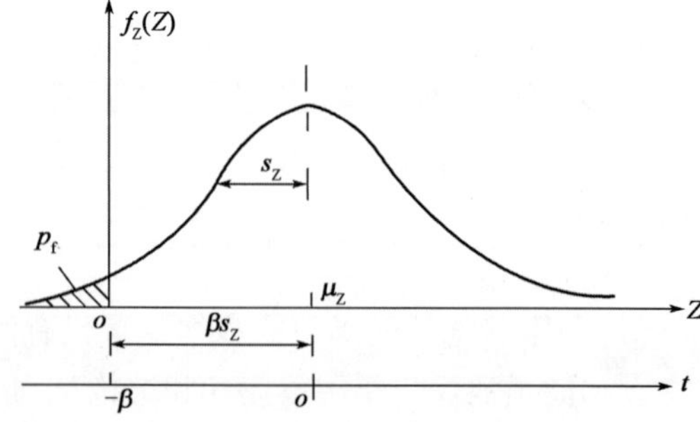

图 2-18　失效概率 p_f 和可靠指标 β

可靠度 p_s 与可靠指标 β 的对应关系　　表 2-1

p_s(%)	99	98	97	96	95	93	90	85	80	75	70	60	50
β	2.32	2.07	1.89	1.75	1.65	1.48	1.28	1.04	0.84	0.67	0.52	0.25	0

②R、S 均服从对数正态分布，且相互独立。

对数正态分布是指基本变量取对数后服从正态分布，其极限状态函数为：

$$Z = \ln R - \ln S \tag{2-150}$$

Z 的均值为 $\mu_Z = \mu_{\ln R} - \mu_{\ln S}$，标准差为 $\sigma_Z = \sqrt{\omega_{\ln R} + \sigma_{\ln S}}$，失效概率为：

$$p_f = P(Z < 0) = P[(\ln R - \ln S) < 0] \tag{2-151}$$

根据可靠指标的定义，有：

$$\beta = \frac{\mu_Z}{\sigma_Z} = \frac{\mu_{\ln R} - \mu_{\ln S}}{\sqrt{\sigma_{\ln R}^2 + \sigma_{\ln S}^2}} \tag{2-152}$$

根据概率论知识，有：

$$\left.\begin{aligned} \mu_{\ln R} &= \ln\mu_R - \ln(1 + \delta_R^2)^{\frac{1}{2}} \\ \mu_{\ln S} &= \ln\mu_S - \ln(1 + \delta_S^2)^{\frac{1}{2}} \\ \sigma_{\ln R} &= \sqrt{\ln(1 + \delta_R^2)} \\ \sigma_{\ln S} &= \sqrt{\ln(1 + \delta_S^2)} \end{aligned}\right\} \tag{2-153}$$

式中：δ_R、δ_S——R 和 S 的变异系数。

从而有：

$$\left.\begin{aligned} \mu_Z &= \ln\frac{\mu_R(1 + \delta_S^2)^{\frac{1}{2}}}{\mu_S(1 + \delta_R^2)^{\frac{1}{2}}} \\ \sigma_Z &= \{\ln[(1 + \delta_R^2)(1 + \delta_S^2)]\}^{\frac{1}{2}} \end{aligned}\right\} \tag{2-154}$$

当 δ_R 和 δ_S 均小于0.3时，可近似取 $\ln(1+\delta_R^2) \approx \delta_R^2$，$\ln(1+\delta_S^2) \approx \delta_S^2$，其误差一般小于2%，而且当 δ_R 和 δ_S 很小或接近相等时，有：

$$\ln\left(\frac{1 + \delta_S^2}{1 + \delta_R^2}\right)^{\frac{1}{2}} \approx \ln 1 = 0 \tag{2-155}$$

由此可得 R 和 S 均为对数正态随机变量时，可靠指标 β 的近似计算公式为：

$$\beta \approx \frac{\ln\mu_R - \ln\mu_S}{\sqrt{\delta_R^2 + \delta_S^2}} \tag{2-156}$$

③R、S 属于其他概率分布，且相互独立。

当 R、S 为其他概率分布时，可根据 R、S 的概率分布函数，通过积分求解结构的可靠度和失效概率。用 $f_R(r)$ 和 $f_S(s)$ 分别表示抗力 R 和荷载效应 S 的概率密度函数，用 $f_{R,S}(r,s)$ 表示 R、S 联合分布的概率密度函数，则结构的失效概率为：

$$p_f = \iint f_{R,S}(r,s)\,\mathrm{d}r\mathrm{d}s \tag{2-157}$$

当 R、S 相互独立时：

$$f_{R,S}(r,s) = f_R(r) f_S(s) \tag{2-158}$$

将两分布曲线 $f_R(r)$ 和 $f_S(s)$ 放在同一图（图2-19）中，将重叠区放大，如图2-20所示。在重叠区内，如果 $R < S$，则结构处于失效状态，其失效概率为：

$$p_f = P(Z < 0) = P[(R - S) < 0] \tag{2-159}$$

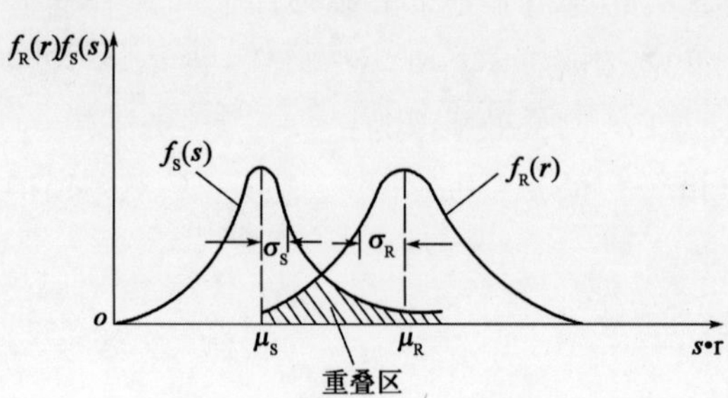

图 2-19 R、S 的密度函数

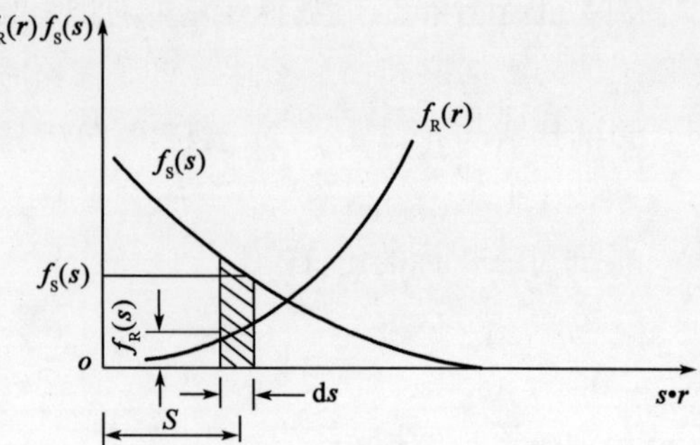

图 2-20 重叠区放大图

由图知作用效应 S 落在 ds 间隔的概率为：

$$P\left(S - \frac{\mathrm{d}s}{2} \leqslant S \leqslant S + \frac{\mathrm{d}s}{2}\right) = f_S(s)\,\mathrm{d}s \tag{2-160}$$

而抗力 R 大于作用效应 S 的概率为：

$$P(R > S) = \int_s^{\infty} f_R(r)\,\mathrm{d}r \tag{2-161}$$

由于 R 和 S 相互独立，因此结构的可靠度为：

$$p_s = \int_{-\infty}^{+\infty} f_S(s)\left[\int_s^{\infty} f_R(r)\,\mathrm{d}r\right]\mathrm{d}s \tag{2-162}$$

同样地，可靠度可以定义为荷载效应 S 小于抗力 R 的概率，由此得到：

$$p_s = \int_{-\infty}^{+\infty} f_R(r)\left[\int_{-\infty}^{r} f_S(s)\,\mathrm{d}s\right]\mathrm{d}r \tag{2-163}$$

(2) 极限状态功能函数的基本变量有多个时

多个基本变量的功能函数如式(2-163)所示。若式中各变量 $X_1, X_2, \cdots, X_n$ 相互独立，其各自的概率分布、平均值、标准差为已知时，可用多重积分计算 Z 的概率分布函数 $F_Z(Z)$，即

$$F_Z(Z) = \underset{[g(X_1, X_2, \cdots, X_n) \leqslant Z]}{\iint\cdots\int} f_{X_1}(x_1) f_{X_2}(x_2) \cdots f_{X_n}(x_n)\,\mathrm{d}x_1\mathrm{d}x_2\cdots\mathrm{d}x_n \tag{2-164}$$

式中：$f_{X_1}(x_1) f_{X_2}(x_2) \cdots f_{X_n}(x_n)$——$X_1, X_2, \cdots, X_n$ 的概率密度函数。

对式(2-164)求导得到 Z 的概率密度函数 $f_Z(Z)$ 后，得到失效概率为：

$$p_f = \int_0^{Z_0} f_Z(Z)\,\mathrm{d}z = F_Z(Z_0) \tag{2-165}$$

式中：Z_0——结构的极限功能，如强度、挠度、裂缝宽度等，表示结构的极限状态。

上述计算结构失效概率的式(2-161)~式(2-163)为精确式，无论结构的极限状态功能函数为线性还是非线性均能适用。但是在实际应用中，由于各基本变量的统计数据不足，很难用精确式求解，可采用近似的计算方法或间接求解方法求解。

2) 一次二阶矩法

一次二阶矩法是结构可靠度近似计算的一种方法，根据结构的功能函数 Z 的线性化点的不同又分为中心点法和验算点法。

(1)中心点法

一次二阶矩中心点法不考虑基本变量的实际分布，当其概率分布很难确定时，可用各基本变量统计的平均值和标准差计算可靠度，并将极限状态功能函数选在平均值处，即中心点上，用泰勒级数展开，使之线性化，然后求解可靠度，此即一次二阶矩理论中心点法的基本原理。

设有 n 个基本变量影响结构的可靠度，其功能函数如式(2-141)所示。假定所有变量均服从正态分布，且统计独立，则 Z 的平均值和标准差为：

$$\left.\begin{aligned}\mu_Z &= \sum_{i=1}^{n} a_i \mu_{X_i} \\ \sigma_Z &= \sqrt{\sum_{i=1}^{n} (a_i \sigma_{X_i})^2}\end{aligned}\right\} \tag{2-166}$$

结构的失效概率为：

$$p_f = \Phi(-\beta) \tag{2-167}$$

其中，可靠指标 $\beta = \dfrac{\mu_Z}{\sigma_Z} = \dfrac{\sum_{n=1}^{n} a_i \mu_{X_i}}{\sqrt{\sum_{i=1}^{n} (a_i \sigma_{X_i})^2}}$。

若 Z 不为正态分布，将 X 空间按式(2-168)表示，将其变换到 $\hat{X}$ 空间中。以基本变量平均值作为坐标的中心点 M，而功能函数 Z 变换为式(2-169)所示的形式。

$$\hat{X}_i = \frac{X_i - \mu_{X_i}}{\sigma_{X_i}} \tag{2-168}$$

$$Z = \sum_{i=1}^{n} a_i \mu_{X_i} + \sum_{i=1}^{n} a_i \sigma_{X_i} \hat{X}_i \tag{2-169}$$

$Z=0$ 相当于达到极限状态，因此：

$$\sum_{i=1}^{n} a_i \mu_{X_i} + \sum_{i=1}^{n} a_i \sigma_{X_i} \hat{X}_i = 0 \tag{2-170}$$

就是在 $\hat{X}$ 空间中与极限状态相应的一个超平面。

原点 M 距该超平面的距离，可由几何学得出，如式(2-171)所示。

$$\overline{MP} = \frac{\sum_{i=1}^{n} a_i \mu_{X_i}}{\sqrt{\sum_{i=1}^{n} (a_i \sigma_{X_i})^2}} \tag{2-171}$$

从前面 β 计算公式与 $\overline{MP}$ 计算公式的比较可以看出，β 的几何意义是指在标准变换后的空间中，从中心点到极限状态超平面的距离。中心点应在安全区内，它离开极限状态超平面越远，表明结构越可靠。因此，当不能确定 Z 的分布类型，在不能用概率来度量结构可靠性的前提下，具有上述几何性质的 β 值仍不失为度量结构可靠性的良好指标。

对非线性的功能函数，中心点法在中心点处将 Z 展开为泰勒级数，即

$$Z = Z' = g(\mu_{X_1}, \mu_{X_2}, \cdots, \mu_{X_n}) + \sum_{i=1}^{n} \left.\frac{\partial g}{\partial X_i}\right|_{\mu_X} (X_i - \mu_{X_i}) \tag{2-172}$$

则极限状态方程为：

$$Z' = g(\mu_{X_1}, \mu_{X_2}, \cdots, \mu_{X_n}) + \sum_{i=1}^{n} \left.\frac{\partial g}{\partial X_i}\right|_{\mu_X} (X_i - \mu_{X_i}) = 0 \tag{2-173}$$

因此,Z′的均值和标准差为:

$$\left.\begin{aligned}\mu'_Z &= g(\mu_{X_1},\mu_{X_2},\cdots,\mu_{X_n})\\ \sigma'_Z &= \sqrt{\sum_{i=1}^{n}\left(\frac{\partial g}{\partial X_i}\bigg|_{\mu_X}\sigma_{X_i}\right)^2}\end{aligned}\right\} \tag{2-174}$$

若近似取 $\mu_Z \approx \mu'_Z$, $\sigma_Z \approx \sigma'_Z$,则在非线性问题中,可近似按下式确定可靠指标:

$$\beta = \frac{\mu_Z}{\sigma_Z} \approx \frac{g(\mu_{X_1},\mu_{X_2},\cdots,\mu_{X_n})}{\sqrt{\sum_{i=1}^{n}\left(\frac{\partial g}{\partial X_i}\bigg|_{\mu_X}\sigma_{X_i}\right)^2}} \tag{2-175}$$

一次二阶矩中心点法概念清楚,计算简单,常用于工程结构可靠度计算中。但是该方法没有考虑有关基本变量分布类型的信息,而实际上变量的分布类型对结构的可靠度是有影响的。因此,当对基本变量的分布类型有所了解时,中心点法不能充分利用已有信息。此外,当功能函数为非线性时,由于该法是在中心点处取线性近似,所得的可靠指标 β 也是近似的,其近似程度主要取决于线性近似的极限状态超平面 $Z'=0$ 与真正的极限状态超曲面 $Z=0$ 之间的近似程度。一般说来,中心点距失效边界 $Z=0$ 的距离越近,则差别越小。但由于结构可靠度的要求,中心点总得离开失效边界相当的距离,因此对非线性问题的影响较大。

(2)验算点法

验算点法是针对中心点法的主要缺点,考虑基本变量实际概率分布而提出的。验算点法的基本原理如下所述。

当功能函数 Z 为非线性时,不以通过中心点的超切平面作为线性近似,而将线性化点选在失效边界 $Z=0$ 上,而且选在与结构最大可能失效概率对应的点 $P^*(X_1^*,X_2^*,\cdots,X_n^*)$ 上。当有两个基本变量时,极限状态方程 $Z=g(R,S)=0$,该式在 ROS 坐标系中是一条直线,如图 2-21a)所示。P^* 位置如图 2-21b)所示。在 P^* 点上用 Taylor 级数展开,使之线性化,求解结构的可靠指标,以避免中心点处的误差。

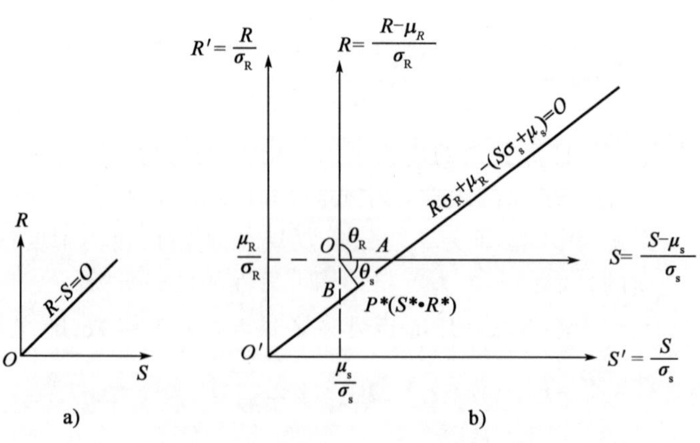

图 2-21 验算点法示意图

当基本变量 X_i 具有分布类型的信息时,将 X_i 的分布在失效边界上的 $P^*(X_1^*,X_2^*,\cdots,$

X_n^*)点上,以与正态分布等价的条件,变换为当量正态分布,因为可靠指标β是在标准正态空间定义的,这样就可使所得的β值与失效概率p_f之间有一个明确的对应关系,从而β值合理地反映了基本变量分布类型的影响。

上述基本原理中$P^*(X_1^*,X_2^*,\cdots,X_n^*)$点称为验算点或设计点,因此该法称为验算点法。又由于该法是在中心点法的基础上改进的,又称为一次二阶矩法的改进方法。这个方法被国际安全度委员会(JCSS)所推荐,亦称为"JC"法。

根据上述基本原理,该法的数学模式表达如下。

设$X_1,X_2,\cdots,X_n$为基本变量且相互独立,其极限状态功能函数如式(2-141)所示。选择设计验算点$P^*(X_1^*,X_2^*,\cdots,X_n^*)$作为线性化点,将极限状态功能函数用泰勒级数在该点展开,近似地取一阶项,可得极限状态方程为:

$$Z=g(X_1^*,X_2^*,\cdots,X_n^*)+\sum_{i=1}^{n}\left.\frac{\partial g}{\partial X_i}\right|_{P^*}(X_i-X_i^*)=0 \tag{2-176}$$

Z的均值为:

$$\mu_Z=g(X_1^*,X_2^*,\cdots,X_n^*)+\sum_{i=1}^{n}\left.\frac{\partial g}{\partial X_i}\right|_{P^*}(\mu_{X_i}-X_i^*) \tag{2-177}$$

由于设计验算点就是在失效边界上,则有$g(X_1^*,X_2^*,\cdots,X_n^*)=0$,因此,式(2-177)可写为:

$$\mu_Z=\sum_{i=1}^{n}\left.\frac{\partial g}{\partial X_i}\right|_{P^*}(\mu_{X_i}-X_i^*) \tag{2-178}$$

由于基本变量相互独立,由式(2-175)中求σ_Z的原则可得Z的标准差为:

$$\mu_Z=\left[\sum_{i=1}^{n}\left(\left.\frac{\partial g}{\partial X_i}\right|_{P^*}\sigma_{X_i}\right)^2\right]^{\frac{1}{2}} \tag{2-179}$$

于是可得可靠指标为:

$$\beta=\frac{\mu_Z}{\sigma_Z}=\frac{\sum_{i=1}^{n}\left.\frac{\partial g}{\partial X_i}\right|_{P^*}(\mu_{X_i}-X_i^*)}{\left[\sum_{i=1}^{n}\left(\left.\frac{\partial g}{\partial X_i}\right|_{P^*}\sigma_{X_i}\right)^2\right]^{\frac{1}{2}}} \tag{2-180}$$

式(2-180)为验算点法求解可靠指标β的一般公式,但在式中设计验算点P^*为未知数,可采用迭代法求解。

除了中心点法和验算点法求解结构可靠度之外,尚有基于"加权分位值法"概念的结构可靠度的实用分析法,对于工程结构设计常用的线性极限状态方程和常用的β值,实用分析法比设计验算点法计算简单,且精度相差不大。

此外,还可采用Monte Carlo法计算结构的可靠度,它是以大量随机试验中某事件发生的频率来估计该随机事件发生概率的一种模拟方法。Monte Carlo法所要求的样本容量相当大,在5000~20000个点之间;同时,由于随机试验的随机性,模拟的次数多,其结果不一定更精确。

3)结构可靠度分析步骤

结构可靠度的分析,是指目标可靠度或可靠指标的分析和计算过程,通过以下几个步骤完成。

(1)可靠度模式的确立

分析极限状态功能函数可靠度的基本变量时,一般将其视为随机变量。随机变量规律性的描述有三种:一是随机变量概率模型;二是随机过程概率模型;三是随机场的概率模型。其中,结构可靠度分析最常用的是前两种模型。

如果极限状态功能函数中基本变量与时间无关,可用随机变量概率模型分析可靠度。如果基本变量,如抗力 R 及作用效应 S 都随时间而变化,则用随机过程概率模型描述其规律性更为合理。一般地,在研究结构抗力 R 及作用效应 S 时,常采用半随机过程概率模型,即 R 采用随机变量概型,S 采用随机过程概型,而在结构可靠度计算中,所采用的一次二阶矩模式是随机变量模型。为适应这种方法,必须将半随机过程概率模式中的 S 随机过程概型,转化为设计基准期内最大作用效应随机变量概型。

(2)基本变量数据的收集

公路工程结构极限状态功能函数的基本变量,一般分为两大类:一类是结构作用或作用效应类,如车辆荷载、温度应力、结构重力、土的重力及侧压力等;另一类是结构抗力类,如各种材料的性能、结构的几何参数及结构抗力计算模式等。

为满足结构可靠度分析和计算,需要收集各基本变量的数据,并保证收集的各类数据满足一致性、代表性、独立性、完整性及可靠性。

(3)基本变量概率模型及统计参数的分析

随机变量的概率模型分为离散型和连续型两种。离散型随机变量用分布列描述,常用的有二项分布、几何分布和泊松分布等。连续型随机变量用概率密度函数或概率分布函数描述,常用的有均匀分布、正态分布、对数正态分布、指数分布、威布尔分布及极值分布等。

某些随机问题若需要两个或多个随机变量描述时,称为二维随机变量或二维随机向量,多维随机变量或多维随机向量。这种概率模型由二维或多维随机变量构成的联合分布加以描述。

随机过程的常用概率模型有平稳二项随机过程、平稳正态泊松随机过程、滤过泊松随机过程、泊松方波随机过程、更新方波随机过程或等待更新方波随机过程等。

统计参数则主要是指平均值、标准差及变异系数等。

(4)结构或构件作用效应及抗力的分析

公路工程结构作用的种类很多,可用作用的概型或作用效应的概型描述,一般先研究作用的概型,再分析作用的效应概型。影响结构或构件抗力的主要因素有其材料性能、几何参数、计算模式的精度等。它们一般是独立随机变量,且假设与试件无关,常用随机变量概型描述,如正态分布或对数正态分布等。

(5)结构极限状态方程的建立

结构目标可靠度或可靠指标分析过程中,无论基本变量的维数是多少,都应建立形如 $R-S=0$ 的这种极限状态方程,这是结构可靠与失效的重要标志。

(6)结构可靠度的分析计算

根据极限状态方程的特点,选择运用前面提及的全概率法、一次二阶矩法或 Monte Carlo

法等方法，分析计算结构的可靠度。

2.4.3　材料性能质量可靠度

为保证结构具有预期的可靠度，应对结构材料的各项性能提出明确的质量要求。

1）材料性能的质量

材料性能的质量指有关质量特征的全体，如强度变异、弹性模量的高低及局部缺陷的大小和多少等。由于材料的质量具有不定性，其质量特征同样具有不定性，一般用随机变量的概率模型和统计参数描述。此处所指的质量，只限于材料性能而言的狭义质量，主要反映材料某些技术指标的品质。这些质量又是根据材料性能子样对材料母体质量做出的统计描述；或是根据质量要求，对材料性能子样提供一个统计判断规则，即称为材料性能的统计质量。结构可靠度分析中，结构构件材料性能的主要指标是材料强度。大量数据统计分析结果表明，材料强度可以假定服从对数正态分布，则材料性能的质量可用其分布的平均值 μ_f 和标准差 σ_f 或变异系数 δ_f 描述。

质量的另一种表达方式，是以规定的性能标准值 f_k 以及低于该值的比率 P_k（亦称为偏低率或不合格品率）描述，对于质量性能概率分布不明确的情况，采用该描述方法较为恰当。

当质量性能的概率分布为正态分布或对数正态分布时，以上两种表达方式具有如图 2-22 所示的关系。设 $F(x)$ 为材料性能的分布函数，由图可得 $F(f_k)=P_k$。若材料性能 f 为正态分布，则由图 2-22 可得：

$$\Phi(-a_k) = \Phi\left(\frac{f_k-\mu_f}{\sigma_f}\right) \tag{2-181}$$

式中：$\Phi(\cdot)$——标准正态分布；

a_k——材料性能的保证率系数。

由该式，则有：

$$\mu_f = f_k + a_k \cdot \sigma_f \tag{2-182}$$

$$-a_k = \Phi^{-1}(P_k) \tag{2-183}$$

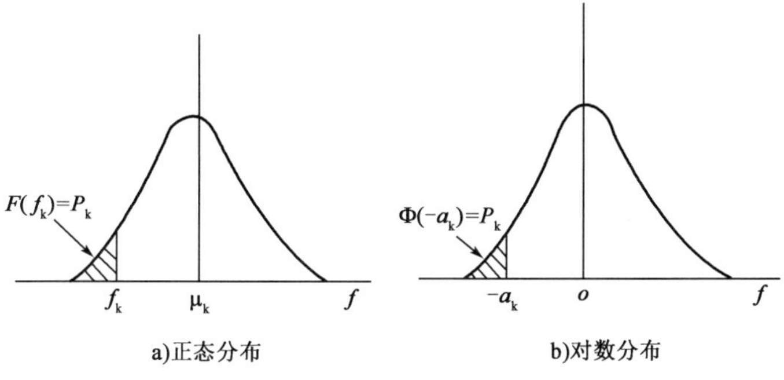

图 2-22　概率分布

一般情况下，$P_k<0.5$，故由式（2-182）求得 a_k 总为负值。当要求的材料性能 f 低于 f_k 的偏低率不超过 P_k 时，材料性能的平均值 μ_f 比标准值 f_k 提高 a_k 倍标准差 σ_f。因此，规定了 f_k 和 P_k 值，也就相当于规定了 μ_f 和 σ_f 的关系；另一方面，只要规定了 μ_f 和 σ_f 的关系，也就相当

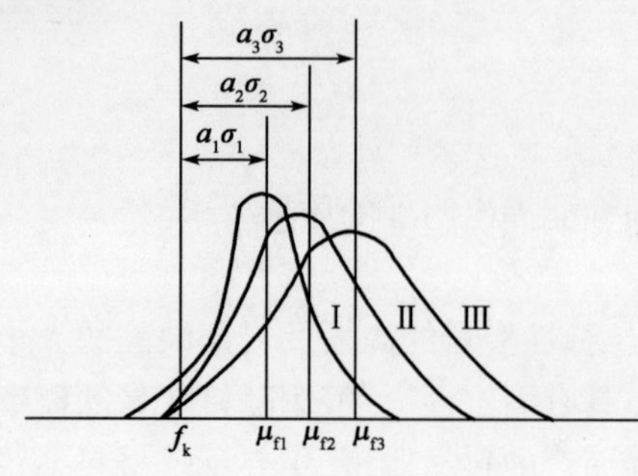

图 2-23　正态分布曲线

于规定了材料的质量要求。

由式(2-181)及图 2-23 可见,对于限定质量 f_k,由于 $\sigma_1 < \sigma_2 < \sigma_3$,即质量Ⅰ高于质量Ⅱ,更高于质量Ⅲ。质量高时其施工总体平均强度值可低一些,即 $\mu_1 < \mu_2 < \mu_3$。由此可见,在满足限定质量水平的前提下,对于技术水平和管理水平高的施工单位,其施工强度可以低于水平低的施工单位。即提高了技术和管理水平,可以起到节约材料,降低成本的经济效益。

同理,若 f 为对数正态分布时,则:

$$\Phi(-a_k) = \Phi\left(\frac{\ln f_k - \mu_{\ln f}}{\sigma_{\ln f}}\right) = P_k \tag{2-184}$$

$$-a_k = \Phi^{-1}(P_k) \tag{2-185}$$

式中:$\mu_{\ln f}$、$\sigma_{\ln f}$的计算按前述对数正态分布计算。

2)质量方程

质量方程主要是建立起材料性能质量与可靠指标之间的关系。由于结构构件设计时采用目标可靠指标控制,而材料性能 f 的实际质量水平则用平均值 μ_f、标准差 σ_f 或变异系数 δ_f 控制。为保证设计规定的目标可靠指标,对材料性能质量应规定明确的质量要求,以便于施工过程中严格控制。因此,首先应建立可靠指标 β 与材料性能平均值 μ_f、标准差 σ_f 或变异系数 δ_f 间的函数关系。

现仅以极限状态功能函数有两个正态分布随机变量 R、S,而结构构件所构成的材料为单一材料分析其质量方程。

已知可靠指标 β 的表达式为式(2-178),同时有:

$$\cos\theta_R = \frac{-\sigma_R}{\sqrt{\sigma_R^2 + \sigma_S^2}} \tag{2-186}$$

$$\cos\theta_S = \frac{-\sigma_S}{\sqrt{\sigma_R^2 + \sigma_S^2}} \tag{2-187}$$

将式(2-186)和式(2-187)代入式(2-148)可得:

$$\mu_R + \beta\cos\theta_R \cdot \sigma_R = \mu_S + \beta\cos\theta_S\sigma_S \tag{2-188}$$

可见,如果作用效应 S 的统计参数 μ_S、σ_S 已知,则式(2-186)就是抗力 R 质量要求的表达式,也即在要求的 β 值下抗力 R 的统计参数 μ_R、σ_R 必须满足的条件。

对于单一材料结构的抗力由式(2-189)确定。

$$R = \Omega_p \cdot \Omega_f \cdot \Omega_a \cdot \Omega_k \tag{2-189}$$

式中:Ω_p——反映计算模式不定性的随机变量;

Ω_f——反映结构材料性能不定性的随机变量;

Ω_a——反映几何尺寸不定性的随机变量;

Ω_k——结构抗力标准值。

因假定 Ω_p、Ω_f、Ω_a、Ω_k 之间相互独立,可由式(2-187)得出抗力 R 的统计参数为:

$$\begin{aligned}\mu_R &= \mu_{\Omega_p}\cdot\mu_{\Omega_f}\cdot\mu_{\Omega_a}\cdot R_k\\ &= \mu_{\Omega_p}\cdot\mu_{\Omega_f}\cdot\mu_{\Omega_a}\cdot f_k a_k\\ &= \mu_{\Omega_p}\cdot\mu_{\Omega_f}\cdot\mu_{\Omega_a}\cdot\mu_{\Omega_o}\cdot a_k\end{aligned}\tag{2-190}$$

式中：Ω_o——反映结构材料性能与试件材料性能差别的随机变量；

a_k——几何参数的标准值。

$$\delta_R = \sqrt{\delta_{\Omega_p}^2 + \delta_{\Omega_f}^2 + \delta^2\mu_{\Omega_a} + \delta^2\ \Omega_o}\tag{2-191}$$

$$\begin{aligned}\delta_R &= \mu_R\cdot\delta_R\\ &= \mu_{\Omega_p}\cdot\mu_{\Omega_f}\cdot\mu_{\Omega_a}\cdot\mu_{\Omega_o}\cdot a_k\cdot\sqrt{\delta_{\Omega_p}^2 + \delta_{\Omega_f}^2 + \delta^2\mu_{\Omega_a} + \delta^2\ \Omega_o}\end{aligned}\tag{2-192}$$

令 $\Omega = \Omega_p\cdot\Omega_a\cdot\Omega_o$，则：

$$\mu_\Omega = \mu_{\Omega_p}\cdot\mu_{\Omega_a}\cdot\mu_{\Omega_o}\tag{2-193}$$

将式(2-189)～式(2-193)代入式(2-189)，整理得到：

$$\mu_R\cdot\mu_{\Omega_f}\cdot a_k(1+\beta\cos\theta_R\sqrt{\delta_\Omega^2+\delta_f^2}) = \mu_S + \beta\cos\theta_S\cdot\sigma_S\tag{2-194}$$

由式(2-194)可以看出，右边含有作用效应 S 的统计参数 μ_S、σ_S，它随不同的结构而变，在实用上用其表达材料性能的质量要求很不方便。实际上在设计标准中已规定了设计表达式，可按给定的设计表达式建立质量方程。质量方程式的通式可以表达为：

$$q(\mu_f\cdot\delta_f\cdot\beta\cdot f_k) = 0\tag{2-195}$$

式(2-195)中函数 q 仅与材料性能的平均值 μ_f、标准差 σ_f（或变异系数 δ_f）、标准值 f_k，以及设计规定的可靠指标 β 有关。其中，μ_f、$\sigma_f(\delta_f)$ 用于描述标准值为 f_k 的材料性能的实际质量水平，而 β 则标志设计对结构所要求的质量水平。

若极限状态功能函数为多个随机变量，且分布类型为非正态分布时，可按当量正态化方法分析，得到其质量方程。

3）材料性能的设计质量要求

（1）材料性能的设计质量

给出材料性能的质量与可靠指标的关系以后，就可以划分不同的质量水平。设计标准中所得的目标可靠指标是根据当前对全国材料性能统计得出的平均质量水平。为使结构达到设计预期的可靠度要求，还应对材料性能规定一个质量的下限水平。

设计标准中按结构破坏后果的严重程度，将结构分为三个安全等级，并规定各等级之间可靠指标差值。因此可认为各等级内结构可靠指标容许在 $\beta\pm\Delta\beta$ 范围内波动，从而 $\beta_1=\beta-\Delta\beta$ 即为该等级的下限质量水平。

图 2-24 中质量下限 β_1 曲线将材料性能的质量划分为容许和不容许两个质量区。就容许质量区而言，正常生产条件下的材料性能质量也应力求维持在正常质量限 β 以上，并将其作为目标质量，进行生产控制。在 β_1 和 β 之间的质量水平，虽然属于容许范围，但一般不认为生产处于正常的生产控制状态，将其称为准正常质量区。在任何情况下，施工质量不得低于设计上不能容许的质量下限 β_1，否则应降级使用或另做处理。

明确上述设计要求的质量水平后，设计所预期的可靠度，就可以通过材料性能的质量管理加以保证。

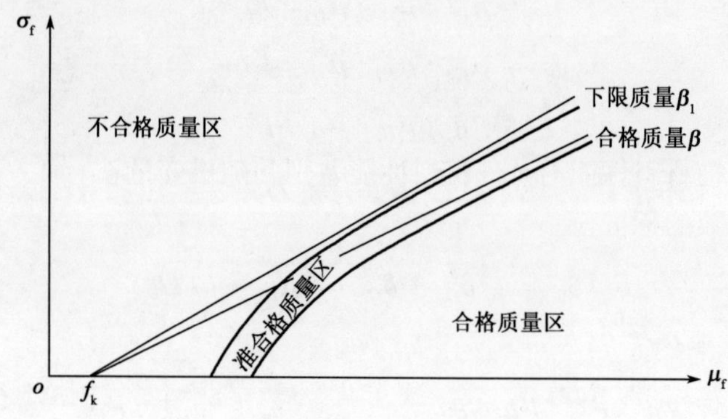

图 2-24 质量方程线

以上原则也可用于天然材料质量等级划分,以便于在使用中区别优劣,因材施用。

(2)材料性能标准值

从质量方程可确定设计对材料性能的质量要求,但由于是曲线方程,在实用上很不方便。如果当材料性能的变异仅在某个范围内波动时,曲线形质量方程可近似用直线代替。如图 2-24所示,令直线与横坐标 μ_f 的交点为材料性能的标准值 f_k,则质量方程可简化为:

$$\mu_f = f_k + \alpha\sigma_f \tag{2-196}$$

式中:α——质量方程线的斜率。

若 f 按对数正态分布,则有:

$$\mu_f = f_k \exp(\alpha\delta_f) \tag{2-197}$$

式(2-196)和式(2-197)形式一致。也即只要对材料性能适当地规定标准值 f_k 和偏低率 P_k,就可在一定的变异范围内近似与设计要求的质量相对应。如果 f 具有明确的分布类型,偏低率 P_k 与 α 之间就有一一对应的关系。这样,对材料性能 f 这个随机变量就可用一个规定的标准值 f_k 作为其代表值,同时也可给出一个偏低率 P_k 与要求的质量水平相对应。该质量水平可用 β 表达,也可近似用直线斜率 α 表达。对于不同的质量水平,可以规定不同的 α 值。

从当前国际发展来看,一般将标准值 f_k 定义在与设计限定质量相应的材料性能 f 概率分布的 0.05 分位数上,即偏低率 P_k 取 5%。我国各类工程结构设计均规定各种材料性能的标准值取其概率分布的 0.05 分位数。

当 f 服从标准正态分布时,其标准值 f_k 为:

$$f_k = \mu_f - \alpha\sigma_f = \mu_f - 1.645\sigma_f \tag{2-198}$$

材料性能标准值 f_k 是结构设计所采用的材料性能 f 的基本代表值。它是设计表达式中材料性能设计取值的依据,也是施工中控制材料性能质量的基础。

第3章　斜向预应力混凝土路面结构分析

3.1　斜向预应力混凝土路面结构弹塑性分析

3.1.1　斜向预应力混凝土路面结构弹性分析

斜向预应力混凝土路面,是在水泥混凝土路面两侧同时施加斜向预应力。斜向预应力的施加将对路面水泥混凝土产生二元预应力,克服水泥混凝土路面纵横方向力的影响。提高了水泥混凝土路面的纵横向抗弯拉强度,克服水泥混凝土路面在纵横方向可能产生的裂缝,使水泥混凝土路面在较长范围内不需设置缩缝,解决水泥混凝土路面由于缩缝产生的行车噪声大,舒适性差,易受水损害断板等问题。

斜向预应力混凝土路面两施工缝之间距离长,施工时在路面两端施加预应力,因此除施工中设置施工缝外,一般不需设置伸缩缝。为保证斜向预应力混凝土路面的使用刚度和承载能力,其路面结构层仍然分为底基层、基层和面层,而斜向预应力的施加仅仅在面层混凝土板中进行,所以斜向预应力混凝土路面是指在面层水泥混凝土中施加斜向预应力的路面。

本章主要分析施加预应力对斜向预应力混凝土路面结构的要求和受压区的影响。斜向预应力混凝土路面的材料组成是预应力筋和水泥混凝土,其工作状态仍然是弹性状态,极限状态为弹塑性状态。从经典弹性力学已知,弹性问题的求解,必须从结构的静力平衡、结构位移与应变的几何关系、弹性材料的应力—应变关系三方面去考虑。

从弹性理论分析,有空间问题的静力平衡方程:

$$\left.\begin{aligned}\frac{\partial\sigma_x}{\partial x}+\frac{\partial\tau_{xy}}{\partial y}+\frac{\partial\tau_{xz}}{\partial z}+X&=0\\\frac{\partial\tau_{yx}}{\partial y}+\frac{\partial\sigma_y}{\partial y}+\frac{\partial\tau_{yz}}{\partial z}+Y&=0\\\frac{\partial\tau_{zx}}{\partial_x}+\frac{\partial\tau_{zy}}{\partial y}+\frac{\partial\sigma_z}{\partial z}+Z&=0\end{aligned}\right\}\tag{3-1}$$

几何方程:

$$\left.\begin{aligned}\varepsilon_x&=\frac{\partial u}{\partial x}\\ \varepsilon_y&=\frac{\partial \upsilon}{\partial x}\\ \varepsilon_z&=\frac{\partial \omega}{\partial z}\\ \gamma_{xy}&=\frac{\partial \upsilon}{\partial x}+\frac{\partial u}{\partial y}\\ \gamma_{yz}&=\frac{\partial \omega}{\partial y}+\frac{\partial \upsilon}{\partial z}\\ \gamma_{zx}&=\frac{\partial u}{\partial z}+\frac{\partial \omega}{\partial x}\end{aligned}\right\}\tag{3-2}$$

物理方程:

$$\left.\begin{aligned}\varepsilon_x&=\frac{1}{E}[\sigma_x-\mu(\sigma_y+\sigma_z)]\\ \varepsilon_y&=\frac{1}{E}[\sigma_y-\mu(\sigma_z+\sigma_x)]\\ \varepsilon_z&=\frac{1}{E}[\sigma_z-\mu(\sigma_x+\sigma_y)]\\ \gamma_{xy}&=\frac{2(1+\mu)}{E}\tau_{xy}\\ \gamma_{yz}&=\frac{2(1+\mu)}{E}\tau_{yz}\\ \gamma_{zx}&=\frac{2(1+\mu)}{E}\tau_{zx}\end{aligned}\right\}\tag{3-3}$$

以上式中:σ_x、σ_y、σ_z、τ_{xy}、τ_{yz}、τ_{zx}——应力分量;

ε_x、ε_y、ε_z、γ_{xy}、γ_{yz}、γ_{zx}——应变分量;

u、υ、ω——位移分量;

μ——混凝土材料的泊松系数;

E——混凝土的弹性模量。

应力边界条件:

$$\left.\begin{aligned}l\sigma_x+m\tau_{xy}+n\tau_{xz}&=\overline{X}\\ l\tau_{yx}+m\sigma_y+n\tau_{yz}&=\overline{Y}\\ l\tau_{zx}+m\tau_{zy}+n\sigma_z&=\overline{Z}\end{aligned}\right\}\tag{3-4}$$

位移边界条件:

$$\left.\begin{aligned}\upsilon_s&=\overline{u}\\ \upsilon_s&=\overline{\nu}\\ \omega_s&=\overline{\omega}\end{aligned}\right\}\tag{3-5}$$

式中：l、m、n——边界的方向余弦；

$\overline{X}$、$\overline{Y}$、$\overline{Z}$——边界面力分量；

$\overline{u}$、$\overline{\nu}$、$\overline{\omega}$——边界位移分量。

3.1.2 斜向预应力混凝土路面结构弹塑性分析

斜向预应力混凝土在弹塑性受力计算当中，结构静力平衡方程和变形几何方程仍然如式(3-1)、式(3-2)所示，但是混凝土材料的本构关系采用的混凝土损伤塑性模型，是一个连续的基于塑性混凝土损伤模型，两个主要的假设破坏机理是混凝土材料的拉裂和压碎，屈服面的发展是由两个硬化常数来控制。该模型可用于单向加载、循环加载及低侧压下的动态加载等情况，在循环反向加载时可对材料的刚度恢复进行控制，可通过调整弹塑性本构方程来改善应变软化阶段的收敛速度。

1）本构方程

由卡恰诺夫首先提出，之后由拉博特诺夫和其他学者进一步发展起来的无量纲各向同性材料的本构方程可写成以下表达式：

$$\sigma = (1-d)D_0^{el}:(\varepsilon-\varepsilon^{pl}) = D^{el}:(\varepsilon-\varepsilon^{pl}) \tag{3-6}$$

式中：σ——应力张量；

d——损伤因子，无量纲化的刚度退化变量；

ε——应变张量；

D_0^{el}——初始（未受损伤）的材料弹性刚度；

D^{el}——受损伤之后的弹性刚度，$D^{el}=(1-d)D_0^{el}$。

在混凝土损伤塑性模型中，刚度退化的前提条件是由最初假设的各向同性所决定，通过将受压损伤和受拉损伤的初始值设为零来实现。

2）拉伸硬化和压缩硬化

混凝土材料的受拉和受压的损伤状态是以两组独立的硬化常数 $\tilde{\varepsilon}_t^{pl}$ 和 $\tilde{\varepsilon}_c^{pl}$ 为特征，其中分别涉及混凝土受拉和受压的等效塑性应变，拉伸硬化和压缩硬化可以进一步写成以下表达式：

$$\tilde{\varepsilon}^{pl} = \begin{bmatrix}\tilde{\varepsilon}_t^{pl}\\ \tilde{\varepsilon}_c^{pl}\end{bmatrix} \quad 或 \quad \dot{\tilde{\varepsilon}}^{pl} = h(\overline{\sigma},\tilde{\varepsilon}^{pl})\dot{\varepsilon}^{pl} \tag{3-7}$$

混凝土的拉裂和压碎特性是由不断增加的拉伸硬化和压缩硬化的两组数值来表现的，这些变量决定了屈服面的形成以及弹性模量的退化。

3）屈服条件

屈服函数代表了可中止破坏和损伤状态的一个有效应力空间平面，对于非相关塑性损伤模型，屈服函数可表示为 $F(\overline{\sigma},\tilde{\varepsilon}^{pl})\leqslant 0$；塑性流取决于流动势函数 $G(\overline{\sigma})$，其根据非相关塑性流动法则得到 $\varepsilon^{pl}=\lambda\dfrac{\partial G(\overline{\sigma})}{\partial\overline{\sigma}}$。

4)材料参数取值

混凝土损伤塑性模型中的本构计算参数,包括膨胀角 ψ、流动势偏移值 m、双轴极限抗压强度与单轴极限抗压强度比 α_f、拉伸子午面和压缩子午面上的第二应力不变量之比 γ 以及黏性系数 μ。其中参数 ψ 和 m 用来描述流动势函数的形状,而 α_f 和 γ 则用来描述屈服面的形成。

在损伤塑性模型中的流动势函数可表示为 Drucker-Prager 双曲线函数:

$$G = \sqrt{(f_c - mf_t\tan\psi)^2 + \bar{q}^2} - \bar{p}\tan\psi - \sigma \tag{3-8}$$

式中:f_t——混凝土单轴抗拉强度;

f_c——混凝土单轴抗压强度;

ψ——膨胀角,由 p-q 平面最高侧向压力测得;

m——流动势偏移值,其流动势等位面由 p-q 平面决定;

$\bar{p} = \frac{1}{3}\bar{\sigma}t$,其为有效静压力;$\bar{q} = \sqrt{\frac{3}{2}\bar{s}\bar{s}}$,其为 Mises 等效有效应力;

$\bar{s} = pl + \bar{\sigma}$,其为有效应力张量的偏分量。

非相关的流动法则要求有一个加载面的定义,混凝土塑性损伤模型使用的加载函数表达式如下:

$$F = \frac{1}{1-\alpha}[\bar{q} - 3\alpha\bar{p} + \theta(\tilde{\varepsilon}^{pl}) < \overline{\sigma_{max}} > - \gamma < -\overline{\sigma_{max}} >] - \bar{\sigma}_c(\tilde{\varepsilon}_c^{pl}) \tag{3-9}$$

参数 α 基于 Kupfer 曲线计算得到,取决于双轴极限抗压强度与单轴极限抗压强度之比。$\bar{\sigma}_{max}$ 为 $\bar{\sigma}$ 的最大特征值,符号 $< >$ 代表函数 $<x> = \frac{1}{2}(|x| + x)$,函数 $\theta(\tilde{\varepsilon}^{pl})$ 的表达式如下:

$$\theta(\tilde{\varepsilon}^{pl}) = \frac{\bar{\sigma}_c(\tilde{\varepsilon}_c^{pl})}{\bar{\sigma}_t(\tilde{\varepsilon}_t^{pl})}(1-\alpha)(1+\alpha) \tag{3-10}$$

式中:$\bar{\sigma}_t$、$\bar{\sigma}_c$——分别为有效拉应力和有效压应力。

拉伸子午面上和压缩子午面上的第二应力不变量之比 γ 应由混凝土三轴压缩实验确定,表达式为 $\gamma = \frac{3(1-\rho)}{2p+3}$,其中系数 $\rho = (\sqrt{J_2})_{TM}/(\sqrt{J_2})_{CM}$,由给定的状态量 $\bar{p}$ 的定义,J_2 为应力偏量第二不变量,下标 TM 和 CM 分别代表屈服面上的受拉屈服线($\sigma_1 > \sigma_2 = \sigma_3$)和受压屈服线($\sigma_1 = \sigma_2 > \sigma_3$)。

基于单轴受拉和单轴受压实验的应力—应变曲线,可得到单轴受拉的应力—开裂应变 $\tilde{\varepsilon}_t^{ck}$ 和单轴受压的应力—非弹性应变 $\tilde{\varepsilon}_c^{in}$ 的数值。另外,假定混凝土弹性模量介于 $0.3f_c$ 与 $0.7f_t$ 之间,在此基础上确定损伤因子 d_t 的值,找出受拉损伤因子 d_t 与开裂应变 $\tilde{\varepsilon}_t^{ck}$、受压损伤因子 d_c 与非弹性压碎应变 $\tilde{\varepsilon}_c^{in}$ 之间的取值关系;流动势和加载面的形状由 ψ、m、α_f 和 γ 这 4 个参数的取值确定,其中参数 $\alpha_f = f_{bc}/f_c$ 的数值可由 Kupfer 曲线确定;而参数 γ 决定了屈服面在偏量面上的形状,文献建议取值 0.6667[8]。

3.2　斜向预应力混凝土路面结构有限元分析

3.2.1　斜向预应力混凝土路面结构的影响因素

斜向预应力混凝土路面的有限元模型建立比较复杂,影响模型建立的控制条件众多。根据斜向预应力混凝土路面研究内容的正交试验安排,建模主要提出了如下9个控制条件。

(1)斜向预应力混凝土板的长度 L,一般取两施工缝之间的长度;

(2)斜向预应力混凝土板的宽度 b;

(3)斜向预应力混凝土板的厚度 h;

(4)斜向预应力混凝土板的预应力筋设置角度 θ_p;

(5)斜向预应力混凝土板的预应力筋设置间距 S_n;

(6)斜向预应力混凝土板的预应力筋直径 $\boldsymbol{\Phi}$;

(7)斜向预应力混凝土板的预应力筋预拉百分比值 J;

(8)斜向预应力混凝土板的弹性模量 m;

(9)斜向预应力混凝土路面滑动层的摩擦系数 n。

通过这9个模型控制条件的组合可以建立 3^9 共19683个计算模型,数量众多。但是经过分析可知,这9个控制条件中预应力混凝土板的长度、预应力混凝土板的宽度、预应力混凝土板的厚度这三个条件是主要控制条件,其他变化条件可以通过调整模型设置参数得到。

因而,可以给出预应力混凝土板的三个主要控制条件取值如表3-1所示。

预应力混凝土板主要控制条件取值　　表3-1

板的长度 L(m)	板的宽度 b(m)	板的厚度 h(cm)
50	5.4	20
100	11.56	23
200	6.50	26

通过这三个主要控制条件的组合可以建立 3^3 共27个计算模型。根据模型控制条件研究可以得到正交数值计算模型表如表3-2所示。

计算模型参数　　表3-2

模型号	加筋角度(°)	钢筋间距(cm)	板宽度(m)	板厚度(cm)	钢筋直径(mm)	板长度(m)	预应力筋拉力预拉百分比(%)	混凝土弹性模量(MPa)	滑动层摩擦系数
1	30	50	5.4	20	10	50	30	28000	0.3
2	30	50	5.4	23	11	100	60	30000	0.5
3	30	50	5.4	26	12	150	90	31500	0.8
4	30	60	11.56	20	10	50	60	30000	0.8
5	30	60	11.56	.23	11	100	90	31500	0.3
6	30	60	11.56	26	12	150	30	28000	0.5

续上表

模型号	加筋角度(°)	钢筋间距(cm)	板宽度(m)	板厚度(cm)	钢筋直径(mm)	板长度(m)	预应力筋拉力预拉百分比(%)	混凝土弹性模量(MPa)	滑动层摩擦系数
7	30	80	6.5	20	10	50	90	31500	0.5
8	30	80	6.5	23	11	100	30	28000	0.8
9	30	80	6.5	26	12	150	60	30000	0.3
10	37	50	11.56	20	10	150	90	31500	0.3
11	37	50	11.56	23	11	50	30	28000	0.5
12	37	50	11.56	26	12	100	60	30000	0.8
13	37	60	6.5	20	10	150	30	28000	0.8
14	37	60	6.5	23	11	50	60	30000	0.3
15	37	60	6.5	26	12	100	90	31500	0.5
16	37	80	5.4	20	10	150	60	30000	0.5
17	37	80	5.4	23	11	50	90	31500	0.8
18	37	80	5.4	26	12	100	30	28000	0.3
19	45	50	6.5	20	10	100	60	30000	0.3
20	45	50	6.5	23	11	150	90	31500	0.5
21	45	50	6.5	26	12	50	30	28000	0.8
22	45	60	5.4	20	10	100	90	31500	0.8
23	45	60	5.4	23	11	150	30	28000	0.3
24	45	60	5.4	26	12	50	60	30000	0.5
25	45	80	11.56	20	10	100	30	28000	0.5
26	45	80	11.56	23	11	150	60	30000	0.8
27	45	80	11.56	26	12	50	90	31500	0.3

表3-2中数值计算模型可以通过改变非主要控制条件加筋角度、板的厚度、预应力筋直径、预应力筋预拉百分比、混凝土弹性模量、滑动层摩擦系数等计算参数，建立全部19683个模型。

3.2.2 斜向预应力混凝土路面计算模型

1）斜向预应力混凝土路面结构整体模型

根据斜向预应力混凝土路面的结构组成，可将预应力混凝土模型结构分为三层，第一层为底基层（垫层和土基的等代层）、第二层为基层、第三层为路面层，即斜向预应力混凝土路面面层。

模型建立采用三层分别建立，然后进行装配成为一个整体模型。网格划分时也采用分别划分，底基层的网格长度为0.5m，基层的网格长度为0.5m，路面层的网格长度为0.5m。装配示意图与经过装配后得到整体图如图3-1、图3-2所示。

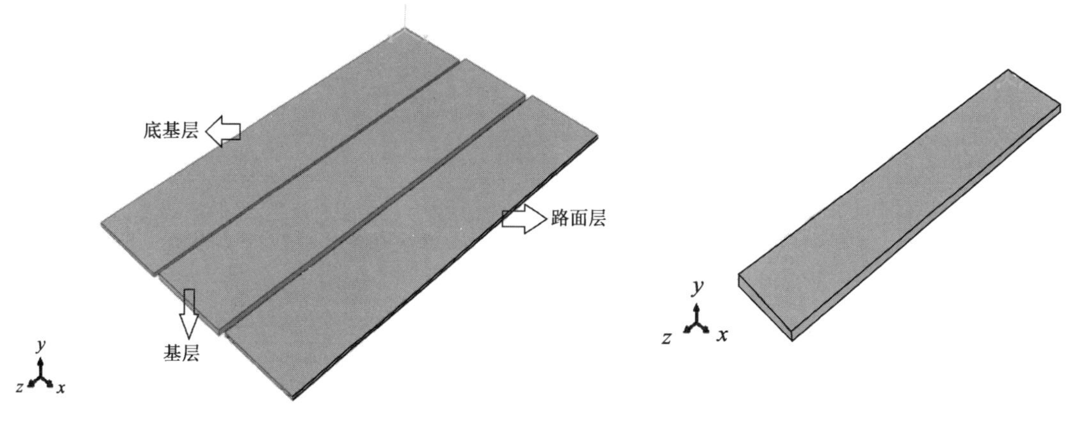

图3-1 模型分层建立示意图

图3-2 模型整体装配图

2）锚固区局部计算模型

对于斜向预应力混凝土路面，预应力钢筋直接加在路面两侧锚固区上。可能由于加载面积太小，出现局部塑形破坏。因此，必须对加载点区域建立模型进行弹塑性分析。

建立模型主要进行预应力加载点附近塑性区局部弹塑性分析。由于只是对塑性区进行弹塑性分析，塑性区成为本模型的重点。通过和实际斜向预应力混凝土路面的对比，显然将预应力简化成了一对 x、y 方向上的均布力加载在混凝土板两侧的锚头位置是不合适的，因为试验路面加载时塑性区不会出现剪力，所以预应力加载点塑性区分析模型应当在路面板上两侧开槽使预应力只产生轴力，如图3-3所示。

由于塑性区为建模的重点，所以模型不考虑竖向的荷载。底基层厚度对计算结果不产生影响，为了计算方便将底基层厚度取0.2m，如图3-4所示。

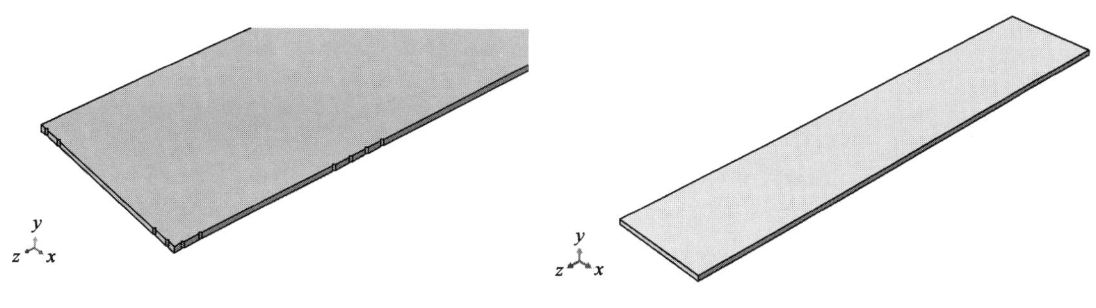

图3-3 路面板两侧开槽模型图

图3-4 底基层模型图

3）斜向预应力混凝土路面面板计算模型

（1）在预应力混凝土路面面板计算中，由于预应力筋不是主要的研究对象，计算仅考虑它对路面结构承载能力的影响。因此在预应力水泥混凝土面板模型中，将预应力简化成了一对 x、y 方向上的均布力直接加载在了混凝土板上，如图3-5、图3-6所示。

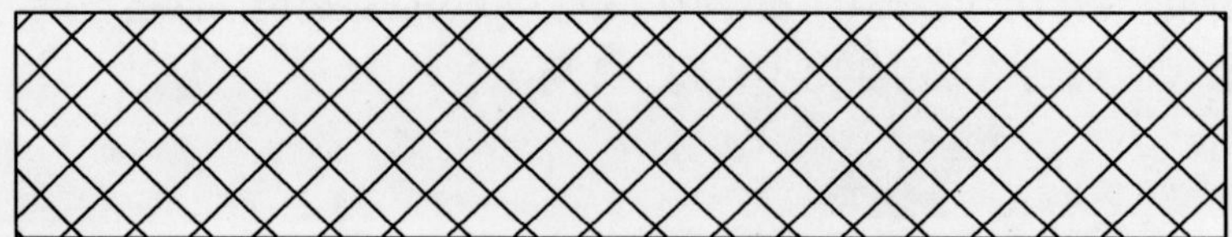

图 3-5 预应力钢筋网布置示意图

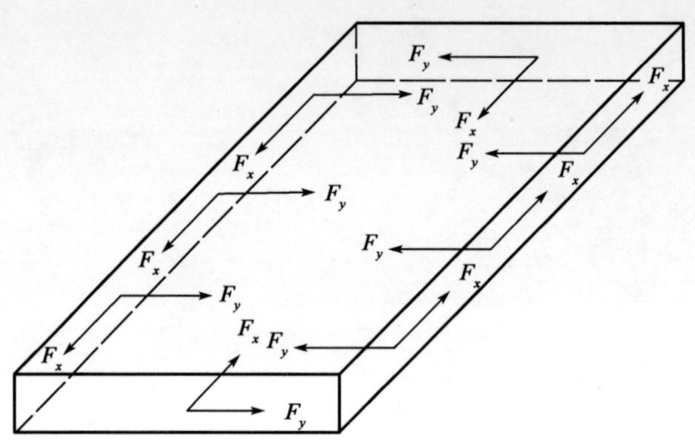

图 3-6 预应力均布简化示意图

(2)由于模型是对称模型,为了减小计算量,在满足计算要求的情况下取模型的 1/4 区域一进行计算,如图 3-7 所示。

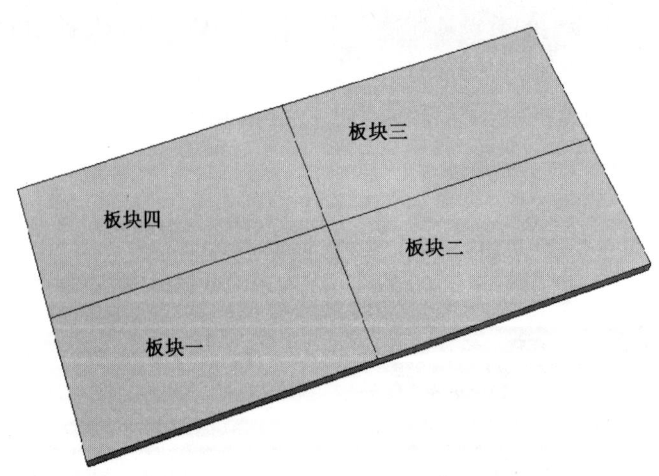

图 3-7 模型简化区域示意图

(3)由于不同的结构有不同的合理扩延尺寸,就普通混凝土板分析问题而言,荷载应力分析模型地基的深度取 6 ~7m,平面相对板的扩延尺寸为 1 ~2m 是合适的;而对斜向预应力混凝土路面有如下取值。

①由于斜向预应力混凝土路面整体性好,计算模型既需要用来计算温度翘曲应力,又需要用来计算荷载应力,所以底基层厚度取 6m,如图 3-8 所示。

②由于计算时需要有合理的延展尺寸,现将各模型的基层、底基层的自由边均向外扩展 2m,如图 3-9 所示。

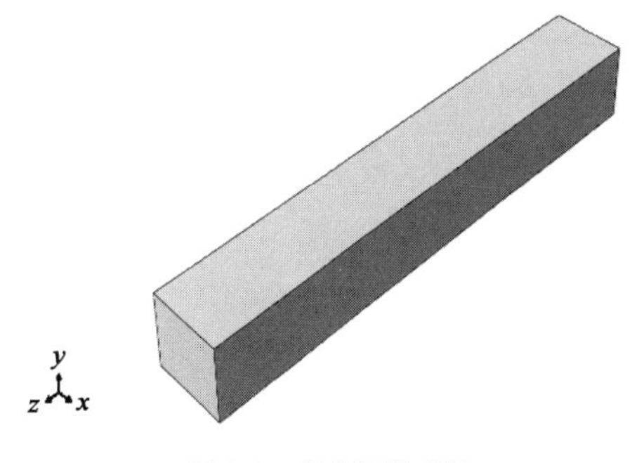

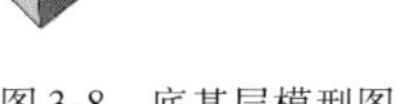

图 3-8 底基层模型图

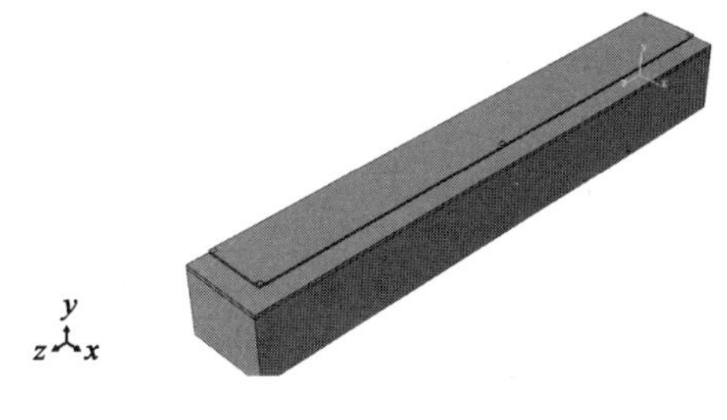

图 3-9 底基层外延模型图

③模型的斜向预应力混凝土路面底基层一般由加固土基或旧路面结构组成，所以其回弹模量取综合等效模量 125MPa。

4）斜向预应力混凝土路面板加载区弹塑性分析

在斜向预应力施加过程中，可能由于加载区域太小出现局部塑形破坏。因此，必须对加载点区域进行弹塑性分析，以确定加载区的大小。为此，在加载区建立几何模型如下。

（1）整体模型。

根据斜向预应力混凝土路面实际情况，建立其整体几何体模型与经过网格划分后的整体模型如图 3-10、图 3-11 所示。

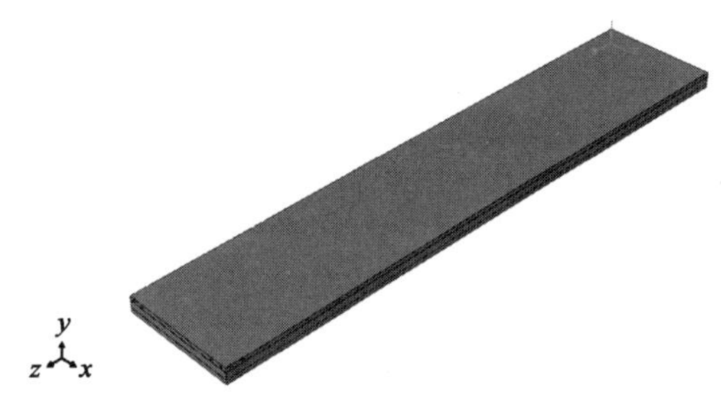

图 3-10 整体几何模型图

图 3-11 整体模型网格划分图

（2）底基层模型。

底基层几何模型与经过网格划分后的底基层几何模型如图 3-12、图 3-13 所示。

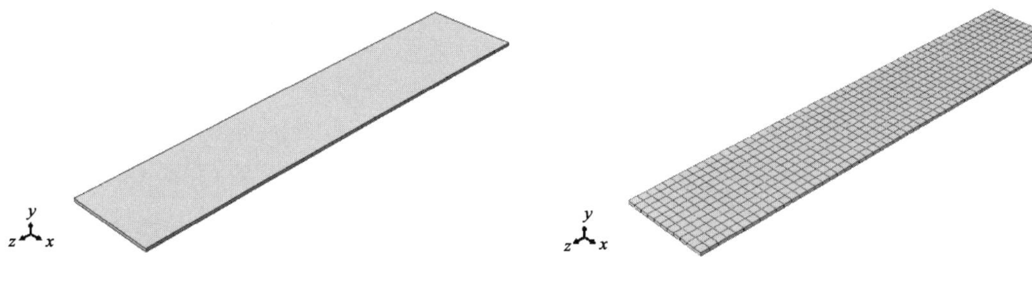

图 3-12 底基层几何模型图

图 3-13 底基层网格划分图

（3）基层模型。

基层几何模型与经过网格划分后的基层几何模型如图 3-14、图 3-15 所示。

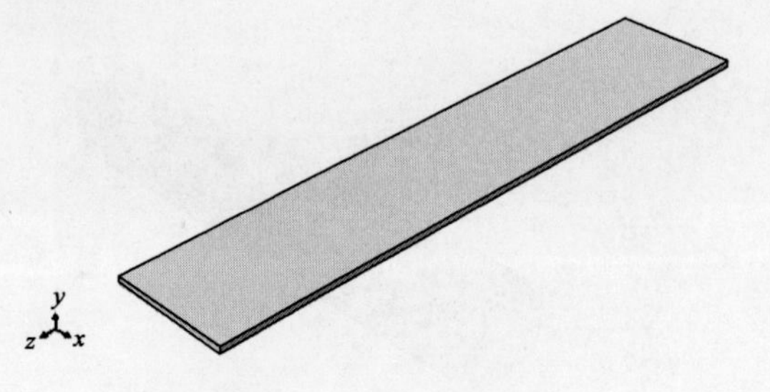

图 3-14　基层几何模型图

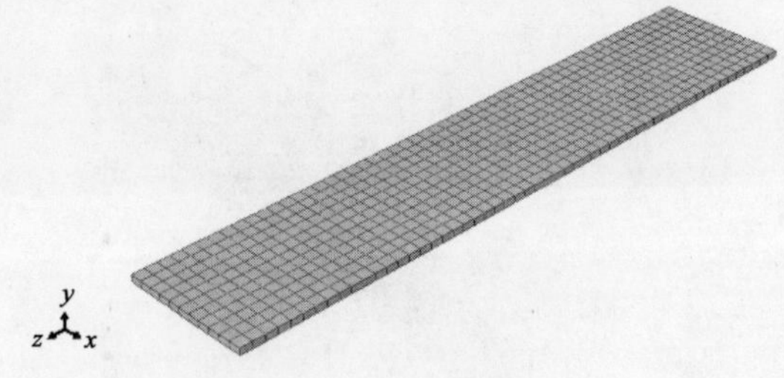

图 3-15　基层网格划分图

(4)路面层模型。

路面层几何模型与经过网格划分后的路面层几何模型如图 3-16、图 3-17 所示。

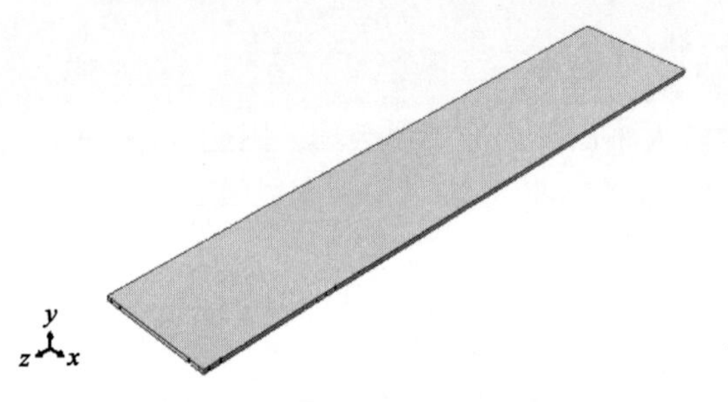

图 3-16　路面层几何模型图

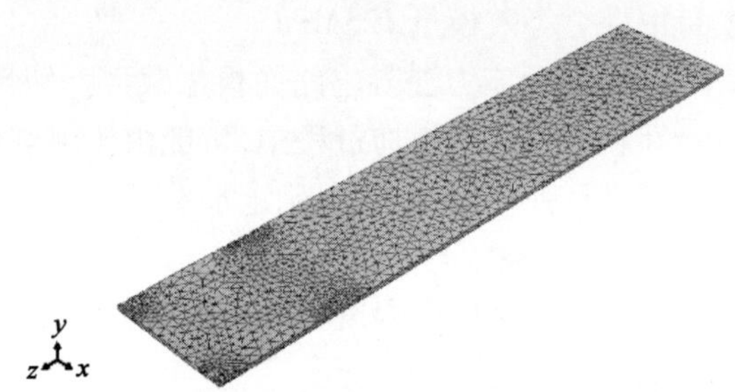

图 3-17　路面层网格划分图

为了更加清晰地了解路面板开槽部位的结构,将路面层正面和侧面分别放大得到路面板俯视和侧视的放大图,如图 3-18、图 3-19 所示。

图 3-18　路面层俯视放大图

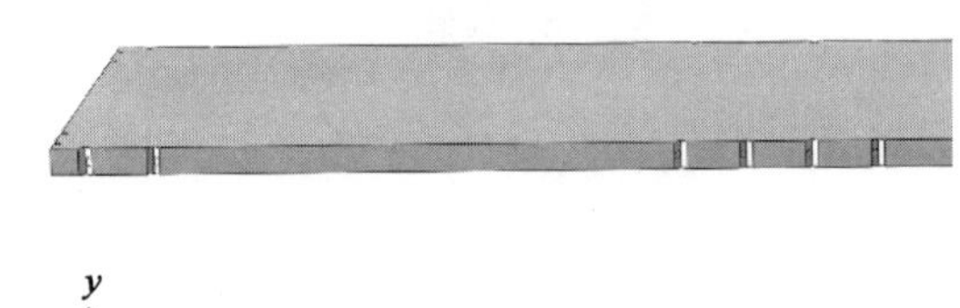

图 3-19　路面层侧视放大图

(5)加载区模型。

模型选取 8 组预应力加载点进行计算,模型如图 3-20 ~ 图 3-23 所示。

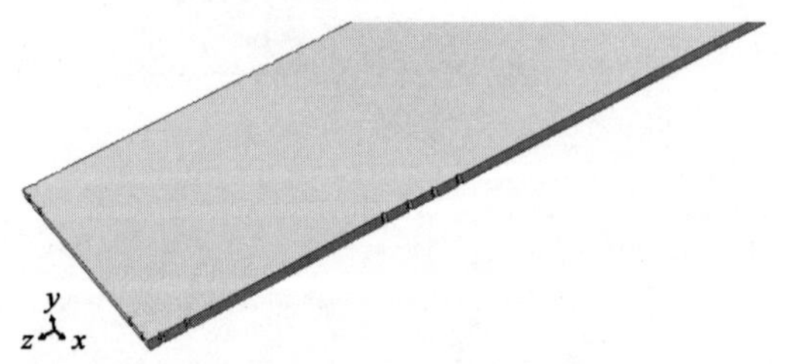

图 3-20　8 组加载区全景图

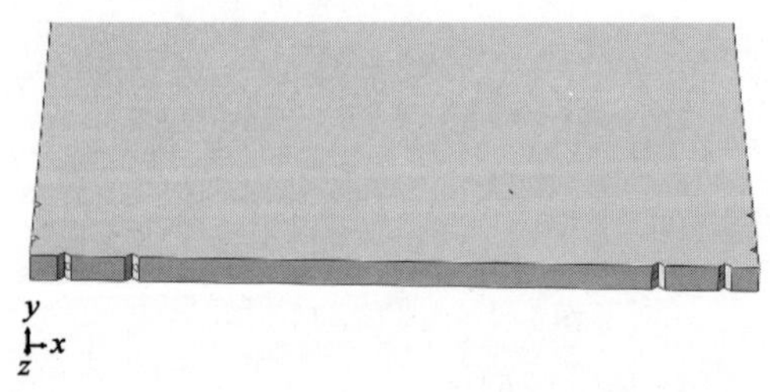

图 3-21　加载区正视图

图 3-22　加载区侧视图

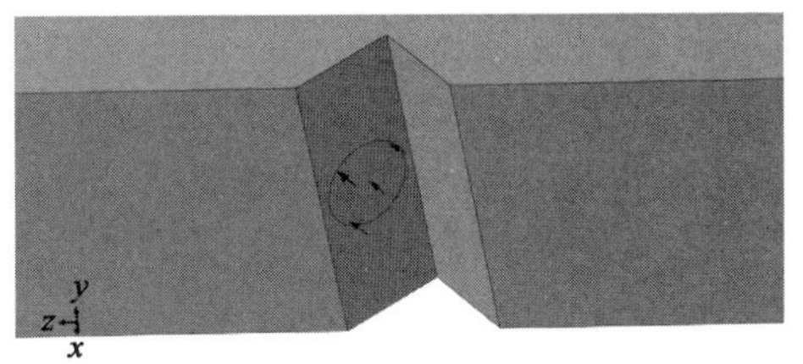

图 3-23　单个加载区全景图

3.2.3　斜向预应力混凝土路面计算参数

1)各层参数

参照计算模型参数表 3-2、现行设计规范、文献、试验路面实际,计算模型各层参数取值如表 3-3 所示。

各层参数　表 3-3

路面结构层	宽度(m)	厚度(m)	长度(m)	回弹模量(MPa)	泊松比
底基层	5.4	0.2	27	125	0.35
基层	5.4	0.32	27	2000	0.2
路面层	5.4	0.2	27	30000	0.15

2)路面层塑性损伤力学参数

路面层塑性力学参数均参照文献取值,取值如表 3-4 所示。

路面层塑性损伤力学参数　表 3-4

膨胀角	偏心参数	双/单轴抗压强度比	应力不变量比	黏聚参数
15°	0.1	1.16	0.667	0.0005

3)混凝土力学参数

混凝土拉伸与压缩行为力学参数均参照相关文献取值,取值如表 3-5 所示。

混凝土力学参数　表 3-5

压缩行为			张拉行为		
应力(MPa)	非弹性应变	损伤	应力(MPa)	开裂应变	损伤
15.45	0.000000	0.000	2.010	0.000000	0.000
17.48	0.000151	0.065	0.660	0.000350	0.359
19.93	0.000376	0.137	0.419	0.000647	0.620
20.10	0.000515	0.178	0.319	0.000937	0.756
19.61	0.000833	0.264	0.226	0.001513	0.876
15.88	0.001893	0.501	0.180	0.002087	0.924
12.49	0.002937	0.665	0.152	0.002660	0.949
10.07	0.003934	0.767	0.130	0.003327	0.964
7.50	0.005528	0.861			
3.89	0.008995	0.939			
张拉刚度恢复系数 $\omega_t=0$			压缩刚度恢复系数 $\omega_c=1$		

注:15.45MPa 为混凝土抗压强度弹性极限值 σ_1、20.10MPa 为混凝土抗压强度极限值 σ_c、2.010MPa 为混凝土抗拉强度极限值 σ_t。

4）接触面参数

模型中底基层与基层的接触定义为完全黏结，基层与路面层的接触定义为摩擦接触，摩阻系数定为0.3。

5）预应力施加值

施加预应力的值根据式（3-11）计算：

$$F = 75\% \cdot \sigma_y \cdot A \tag{3-11}$$

式中：σ_y——预应力筋极限强度；

A——预应力筋截面积。

$\phi10$ 高强钢筋作为预应力筋的截面积 A 为 77.5mm^2，极限强度 σ_y 为 1475MPa。则根据式（3-11）可得混凝土加载区局部受到的总压力为86840.6N。

3.2.4 斜向预应力混凝土路面加载区弹塑性计算

1）锚固区局部承压面积

路面板锚固区由三部分组成，分别为：圆形锚头、方形钢垫板、路面板加载区，其俯视图如图3-24所示。

根据有关文献可知，局部承压面积应按锚头面积在钢垫板中沿45°刚性角扩大计算，其计算示意图如图3-25所示。

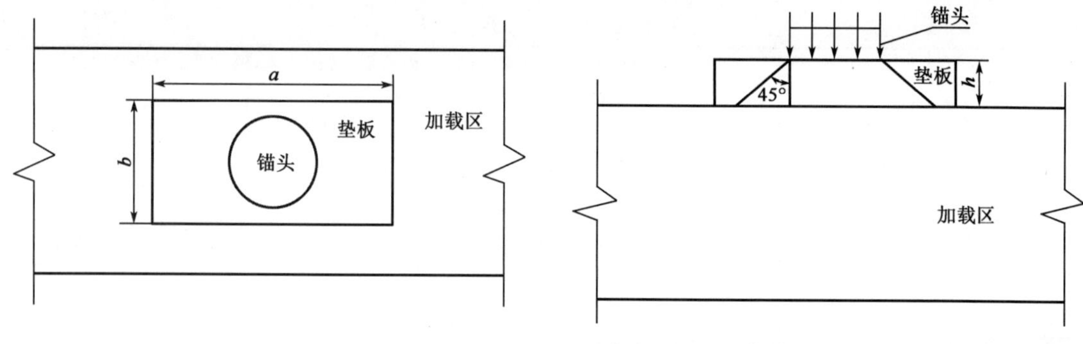

图3-24 锚固区俯视图

图3-25 锚固区局部承压示意图

2）具体计算方法

（1）预应力锚头与路面板直接接触

斜向预应力混凝土路面一般使用的锚头直径为33mm，锚头表面积为 853.87mm^2，即加载区面积为 853.87mm^2。这种情况称之为 A_1 状况。

（2）预应力锚头与路面板间加入60mm×60mm×6mm垫板的接触

计算采用的钢垫板为60mm×60mm×6mm的方形垫板。按照局部承压计算规定，当有垫板时，可考虑预压力沿锚具垫圈边缘在垫板中按45°扩散后传至混凝土板，则计算得加入垫板后混凝土路面板受力面积为 1589.63mm^2。这种情况称之为 A_2 状况。

（3）预应力锚头与路面板间加入60mm×60mm×26mm垫板的接触

当取钢垫板的厚度为26mm时，压力将沿着钢垫板全部面积传递给混凝土。计算可知在这种情况下混凝土路面板加载区面积为 3600mm²。这种情况称之为 A_3 状况。

(4)预应力锚头与路面板间加入 80mm×80mm×10mm 垫板的接触

根据相关试验路段实测可知，试验路面采用的钢垫板为 80mm×80mm×10mm 的方形垫板。预压力沿锚具垫圈边缘在垫板中按 45°扩散后传至混凝土板，则计算得加入垫板后混凝土路面板受力面积为 2205.07mm²。这种情况称之为 A_4 状况。

4 种加载情况加载面积计算结果如表 3-6 所示。

锚固区加载面积参数　　表 3-6

状况类型	锚头直径(mm)	垫板长度 a(mm)	垫板宽度 b(mm)	垫板高度 h(mm)	加载区面积(mm^2)
A_1	33	0	0	0	853.87
A_2	33	60	60	6	1589.63
A_3	33	60	60	26	3600.00
A_4	33	80	80	10	2205.07

3.2.5　斜向预应力混凝土路面加载区弹塑性计算结果

1)锚头与路面板直接接触

在 A_1 状况计算中，由于结构边界位移过大，导致计算结果为不收敛，表明混凝土加载区由于位移过大发生破坏。

2)锚头带垫板

(1)A_2 状况计算结果

图 3-26、图 3-27 为路面板 Von Mises 应力云图，其应力极值为 111.7MPa，最大应力值为 55.85MPa，出现在锚固区内。图 3-28、图 3-29 为路面板最大主应力云图，其应力极值为 17.38MPa，最大应力值为 7.03MPa，出现在锚固区外围接近锚固区的位置。图 3-30、图 3-31 为路面板最小主应力云图，其应力极值为 135MPa，最大应力值为 67.07MPa，出现在锚固区内。图 3-32、图 3-33 为路面板 Tresca 应力云图，其应力极值为 122MPa，最大应力值为 60.98MPa，出现在锚固区内。图 3-34、图 3-35 为路面板等效塑性应变云图，其应变极值为 6.257×10^{-2}，最大等效塑性应变为 3.000×10^{-3}，出现在锚固区外围接近锚固区的位置。图 3-36、图 3-37 为路面板等效位移云图，其位移极值为 2.810×10^{-4}m，最大等效位移为 2.810×10^{-4}m，出现在锚固区内。

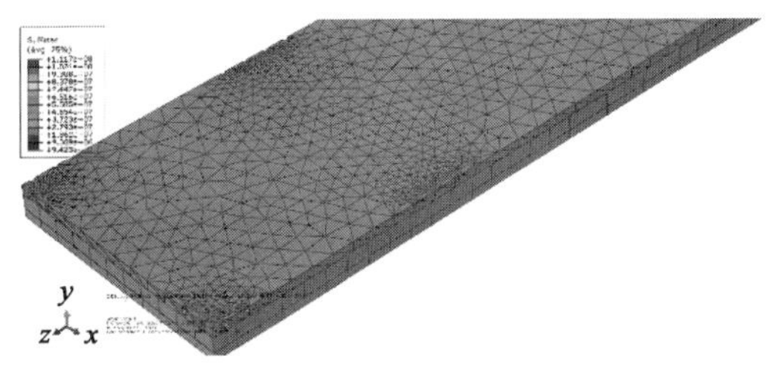

图 3-26　整体 Von Mises 应力云图

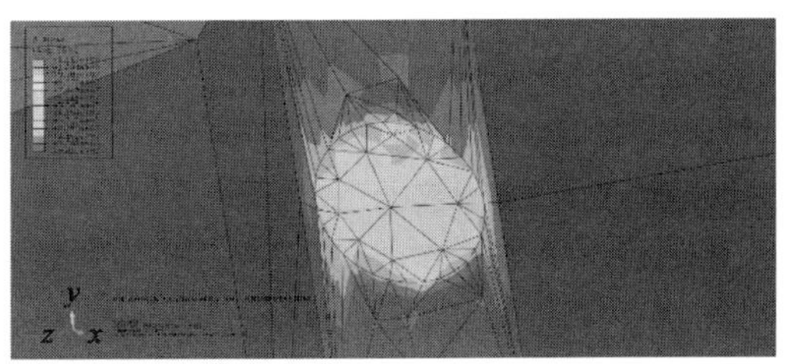

图 3-27　局部 Von Mises 应力放大云图

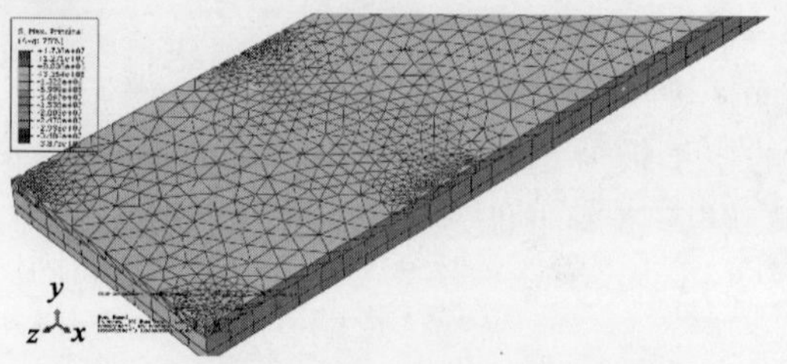

图 3-28　整体最大主应力云图

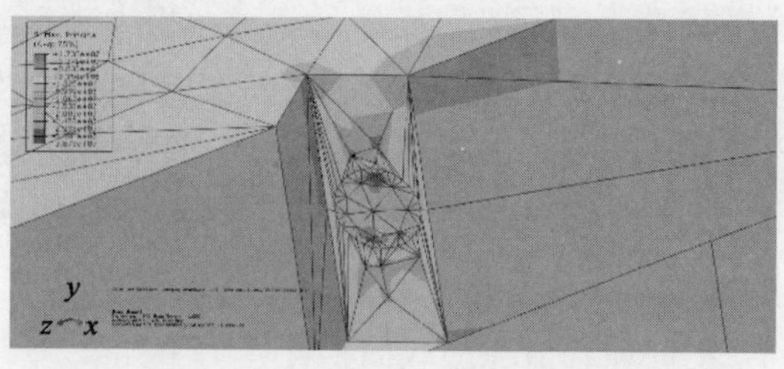

图 3-29　局部最大主应力放大云图

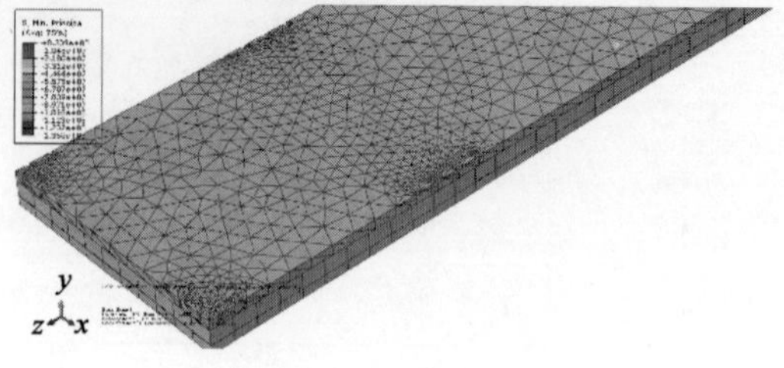

图 3-30　整体最小主应力云图

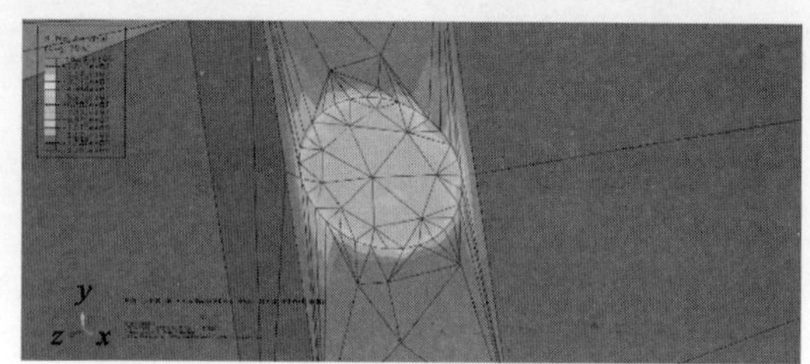

图 3-31　局部最小主应力放大云图

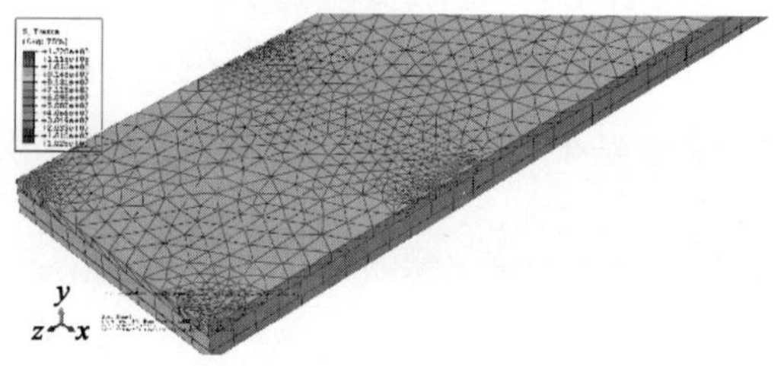

图 3-32　整体 Tresca 应力云图

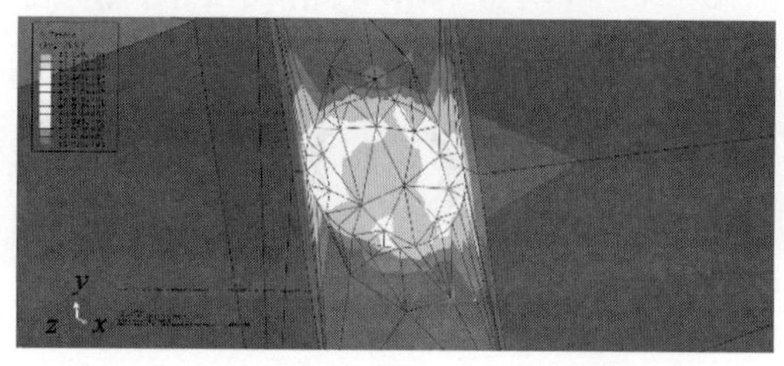

图 3-33　局部 Tresca 应力放大云图

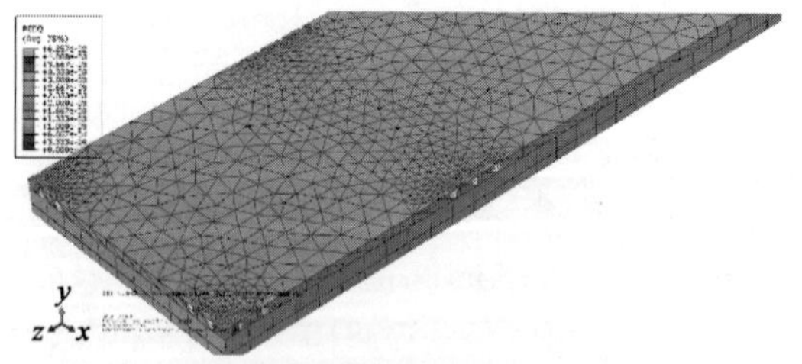

图 3-34　整体等效塑性应变云图

图 3-35　局部等效塑性应变云图

图 3-36　整体位移云图

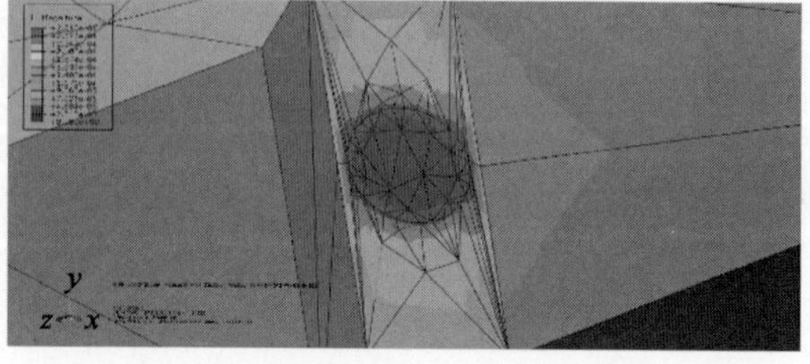

图 3-37　局部位移云图

(2)A_3 状况计算结果

图 3-38、图 3-39 为路面板 Von Mises 应力云图,其应力极值为 52.3MPa,最大应力值为 21.79MPa,出现在锚固区内。图 3-40、图 3-41 为路面板最大主应力云图,其应力极值为 7.643MPa,最大应力值为 3.398MPa,出现在锚固区外围接近锚固区的位置。图 3-42、图 4-43 为路面板最小主应力云图,其应力极值为 60.14MPa,最大应力值为 29.74MPa,出现在锚固区内。图 3-44、图 3-45 为路面板 Tresca 应力云图,其应力极值为 56.28MPa,最大应力值为 23.45MPa,出现在锚固区内。图 3-46、图 3-47 为路面板等效塑性应变云图,其应变极值为 3.348×10^{-2},最大等效塑性应变为 1.5×10^{-3},出现在锚固区外围接近锚固区的位置。图 3-48、图 3-49 为路面板等效位移云图,其位移极值为 1.195×10^{-4}m,最大等效位移为 1.195×10^{-4}m,出现在锚固区内。

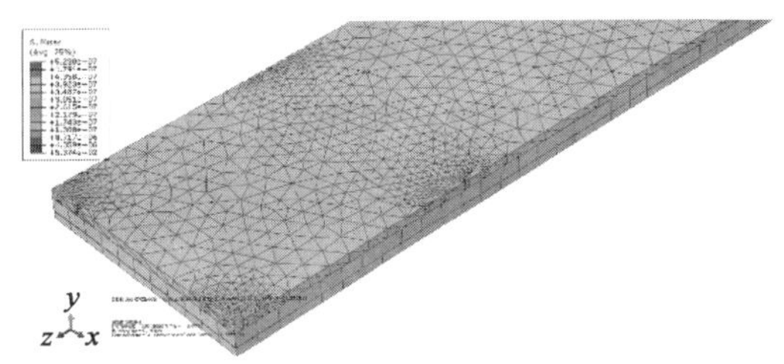

图 3-38 整体 Von Mises 应力云图

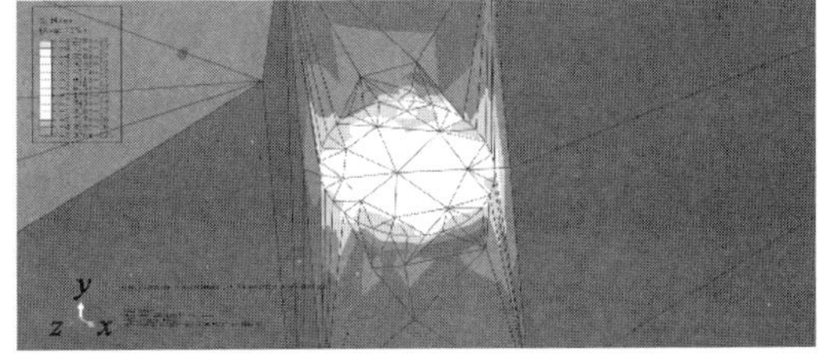

图 3-39 局部 Von Mises 应力放大云图

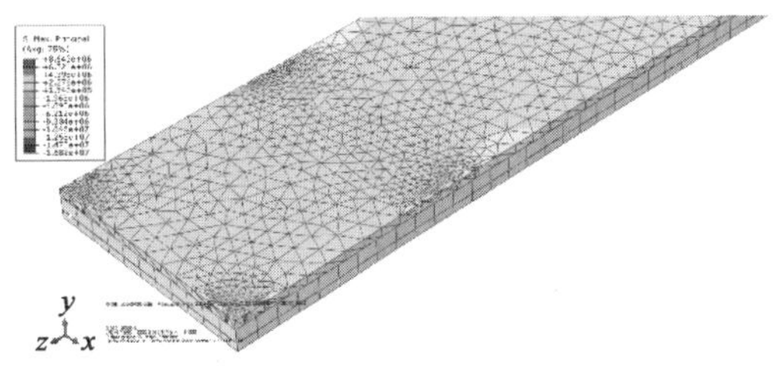

图 3-40 整体最大主应力云图

图 3-41 局部最大主应力放大云图

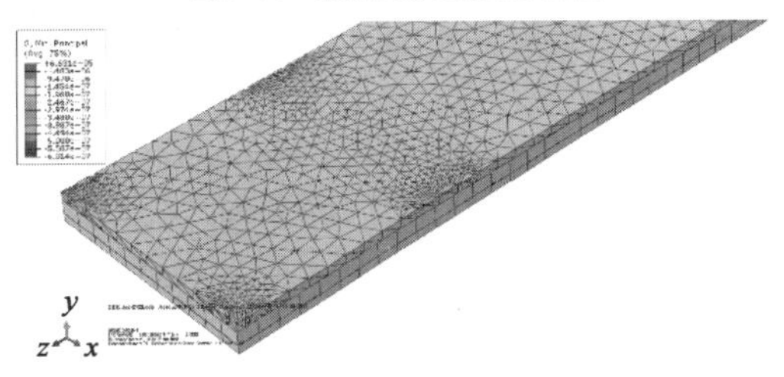

图 3-42 整体最小主应力云图

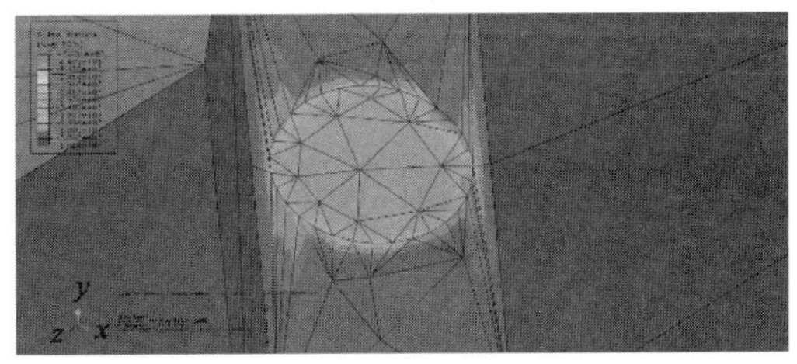

图 3-43 局部最小主应力放大云图

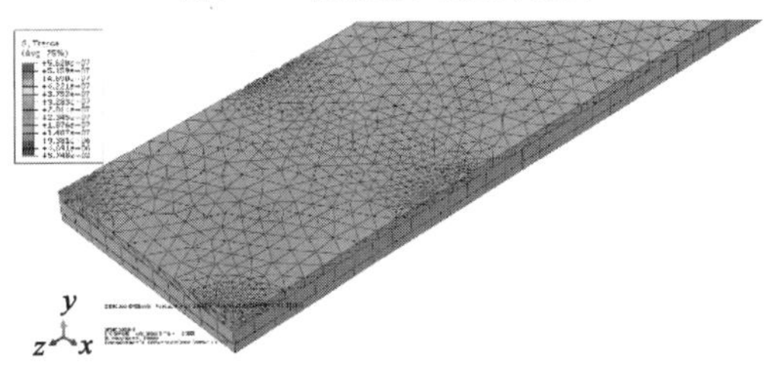

图 3-44 整体 Tresca 应力云图

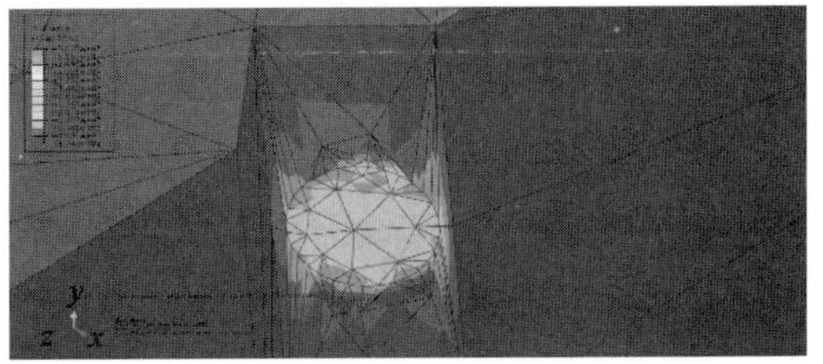

图 3-45 局部 Tresca 应力放大云图

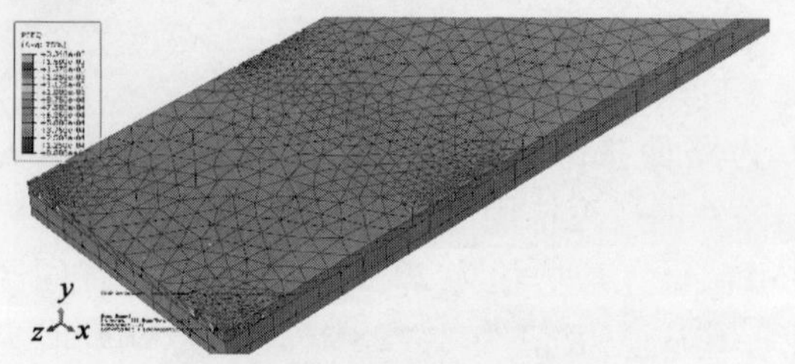
图 3-46　整体等效塑性应变云图

图 3-47　局部等效塑性应变云图

图 3-48　整体位移云图

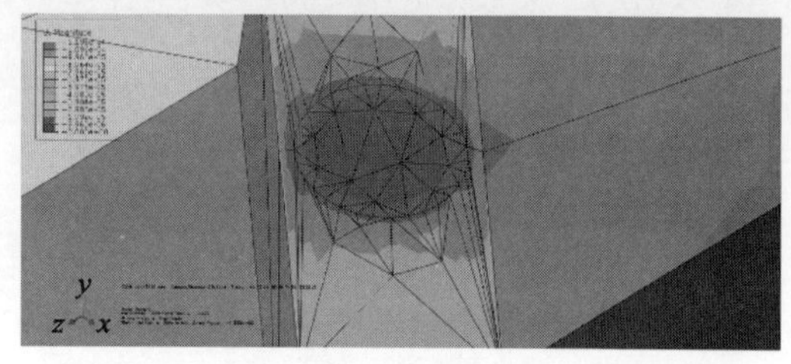
图 3-49　局部位移云图

(3)A4 状况计算结果

图 3-50、图 3-51 为路面板 Von Mises 应力云图,其应力极值为 80.67MPa,最大应力值为 40.34MPa,出现在锚固区内。图 3-52、图 3-53 为路面板最大主应力云图,其应力极值为 13.14MPa,最大应力值为 6.566MPa,出现在锚固区外围接近锚固区的位置。图 3-54、图 3-55 为路面板最小主应力云图,其应力极值为 96.14MPa,最大应力值为 47.72MPa,出现在锚固区内。图 3-56、图 3-57为路面板 Tresca 应力云图,其应力极值为 86.50MPa,最大应力值为 43.25MPa,出现在锚固区内。图 3-58、图 3-59 为路面板等效塑性应变云图,其应变极值为 1.341×10^{-1},最大等效塑性应变为 3.3×10^{-3},出现在锚固区外围接近锚固区的位置。图 3-60、图 3-61 为路面板等效位移云图,其位移极值为 2.010×10^{-4}m,最大等效位移为 2.010×10^{-4}m,出现在锚固区内。

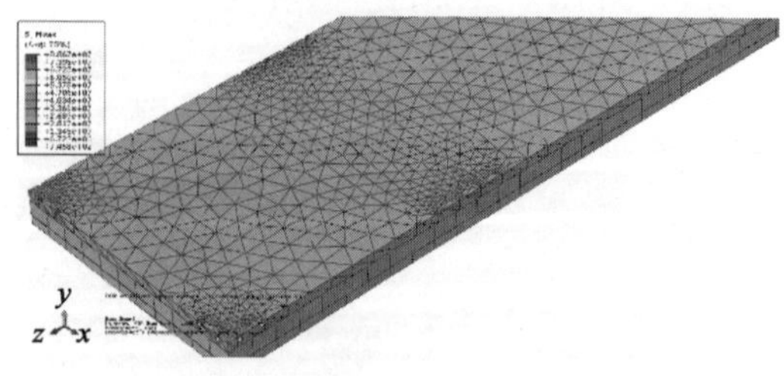
图 3-50　整体 Von Mises 应力云图

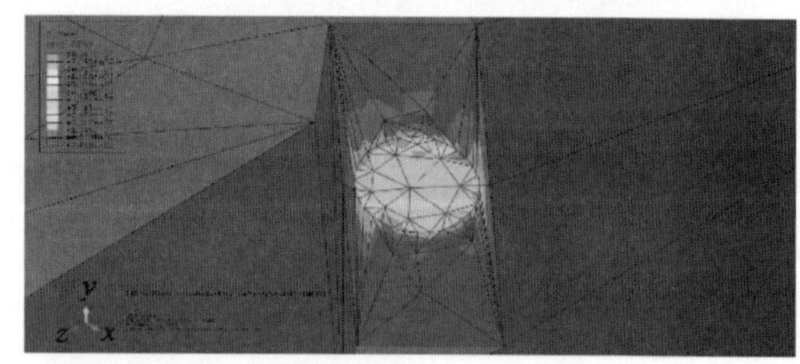
图 3-51　局部 Von Mises 应力放大云图

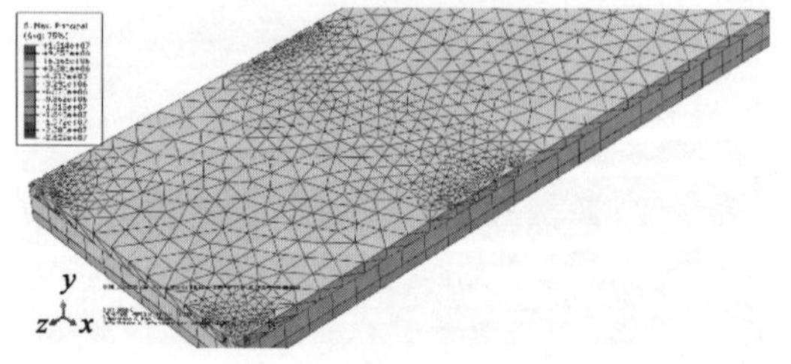
图 3-52　整体最大主应力云图

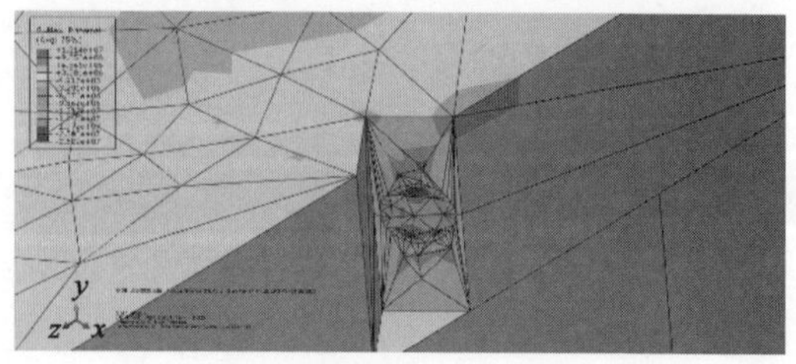
图 3-53　局部最大主应力放大云图

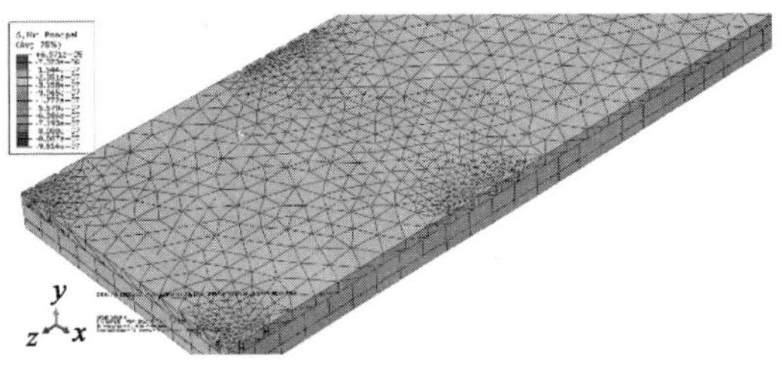
图 3-54　整体最小主应力云图

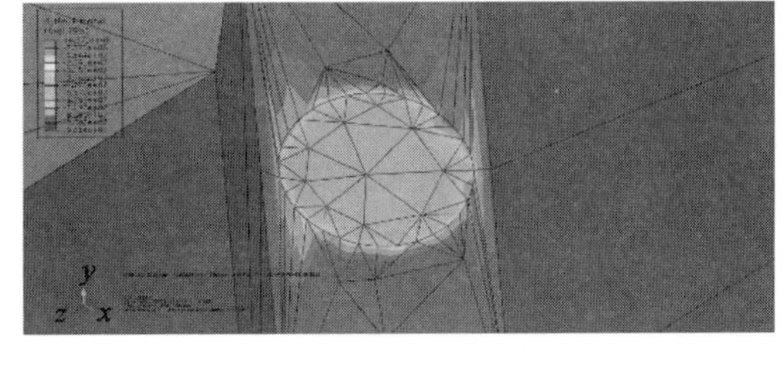
图 3-55　局部最小主应力放大云图

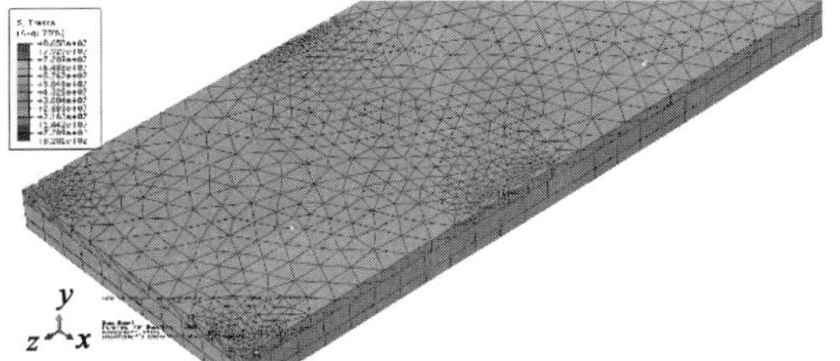
图 3-56　整体 Tresca 应力云图

图 3-57　局部 Tresca 应力放大云图

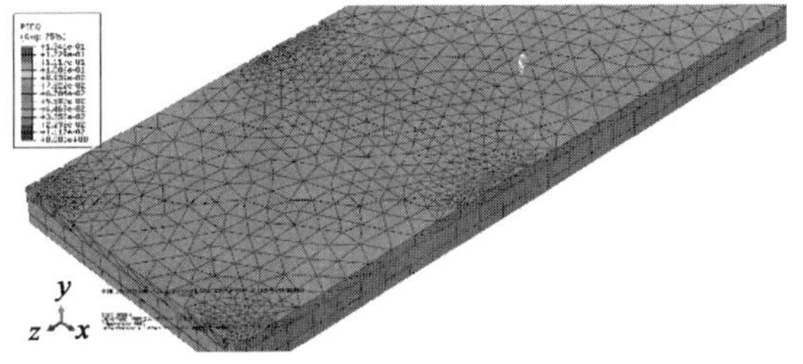
图 3-58　整体等效塑性应变云图

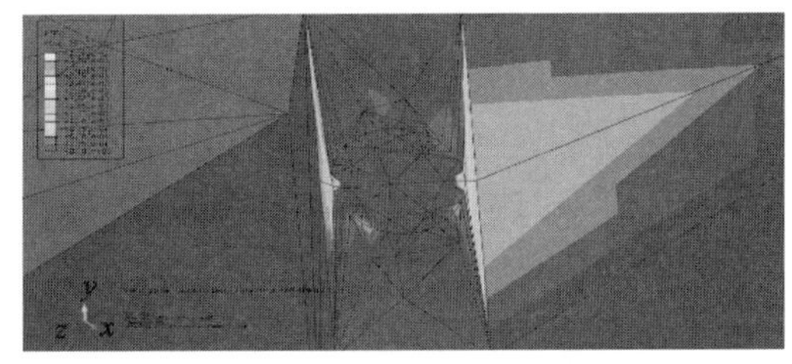
图 3-59　局部等效塑性应变云图

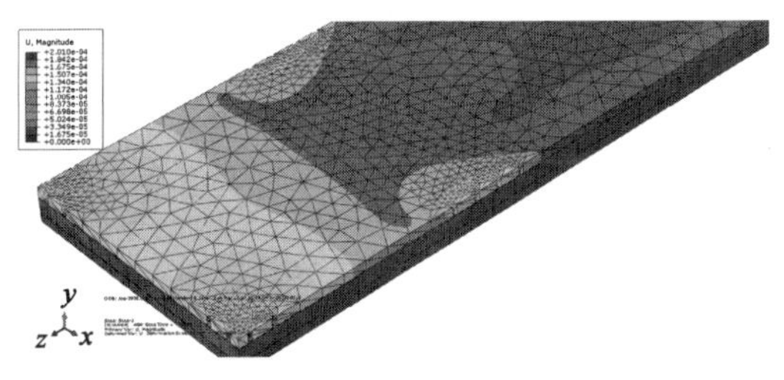
图 3-60　整体位移云图

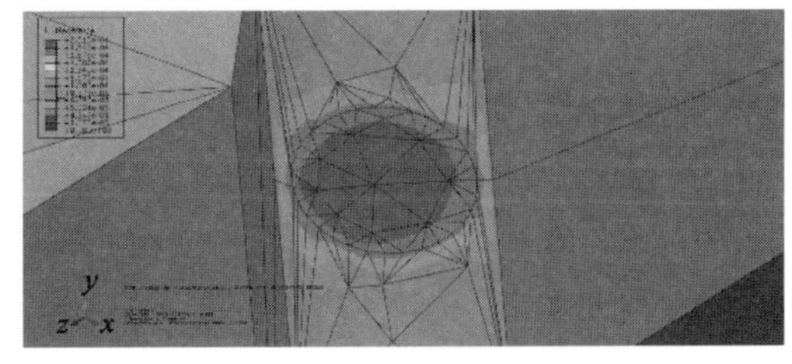
图 3-61　局部位移云图

将以上计算结果汇总于表 3-7 中。

计 算 结 果　　表 3-7

状况类型	Von Mises (MPa)	最大主应力 (MPa)	最小主应力 (MPa)	Tresca (MPa)	塑性应变	位移(m)
A_2	55.85	7.03	67.07	60.98	3.000×10^{-3}	2.810×10^{-4}
A_3	21.79	3.398	29.74	23.45	1.5×10^{-3}	1.195×10^{-4}
A_4	40.34	6.566	47.72	43.25	3.3×10^{-3}	2.010×10^{-4}

注:表内取值均为计算结果里的最大值,极值不予考虑。

从表3-5已知C30混凝土的抗压强度极限值σ_c为20.1MPa,抗拉强度极限值σ_t为2.01MPa。据此对照表3-7,可以看到A_2状况下最大主应力为7.03MPa,是抗拉强度极限值σ_t的399%,最小主应力为67.07MPa,是抗压强度极限值σ_c的333%;A_3状况下最大主应力为3.398MPa,是抗拉强度极限值σ_t的218%。最小主应力为29.74MPa,是抗压强度极限值σ_c的148%;A_4状况下最大主应力为6.566MPa,是抗拉强度极限值σ_t的326%。最小主应力为40.34MPa,是抗压强度极限值σ_c的200%。显然,这4种加载情况的局部最大应力均远远超出了C30混凝土的应力极限范围。

3)加载区结构稳定性

由AC YIELD云图(图3-62~图3-64),通过进一步分析可知,情况A_2、A_3、A_4加载区结构发生屈服的单元仅仅为加载区表面单元,结构内部单元并没有发生屈服。所以,我们可以认为混凝土板整体结构是稳定的。

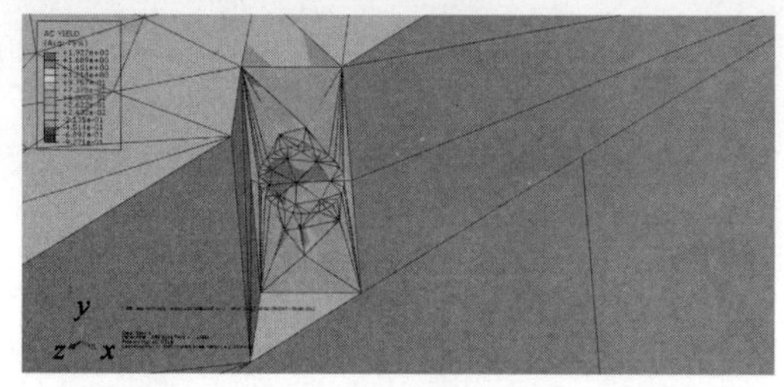

图3-62　A_2状况下局部AC YIELD云图

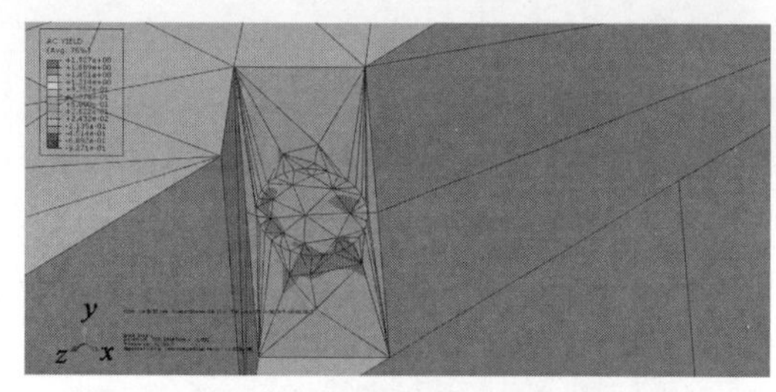

图3-63　A_3状况下局部AC YIELD云图

3.2.6　斜向预应力混凝土路面结构加载区优化

通过前述计算分析,在A_2、A_3与A_4状况下加载区结构不会出现贯穿性裂缝。但是,加载区表面混凝土已经处在屈服状态。随着路面使用时间的增长,加载区混凝土疲劳、碎化、损伤会越来越严重,可能导致加载区出现贯穿性裂缝,使结构失稳甚至发生局部破坏。所以,需要对加载区进行优化研究,避免出现屈服状况的加载区面积。

经过大量的试算分析比较,当锚头的面积取73mm^2,垫板尺寸取150mm×150mm×50mm,加载区面积13885.865mm^2(这种情况称之为A_5状况)时,加载区混凝土几乎不会出现屈服。其AC YIELD云图如图3-65所示。

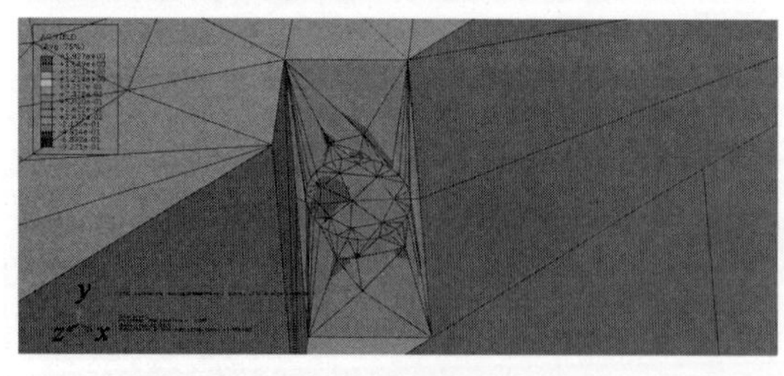

图3-64　A_4状况下局部AC YIELD云图

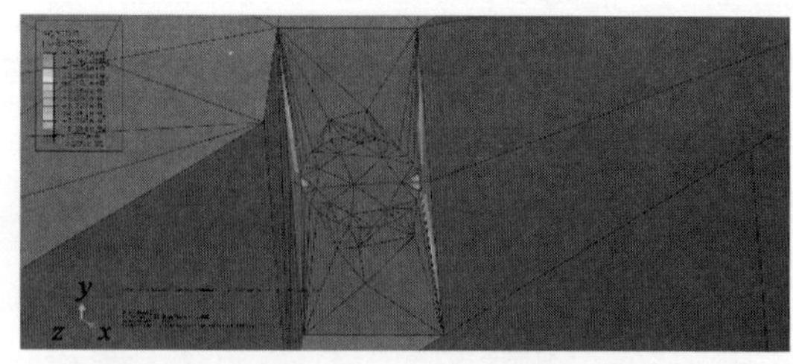

图3-65　A_5状况下局部AC YIELD云图

图3-66、图3-67为路面板Von Mises应力云图,其应力极值为19.76MPa,最大应力值为6.586MPa,出现在锚固区内。图3-68、图3-69为路面板最大主应力云图,其应力极值为3.139MPa,最大应力值为1.927MPa,出现在锚固区外围接近锚固区的位置。图3-70、图3-71

为路面板最小主应力云图，其应力极值为 20.72MPa，最大应力值为 9.237MPa，出现在锚固区内。图 3-72、图 3-73 为路面板 Tresca 应力云图，其应力极值为 22.07MPa，最大应力值为 7.356MPa，出现在锚固区内。图 3-74、图 3-75 为路面板等效塑性应变云图，其应变极值为 9.881×10^{-3}，最大等效塑性应变为 3.0×10^{-4}，出现在锚固区外围接近锚固区的位置。图 3-76、图 3-77为路面板等效位移云图，其位移极值为 3.474×10^{-5}m，最大等效位移为 3.474×10^{-5}m，出现在锚固区内。

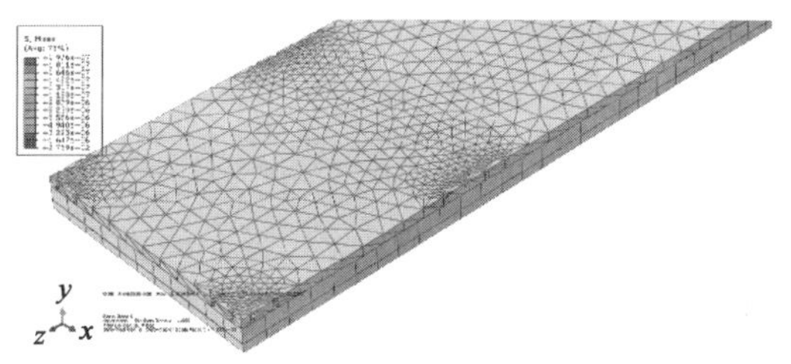

图 3-66　整体 Von Mises 应力云图

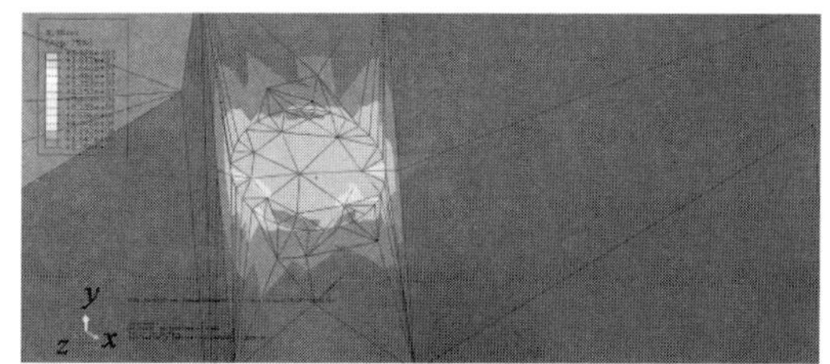

图 3-67　局部 Von Mises 应力放大云图

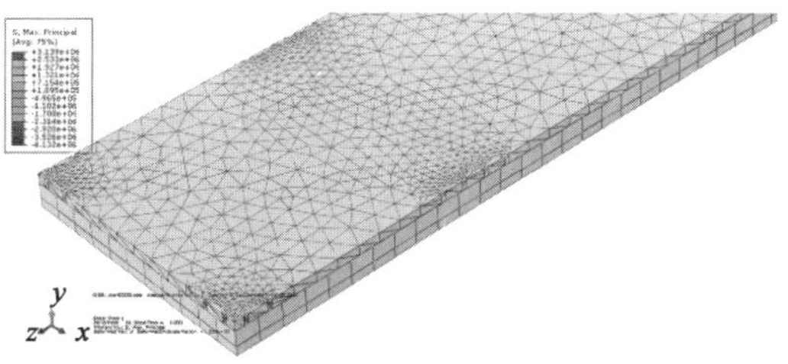

图 3-68　整体最大主应力云图

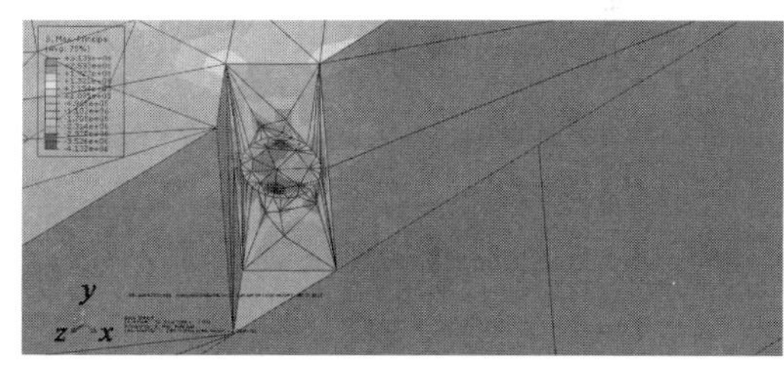

图 3-69　局部最大主应力放大云图

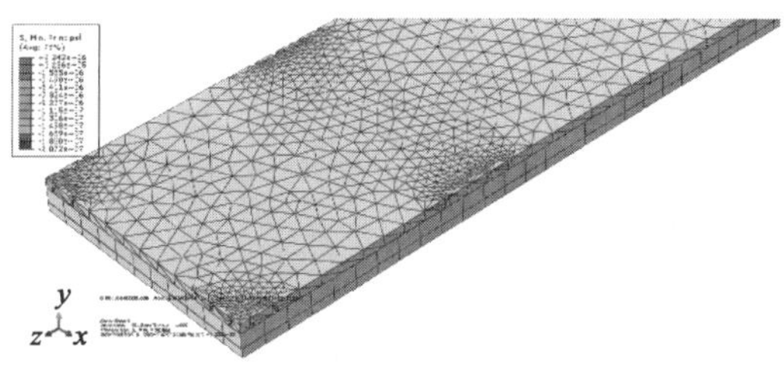

图 3-70　整体最小主应力云图

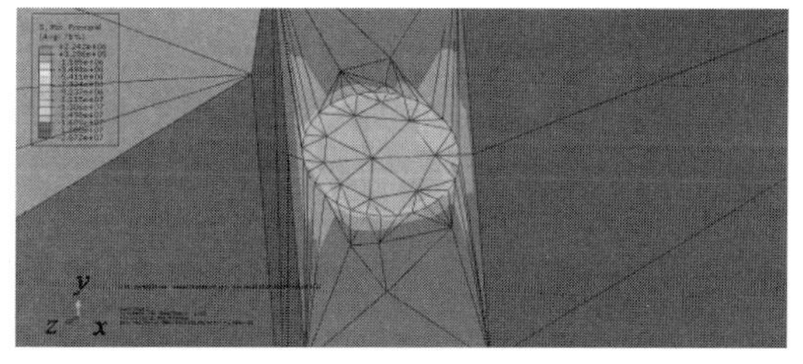

图 3-71　局部最小主应力放大云图

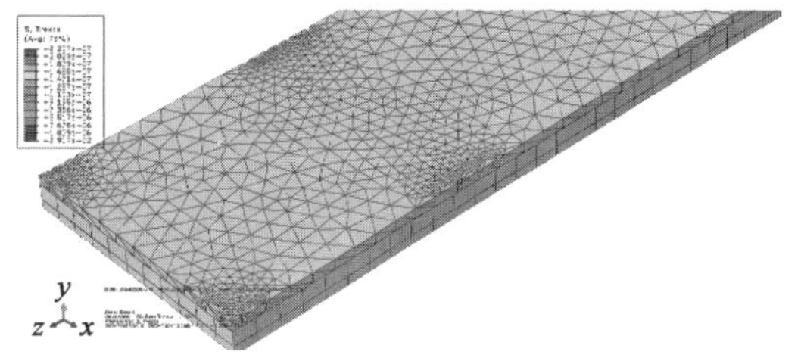

图 3-72　整体 Tresca 应力云图

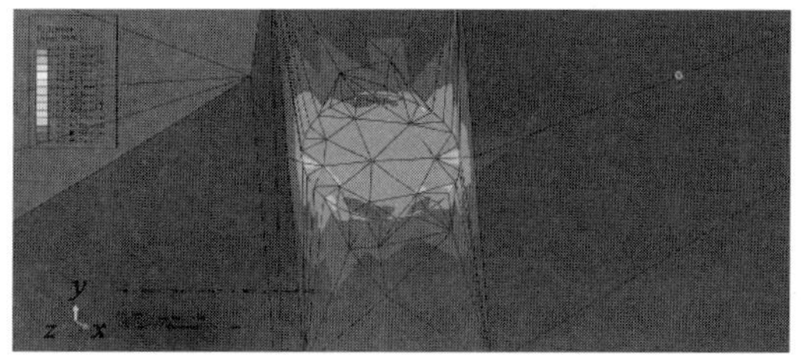

图 3-73　局部 Tresca 应力放大云图

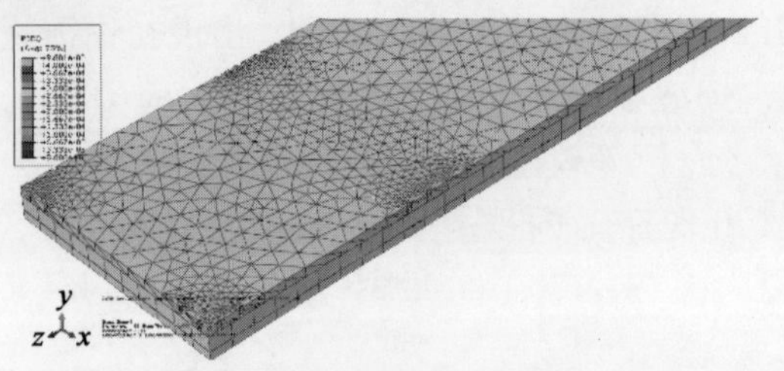

图 3-74 整体等效塑性应变云图

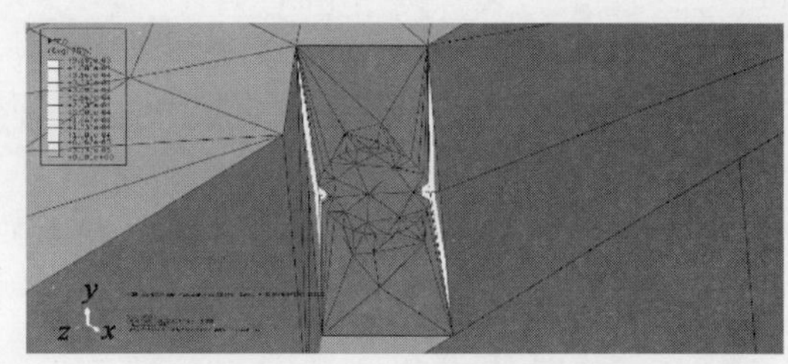

图 3-75 局部等效塑性应变云图

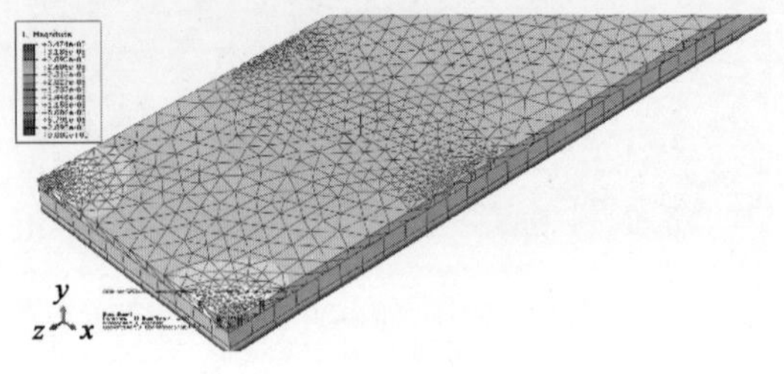

图 3-76 整体位移云图

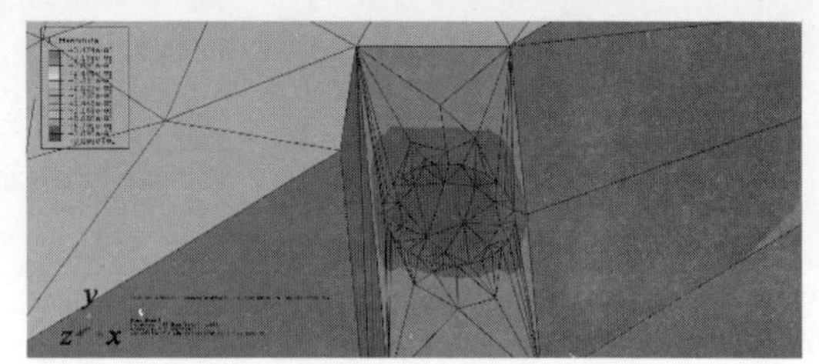

图 3-77 局部位移云图

将以上计算结果汇总于表 3-8 中。

计 算 结 果 表 3-8

按 A5 状况的计算结果					
Von Mises	最大主应力	最小主应力	Tresca 应力	塑性应变	位移
6.586MPa	1.927MPa	9.237MPa	7.356MPa	3.0×10^{-4}	3.474×10^{-5}m

可以看到,在表 3-8 中 A_5 状况下最大主应力为 1.927MPa,是抗拉强度极限值 σ_t 的 98%,最小主应力为 9.237MPa,是抗压强度极限值 σ_c 的 46%。

通过以上的模拟分析,可以看到:

(1)当不使用垫板时,路面结构会发生破坏,产生贯通的裂缝。

(2)使用 A_2 情况下的钢垫板,路面板结构不会产生贯通裂缝。但是加载区附近混凝土会屈服,随着时间的推移可能会造成安全隐患。

(3)当加大 A_2 钢垫板厚度到 26mm,即 A_3 情况时,结构同样不会产生贯通裂缝,但随着时间的推移可能遭到破坏。

(4)当采用实际路面相同的钢垫板,即 A_4 情况时,结构同样不会产生贯通裂缝,但加载区一直处在高应力状态下。

(5)当锚头的直径取 73mm,垫板取 150mm × 150mm × 50mm,即 A_5 情况时,结构最安全。

表 3-9 给出了不同加载面积时的计算对比结果。

不同加载面积计算结果 表 3-9

加载方案	A_1	A_2	A_3	A_4	A_5
σ_{max}/σ_t	—	3.99	2.18	3.26	0.98
σ_{min}/σ_c	—	3.33	1.48	2.00	0.46

3.2.7 斜向预应力混凝土路面板塑性区箍筋校核

通过数值模拟进行局部承压区承载力计算、抗裂性计算,并校核斜向预应力混凝土路面设计中局部承压区箍筋的效果,优化箍筋配置方案。

1)几何模型

塑性区箍筋校核计算模型与加载区弹塑性计算中采用的计算模型基本相同,区别在于塑性区箍筋计算模型在路面层中加入了纵向钢筋与箍筋,其他部分完全相同。

由于纵向钢筋对局部承压区混凝土承载力与抗裂性提升所起的作用很小,为了简化模型,提高计算速度,建立模型时可以只建立一根纵向钢筋,起到对箍筋的定位作用。

箍筋几何模型与局部放大箍筋模型如图 3-78、图 3-79 所示。

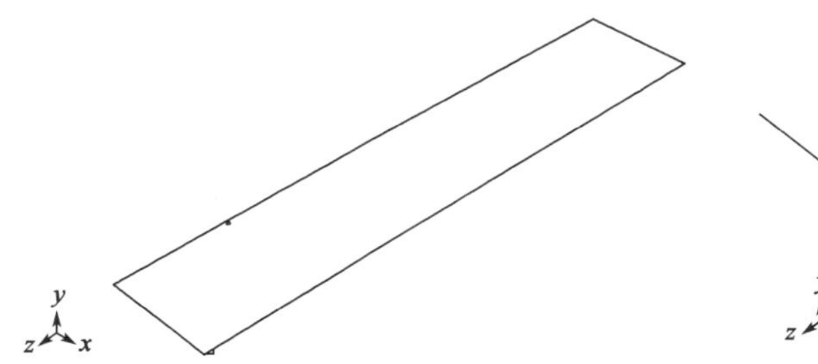

图 3-78 纵向钢筋与箍筋几何模型图

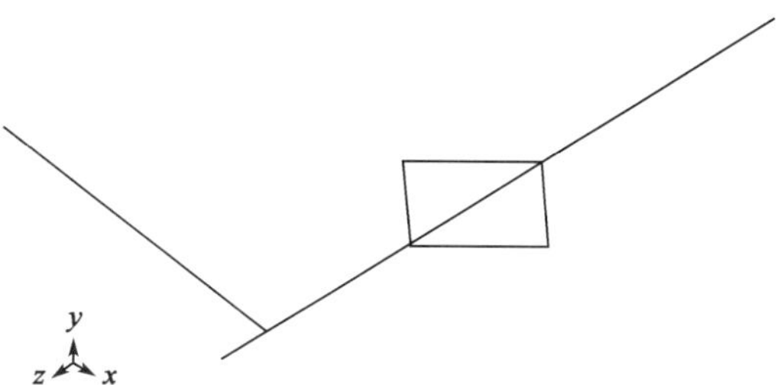

图 3-79 局部箍筋几何模型图

在整体模型局部放大图(图 3-80、图 3-81)中可以看到纵向钢筋与箍筋在混凝土路面板中的位置。

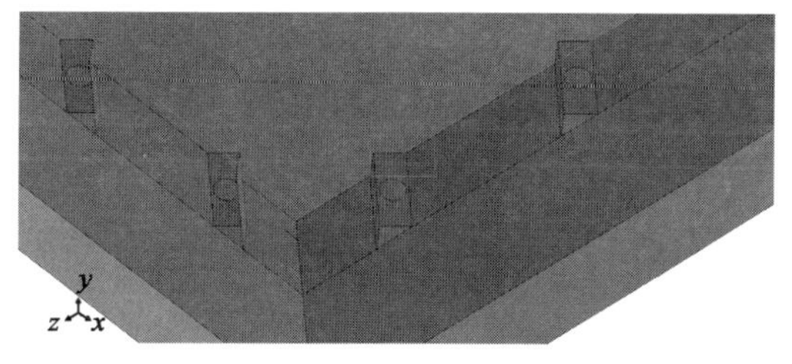

图 3-80 整体模型局部放大图

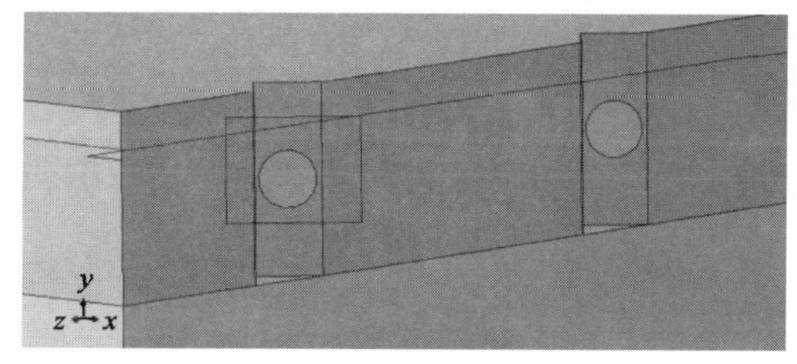

图 3-81 整体模型局部放大图

2)塑性区箍筋校核计算参数

模型中纵向钢筋与箍筋长度尺寸、半径尺寸均按试验路段取值,回弹模量与泊松比根据设计规范取值,各取值如表 3-10、表 3-11 所示。

纵向钢筋参数 表 3-10

长度 1	长度 2	半径	弹性模量	泊松比
27m	5.3m	0.003m	2.05×10^5 MPa	0.3

注:长度 1 为沿路面板长度方向的纵向钢筋长度,长度 2 为沿路面板宽度方向的纵向钢筋长度。

箍筋参数　表 3-11

长度 1	长度 2	半径	弹性模量	泊松比
0.14m	0.11m	0.003m	2.05×10^5MPa	0.3

注：长度 1 为箍筋底边的长度，长度 2 为箍筋侧边的长度。

3）计算方案

（1）局部承压区承载力、抗裂计算方案

①局部承压区承载力计算公式

试验与研究表明，轴心局部承压混凝土强度提高系数 β 与局部承压的分布面积 A_b 和局部承压面积 A_l 之比有重要关系。因而，规定 β 按式（3-12）计算：

$$\beta = \sqrt{\frac{A_b}{A_l}} \tag{3-12}$$

式中：A_l——局部承压面积（考虑在钢垫板中沿 45°刚性角扩大的面积）；

A_b——局部承压的计算底面积，可根据图 3-82 来确定。

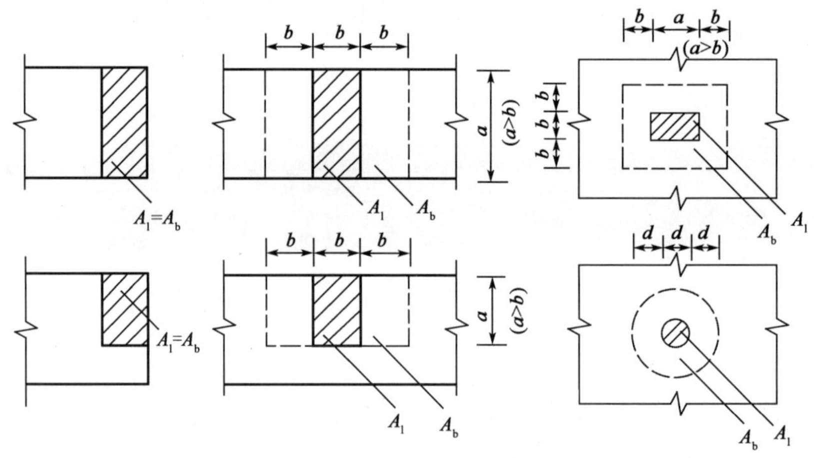

图 3-82　局部承压时计算底面积示意图

对于局部承压区，其局部承载能力可按式（3-13）计算：

$$\gamma_0 F_{ld} \leqslant F_u = 0.9(\eta_s \beta f_{cd} + k\rho_v \beta_{cor} f_{sd})A_{ln} \tag{3-13}$$

式中：F_{ld}——局部承压区压力设计值；

F_u——局部受压面积承受压力容许值；

η_s——混凝土局部修正系数，按表 3-12 采用；

β——混凝土承压强度的修正系数，按式（3-13）计算；

f_{cd}——混凝土抗压强度设计值；

k——间接钢筋影响系数；

ρ_v——间接钢筋的体积配筋率；

β_{cor}——配置间接钢筋时局部承压承载力提高系数；

f_{sd}——间接钢筋的抗拉强度设计值；

A_{ln}——局部承压面积 A_l 减去孔洞的面积。

混凝土局部承压计算系数　　表 3-12

混凝土强度等级	≤C50	C55	C60	C65	C70	C75	C80
η_s	1.0	0.96	0.92	0.88	0.84	0.80	0.76
k	2.0	1.95	1.90	1.85	1.80	1.75	1.70

②局部承压区抗裂性计算公式

为防止局部承压区出现沿构件长度方向的裂缝，保证局部承压区混凝土的防裂要求，规定局部承压区的面积应满足式(3-14)：

$$\gamma_0 F_{ld} \leqslant F_{cr} = 1.3\eta_s \beta f_{cd} A_{ln} \tag{3-14}$$

式中：F_{cr}——保证局部承压区混凝土防裂要求的压力容许值；

其余符号意义同前。

(2)带箍筋模型局部承压区计算方案

为了分析斜向预应力混凝土路面板加载区布置箍筋后的效果，现设计两组模型(一组为试验组、一组为对比组)进行对比。

计算模型使用锚头直径为33mm，垫板尺寸为60mm×60mm×26mm，按照局部承压计算规定：当有垫板时，可考虑预压力沿锚具垫圈边缘在垫板中按45°扩散后传至混凝土板，则计算得加入垫板后混凝土路面板受力面积为3600mm²。在局部承压区后方按设计加入箍筋的模型称为试验组，不加入箍筋用来与试验组进行对比的模型称为对比组。

4)计算结果

(1)局部承压区承载力、抗裂性计算结果

首先考虑局部承载区不配筋的情况，由于局部承载区没有配置辅助钢筋所以式(3-13)可以改写为式(3-15)。

$$\gamma_0 F_{ld} \leqslant F_u = 0.9\eta_s \beta f_{cd} A_{ln} \tag{3-15}$$

①局部承压区混凝土承载力计算

将 $\eta_s=1$、$\beta=3$、$f_{cd}=23.4\text{MPa}$、$A_{ln}=2205.07\text{mm}^2$ 带入式(3-15)，由式(3-15)不等号右边部分可以得到：

$$F_u = 139.32\text{kN} > F_{ld}(=86.8406\text{kN})$$

局部承压区混凝土承载力满足要求。

②局部承压区混凝土抗裂性计算

将 $\eta_s=1$、$\beta=3$、$f_{cd}=23.4\text{MPa}$、$A_{ln}=2205.07\text{mm}^2$ 带入式(3-14)，由式(3-14)不等号右边部分可以得到：

$$F_{cr} = 201.23\text{kN} > F_{ld}(=86.8406\text{kN})$$

局部承压区混凝土抗裂性要求满足。

(2)模型局部承压区对比结果

图3-83为试验组模型路面板局部Von Mises应力云图，图3-84为对比组模型路面板局部

Von Mises 应力云图。

图 3-83　试验组局部 Von Mises 应力云图

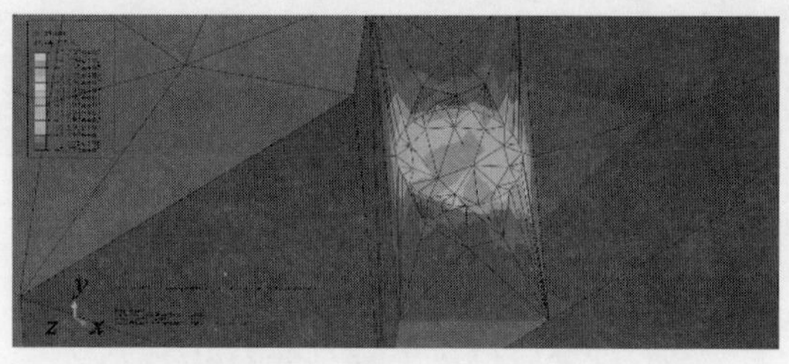

图 3-84　对比组局部 Von Mises 应力云图

图 3-85 为试验组模型路面板局部最大主应力云图，图 3-86 为对比组模型路面板局部最大主应力云图。

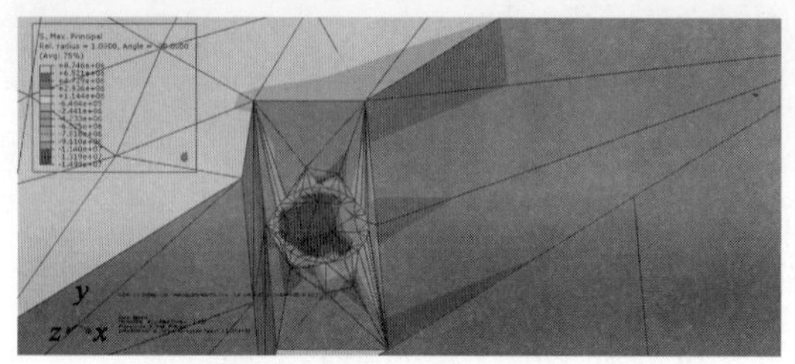

图 3-85　试验组局部最大主应力云图

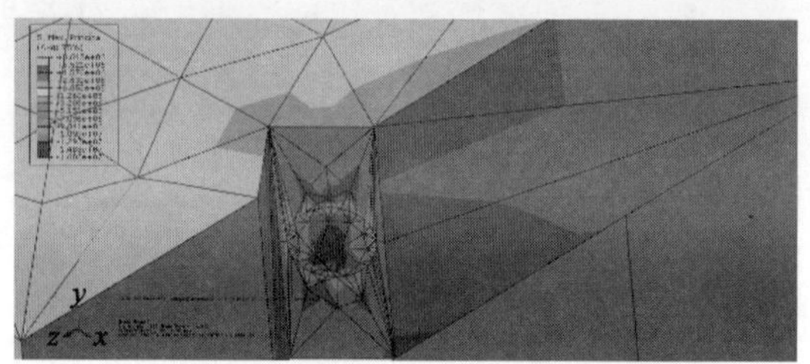

图 3-86　对比组局部最大主应力云图

图 3-87 为试验组模型路面板局部最小主应力云图，图 3-88 为对比组模型路面板局部最小主应力云图。

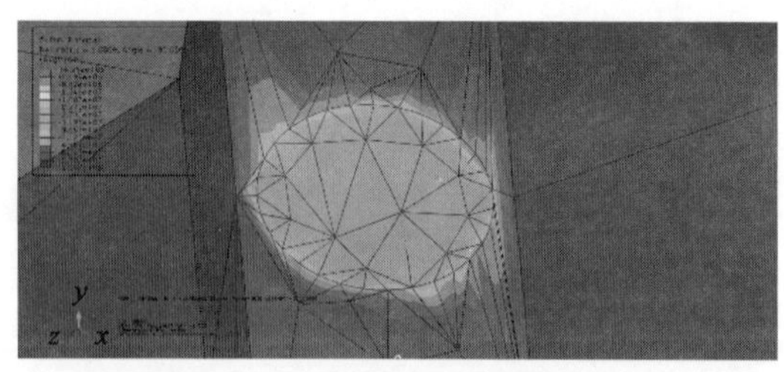

图 3-87　试验组局部最小主应力云图

图 3-88　对比组局部最小主应力云图

图 3-89 为试验组模型路面板局部 Tresca 应力云图，图 3-90 为对比组模型路面板局部 Tresca 应力云图。

图 3-89　试验组局部 Tresca 应力云图

图 3-90　对比组局部 Tresca 应力云图

图3-91为试验组模型路面板局部等效塑性应变云图，图3-92为对比组模型路面板局部等效塑性应变云图。

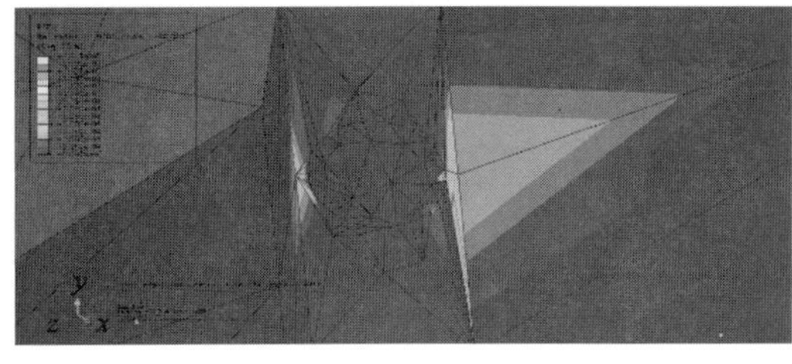

图3-91　试验组局部等效塑性应变云图

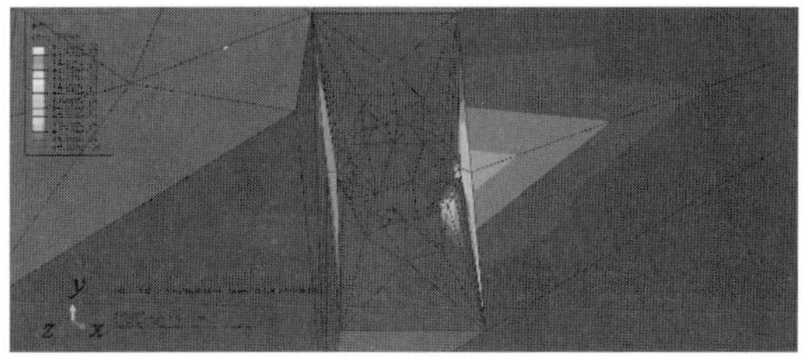

图3-92　对比组局部等效塑性应变云图

图3-93为试验组模型路面板局部位移云图，图3-94为对比组模型路面板局部位移云图。

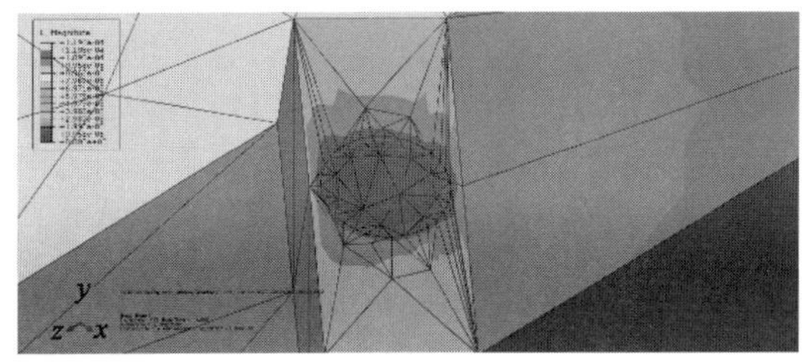

图3-93　试验组局部位移云图

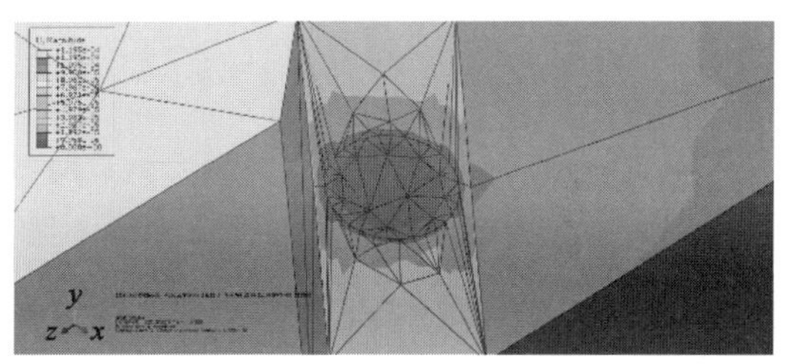

图3-94　对比组局部位移云图

图3-95为试验组模型路面板局AC YIELD云图，图3-96为对比组模型路面板局部AC YIELD云图。

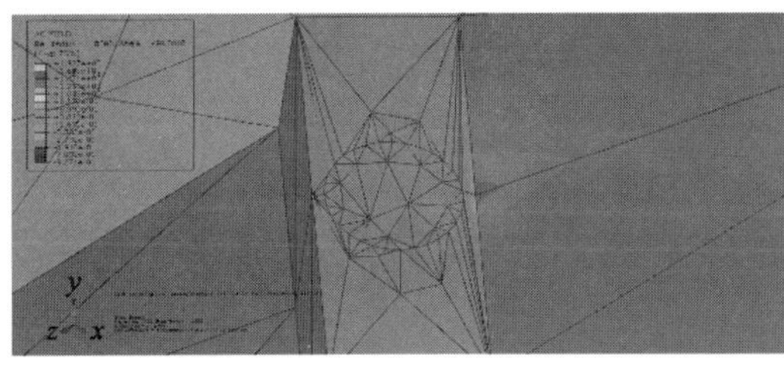

图3-95　试验组局部AC YIELD图

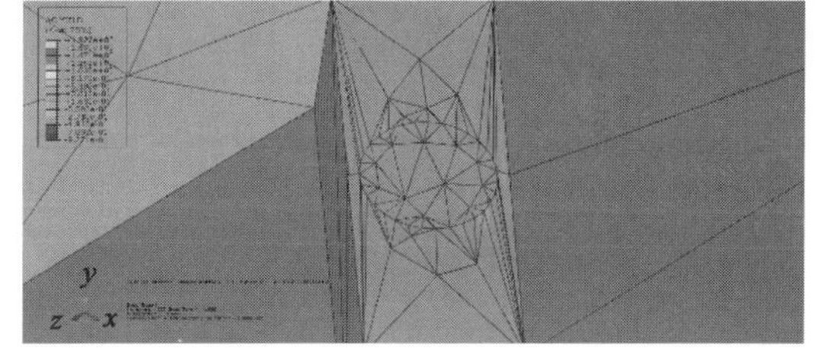

图3-96　对比组局部AC YIELD图

对于上述图形，经过对比可知：对比组比试验组的受力情况好一些，但是变化不大。可见箍筋对局部承压区加载面的影响很小。

第 4 章　斜向预应力混凝土路面荷载应力有限元分析

4.1　荷载应力计算模型及参数

斜向预应力混凝土路面由于在水泥混凝土板内施加了斜向预应力，斜向预应力可分解为双向二元预应力，二元预应力可增强水泥混凝土板的双向抗折强度，从而有效提高了水泥混凝土路面的承载力。本章利用有限元方法，对斜向预应力混凝土路面荷载应力进行分析。

由第 3 章表 3-2 可知，斜向预应力混凝土路面简化分析模型总共可以建立 27 个，现取 10 号模型为例给出斜向预应力混凝土路面荷载应力有限元分析计算模型。

4.1.1　荷载应力计算模型

1）整体模型

根据斜向预应力混凝土路面实际情况，整体模型如图 4-1、图 4-2 所示，经过网格划分后如图 4-3、图 4-4 所示。

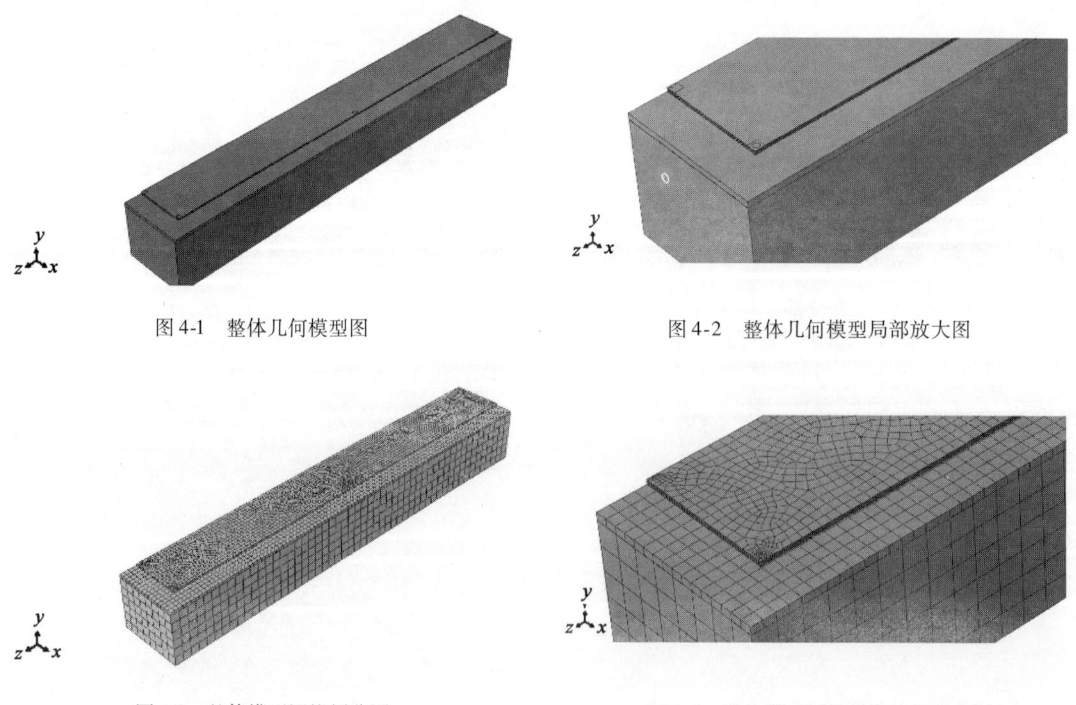

图 4-1　整体几何模型图

图 4-2　整体几何模型局部放大图

图 4-3　整体模型网格划分图

图 4-4　整体模型网格划分局部放大图

2）底基层模型

底基层几何模型与经过网格划分后底基层几何模型，如图4-5、图4-6所示。

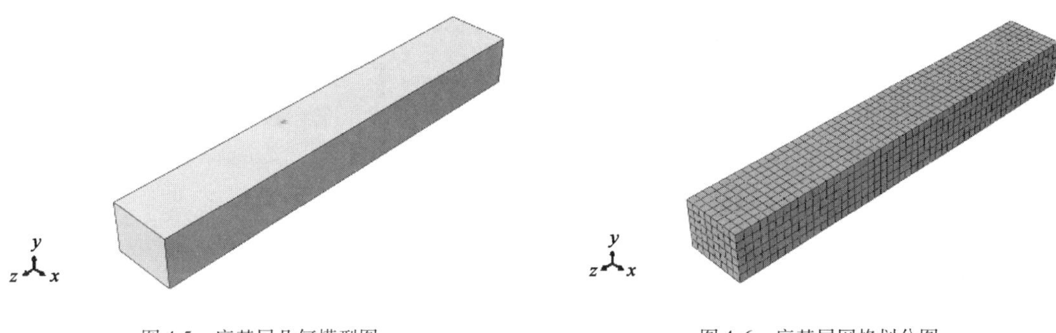

图4-5　底基层几何模型图　　图4-6　底基层网格划分图

3）基层模型

基层几何模型与经过网格划分后基层几何模型，如图4-7、图4-8所示。

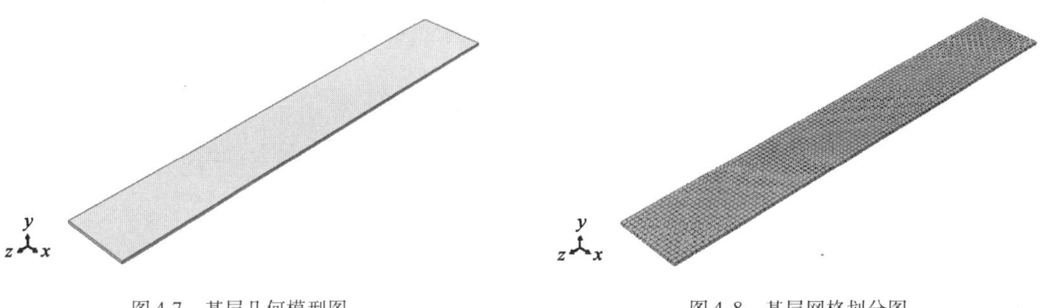

图4-7　基层几何模型图　　图4-8　基层网格划分图

4）路面层模型

根据表3-2模型10的参数，荷载应力计算模型中定义路面层时路面层的宽为5.78m、厚度为0.2m、长度为75m、弹性模量为31500MPa、泊松比为0.15。车轮荷载分布在路面板的5个圆区域、半圆或1/4圆区域上，位置如图4-9所示，半径均为0.1625m。区域一模拟中心全圆轮载、区域二模拟路面板长度方向上板边缘全圆轮载、区域三模拟路面板长度方向上板边缘半圆轮载、区域四模拟角隅全圆轮载、区域五模拟路面板宽度方向上板边缘全圆荷载。为保证路面层在计算中的刚度不失真，把路面层划分为5层。几何模型如图4-9～图4-12所示。

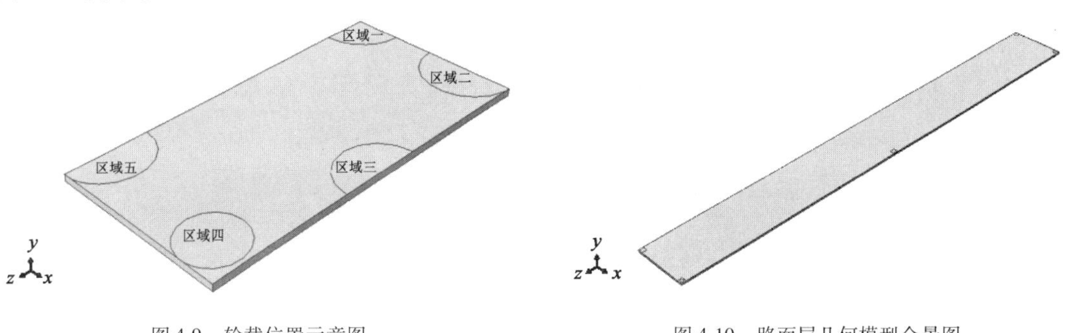

图4-9　轮载位置示意图　　图4-10　路面层几何模型全景图

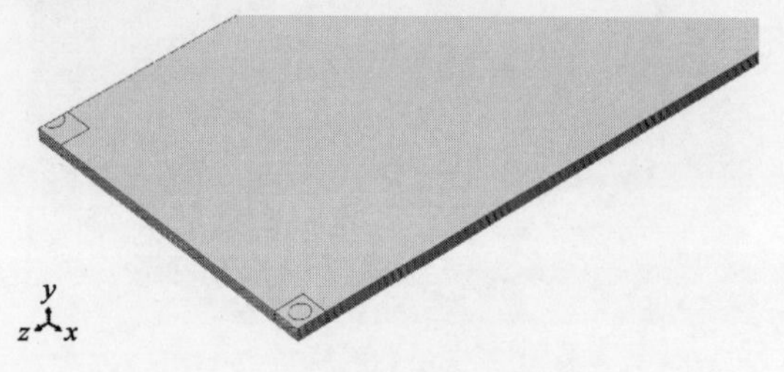

图 4-11　路面层几何模型五层结构局部图

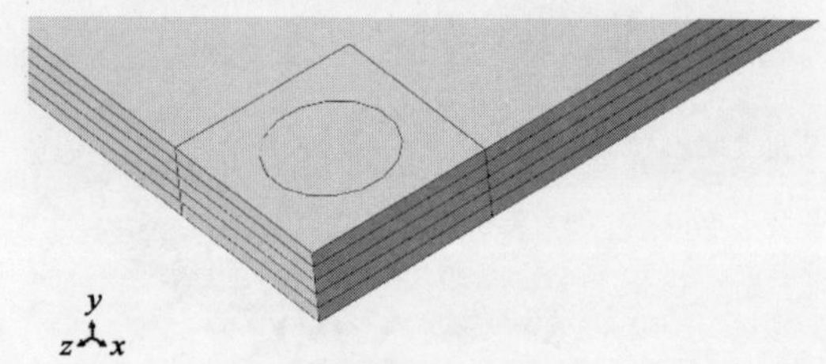

图 4-12　路面层几何模型五层结构局部放大图

经过网格划分后可以得到路面层网格划分模型,如图 4-13 所示。

5)加载区模型

根据试验路段实际情况,本模型斜向预应力加筋角度为 45°,加筋间距为 0. 8m。车轮荷载的大小为 0. 7MPa,垂直于路面板,每根预应力筋的预应力大小为 86840. 6N,每根预应力筋的预应力平行均布分解后加载于路面板上,加载的切向应力与加载的轴向应力同为 1. 28MPa。

(1)荷载的确定

车轮荷载的加载区域在路面板的上表面,垂直向加载。预应力的加载区域为路面层的 5 个层面中对称的第 2 层和第 4 层。轴向应力为均布荷载,切向应力为沿切向的荷载。全部荷载加载完成后的全景图与局部放大图如图 4-14、图 4-15所示。

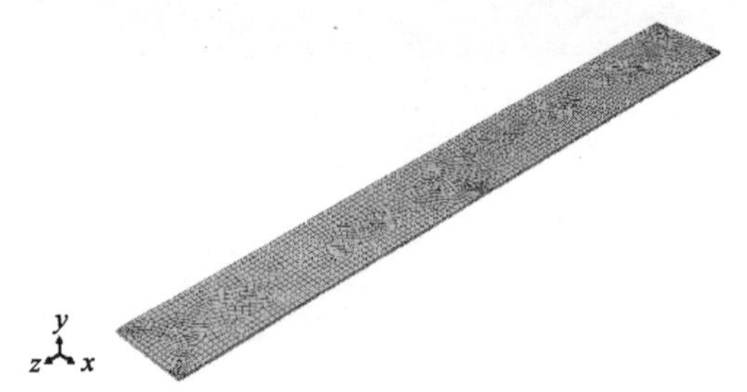

图 4-13　路面层网格划分图

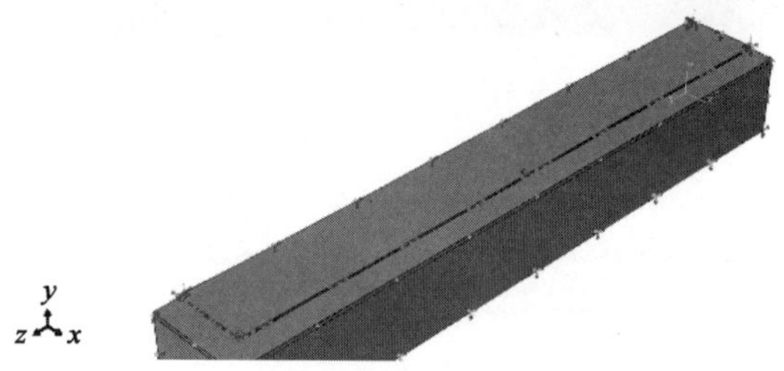

图 4-14　加载全景图

为了更加清晰地了解路面板的结构,将路面层正面和侧面分别放大得到路面板正面和侧视的放大图。预应力加载模型如图 4-16 ~ 图 4-18 所示。

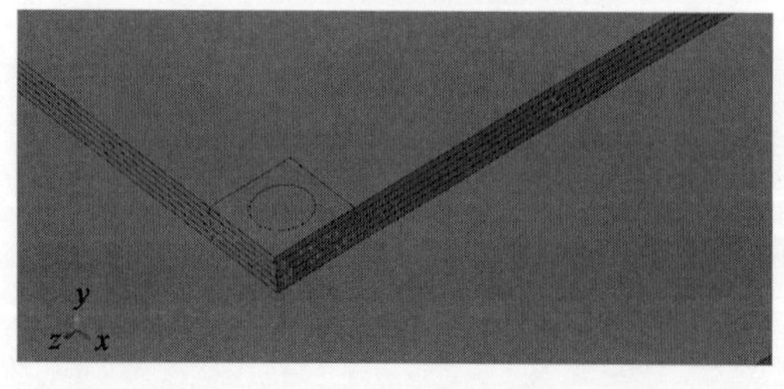

图 4-15　加载局部图

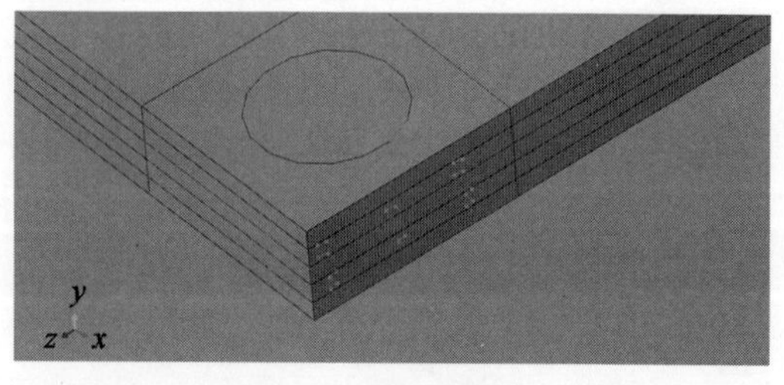

图 4-16　预应力加载全景图(左角)

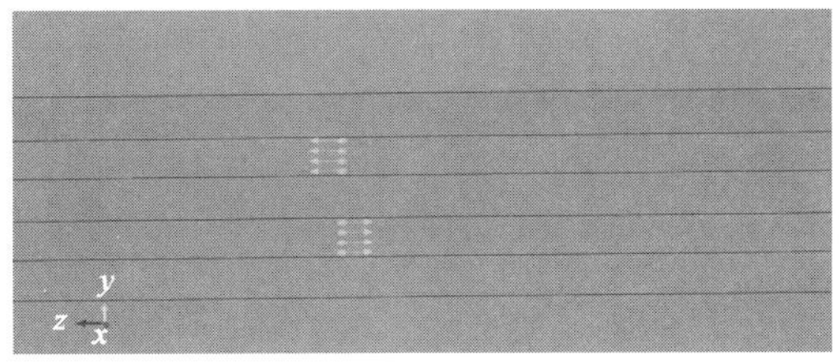

图 4-17　预应力加载放大正面视图

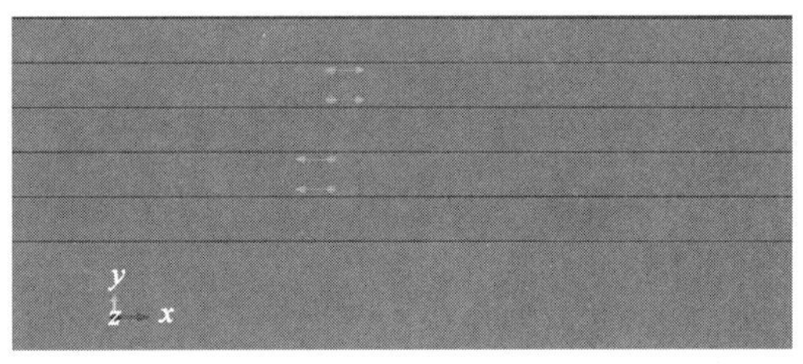

图 4-18　预应力加载放大侧面视图

(2)边界条件的确定

对底基层底面施加全约束(限制 x,y,z 三个方向的位移与转角),如图 4-19 所示;底基层、基层和路面层的轴对称面施加 x 轴向的对称约束,如图 4-20 所示;底基层、基层和路面层的轴对称面施加 z 轴向的对称约束,如图 4-21 所示;底基层、基层的非对称面施加 x 轴向的约束,如图 4-22所示;底基层、基层的非对称面施加 z 轴向的约束,如图 4-23 所示。

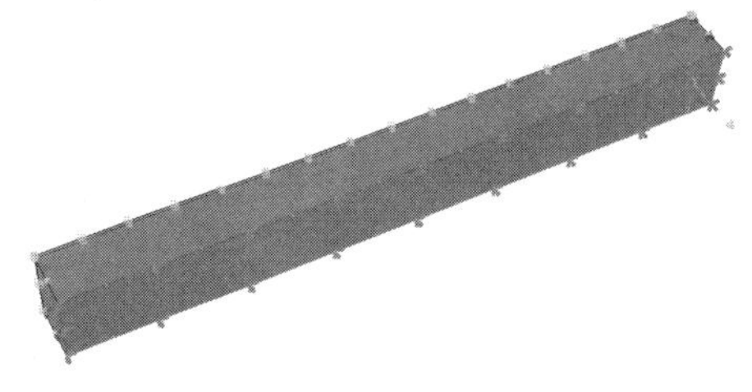

图 4-19　底基层底面约束图

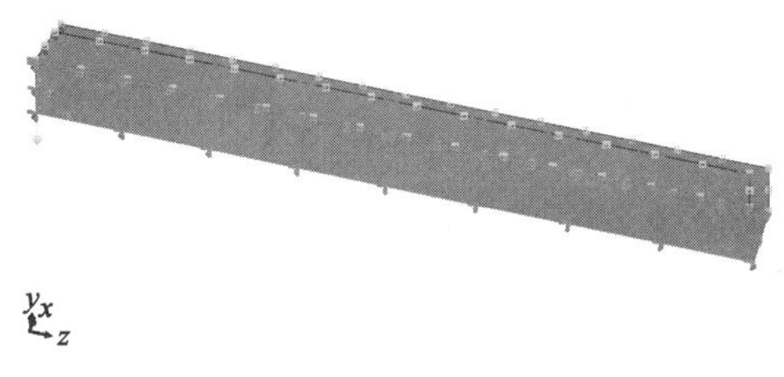

图 4-20　底基层、基层和路面层 x 对称约束图

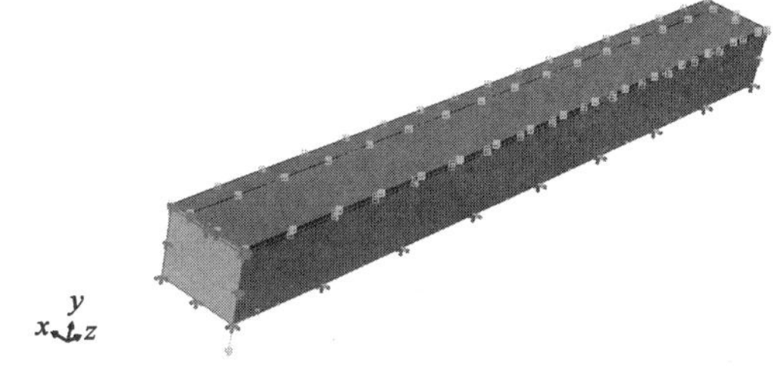

图 4-21　底基层、基层和路面层 z 对称约束图

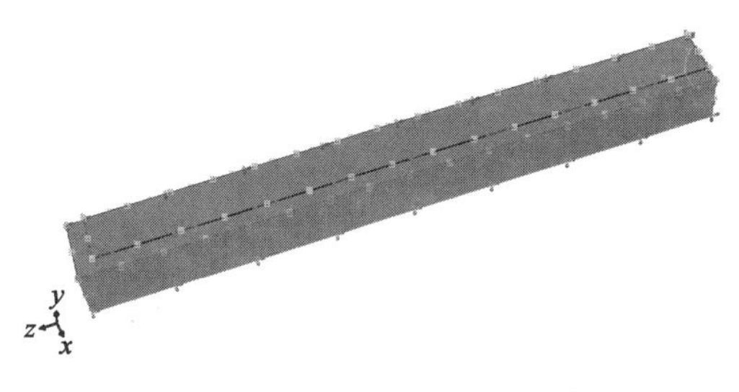

图 4-22　底基层、基层 x 轴向约束图

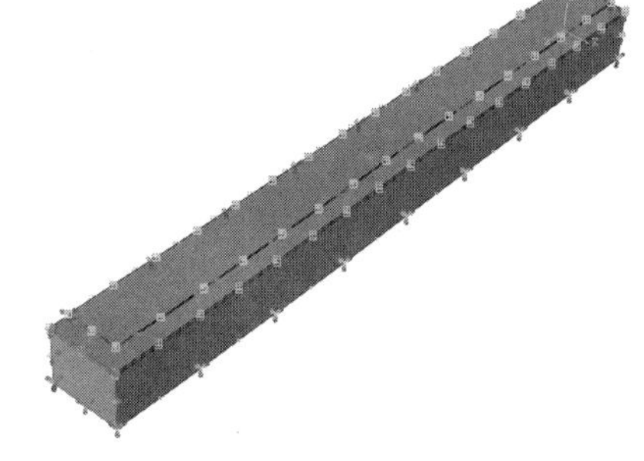

图 4-23　底基层、基层 z 轴向约束图

4.1.2　计算参数

1)斜向预应力混凝土路面物理参数

计算模型各层计算参数如表 4-1 所示。

各层参数 表4-1

路面结构层	回弹模量(MPa)	泊 松 比	线膨胀系数
底基层	125	0.35	5×10^{-6}
基层	2000	0.2	8×10^{-6}
路面层	31000	0.15	10×10^{-6}

2)均布预应力模型值

施加均布预应力的模型值根据式(4-1)、式(4-2)计算:

$$F_{模} = \frac{J\cdot\sigma_{y}\cdot k\cdot n\cdot A}{\frac{L\cdot h}{5}} \tag{4-1}$$

$$F_{模1} = \cos\theta_{p}\cdot\frac{J\cdot\sigma_{y}\cdot k\cdot n\cdot A}{\frac{L\cdot h}{5}} \tag{4-2}$$

式中:$F_{模}$——斜向预应力混凝土路面板均布预应力模型值;

$F_{模1}$——斜向预应力混凝土路面板长度方向上的均布预应力模型值;

k——张拉预应力筋损失系数,其取值为0.8;

n——沿斜向预应力混凝土路面板长度方向上预应力钢筋的个数;

A——预应力筋截面积;

σ_{y}——预应力筋极限强度,其取值为1475MPa;

J——预应力筋预拉百分比;

L——斜向预应力混凝土路面板宽度;

h——斜向预应力混凝土路面板厚度。

4.2 斜向预应力混凝土路面临界荷载应力分析

4.2.1 临界荷载应力分析

为了确定试验模型的5个荷载区域中临界荷载的区域,现以第3章表3-2模型10为例计算通过比较各个荷载区域的最大主应力,来确定临界荷载出现的区域。

(1)模型10中,不施加预应力时荷载区域一的最大主应力局部放大图如图4-24所示,施加预应力时荷载区域一的最大主应力局部放大图如图4-25所示。

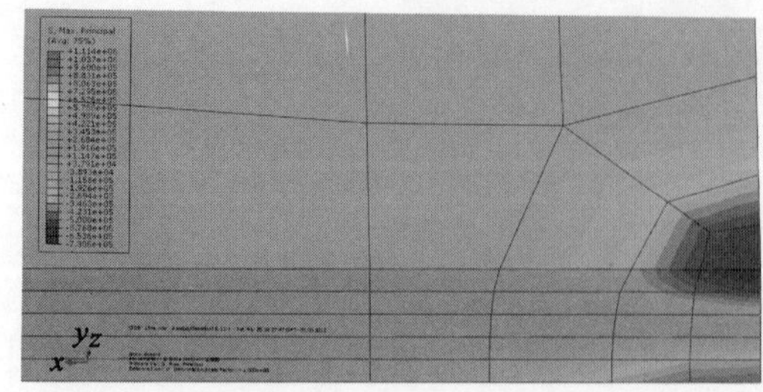

图4-24 不施加预应力时区域一最大主应力局部放大图

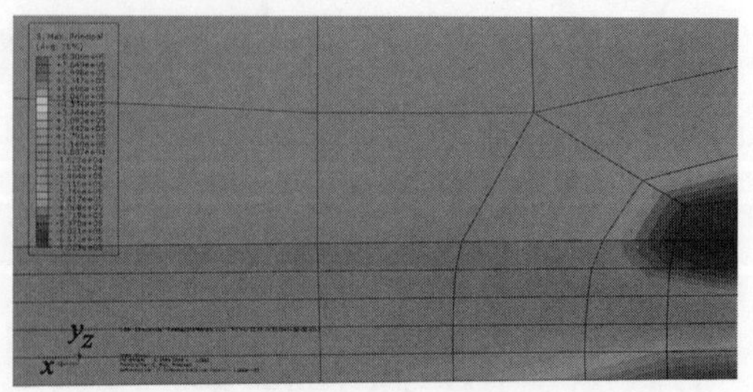

图4-25 施加预应力时区域一最大主应力局部放大图

(2)模型10中,不施加预应力时荷载区域二的最大主应力局部放大图如图4-26所示,施加预应力时荷载区域二的最大主应力局部放大图如图4-27所示。

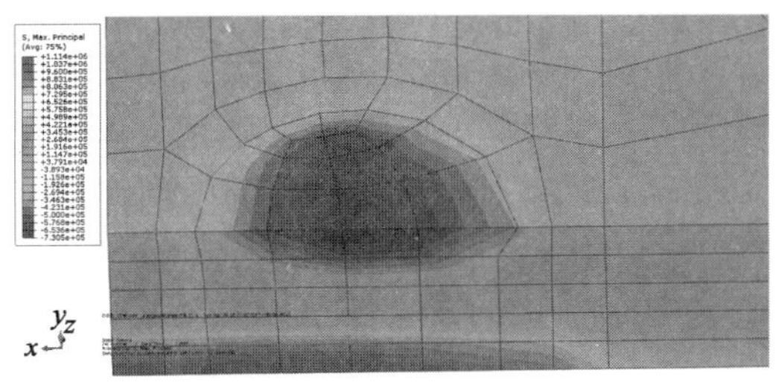

图4-26 不施加预应力时区域二最大主应力局部放大图

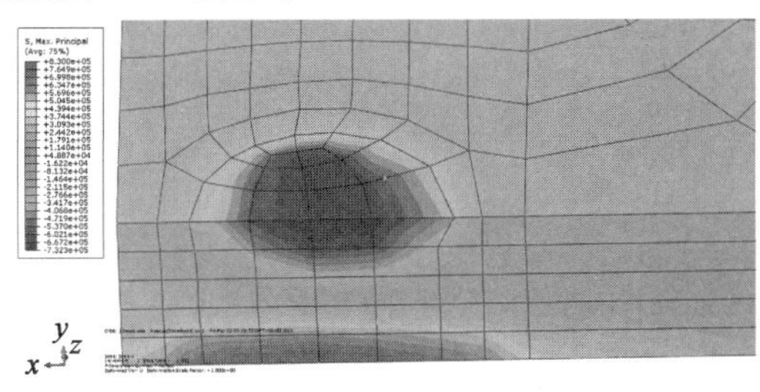

图4-27 施加预应力时区域二最大主应力局部放大图

(3)模型10中,不施加预应力时荷载区域三的最大主应力局部放大图如图4-28所示,施加预应力时荷载区域三的最大主应力局部放大图如图4-29所示。

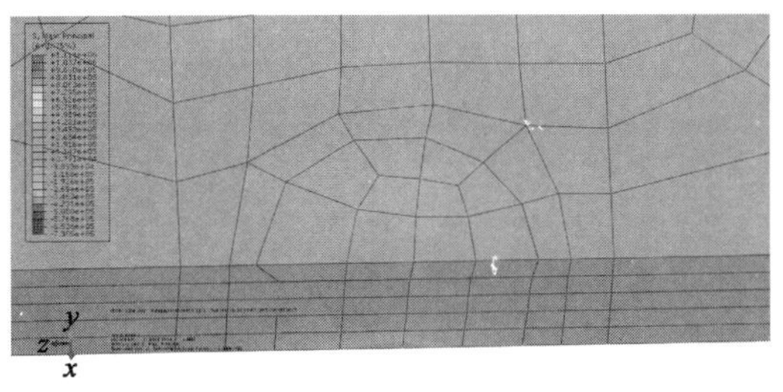

图4-28 不施加预应力时区域三最大主应力局部放大图

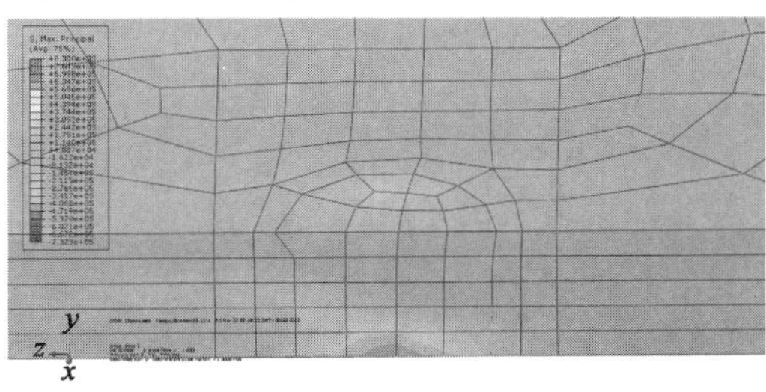

图4-29 施加预应力时区域三最大主应力局部放大图

(4)模型10中,不施加预应力时荷载区域四的最大主应力局部放大图如图4-30所示,施加预应力时荷载区域四的最大主应力局部放大图如图4-31所示。

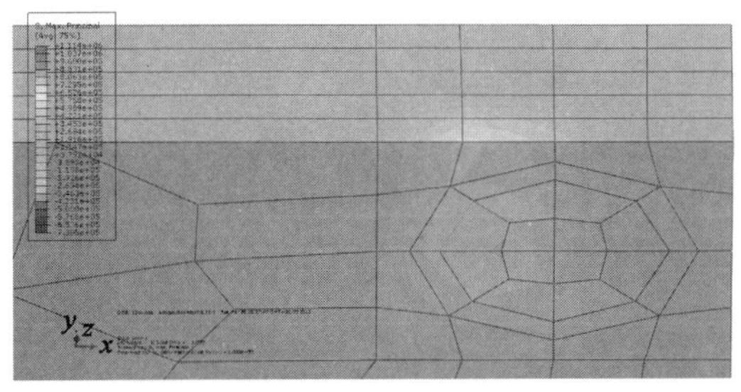

图4-30 不施加预应力时区域四最大主应力局部放大图

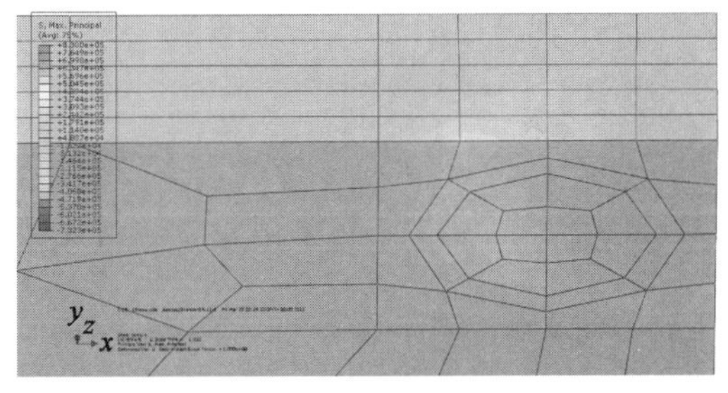

图4-31 施加预应力时区域四最大主应力局部放大图

(5)模型10中,不施加预应力时荷载区域五的最大主应力局部放大图如图4-32所示,施加预应力时荷载区域五的最大主应力局部放大图如图4-33所示。

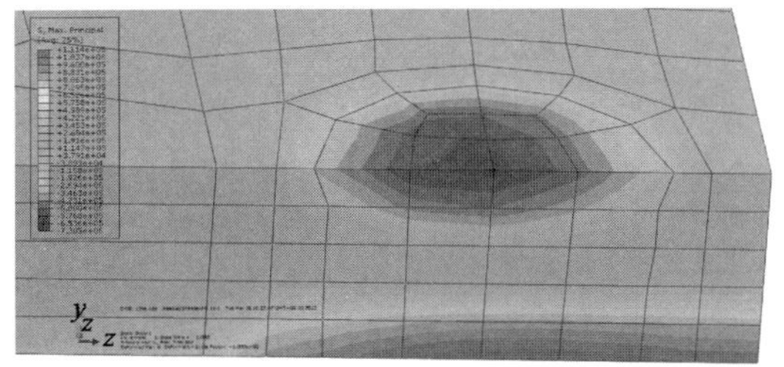

图4-32 不施加预应力时区域五最大主应力局部放大图

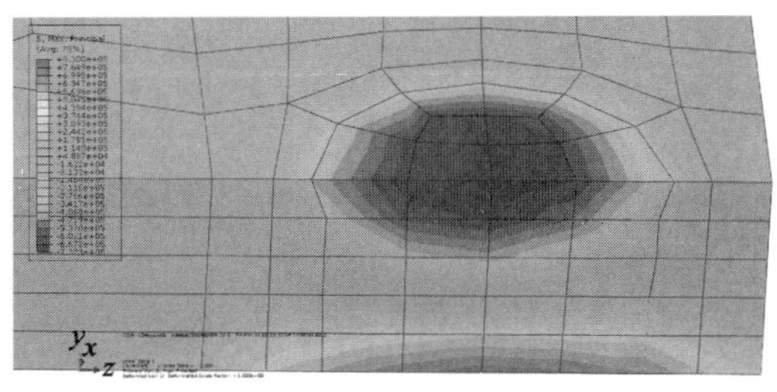

图4-33 施加预应力时区域五最大主应力局部放大图

将以上计算结果汇总于表4-2中。

计算结果(MPa)　　表4-2

预应力施加状况	区域一	区域二	区域三	区域四	区域五
无预应力	0.8831	1.1140	0.8063	0.7295	1.0370
有预应力	0.6998	0.8300	0.6347	0.3744	0.6347

由表4-2可知：

(1)在无预应力情况下，区域二的荷载应力最大。

(2)在预应力筋张拉度为30%的情况下，施加预应力对车轮荷载产生了比较明显的改善，且区域四的改善最明显。

(3)对比各个区域上车轮荷载产生的应力可知，预应力混凝土路面车轮荷载区域二(即斜向预应力混凝土路面板长的中部)的荷载应力最大，为临界荷载区域。

4.2.2 超载荷载应力分析

为了确定试验模型超载时的荷载应力，现仍以第3章表3-2中模型10为例，车轮均布荷载取1.5MPa。

(1)模型10中不施加预应力时，路面层超载荷载应力的云图如图4-34、图4-35所示。

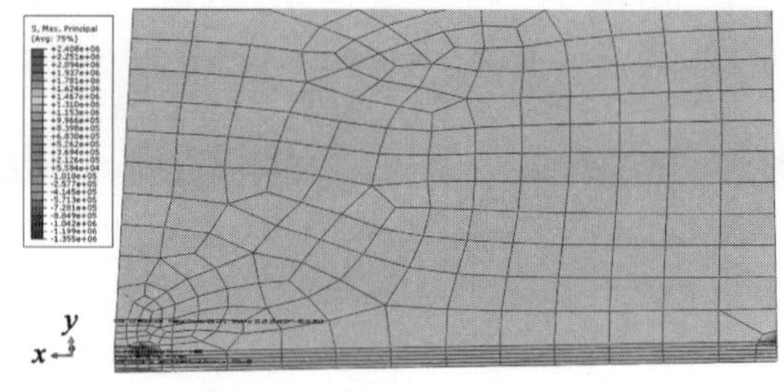

图4-34　路面层超载荷载应力图

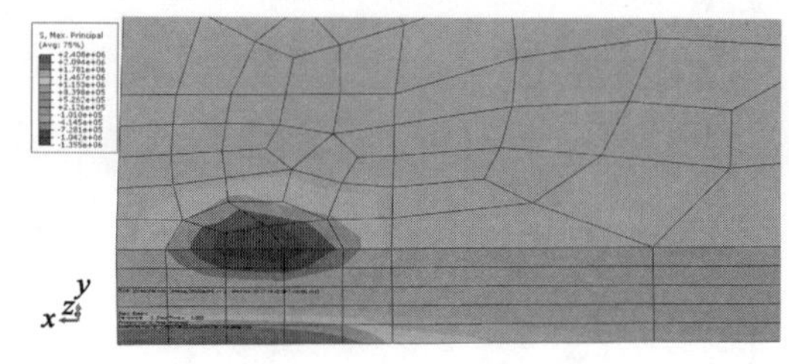

图4-35　路面层超载荷载应力局部放大图

(2)模型10中施加预应力时，路面层超载荷载应力的云图如图4-36、图4-37所示。

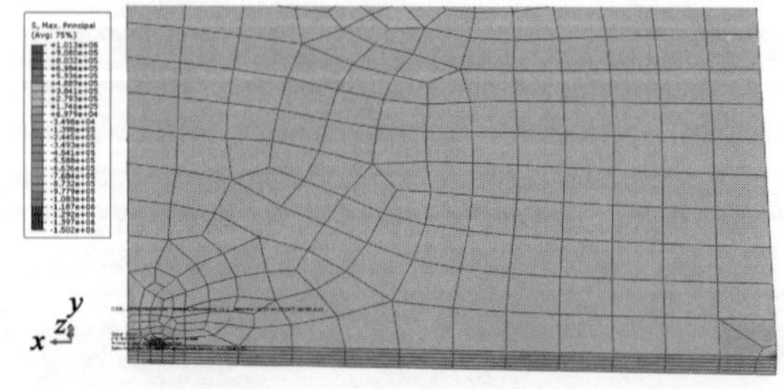

图4-36　预应力路面层超载荷载应力图

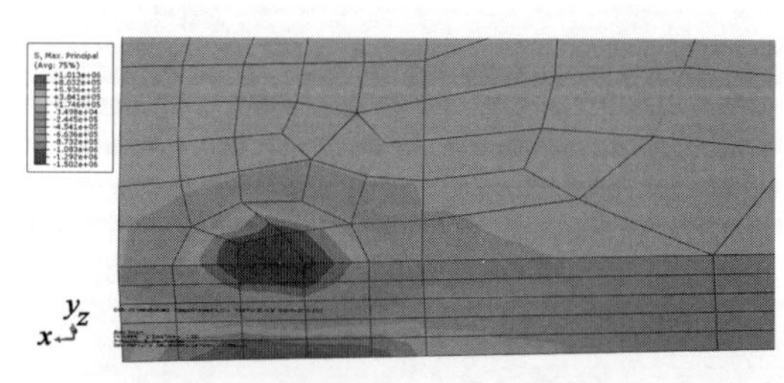

图4-37　预应力路面层超载荷载应力局部放大图

将以上计算结果汇总于表4-3中。

计 算 结 果　　表4-3

预应力施加状况	无 预 应 力	有 预 应 力
应力(MPa)	2.408	1.013

(1)由表4-3可知,在模型10的情况下,施加预应力后临界荷载区域的最大应力降低了57.93%。

(2)按照混凝土板5MPa综合弯拉强度校核,无预应力模型的应力是综合弯拉强度的47.16%,有预应力模型的应力是综合弯拉强度的20.26%。

4.3　斜向预应力混凝土路面荷载应力参数影响分析

4.3.1　参数影响分析方法

第3章表3-2中的钢筋设置间距、钢筋直径、钢筋拉力比,都会影响预应力大小,所以可以将它们分别作为一组参数进行分析。

通过上述计算可知,斜向预应力混凝土路面板的临界荷载点在区域二,现仍然以区域二的应力情况来研究各个参数对荷载应力的影响。

为了研究表3-2中各项参数对预应力混凝土路面荷载应力的影响情况,现采用单一变量的方法,即每次只改变表中的一个参数,其他参数均不变。

(1)板宽度对荷载应力的影响。

选取表3-2中模型9为基准模型(称为A),改变路面板的宽度建立新的对比模型(称为A_1、A_2)。通过对比基准模型与对比模型的计算结果,研究路面板宽度对荷载应力的影响。

(2)板厚度对荷载应力的影响。

取表3-2中模型6为基准模型(称为B),改变路面板的厚度建立新的对比模型(称为B_1、B_2)。通过对比基准模型与对比模型,研究路面板厚度对荷载应力的影响。

(3)板长度对荷载应力的影响。

取表3-2中模型23为基准模型(称为C),改变路面板的长度建立新的对比模型(称为C_1、C_2)。通过对比基准模型与对比模型,研究路面板长度对荷载应力的影响。

(4)板混凝土弹性模量对荷载应力的影响。

取表3-2中模型18为基准模型(称为D),改变路面板混凝土弹性模量建立新的对比模型(称为D_1、D_2)。通过对比基准模型与对比模型,来研究路面板混凝土弹性模量对荷载应力的影响。

(5)板滑动层摩擦系数对荷载应力的影响。

取表3-2中模型13为基准模型(称为E),改变路面板滑动层摩擦系数建立新的对比模型(称为E_1、E_2)。通过对比基准模型与对比模型,研究路面板滑动层摩擦系数对荷载应力的影响。

(6)板加筋角度对荷载应力的影响。

取表3-2中模型8为基准模型(称为F),改变路面板加筋角度建立新的对比模型(称为F_1、F_2)。通过对比基准模型与对比模型,研究路面板加筋角度对荷载应力的影响。

(7)板预应力模型值对荷载应力的影响。

取表3-2中模型12为基准模型(称为G),改变路面板预应力模型值建立新的对比模型(称为G_1、G_2)。通过对比基准模型与对比模型,研究路面板预应力值对荷载应力的影响。

4.3.2 参数影响对比结果

1)板宽度对荷载应力的影响计算结果

模型A临界荷载区域的最大主应力值为0.1349MPa,如图4-38、图4-39所示。

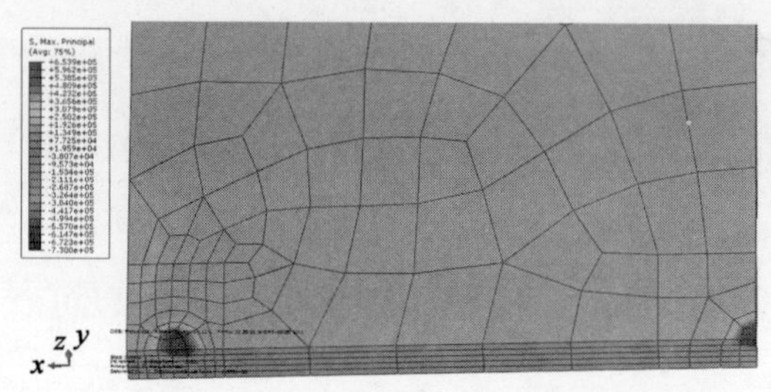

图4-38 模型A整体最大主应力云图

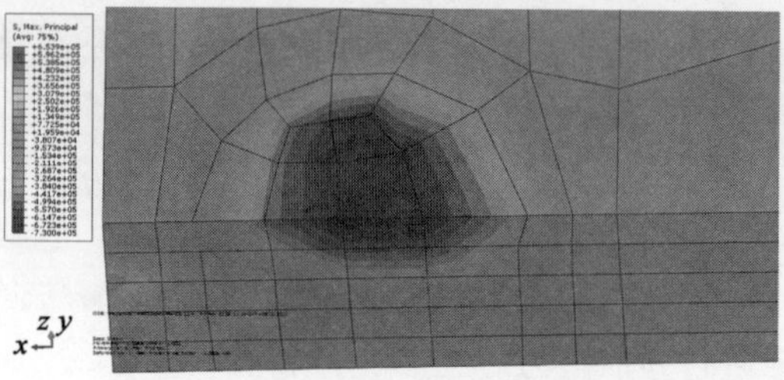

图4-39 模型A局部最大主应力放大云图

模型A_1临界荷载区域的最大主应力值为0.2972MPa,如图4-40、图4-41所示。

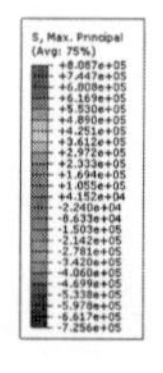

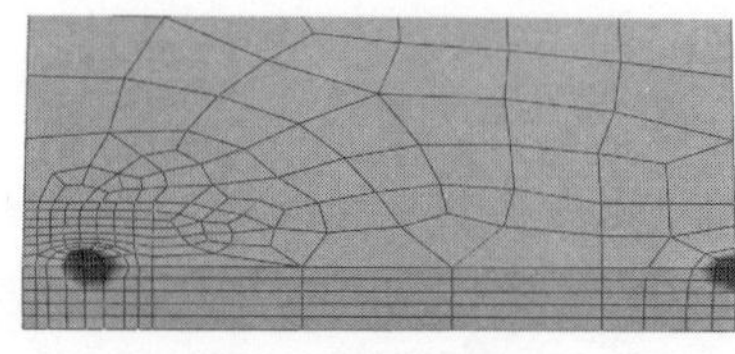

图4-40 模型A_1整体最大主应力云图

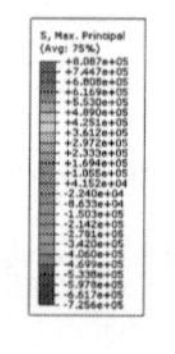

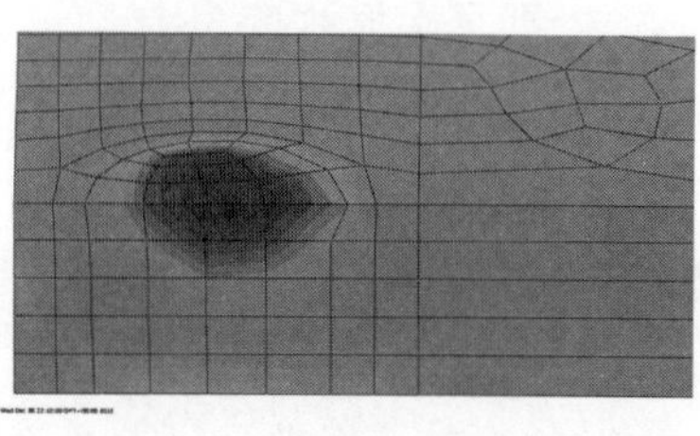

图4-41 模型A_1局部最大主应力放大云图

模型A_2临界荷载区域的最大主应力值为0.1138MPa,如图4-42、图4-43所示。

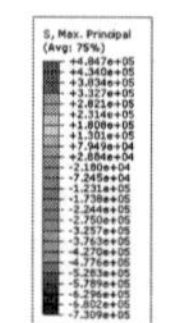

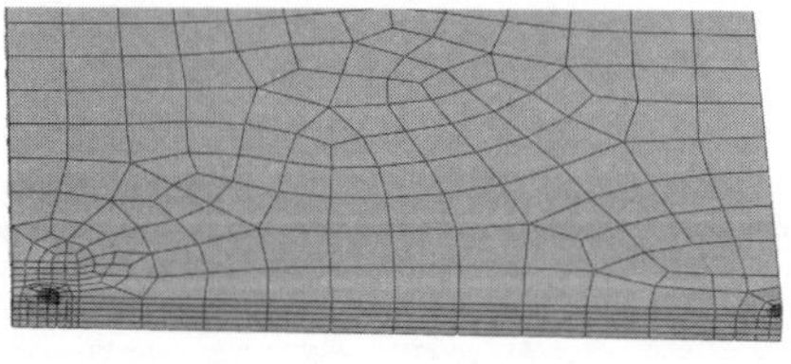

图4-42 模型A_2整体最大主应力云图

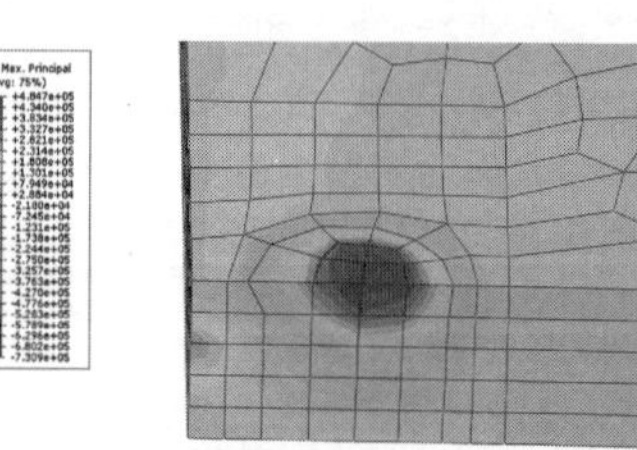

图4-43 模型A_2局部最大主应力放大云图

整理上述计算结果图可以得出表4-4,绘制结果图如图4-44所示。

板宽度影响计算结果 表4-4

模型	A	A_1	A_2
宽度(m)	6.5	4.4	11.56
最大主应力(MPa)	0.1349	0.2972	0.1138

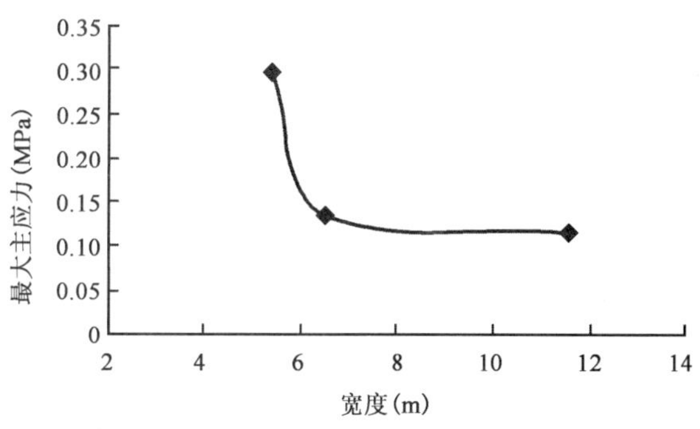

图4-44 板宽度影响计算结果图

2)板厚度对荷载应力的影响计算结果

模型B临界荷载区域的最大主应力值为0.4373MPa,如图4-45、图4-46所示。

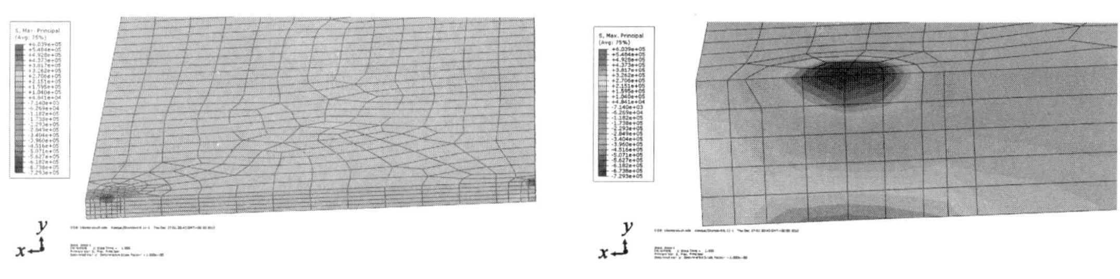

图4-45 模型B整体最大主应力云图　　图4-46 模型B局部最大主应力放大云图

模型B_1临界荷载区域的最大主应力值为0.6952MPa,如图4-47、图4-48所示。

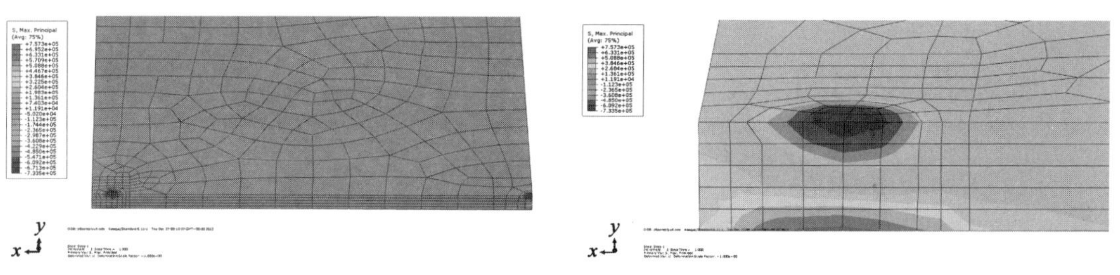

图4-47 模型B_1整体最大主应力云图　　图4-48 模型B_1局部最大主应力放大云图

模型B_2临界荷载区域的最大主应力值为0.5617MPa,如图4-49、图4-50所示。

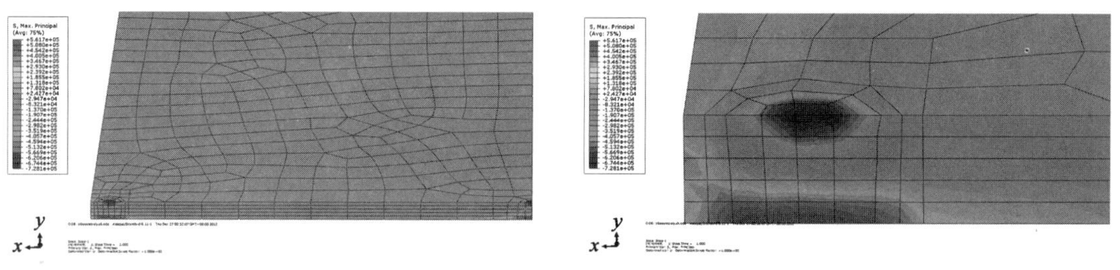

图4-49 模型B_2整体最大主应力云图　　图4-50 模型B_2局部最大主应力放大云图

整理上述计算结果图可以得出表 4-5，绘制结果图如图 4-51 所示。

板厚度影响计算结果 表 4-5

模型	B	B_1	B_2
厚度(m)	0.26	0.20	0.23
最大主应力(MPa)	0.4373	0.6952	0.5617

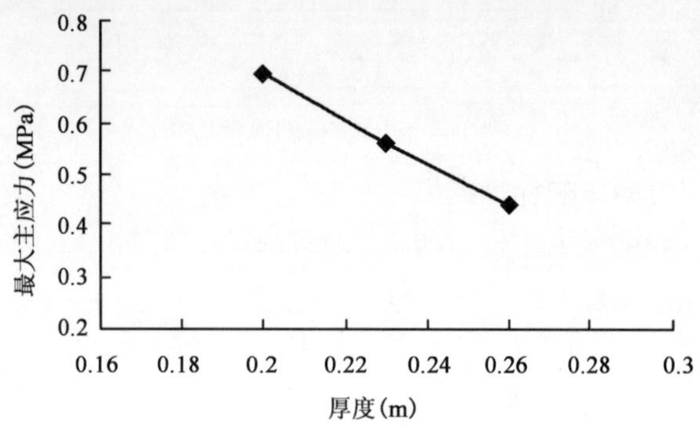

图 4-51 板厚度影响计算结果图

3）板长度对荷载应力的影响计算结果

模型 C 临界荷载区域的最大主应力值为 0.5538MPa，如图 4-52、图 4-53 所示。

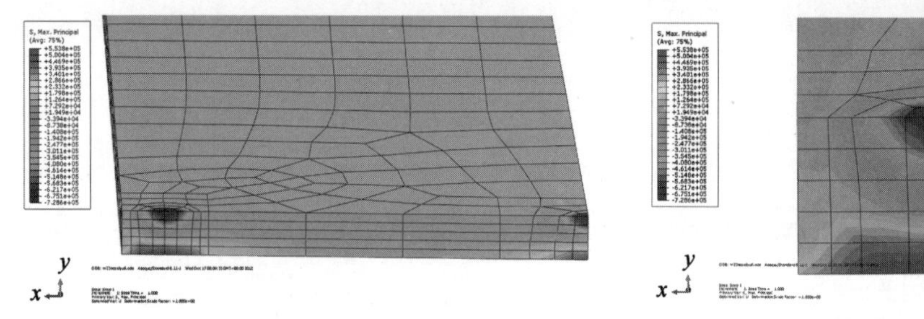

图 4-52 模型 C 整体最大主应力云图　　图 4-53 模型 C 局部最大主应力放大云图

模型 C_1 临界荷载区域的最大主应力值为 0.5362MPa，如图 4-54、图 4-55 所示。

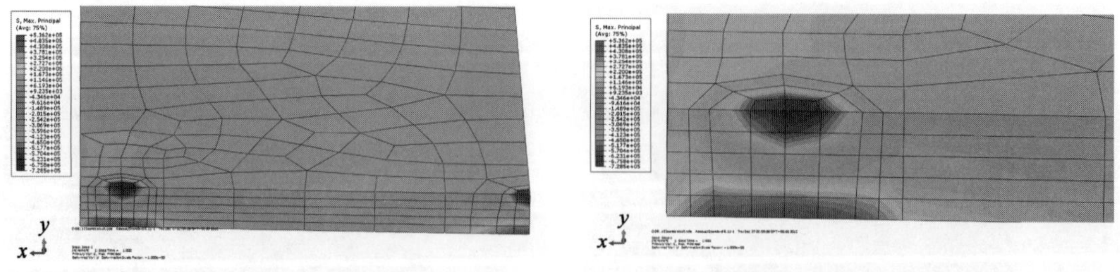

图 4-54 模型 C_1 整体最大主应力云图　　图 4-55 模型 C_1 局部最大主应力放大云图

模型 C_2 临界荷载区域的最大主应力值为 0.5278MPa，如图 4-56、图 4-57 所示。

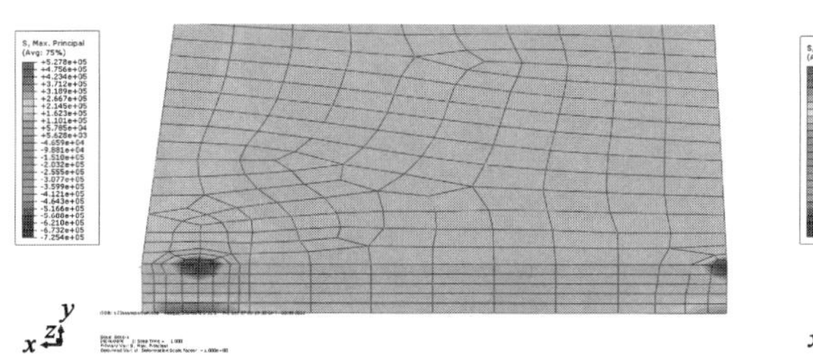

图 4-56　模型 C_2 整体最大主应力云图

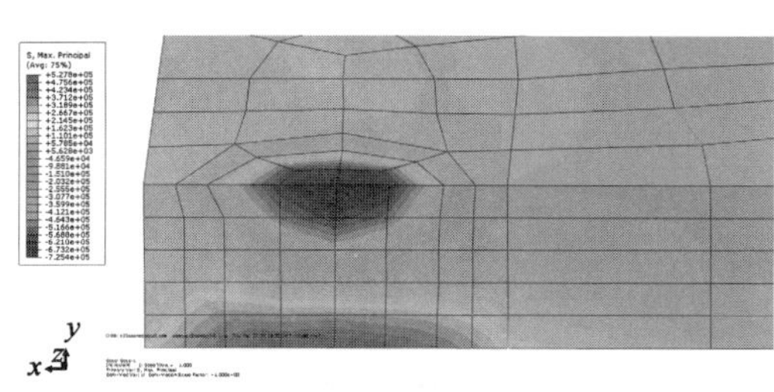

图 4-57　模型 C_2 局部最大主应力放大云图

整理上述计算结果图可以得出表 4-6，绘制结果图如图 4-58 所示。

板长度影响计算结果　　表 4-6

模型	C	C_1	C_2
长度（m）	150	100	50
最大主应力（MPa）	0.5538	0.5362	0.5278

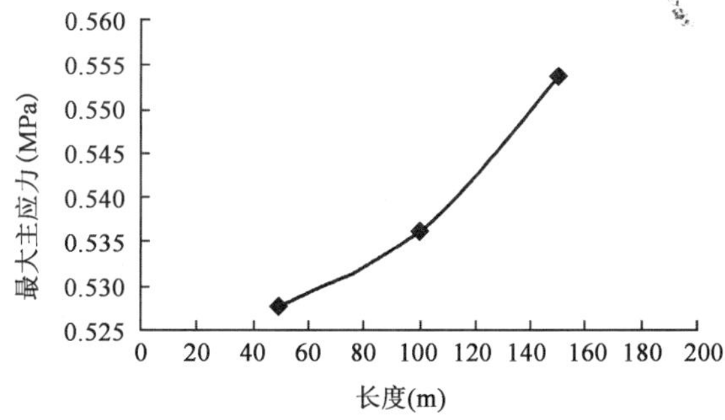

图 4-58　板长度影响计算结果图

4）板混凝土弹性模量对荷载应力的影响计算结果

模型 D 临界荷载区域的最大主应力值为 0.5198MPa，如图 4-59、图 4-60 所示。

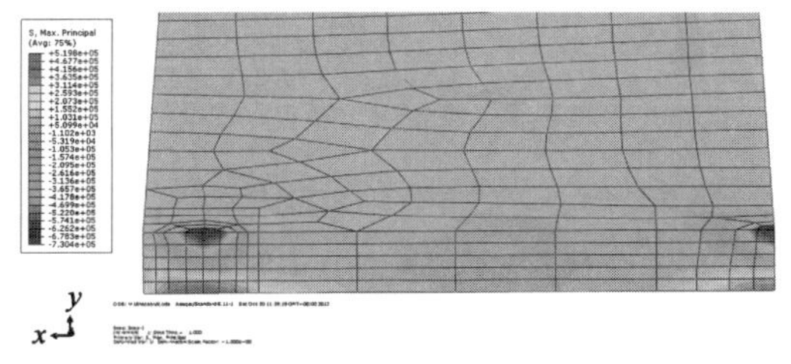

图 4-59　模型 D 整体最大主应力云图

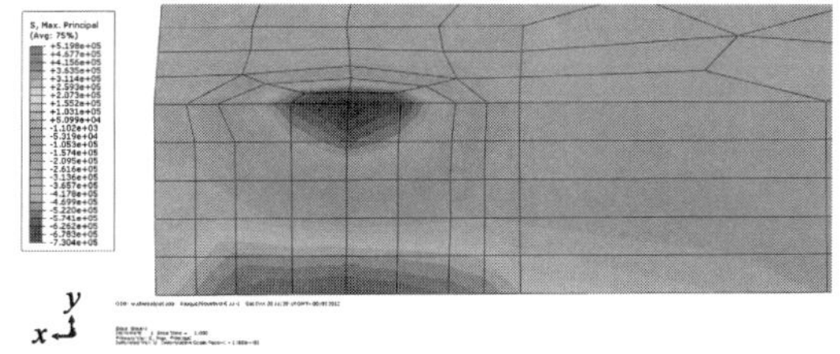

图 4-60　模型 D 局部最大主应力放大云图

模型 D_1 临界荷载区域的最大主应力值为 0.5397MPa，如图 4-61、图 4-62 所示。

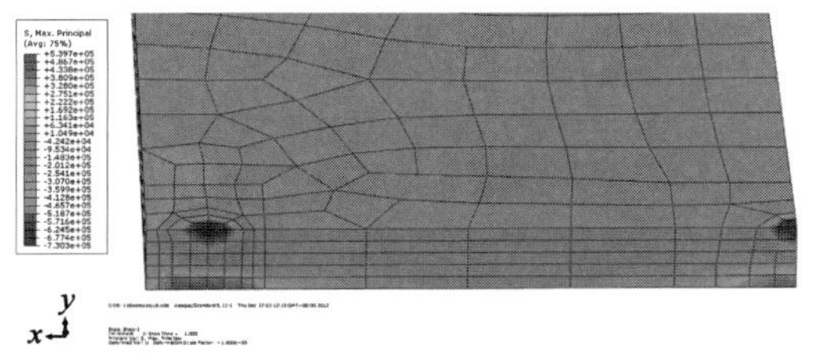

图 4-61　模型 D_1 整体最大主应力云图

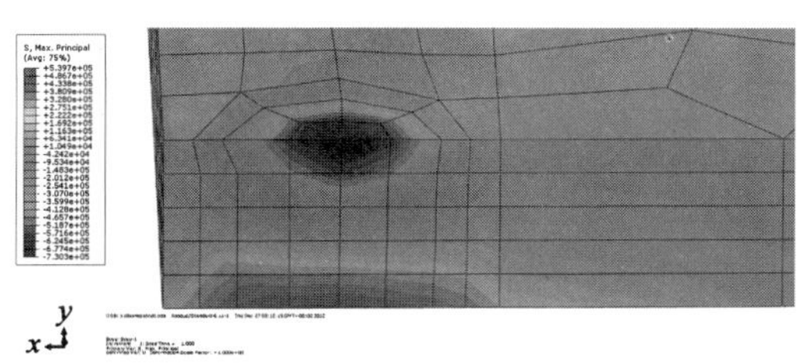

图 4-62　模型 D_1 局部最大主应力放大云图

模型 D_2 临界荷载区域的最大主应力值为 0.5539MPa，如图 4-63、图 4-64 所示。

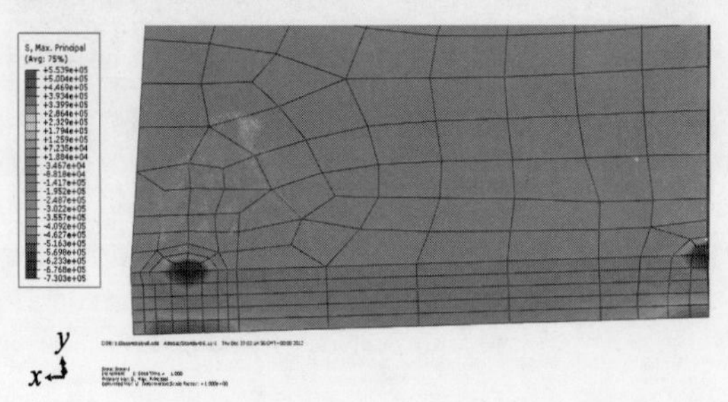

图 4-63　模型 D_2 整体最大主应力云图

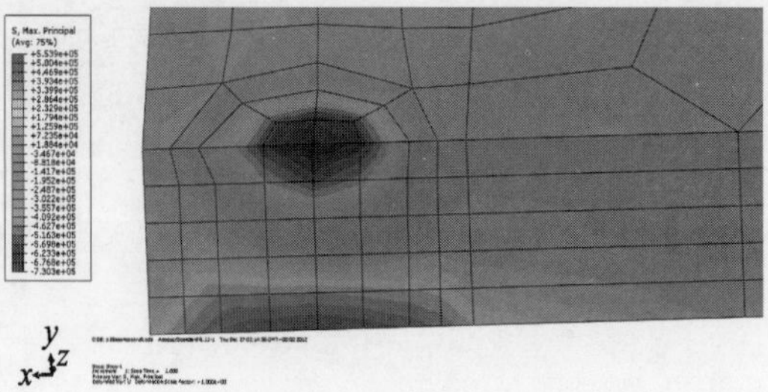

图 4-64　模型 D_2 局部最大主应力放大云图

整理上述计算结果图可以得出表 4-7，绘制结果图如图 4-65 所示。

板弹性模量影响计算结果　　表 4-7

模型	D	D_1	D_2
弹性模量(MPa)	28000	30000	31500
最大主应力(MPa)	0.5198	0.5397	0.5539

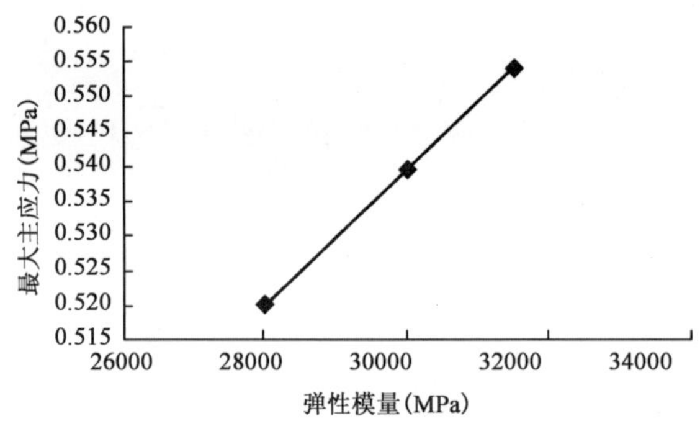

图 4-65　板弹性模量影响计算结果图

5）滑动层摩擦系数对荷载应力的影响计算结果

模型 E 临界荷载区域的最大主应力值为 0.8300MPa，如图 4-66、图 4-67 所示。

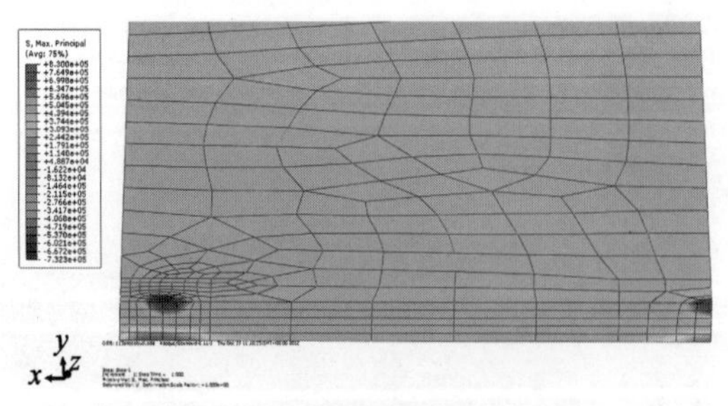

图 4-66　模型 E 整体最大主应力云图

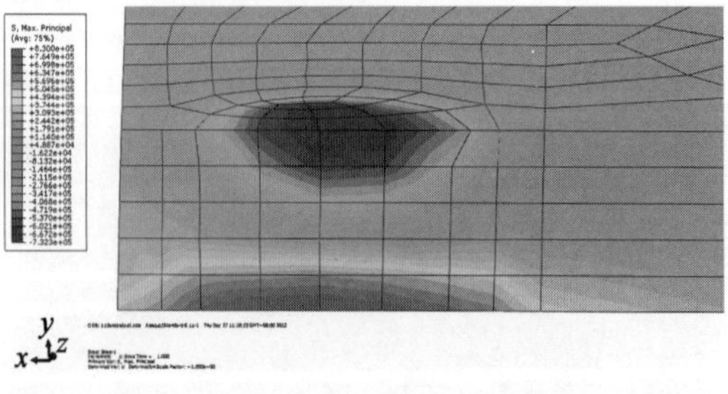

图 4-67　模型 E 局部最大主应力放大云图

模型 E_1 临界荷载区域的最大主应力值为 0.7915MPa，如图 4-68、图 4-69 所示。

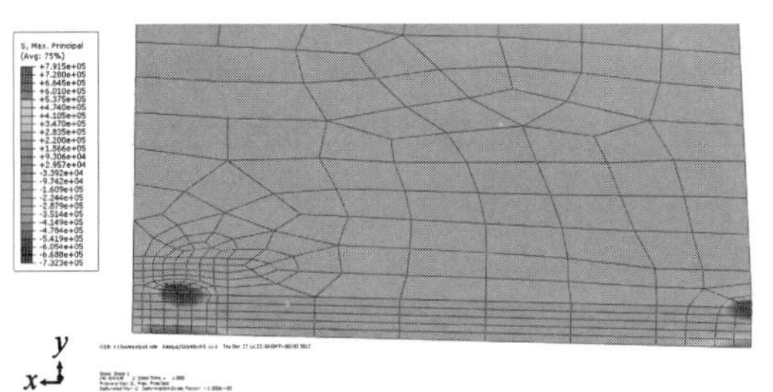
图 4-68　模型 E_1 整体最大主应力云图

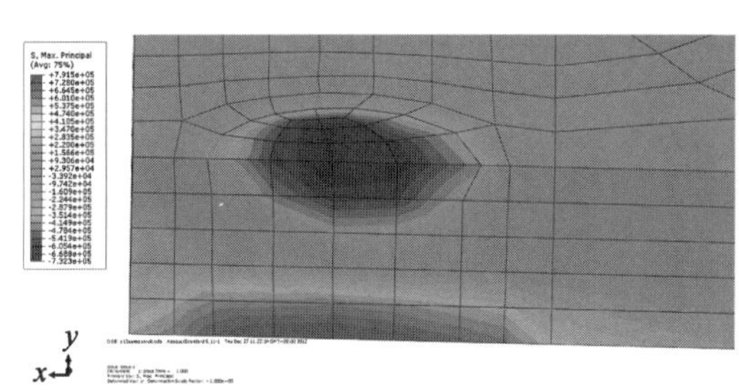
图 4-69　模型 E_1 局部最大主应力放大云图

模型 E_2 临界荷载区域的最大主应力值为 0.7512MPa，如图 4-70、图 4-71 所示。

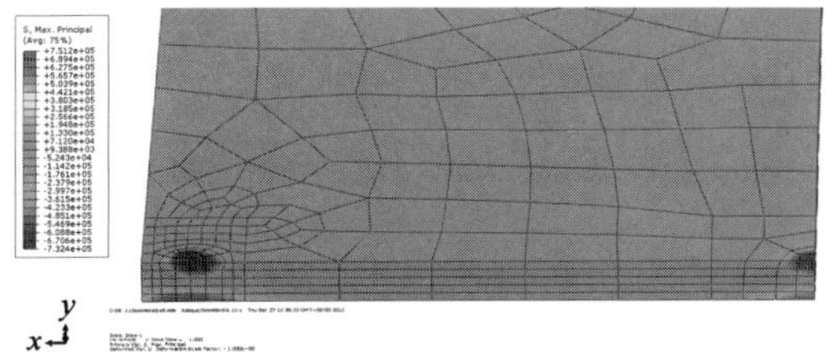
图 4-70　模型 E_2 整体最大主应力云图

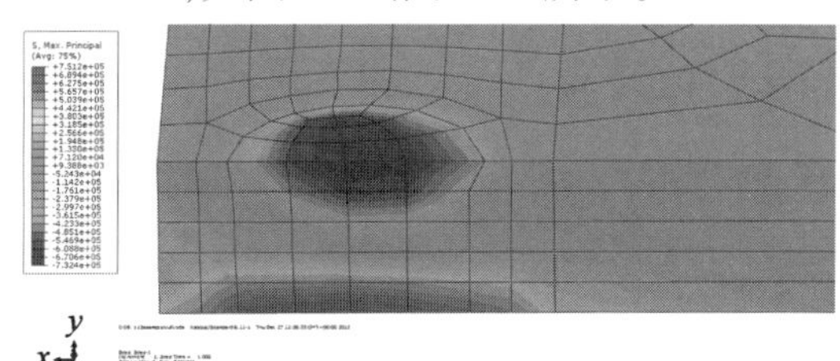
图 4-71　模型 E_2 局部最大主应力放大云图

整理上述计算结果图可以得出表 4-8，绘制结果图如图 4-72 所示。

板底摩擦系数影响计算结果　　表 4-8

模型	E	E_1	E_2
摩擦系数	0.8	0.5	0.3
最大主应力(MPa)	0.8300	0.7915	0.7512

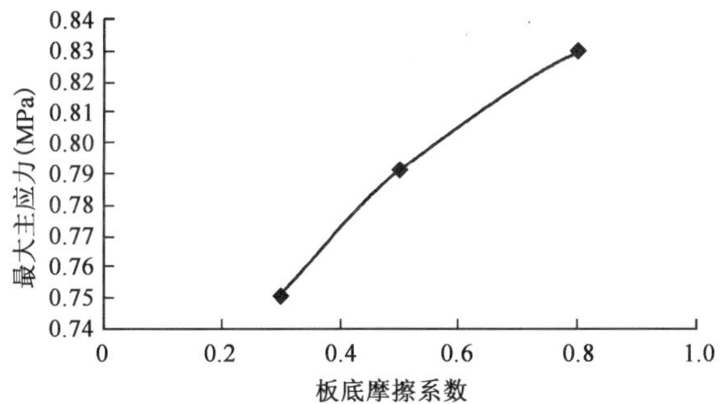

图 4-72　板底摩阻系数影响计算结果图

6）板加筋角度对荷载应力的影响计算结果

模型 F 临界荷载区域的最大主应力值为 0.5995MPa，如图 4-73、图 4-74 所示。

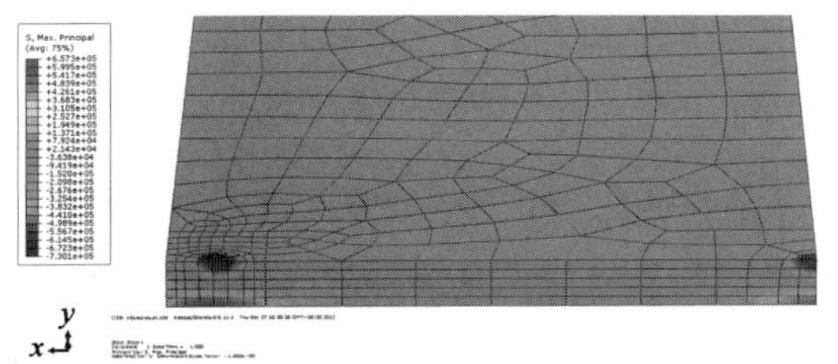
图 4-73　模型 F 整体最大主应力云图

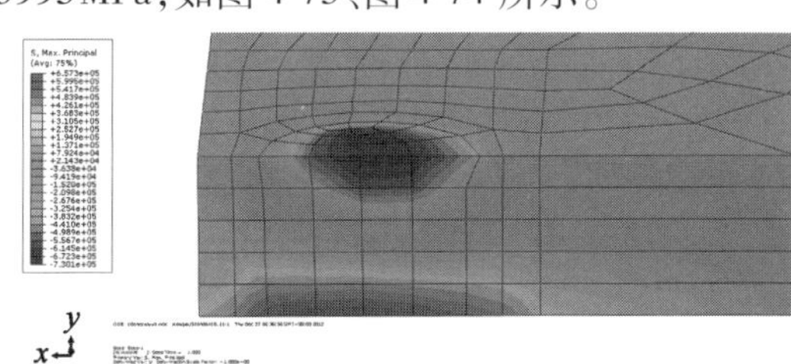
图 4-74　模型 F 局部最大主应力放大云图

模型 F_1 临界荷载区域的最大主应力值为0.6374MPa,如图4-75、图4-76所示。

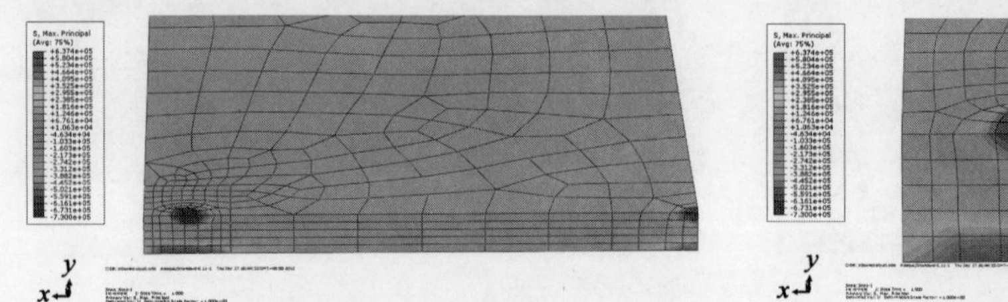

图4-75　模型 F_1 整体最大主应力云图

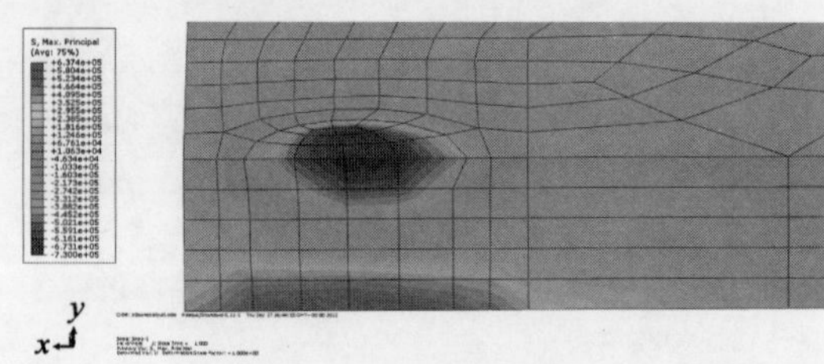

图4-76　模型 F_1 局部最大主应力放大云图

模型 F_2 临界荷载区域的最大主应力值为0.6765MPa,如图4-77、图4-78所示。

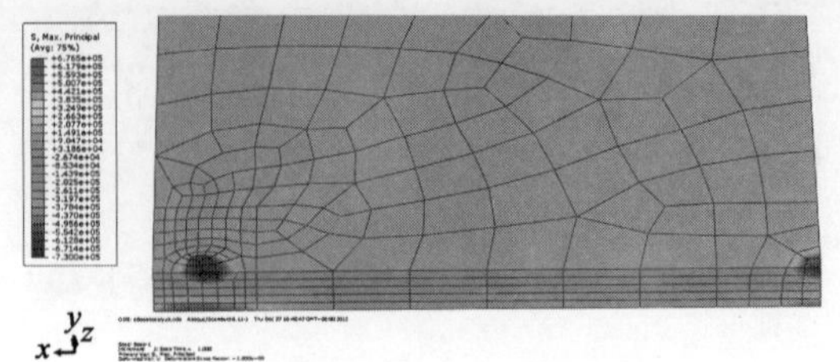

图4-77　模型 F_2 整体最大主应力云图

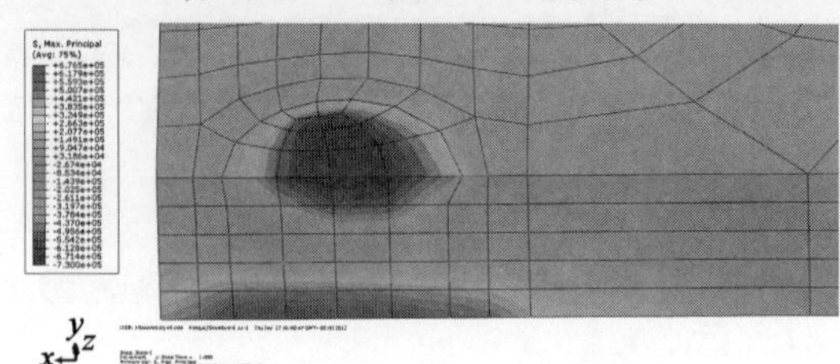

图4-78　模型 F_2 局部最大主应力放大云图

整理上述计算结果图可以得出表4-9,绘制结果图如图4-79所示。

板端加筋角度影响计算结果　　表4-9

模型	F	F_1	F_2
加筋角度(°)	30	37	45
最大主应力(MPa)	0.5995	0.6374	0.6765

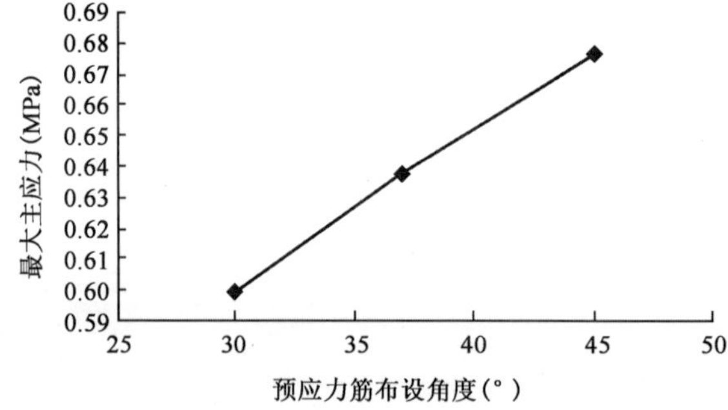

图4-79　板端加筋角度影响计算结果图

7)板预应力值对荷载应力的影响计算结果

模型G临界荷载区域的最大主应力值为0.1366MPa,如图4-80、图4-81所示。

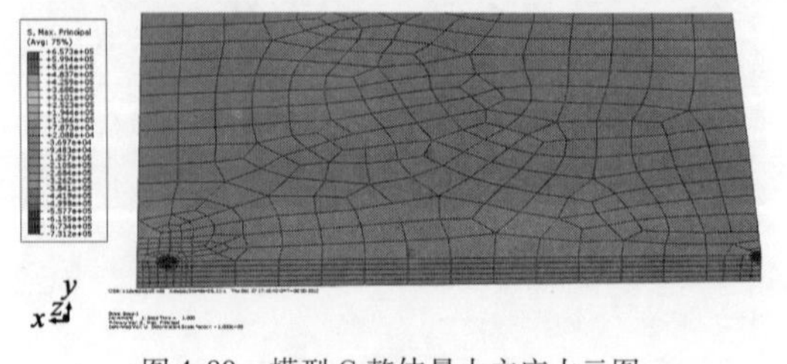

图4-80　模型G整体最大主应力云图

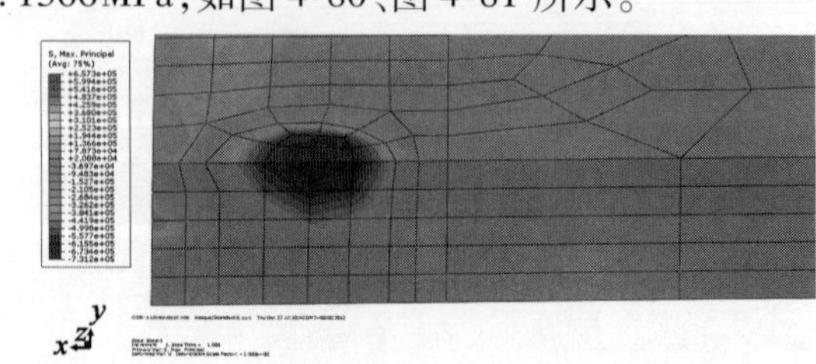

图4-81　模型G局部最大主应力放大云图

模型 G_1 临界荷载区域的最大主应力值为 0.3565MPa，如图 4-82、图 4-83 所示。

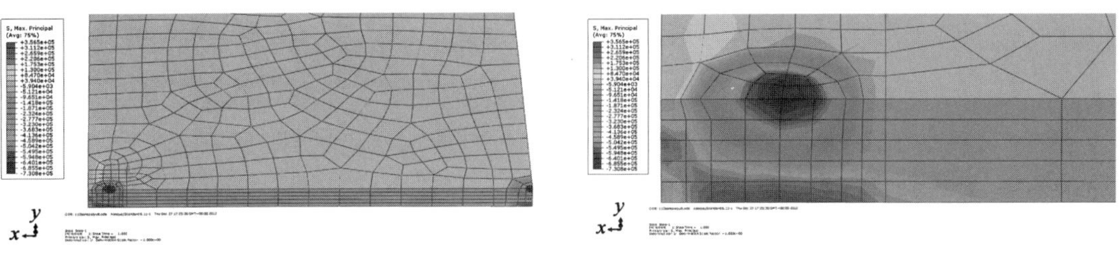

图 4-82　模型 G_1 整体最大主应力云图　　图 4-83　模型 G_1 局部最大主应力放大云图

模型 G_2 临界荷载区域的最大主应力值为 0.8762MPa，如图 4-84、图 4-85 所示。

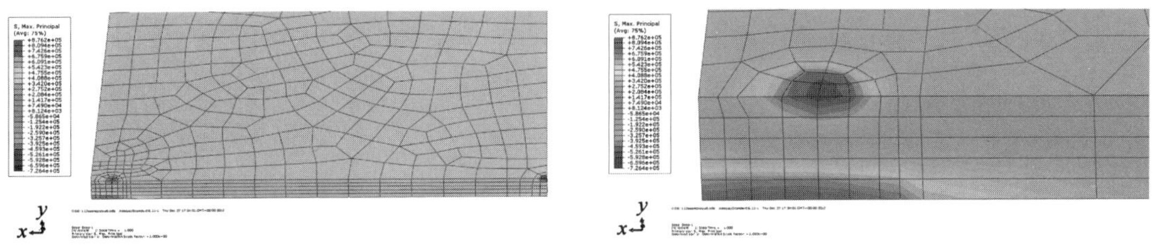

图 4-84　模型 G_2 整体最大主应力云图　　图 4-85　模型 G_2 局部最大主应力放大云图

整理上述计算结果图可以得出表 4-10，绘制结果图如图 4-86 所示。

板端预应力值影响计算结果　　表 4-10

模型	G	G_1	G_2
预应力值(MPa)	4.92	2.46	0
最大主应力(MPa)	0.1366	0.3565	0.8762

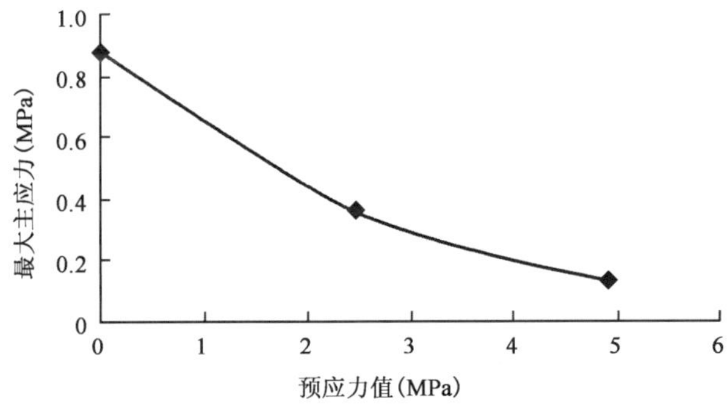

图 4-86　板端预应力值影响计算结果图

归纳以上分析结果得出：

(1)最大主应力值随着预应力混凝土板宽度的增加而较快减小。且宽度从 4.4m 增大到 6.5m 时最大主应力减小得比较快，从 6.5m 增大到 11.56m，应力减小的速度明显放缓。

(2)最大主应力值随着预应力混凝土板厚度的增加而较快减小。其厚度变化在 0.20 ~ 0.26m之间引起的最大主应力变化较为均匀。

(3)最大主应力值随着预应力混凝土板长度的增加而缓慢增加。长度在 50 ~ 150m 变化时,其对最大主应力影响很小。

(4)最大主应力值随着预应力混凝土板弹性模量的增大而缓慢增加。弹性模量在 28000 ~ 31500MPa 之间变化时,其对最大主应力影响很小。

(5)最大主应力值随着预应力混凝土板滑动层摩擦系数的增大而缓慢增加。滑动层摩擦系数在 0.3 ~ 0.8 之间变化时,其对最大主应力影响很小。

(6)临界荷载区域的最大主应力值随着预应力混凝土板加筋角度的增大而增加。加筋角度在 30° ~ 45°之间变化时,其对临界荷载的最大主应力影响很小。

(7)最大主应力值随着预应力混凝土板预应力值的增大而大幅度减小。应力值在 0 ~ 4.92MPa之间变化时,最大主应力变化较为均匀,且变化非常快。

(8)在各项参数中对最大主应力值影响最大的参数次序是:预应力值、混凝土板厚、混凝土板宽。其他参数对其影响非常小。

4.4 斜向预应力混凝土路面荷载应力计算

为了有效对比分析,斜向预应力混凝土路面荷载应力计算模型,选用的模型为第 3 章表 3-2所给出的斜向预应力混凝土路面 27 个模型,应用有限元法计算出每个路面模型的车轮临界荷载区域应力值。

模型 1,临界荷载区域的最大主应力最大值为 0.731MPa,如图 4-87、图 4-88 所示。

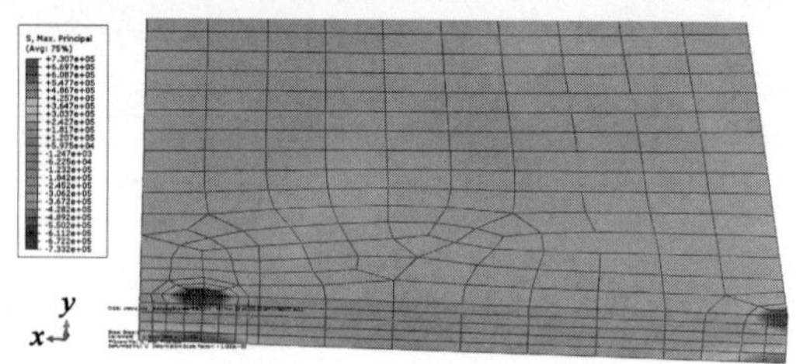

图 4-87　模型 1 整体最大主应力云图

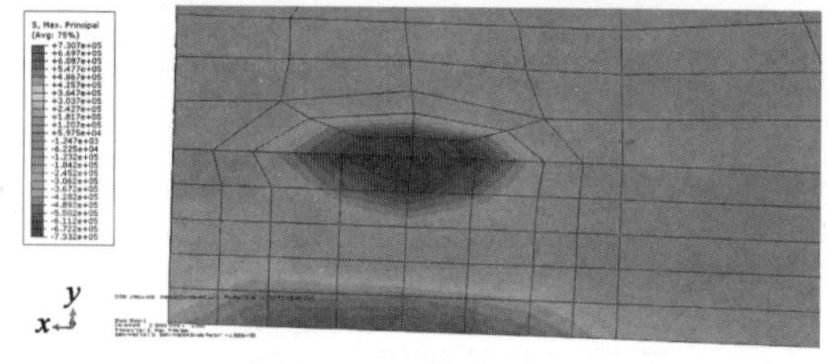

图 4-88　模型 1 局部最大主应力放大云图

模型 2,临界荷载区域的最大主应力最大值为 0.175MPa,如图 4-89、图 4-90 所示。

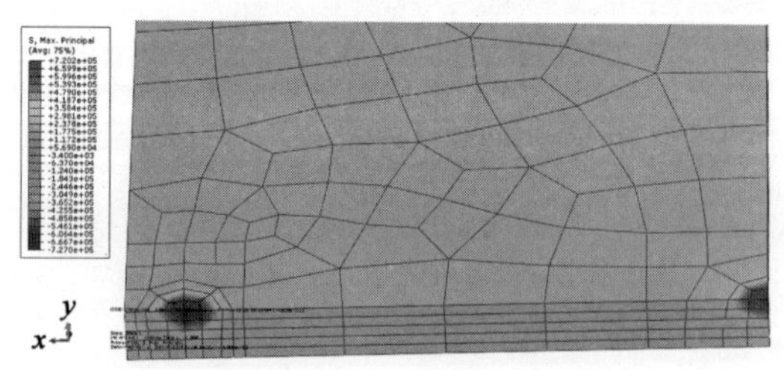

图 4-89　模型 2 整体最大主应力云图

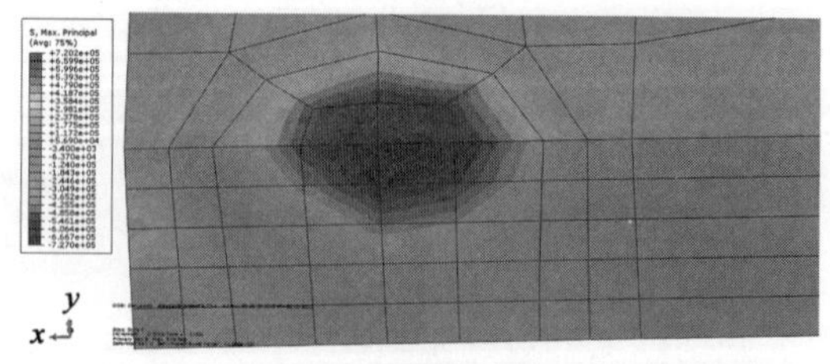

图 4-90　模型 2 局部最大主应力放大云图

模型 3,临界荷载区域的最大主应力最大值为 -0.187×10^{-2} MPa,如图 4-91、图 4-92 所示。

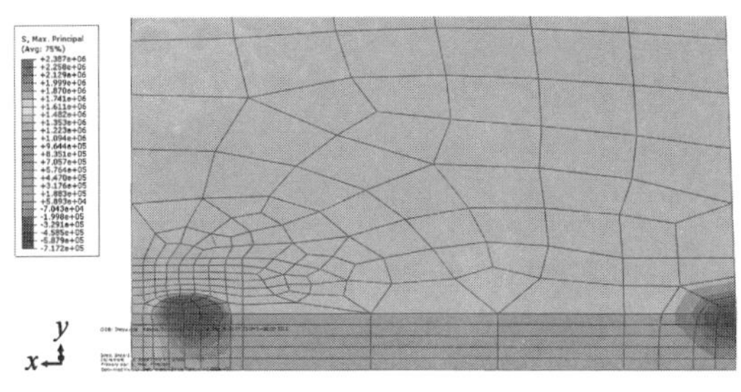

图4-91　模型3整体最大主应力云图

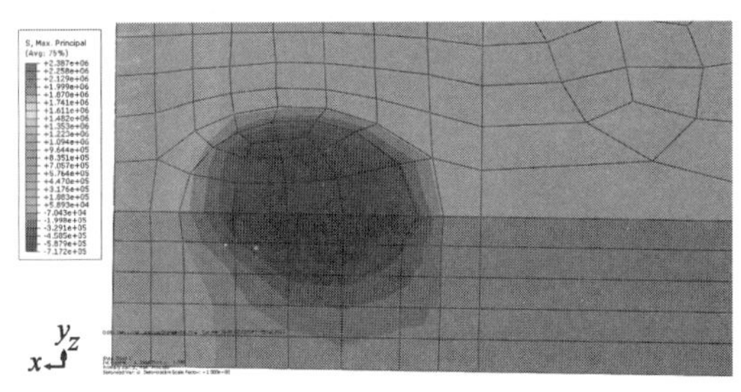

图4-92　模型3局部最大主应力放大云图

模型4，临界荷载区域的最大主应力最大值为0.451MPa，如图4-93、图4-94所示。

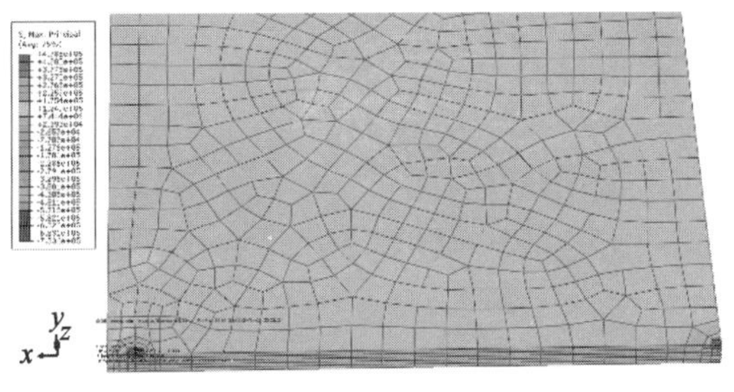

图4-93　模型4整体最大主应力云图

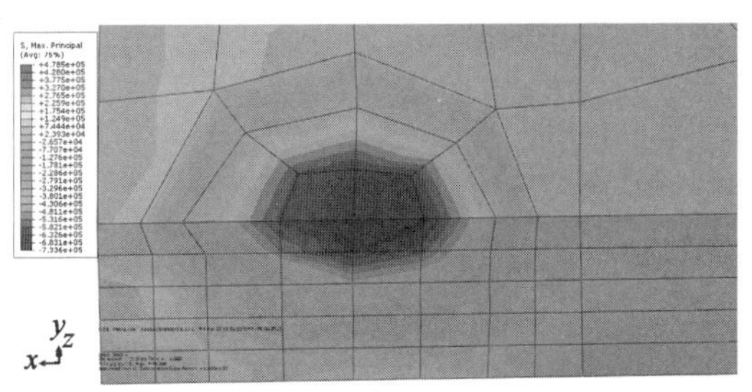

图4-94　模型4局部最大主应力放大云图

模型5，临界荷载区域的最大主应力最大值为4.887×10^{-2}MPa，如图4-95、图4-96所示。

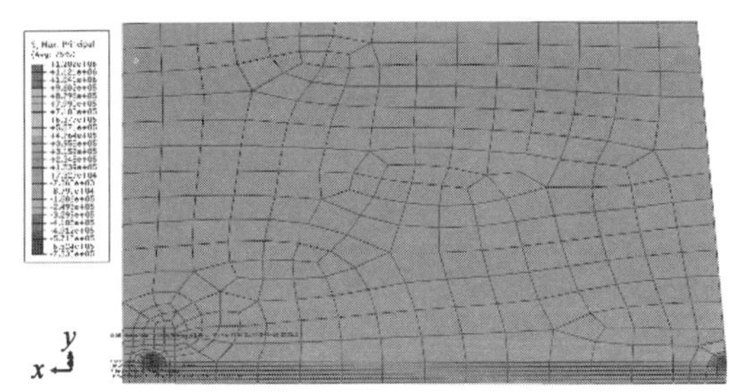

图4-95　模型5整体最大主应力云图

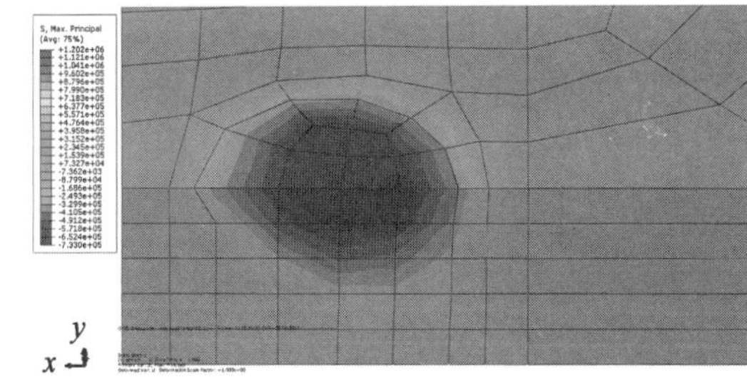

图4-96　模型5局部最大主应力放大云图

模型6，临界荷载区域的最大主应力最大值为0.478MPa，如图4-97、图4-98所示。

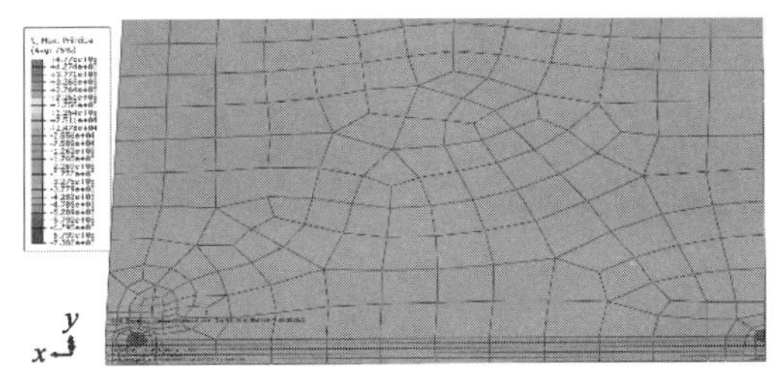

图4-97　模型6整体最大主应力云图

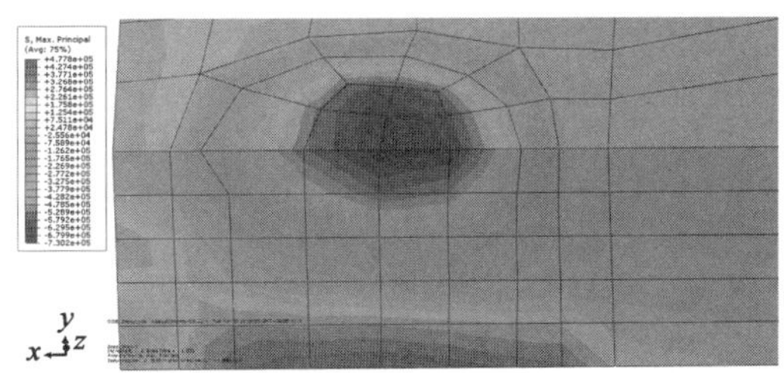

图4-98　模型6局部最大主应力放大云图

模型7，临界荷载区域的最大主应力最大值为0.388MPa，如图4-99、图4-100所示。

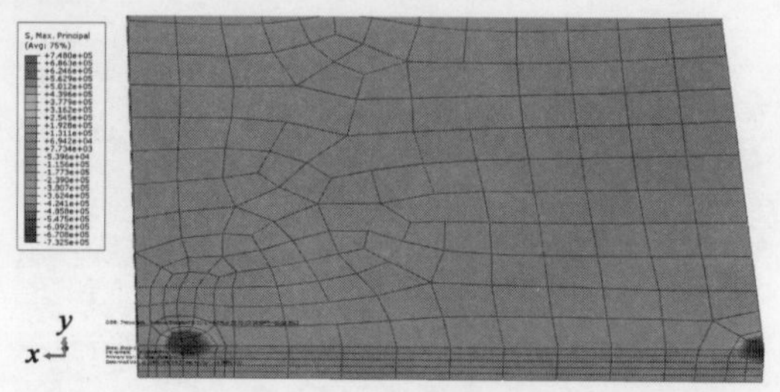

图 4-99　模型 7 整体最大主应力云图

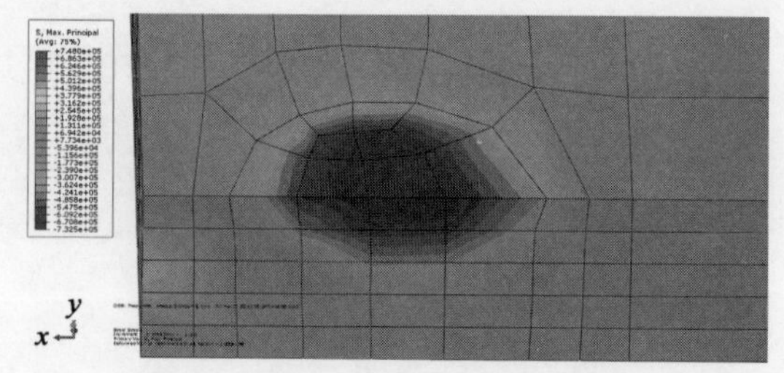

图 4-100　模型 7 局部最大主应力放大云图

模型 8，临界荷载区域的最大主应力最大值为 0.687MPa，如图 4-101、图 4-102 所示。

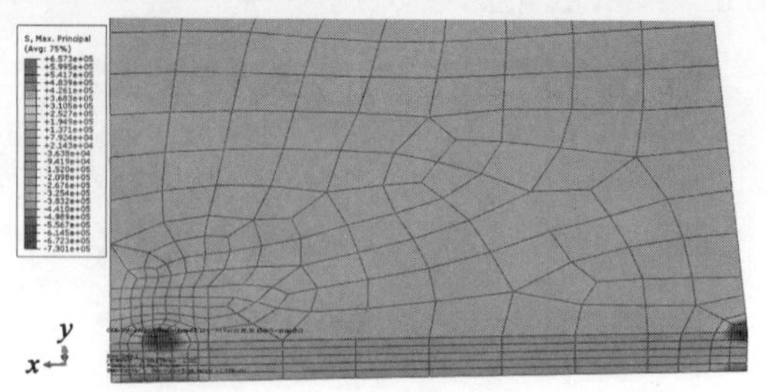

图 4-101　模型 8 整体最大主应力云图

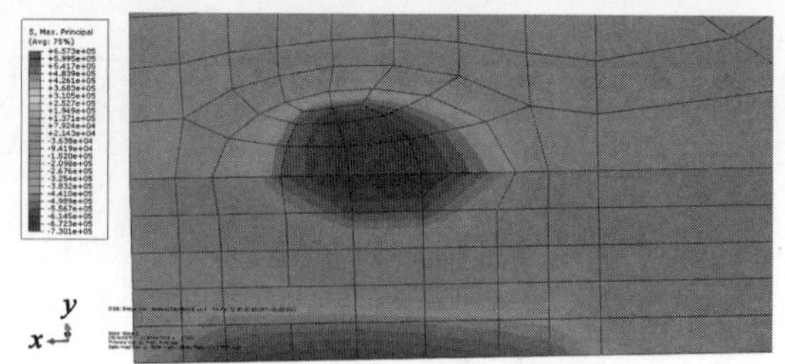

图 4-102　模型 8 局部最大主应力放大云图

模型 9，临界荷载区域的最大主应力最大值为 0.250MPa，如图 4-103、图 4-104 所示。

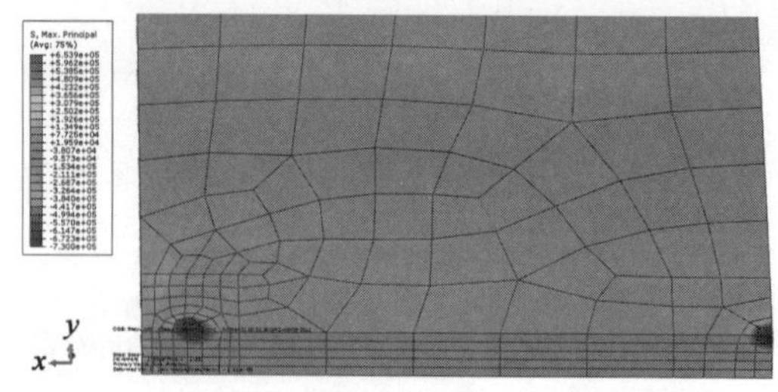

图 4-103　模型 9 整体最大主应力云图

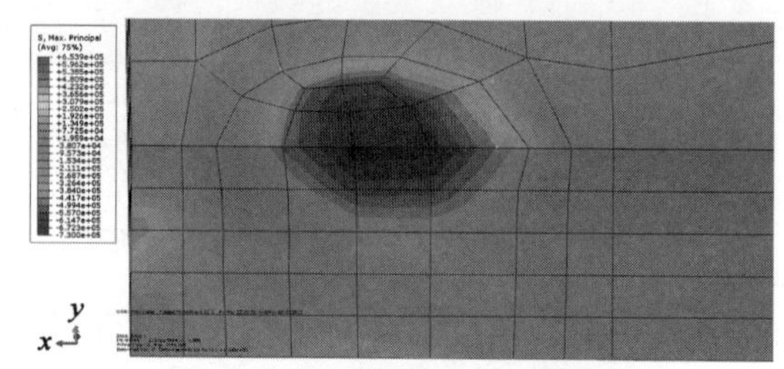

图 4-104　模型 9 局部最大主应力放大云图

模型 10，临界荷载区域的最大主应力最大值为 0.200×10^{-2}MPa，如图 4-105、图 4-106 所示。

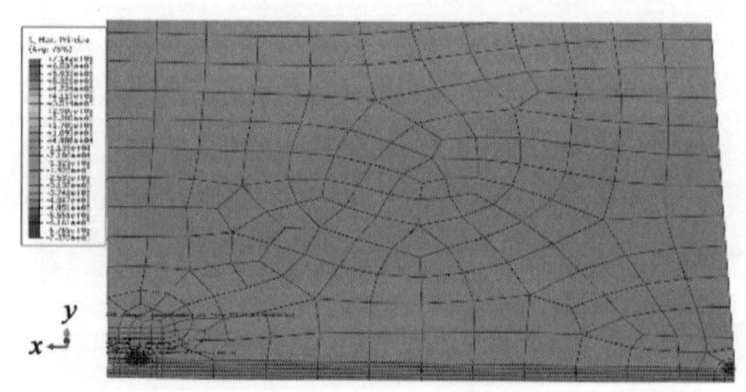

图 4-105　模型 10 整体最大主应力云图

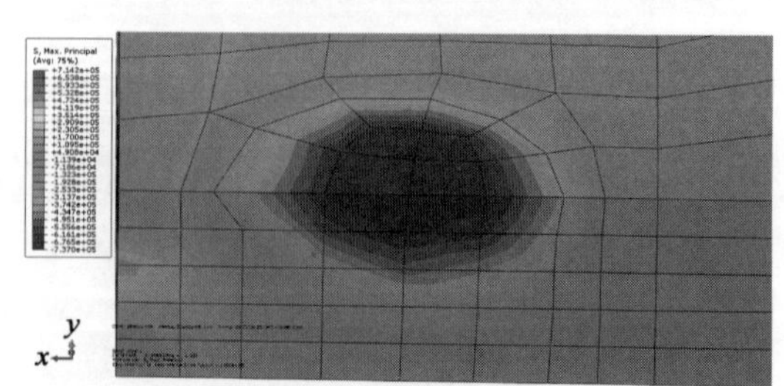

图 4-106　模型 10 局部最大主应力放大云图

模型 11，临界荷载区域的最大主应力最大值为 0.290MPa，如图 4-107、图 4-108 所示。

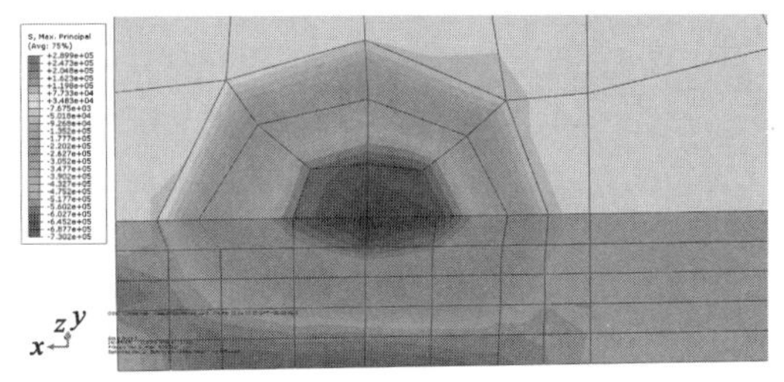

图4-107 模型11整体最大主应力云图 图4-108 模型11局部最大主应力放大云图

模型12,临界荷载区域的最大主应力最大值为 0.599×10^{-2}MPa,如图4-109、图4-110所示。

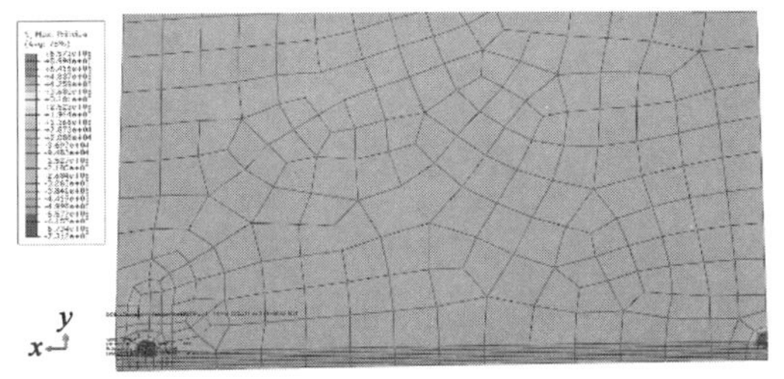

图4-109 模型12整体最大主应力云图

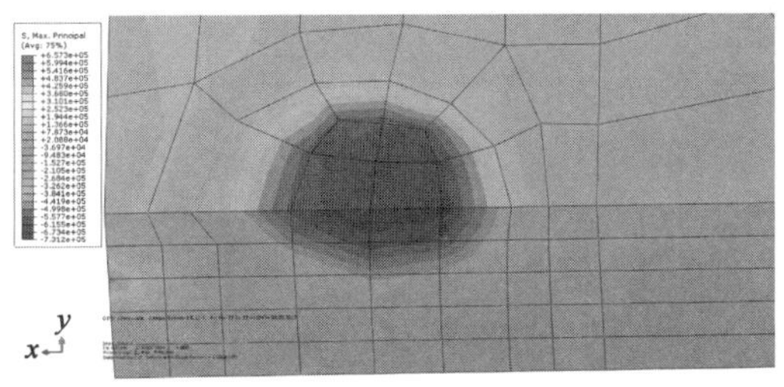

图4-110 模型12局部最大主应力放大云图

模型13,临界荷载区域的最大主应力最大值为0.830MPa,如图4-111、图4-112所示。

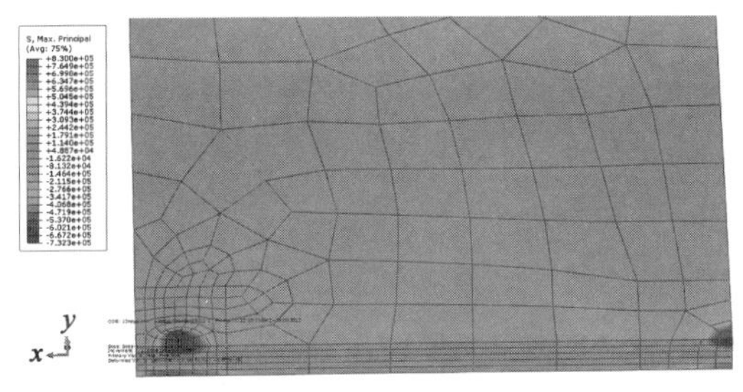

图4-111 模型13整体最大主应力云图

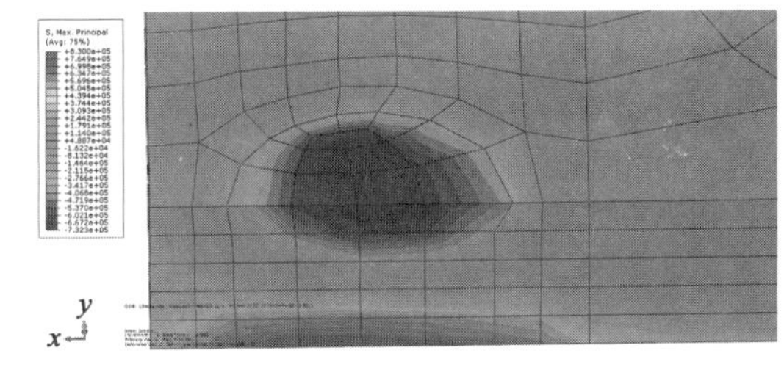

图4-112 模型13局部最大主应力放大云图

模型14,临界荷载区域的最大主应力最大值为0.171MPa,如图4-113、图4-114所示。

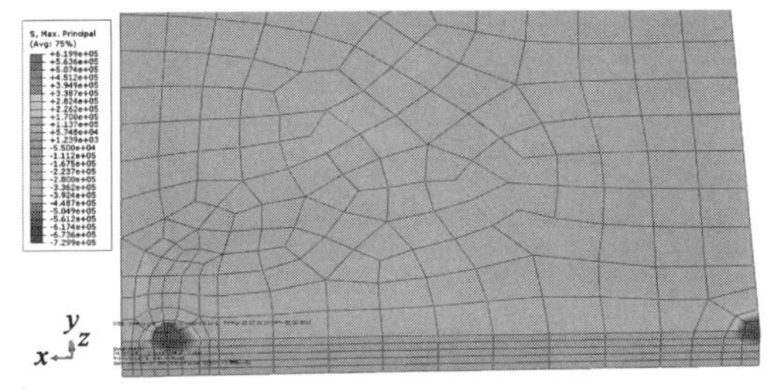

图4-113 模型14整体最大主应力云图

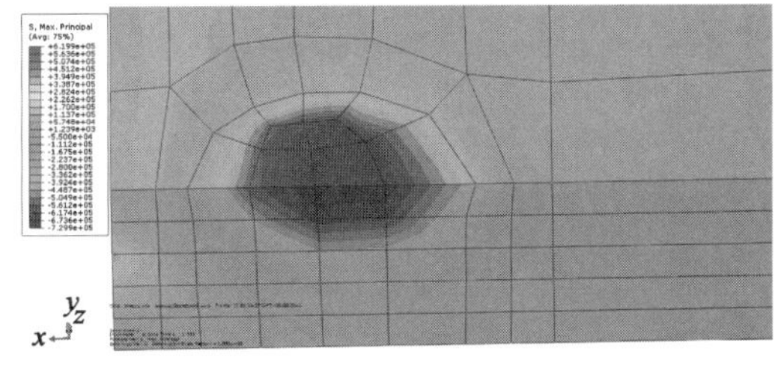

图4-114 模型14局部最大主应力放大云图

模型15,临界荷载区域的最大主应力最大值为 -0.894×10^{-2}MPa,如图4-115、图4-116所示。

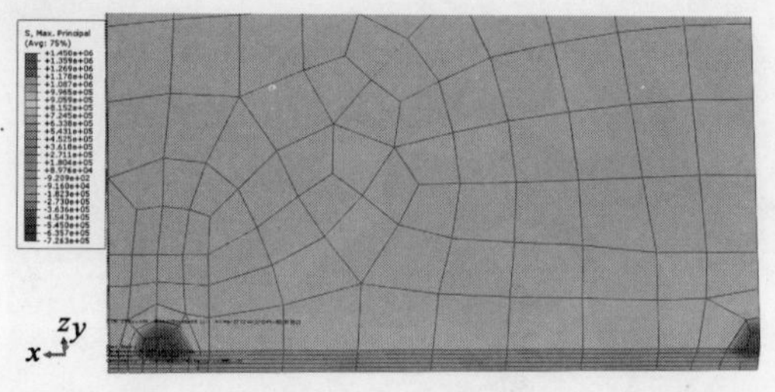

图 4-115　模型 15 整体最大主应力云图

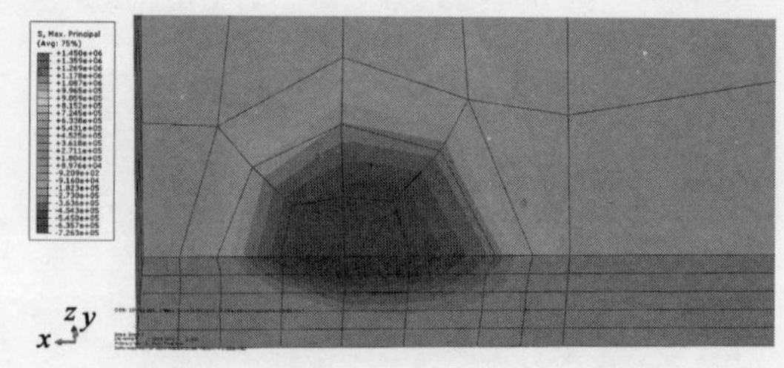

图 4-116　模型 15 局部最大主应力放大云图

模型 16，临界荷载区域的最大主应力最大值为 0.688MPa，如图 4-117、图 4-118 所示。

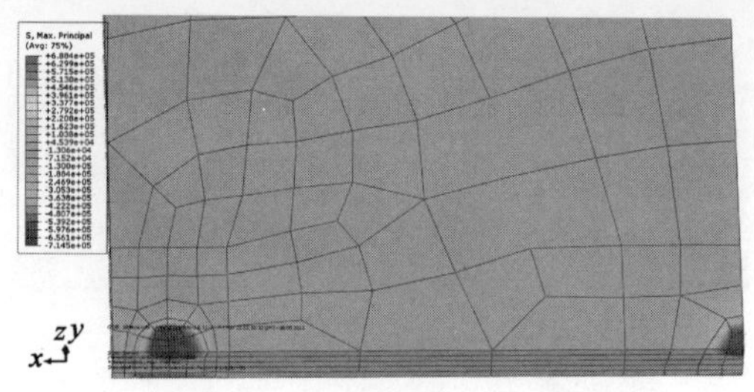

图 4-117　模型 16 整体最大主应力云图

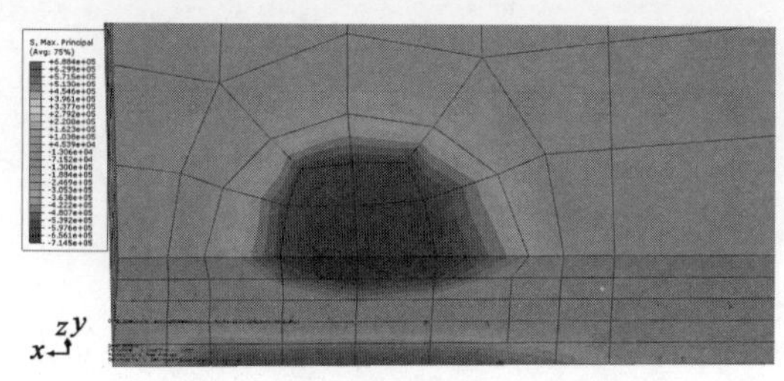

图 4-118　模型 16 局部最大主应力放大云图

模型 17，临界荷载区域的最大主应力最大值为 6.063×10^{-2}MPa，如图 4-119、图 4-120 所示。

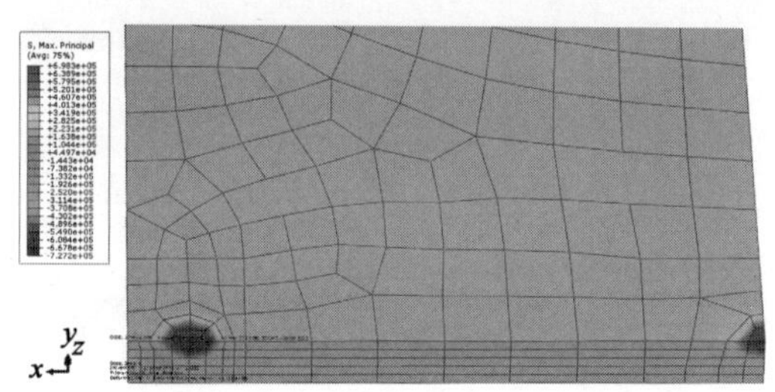

图 4-119　模型 17 整体最大主应力云图

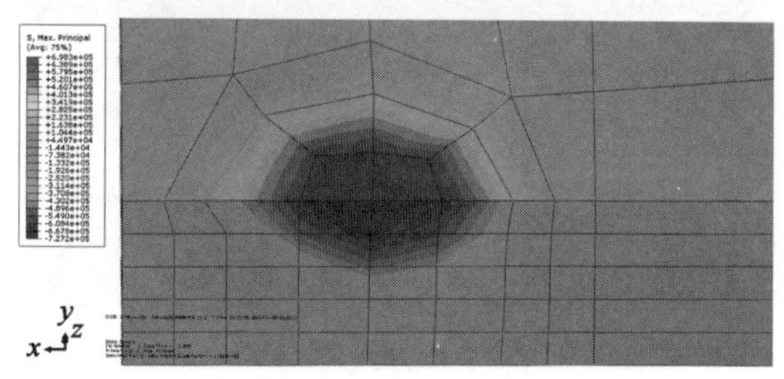

图 4-120　模型 17 局部最大主应力放大云图

模型 18，临界荷载区域的最大主应力最大值为 0.520MPa，如图 4-121、图 4-122 所示。

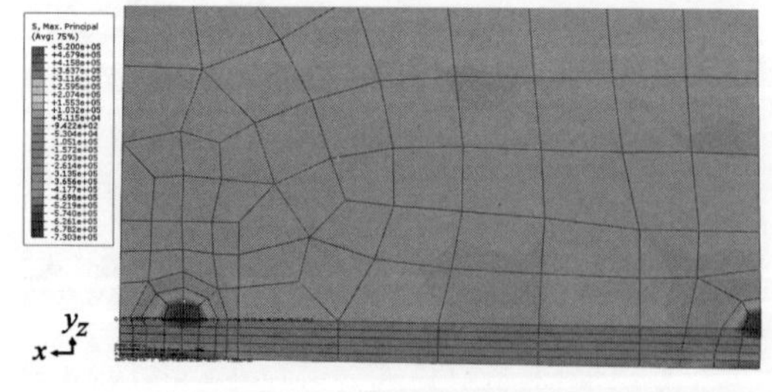

图 4-121　模型 18 整体最大主应力云图

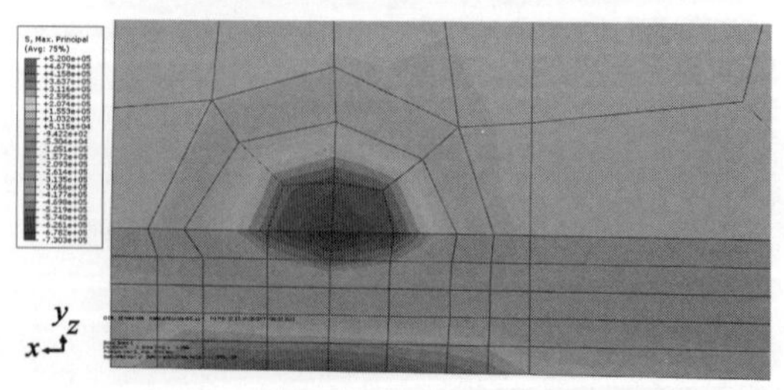

图 4-122　模型 18 局部最大主应力放大云图

模型 19，临界荷载区域的最大主应力最大值为 0.212MPa，如图 4-123、图 4-124 所示。

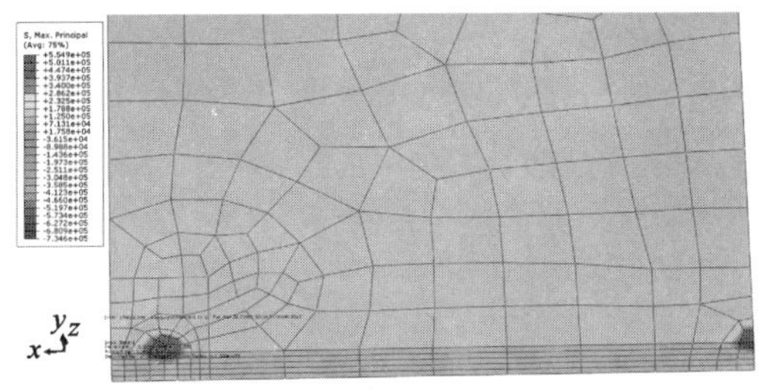

图 4-123　模型 19 整体最大主应力云图

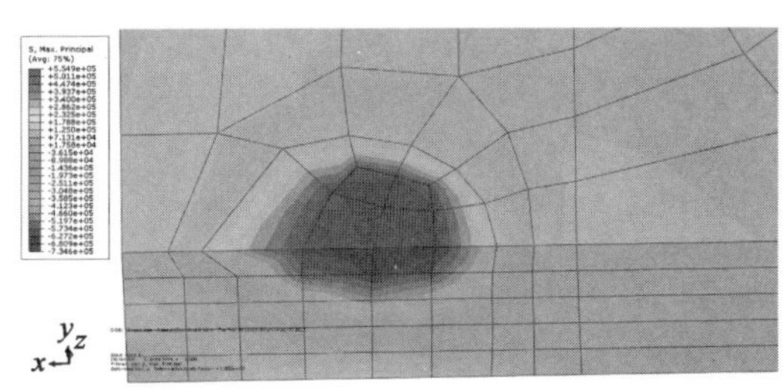

图 4-124　模型 19 局部最大主应力放大云图

模型 20,临界荷载区域的最大主应力最大值为 1.235×10^{-2} MPa,如图 4-125、图 4-126 所示。

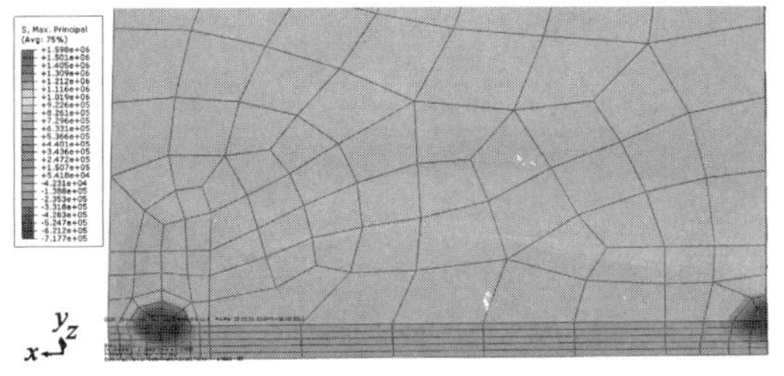

图 4-125　模型 20 整体最大主应力云图

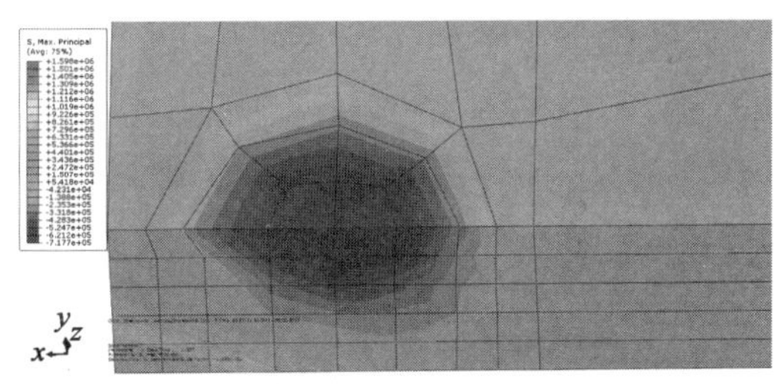

图 4-126　模型 20 局部最大主应力放大云图

模型 21,临界荷载区域的最大主应力最大值为 0.268MPa,如图 4-127、图 4-128 所示。

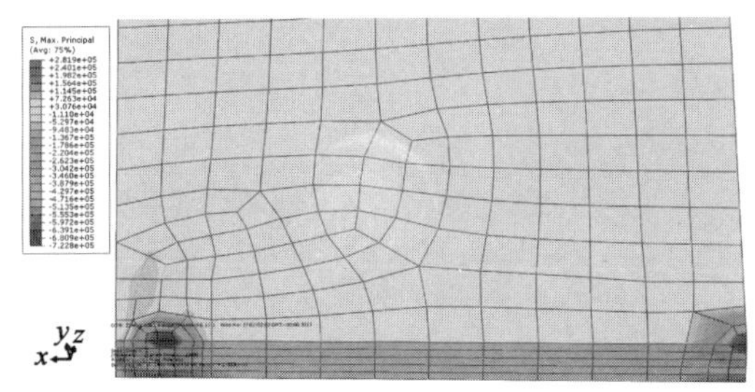

图 4-127　模型 21 整体最大主应力云图

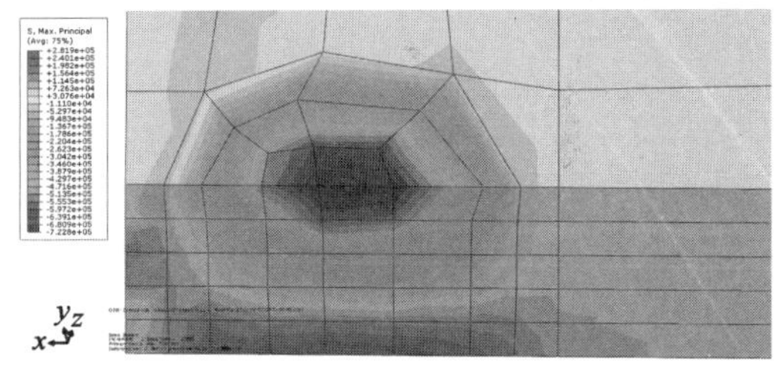

图 4-128　模型 21 局部最大主应力放大云图

模型 22,临界荷载区域的最大主应力最大值为 0.321MPa,如图 4-129、图 4-130 所示。

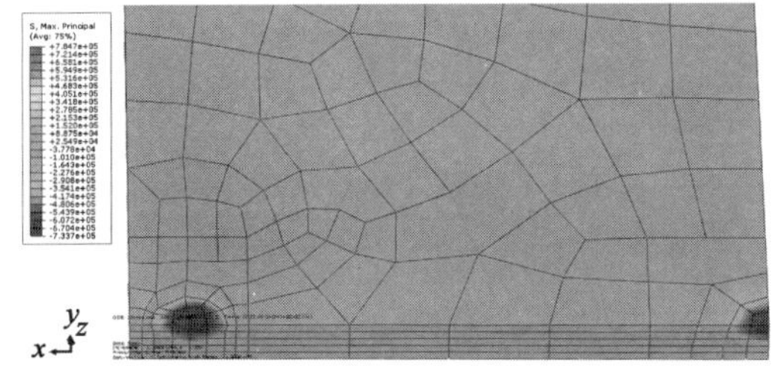

图 4-129　模型 22 整体最大主应力云图

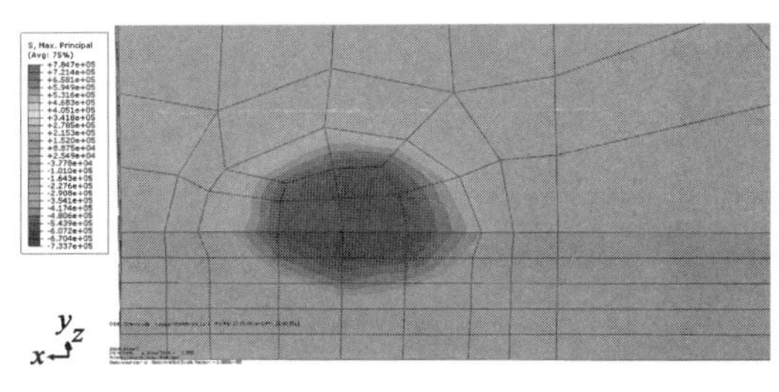

图 4-130　模型 22 局部最大主应力放大云图

模型23,临界荷载区域的最大主应力最大值为0.555MPa,如图4-131、图4-132所示。

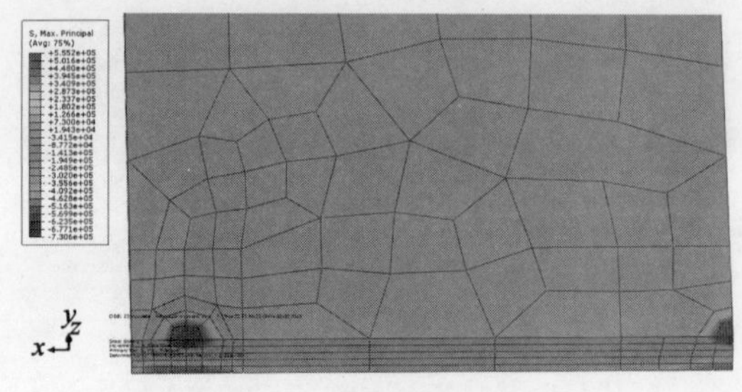

图4-131　模型23整体最大主应力云图

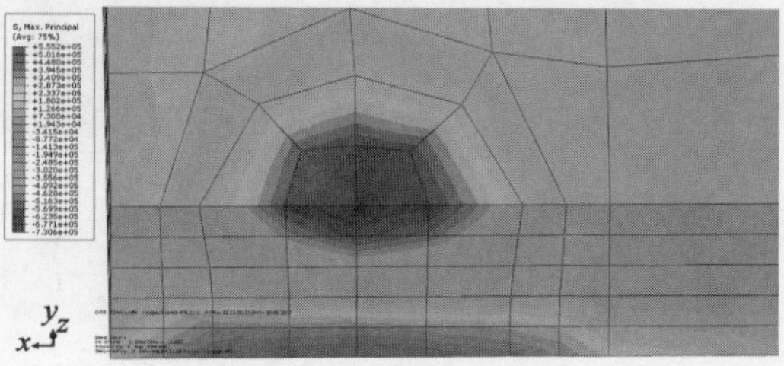

图4-132　模型23局部最大主应力放大云图

模型24,临界荷载区域的最大主应力最大值为0.035MPa,如图4-133、图4-134所示。

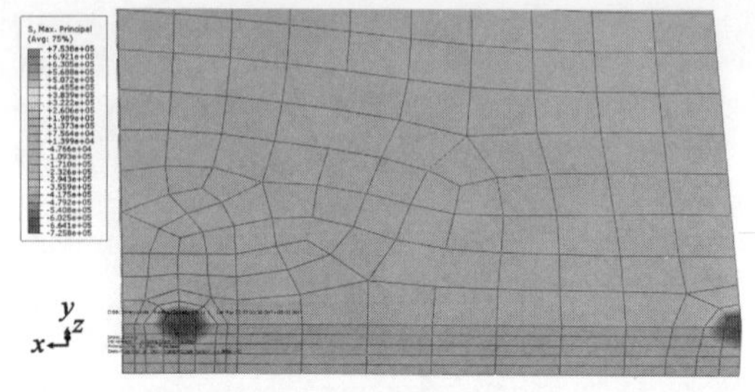

图4-133　模型24整体最大主应力云图

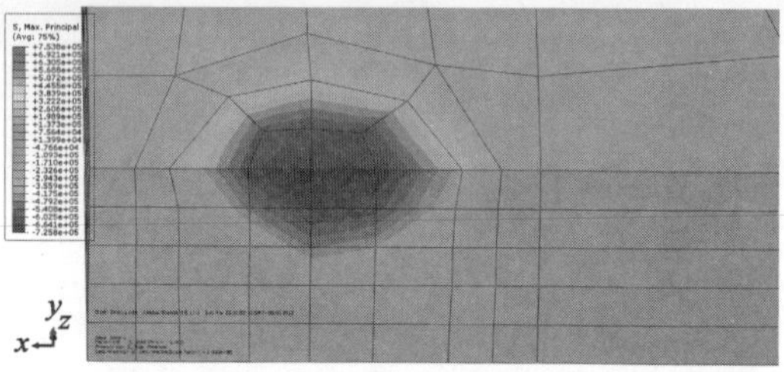

图4-134　模型24局部最大主应力放大云图

模型25,临界荷载区域的最大主应力最大值为0.9713MPa,如图4-135、图4-136所示。

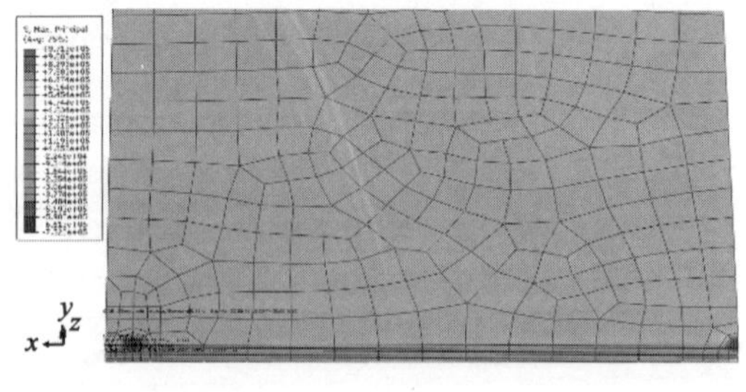

图4-135　模型25整体最大主应力云图

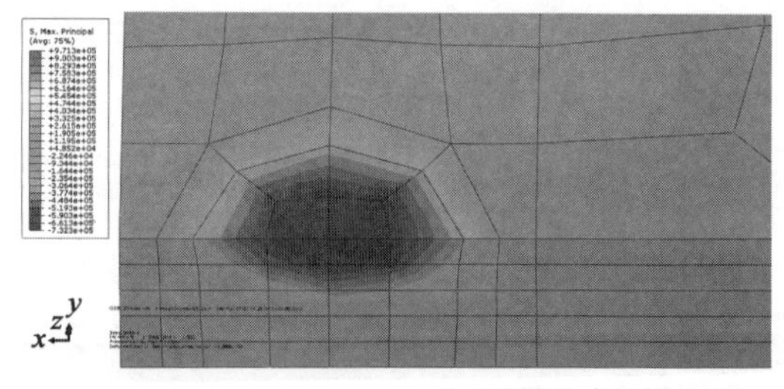

图4-136　模型25局部最大主应力放大云图

模型26,临界荷载区域的最大主应力最大值为0.433MPa,如图4-137、图4-138所示。

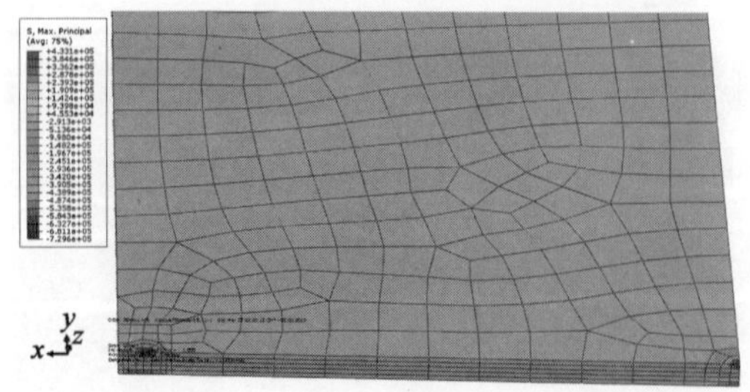

图4-137　模型26整体最大主应力云图

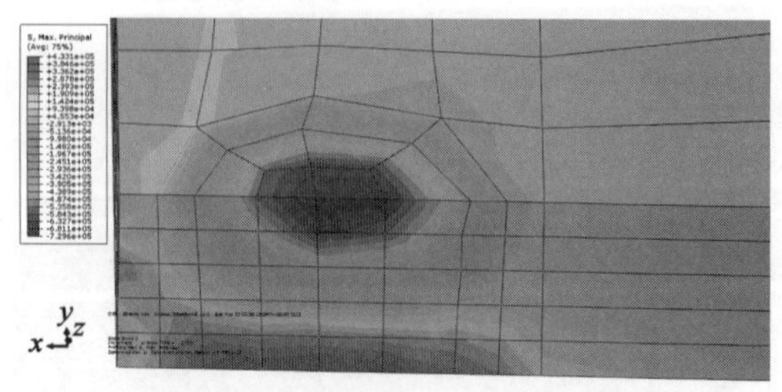

图4-138　模型26局部最大主应力放大云图

模型27,临界荷载区域的最大主应力最大值为 -0.259×10^{-2} MPa,如图4-139、图4-140所示。

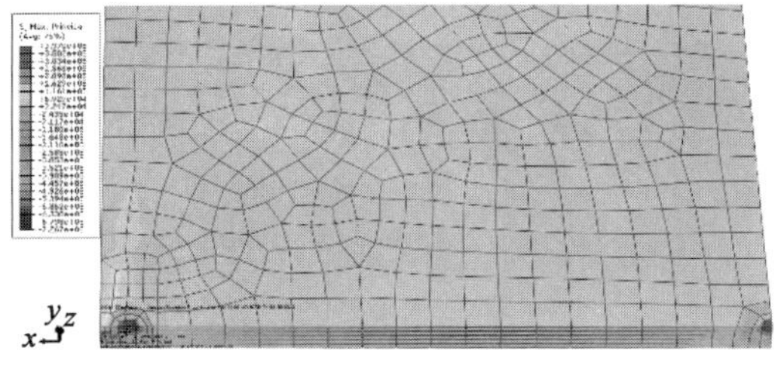

图4-139　模型27整体最大主应力云图

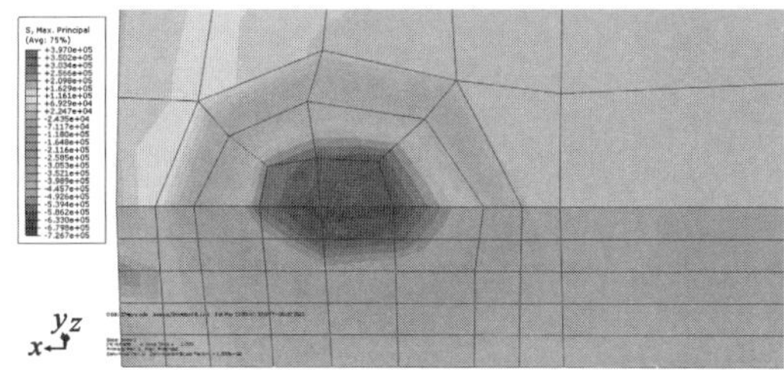

图4-140　模型27局部最大主应力放大云图

不同预应力混凝土路面模型的荷载应力计算结果汇总如表4-11所示。

计算结果汇总　　表4-11

模型号	预应力模型值(MPa)	加筋角度(°)	板宽(m)	板厚(cm)	板长(m)	混凝土弹性模量(MPa)	滑动层摩擦系数	最大主应力(MPa)
1	1.389	30	4.4	20	50	28000	0.3	0.731
2	2.921	30	4.4	23	100	30000	0.5	0.175
3	4.619	30	4.4	26	150	31500	0.8	-0.187×10^{-2}
4	2.321	30	11.56	20	50	30000	0.8	0.451
5	3.649	30	11.56	23	100	31500	0.3	4.887×10^{-2}
6	1.282	30	11.56	26	150	28000	0.5	0.478
7	2.609	30	6.5	20	50	31500	0.5	0.388
8	0.912	30	6.5	23	100	28000	0.8	0.687
9	1.928	30	6.5	26	150	30000	0.3	0.250
10	4.169	37	11.56	20	150	31500	0.3	0.200×10^{-2}
11	1.465	37	11.56	23	50	28000	0.5	0.290
12	3.081	37	11.56	26	100	30000	0.8	0.599×10^{-2}
13	1.164	37	6.5	20	150	28000	0.8	0.830
14	2.442	37	6.5	23	50	30000	0.3	0.171
15	3.834	37	6.5	26	100	31500	0.5	-0.894×10^{-2}
16	1.722	37	4.4	20	150	30000	0.5	0.688
17	2.719	37	4.4	23	50	31500	0.8	6.063×10^{-2}
18	0.955	37	4.4	26	100	28000	0.3	0.520
19	2.779	45	6.5	20	100	30000	0.3	0.212
20	4.386	45	6.5	23	150	31500	0.5	1.235×10^{-2}
21	1.540	45	6.5	26	50	28000	0.8	0.268
22	3.459	45	4.4	20	100	31500	0.8	0.321
23	1.218	45	4.4	23	150	28000	0.3	0.555
24	2.525	45	4.4	26	50	30000	0.5	0.035
25	0.861	45	11.56	20	100	28000	0.5	0.971
26	1.811	45	11.56	23	150	30000	0.8	0.433
27	2.856	45	11.56	26	50	31500	0.3	-0.259×10^{-2}

注:负号表示压应力。

由表 4-11 计算结果汇总表可知:

(1)施加预应力后,对超载荷载有明显的改善。

(2)所有 27 个模型的荷载应力都没有超过允许抗弯拉强度 4.0MPa。最大值为模型 25 的荷载应力 0.971MPa。

本章经过有限元法计算分析表明:施加斜向预应力可以有效提高路面水泥混凝土的抗折强度。斜向预应力混凝土路面抵御车辆超载能力强,在车辆荷载压强达到 1.5MPa 时,即车辆超过额定荷载 1 倍时,斜向预应力混凝土路面抗弯拉强度仍然满足要求。

第5章　斜向预应力混凝土路面温度应力影响分析

5.1　温度应力分类

水泥混凝土路面暴露在自然环境中,环境温度变化对其影响较大,当外部环境温度发生变化时,水泥混凝土路面会因温度变化产生较大的拉压应力。鉴于水泥混凝土抗拉强度低,抗拉伸应变小。因此环境温度降低时,不配置钢筋的普通水泥混凝土路面容易产生开裂。环境温度变化对水泥混凝土路面的影响作用一般为两类:一类是季节性温差在水泥混凝土路面板内产生的拉压应力。这类拉压应力在板内均匀分布,称为温度应力。另外一类是昼夜温度变化在水泥混凝土路面板内产生的应力,由于昼夜温度变化沿着水泥混凝土路面板厚度方向产生温度差,称为温度梯度。温度梯度引起的应力在水泥混凝土路面板内非均匀分布,称为温度翘曲应力,简称翘曲应力。翘曲应力使水泥混凝土路面板发生翘曲变形。白天气温升高时,板顶温度较其底面高,板顶膨胀变形较板底的大,则板中部拱起,即发生拱胀,如图5-1所示;相反,夜晚气温下降时,板顶温度较其底面低,板顶收缩变形较板底的大,则在板的边缘和角隅翘起,即发生板翘曲,示意图见图5-2。

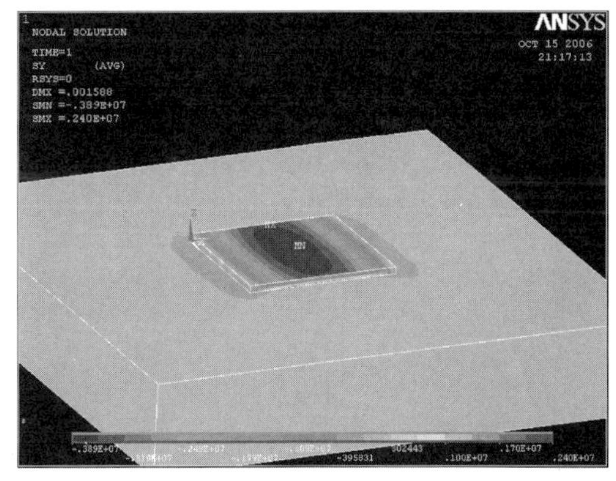

图5-1　拱胀变形示意图

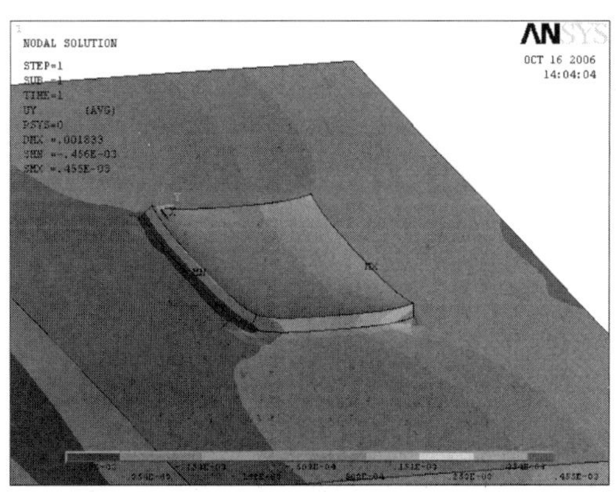

图5-2　板边和角隅翘曲示意图

5.2　斜向预应力混凝土路面翘曲应力影响分析

5.2.1　有限元分析模型的建立

1)几何模型

斜向预应力混凝土路面翘曲应力计算模型与荷载应力计算模型基本相同。由于无须计算荷载应力，所以计算模型只需去掉路面层车轮荷载施加区域即可。斜向预应力混凝土路面翘曲应力计算模型路面层与经过网格划分后的路面层如图 5-3、图 5-4 所示。

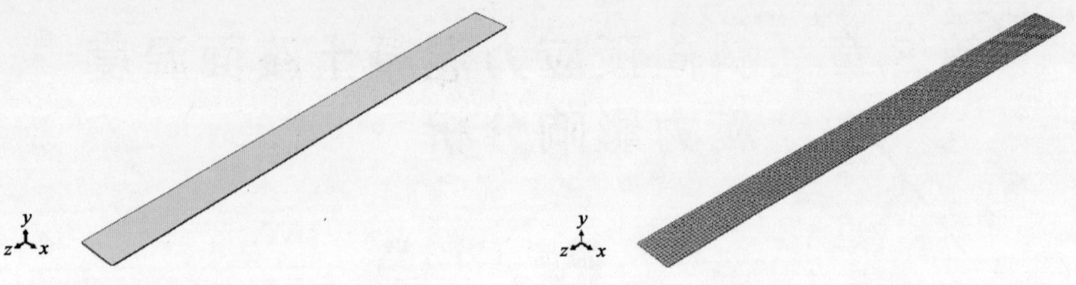

图 5-3　斜向预应力混凝土路面层几何模型图　　图 5-4　斜向预应力混凝土路面层网格划分图

2）温度梯度取值

利用全国 56 个气象观测站的资料，以 2% 频率推算了各观测点处的最大的温度梯度值，在此基础上以全国各自然区划分提出混凝土路面面层标准厚度（22cm）的最大温度梯度推荐值如表 5-1 所示。

最大温度梯度推荐值　　表 5-1

自然区划	Ⅱ、Ⅴ	Ⅲ	Ⅳ、Ⅵ	Ⅶ
T_g（℃/m）	83～88	90～95	86～92	93～98

对于厚度不是 22cm 的面层，可以利用热传导解析式推算不同面层厚度时的温度梯度值，将其同标准厚度的梯度值相比较后，得到不同面层的最大温度梯度修正系数如表 5-2 所示。

最大温度梯度修正系数　　表 5-2

面层厚度（cm）	16	18	20	22	24	26	28	30	32	34	36
修正系数	1.17	1.11	1.05	1.00	0.94	0.89	0.84	0.79	0.75	0.71	0.67

斜向预应力混凝土路面试验路段自然区划为Ⅲ区，其最大温度梯度按表 5-1 取值为 93℃/m，再参考表 5-2 根据试验模型路面板厚度修正其最大温度梯度值。根据要求计算后，加载温度梯度的模型如图 5-5 所示。

5.2.2　参数对翘曲应力影响结果

1）参数对温度翘曲应力影响分析方法

图 5-5　加载温度梯度后的模型图

由于混凝土抗压强度极限值是抗弯拉强度极限值的 7～10 倍，所以主要影响混凝土路面力学效应的参数应为最大主应力，即拉应力。因此，翘曲应力的分析主要考虑最大主应力对混凝土板的影响。

经过试算可知，斜向预应力混凝土路面温度翘曲应力的主应力最大值出现在混凝土板底位置。

为了研究第 3 章表 3-2 中各项参数对斜向预应力混凝土路面温度翘曲应力的影响情况，现采用同荷载应力相同的研究方法进行对比研究。

(1)板宽度对温度翘曲应力的影响

选取表 3-2 中模型 9 为基准模型(称为 H)，改变路面板的宽度建立新的对比模型(称为 H_1、H_2)。通过对比基准模型与对比模型，研究路面板宽度对温度翘曲应力的影响。

(2)板厚度对温度翘曲应力的影响

选取表 3-2 中模型 6 为基准模型(称为 I)，改变路面板的厚度建立新的对比模型(称为 I_1、I_2)。通过对比基准模型与对比模型，研究路面板厚度对温度翘曲应力的影响。

(3)板长度对温度翘曲应力的影响

选取表 3-2 中模型 23 为基准模型(称为 J)，改变路面板的长度建立新的对比模型(称为 J_1、J_2)。通过对比基准模型与对比模型，研究路面板长度对温度翘曲应力的影响。

(4)混凝土强度对温度翘曲应力的影响

选取表 3-2 中模型 18 为基准模型(称为 K)，改变路面板混凝土强度建立新的对比模型(称为 K_1、K_2)。通过对比基准模型与对比模型，研究路面板混凝土强度对温度翘曲应力的影响。

(5)滑动层摩擦系数对温度翘曲应力的影响。

选取表 3-2 中模型 13 为基准模型(称为 L)，改变路面板滑动层摩擦系数建立新的对比模型(称为 L_1、L_2)。通过对比基准模型与对比模型，研究路面板滑动层摩擦系数对温度翘曲应力的影响。

(6)预应力筋角度对温度翘曲应力的影响

选取表 3-2 中模型 8 为基准模型(称为 M)，改变路面板加筋角度建立新的对比模型(称为 M_1、M_2)。通过对比基准模型与对比模型，研究路面板加筋角度对温度翘曲应力的影响。

(7)预应力值对温度翘曲应力的影响

选取表 3-2 中模型 12 为基准模型(称为 N)，改变路面板预应力值建立新的对比模型(称为 N_1、N_2)。通过对比基准模型与对比模型，研究路面板预应力值对温度翘曲应力的影响。

2)影响结果分析

(1)板宽度对温度翘曲应力的影响计算结果

模型 H 温度翘曲应力的最大主应力最大值为 2.301MPa，如图 5-6、图 5-7 所示。

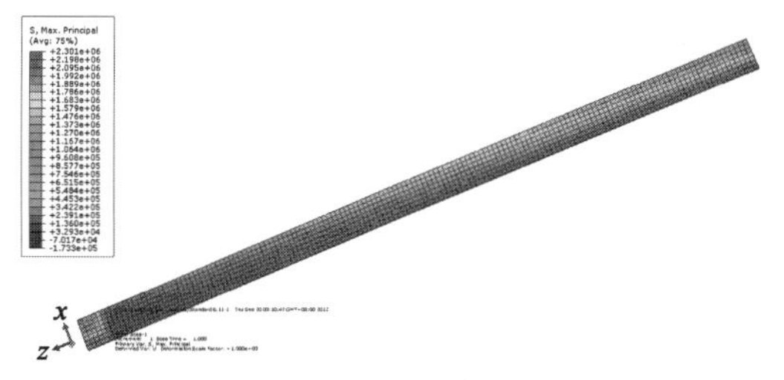

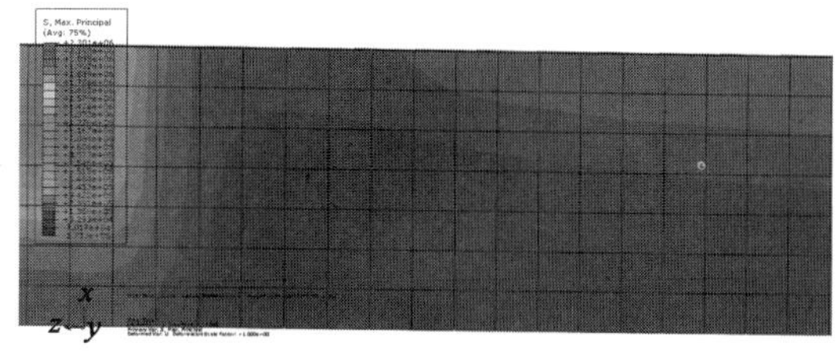

图 5-6　模型 H 整体最大主应力云图

图 5-7　模型 H 局部最大主应力放大云图

模型 H_1 温度翘曲应力的最大主应力最大值为 2.184MPa，如图 5-8、图 5-9 所示。

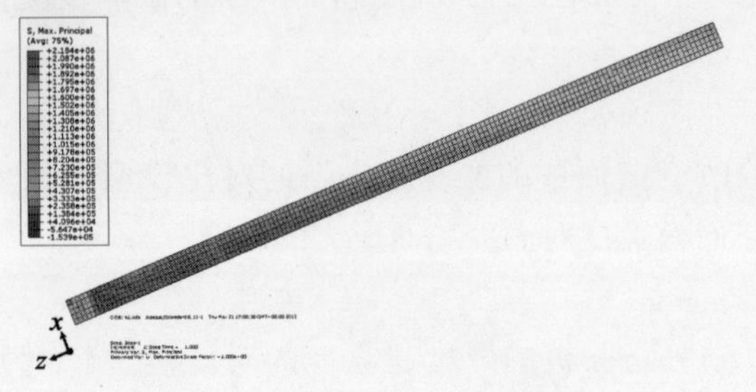
图 5-8　模型 H_1 整体最大主应力云图

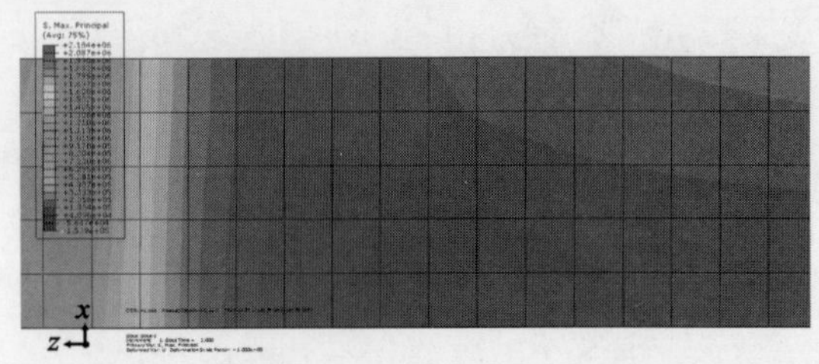
图 5-9　模型 H_1 局部最大主应力放大云图

模型 H_2 温度翘曲应力的最大主应力最大值为 2.927MPa，如图 5-10、图 5-11 所示。

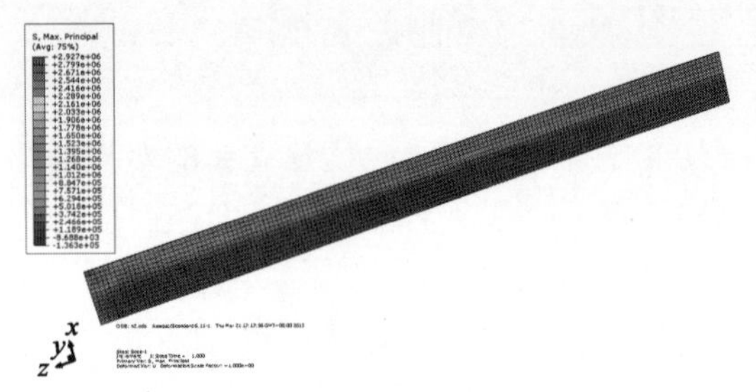
图 5-10　模型 H_2 整体最大主应力云图

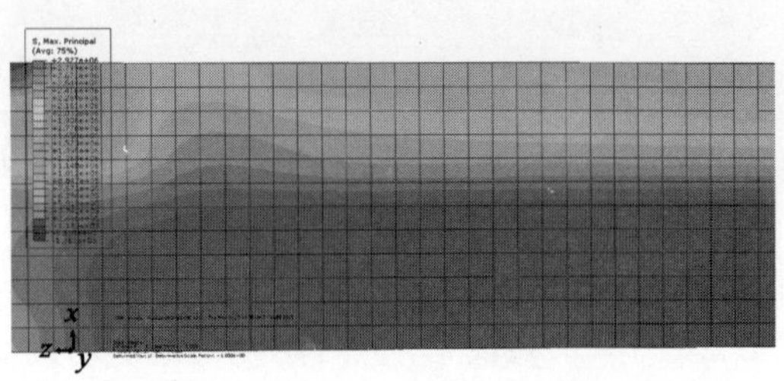
图 5-11　模型 H_2 局部最大主应力放大云图

整理上述计算结果图可以得出表 5-3，绘制结果图如图 5-12 所示。

板宽度影响计算结果　　表 5-3

模型	H	H_1	H_2
宽度（m）	5.5	5.4	11.56
最大主应力（MPa）	2.301	2.184	2.927

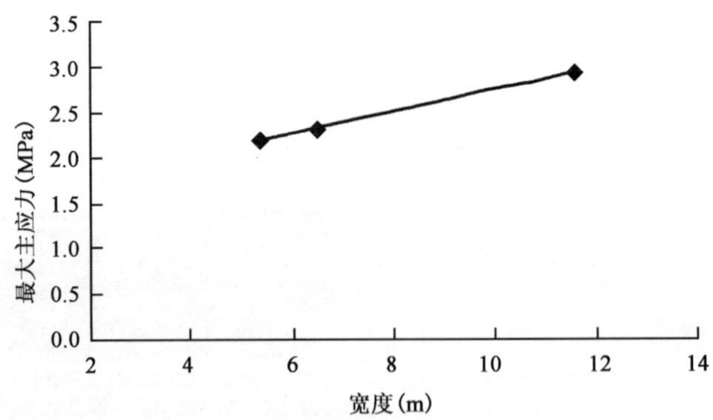

图 5-12　板宽度影响计算结果图

（2）板厚度对温度翘曲应力的影响计算结果

模型 I 温度翘曲应力的最大主应力最大值为 2.827MPa，如图 5-13、图 5-14 所示。

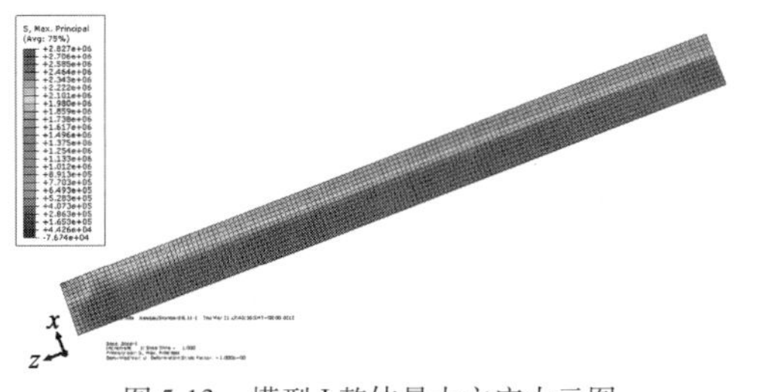

图 5-13　模型 I 整体最大主应力云图

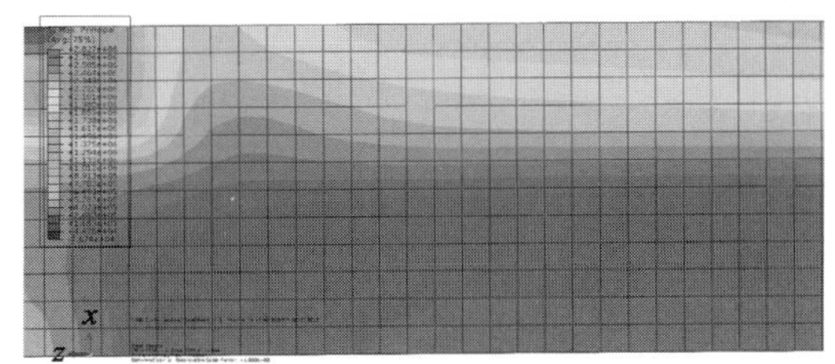

图 5-14　模型 I 局部最大主应力放大云图

模型 I_1 温度翘曲应力的最大主应力最大值为 2.721MPa,如图 5-15、图 5-16 所示。

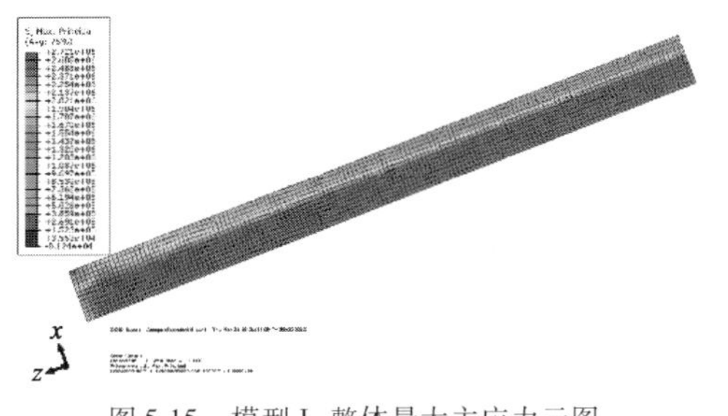

图 5-15　模型 I_1 整体最大主应力云图

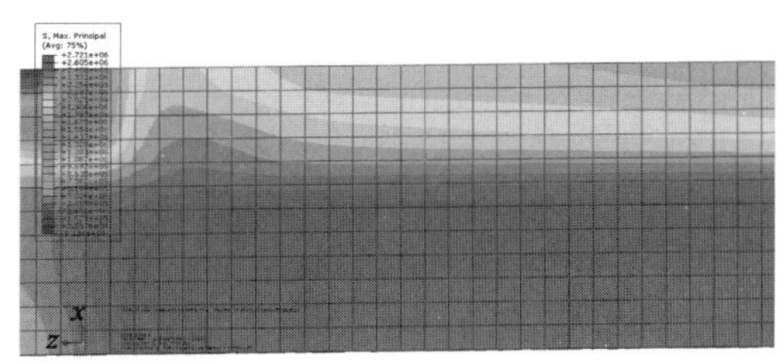

图 5-16　模型 I_1 局部最大主应力放大云图

模型 I_1 温度翘曲应力的最大主应力最大值为 2.507MPa,如图 5-17、图 5-18 所示。

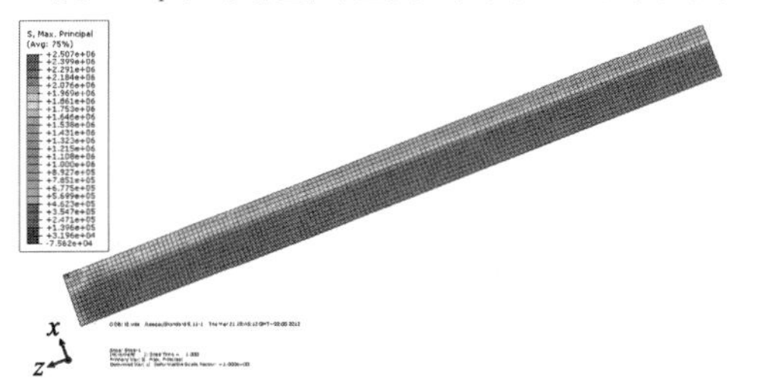

图 5-17　模型 I_2 整体最大主应力云图

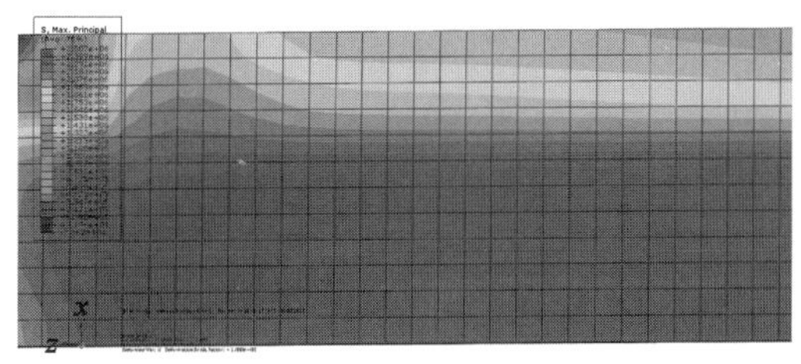

图 5-18　模型 I_2 局部最大主应力放大云图

整理上述计算结果图可以得出表 5-4,绘制结果图如图 5-19 所示。

板厚度影响计算结果　　表 5-4

模型	I	I_1	I_2
厚度(m)	0.26	0.23	0.20
最大主应力(MPa)	2.827	2.721	2.507

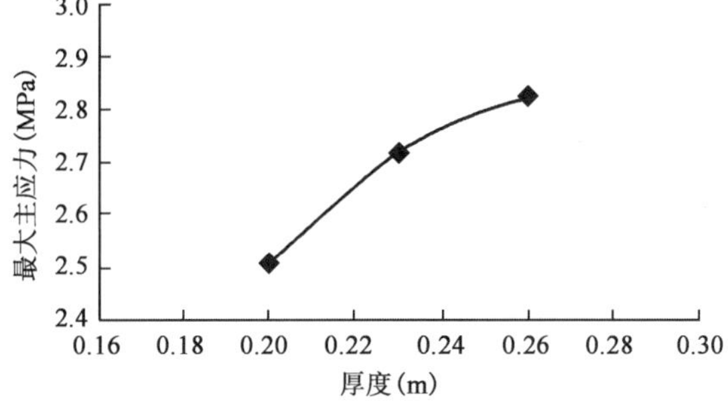

图 5-19　板厚度影响计算结果图

(3)板长度对温度翘曲应力的影响计算结果

模型 J 温度翘曲应力的最大主应力最大值为 2.326MPa,如图 5-20、图 5-21 所示。

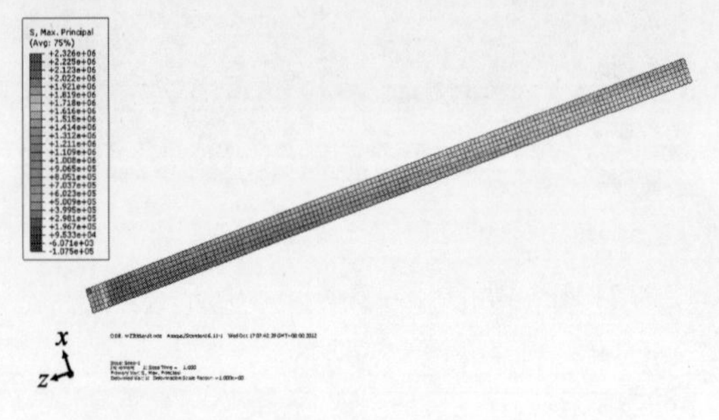

图 5-20　模型 J 整体最大主应力云图

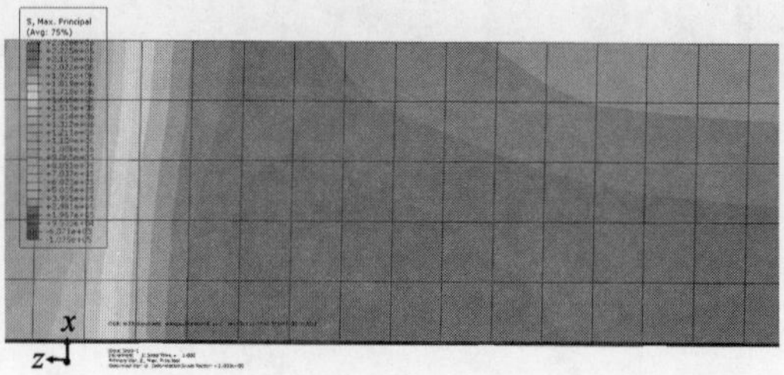

图 5-21　模型 J 局部最大主应力放大云图

模型 J_1 温度翘曲应力的最大主应力最大值为 2.279MPa,如图 5-22、图 5-23 所示。

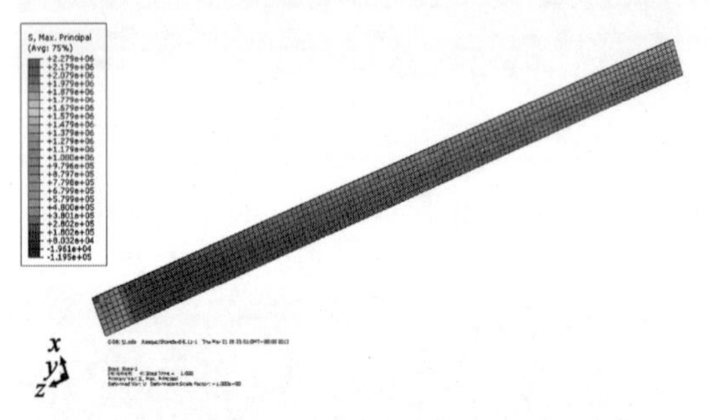

图 5-22　模型 J_1 整体最大主应力云图

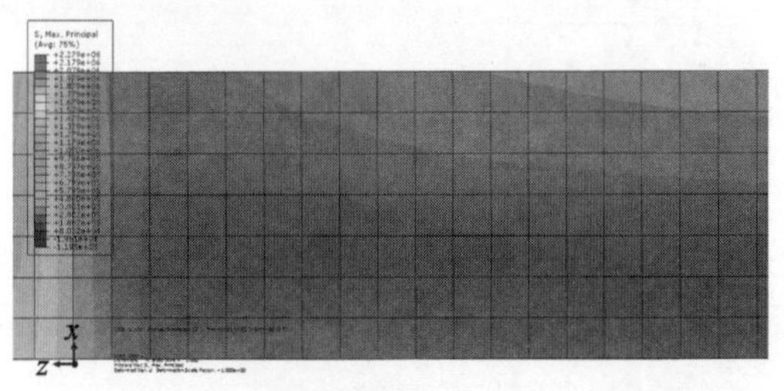

图 5-23　模型 J_1 局部最大主应力放大云图

模型 J_2 温度翘曲应力的最大主应力最大值为 2.253MPa,如图 5-24、图 5-25 所示。

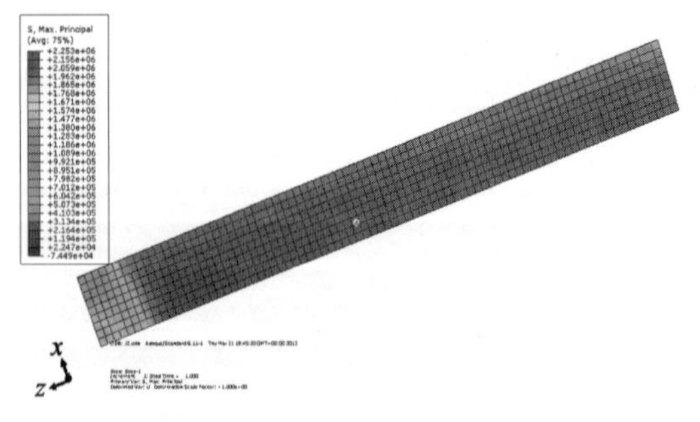

图 5-24　模型 J_2 整体最大主应力云图

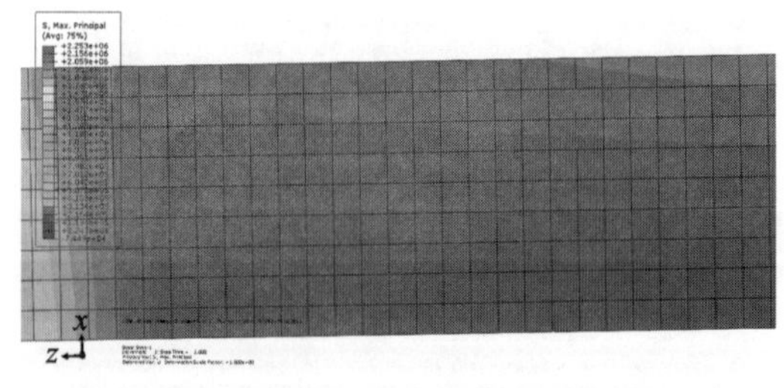

图 5-25　模型 J_2 局部最大主应力放大云图

整理上述计算结果图可以得出表 5-5,绘制结果图如图 5-26 所示。

板长度影响计算结果　　表 5-5

模型	J	J_1	J_2
长度(m)	150	100	50
最小主应力(MPa)	2.326	2.279	2.253

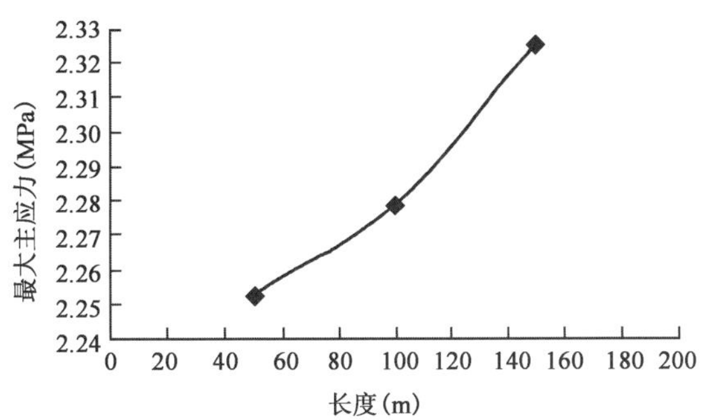

图5-26　板长度影响计算结果图

(4)混凝土弹性模量对温度翘曲应力的影响计算结果

模型K翘曲应力的最大主应力最大值为2.358MPa,如图5-27、图5-28所示。

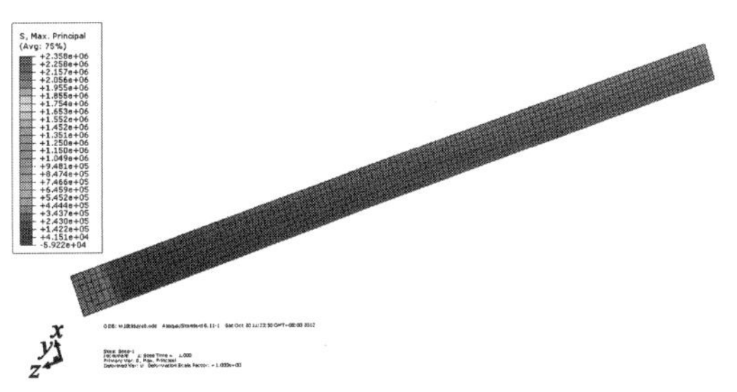

图5-27　模型K整体最大主应力云图

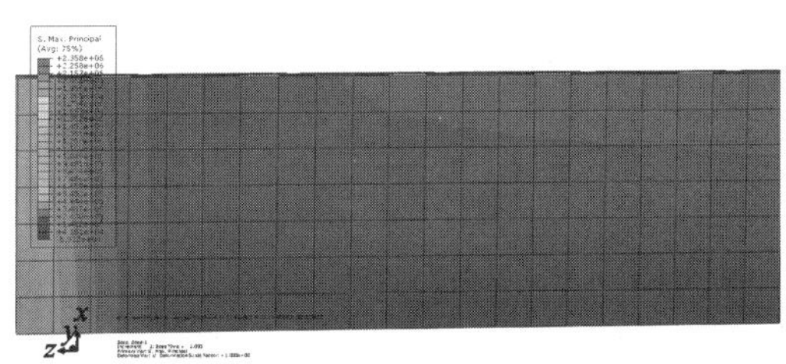

图5-28　模型K局部最大主应力放大云图

模型K_1温度翘曲应力的最大主应力最大值为2.535MPa,如图5-29、图5-30所示。

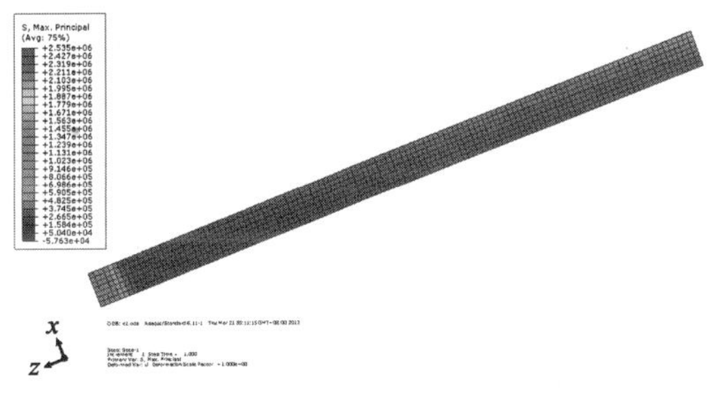

图5-29　模型K_1整体最大主应力云图

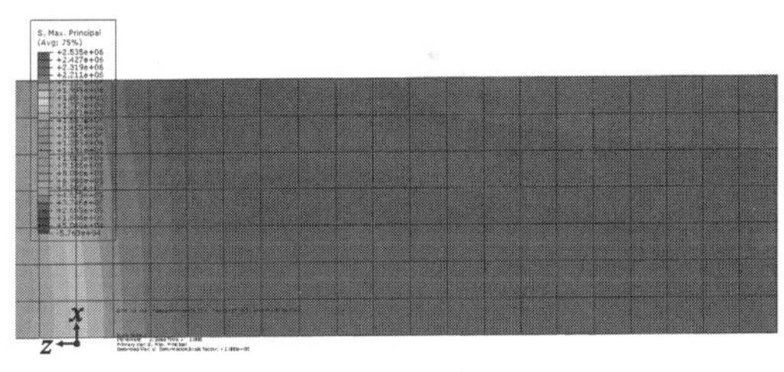

图5-30　模型K_1局部最大主应力放大云图

模型K_2温度翘曲应力的最大主应力最大值为2.668MPa,如图5-31、图5-32所示。

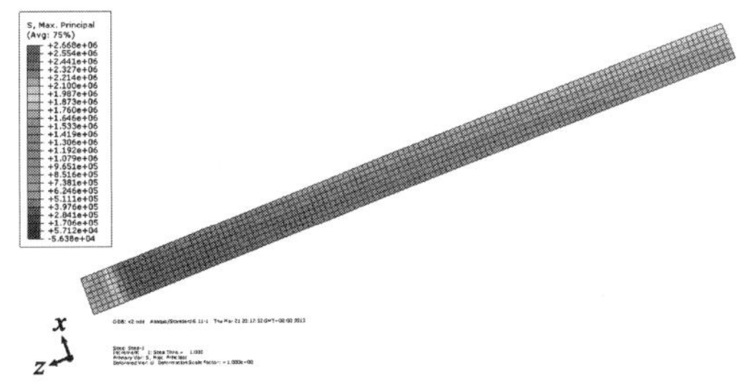

图5-31　模型K_2整体最大主应力云图

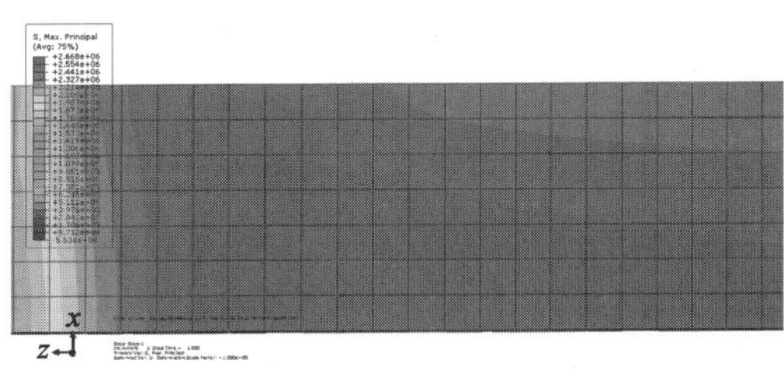

图5-32　模型K_2局部最大主应力放大云图

整理上述计算结果图可以得出表5-6,绘制结果图如图5-33所示。

板弹性模量影响计算结果 表5-6

模型	K	K_1	K_2
弹性模量(MPa)	28000	30000	31500
最小主应力(MPa)	2.358	2.535	2.668

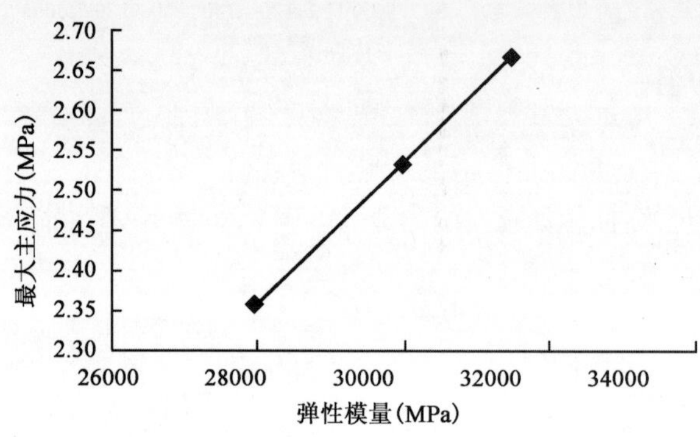

图5-33 板弹性模量影响计算结果图

(5)滑动层摩擦系数对温度翘曲应力的影响计算结果

模型L温度翘曲应力的最大主应力最大值为2.641MPa,如图5-34、图5-35所示。

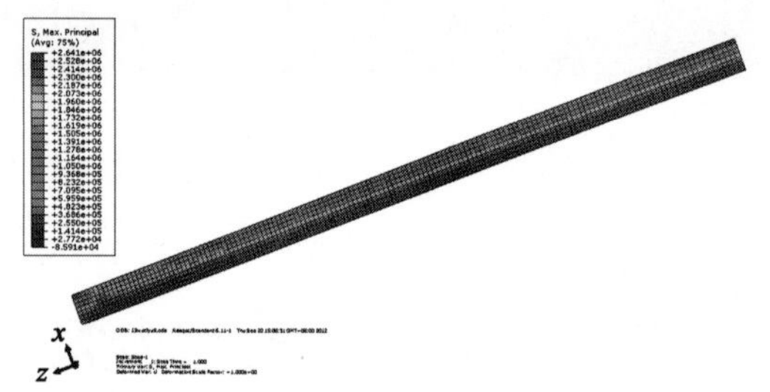

图5-34 模型L整体最大主应力云图

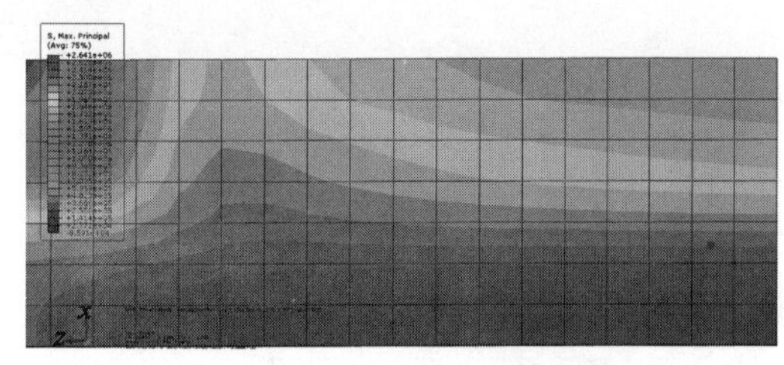

图5-35 模型L局部最大主应力放大云图

模型L_1温度翘曲应力的最大主应力最大值为2.642MPa,如图5-36、图5-37所示。

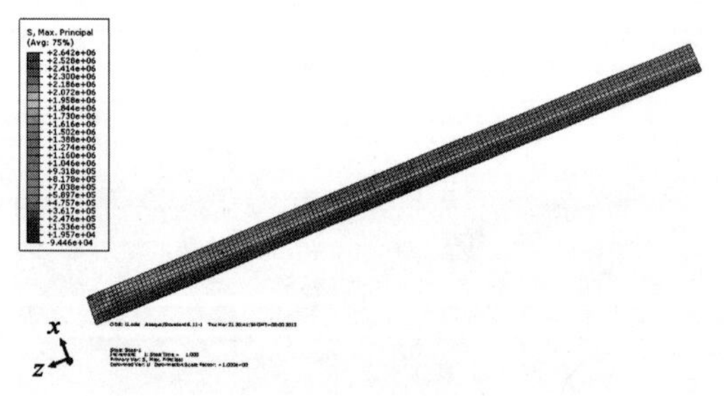

图5-36 模型L_1整体最大主应力云图

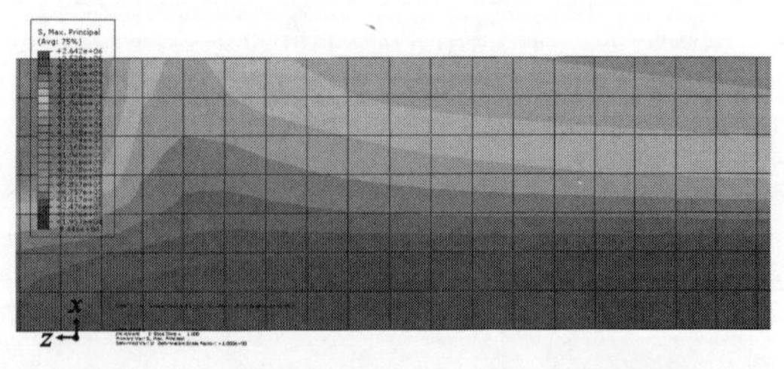

图5-37 模型L_1局部最大主应力放大云图

模型L_2温度翘曲应力的最大主应力最大值为2.643MPa,如图5-38、图5-39所示。

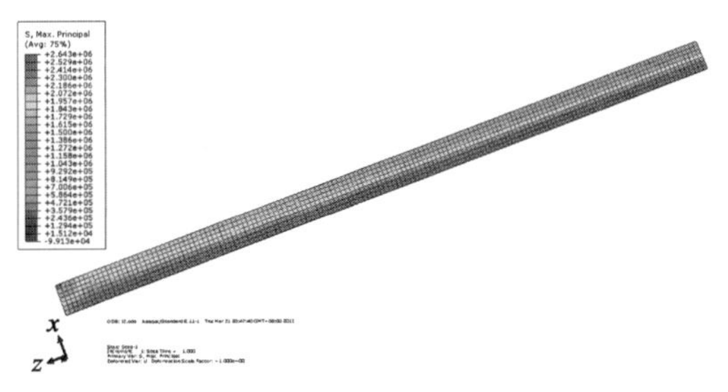

图 5-38 模型 L_2 整体最大主应力云图

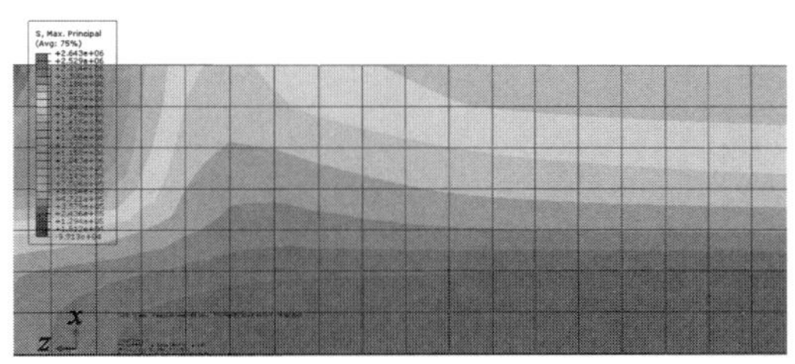

图 5-39 模型 L_2 局部最大主应力放大云图

整理上述计算结果图可以得出表 5-7，绘制结果图如图 5-40 所示。

板底摩阻系数影响计算结果 表 5-7

模型	L	L_1	L_2
摩阻系数	0.8	0.5	0.3
最小主应力（MPa）	2.641	2.642	2.643

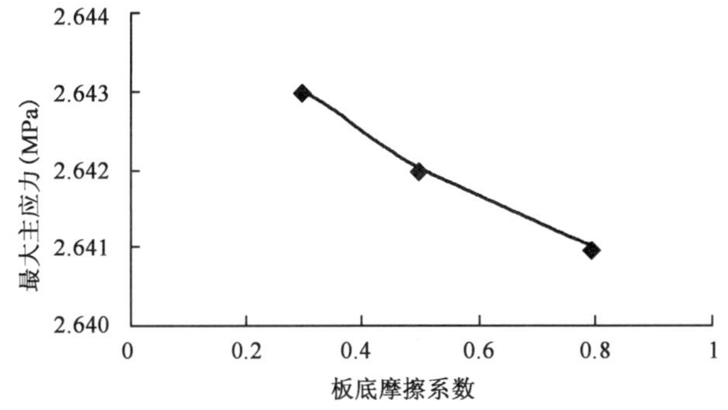

图 5-40 板底摩阻系数影响计算结果图

（6）预应力筋角度对温度翘曲应力的影响计算结果

模型 M 温度翘曲应力的最大主应力最大值为 2.613MPa，如图 5-41、图 5-42 所示。

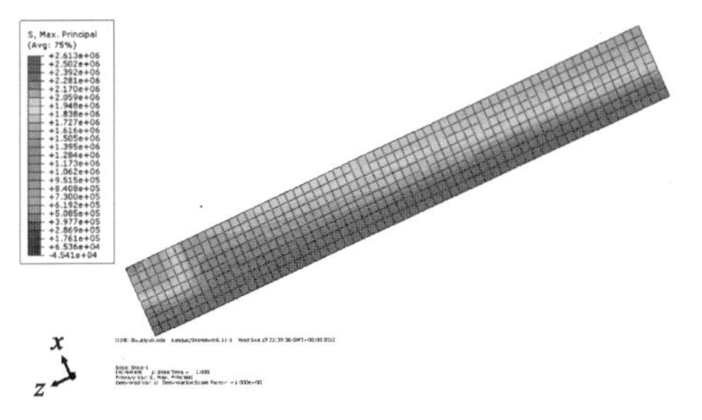

图 5-41 模型 M 整体最大主应力云图

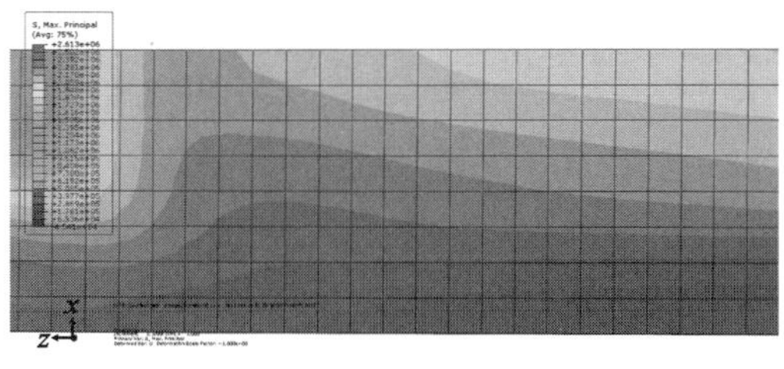

图 5-42 模型 M 局部最大主应力放大云图

模型 M_1 温度翘曲应力的最大主应力最大值为 2.576MPa，如图 5-43、图 5-44 所示。

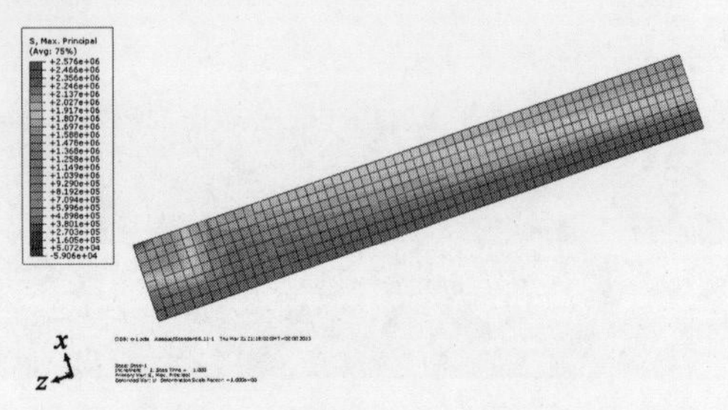

图 5-43　模型 M_1 整体最大主应力云图

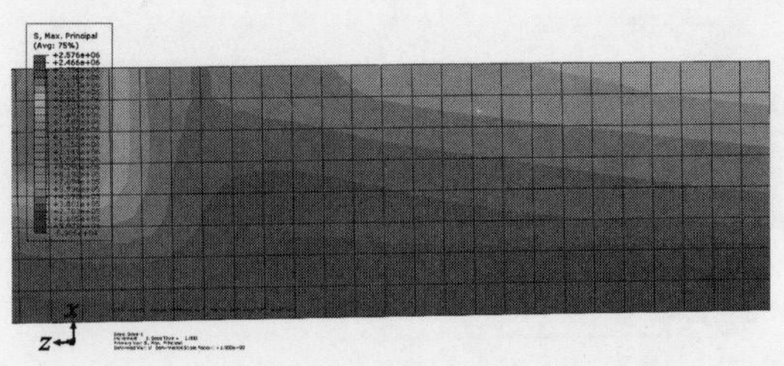

图 5-44　模型 M_1 局部最大主应力放大云图

模型 M_2 温度翘曲应力的最大主应力最大值为 2.535MPa，如图 5-45、图 5-46 所示。

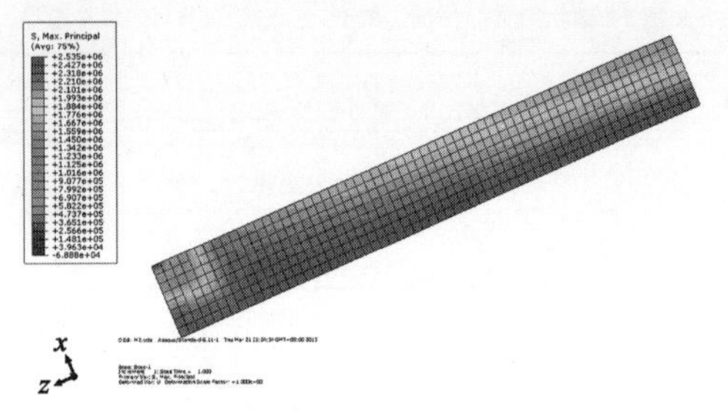

图 5-45　模型 M_2 整体最大主应力云图

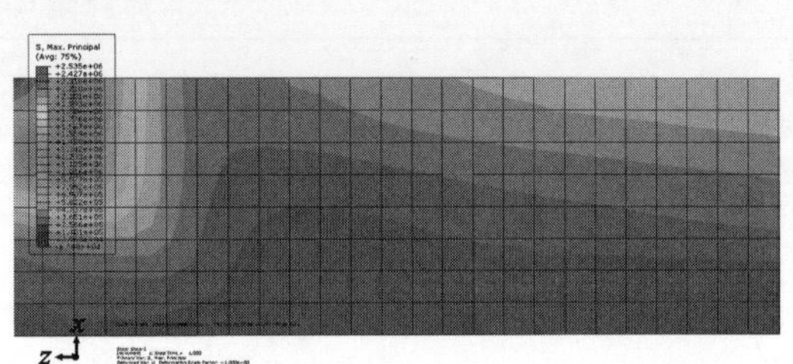

图 5-46　模型 M_2 局部最大主应力放大云图

整理上述计算结果图可以得出表 5-8，绘制结果图如图 5-47 所示。

预应力筋角度影响计算结果　　表 5-8

模型	M	M_1	M_2
加筋角度(°)	30	37	45
最小主应力(MPa)	2.613	2.576	2.535

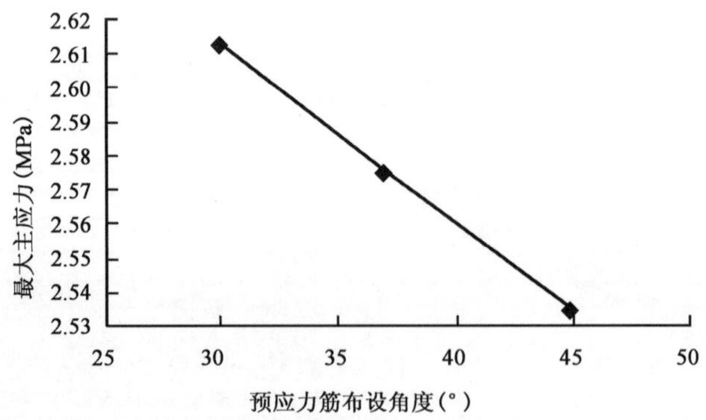

图 5-47　预应力筋角度影响计算结果图

(7)预应力值对温度翘曲应力的影响计算结果

模型 N 温度翘曲应力的最大主应力最大值为 2.583MPa，如图 5-48、图 5-49 所示。

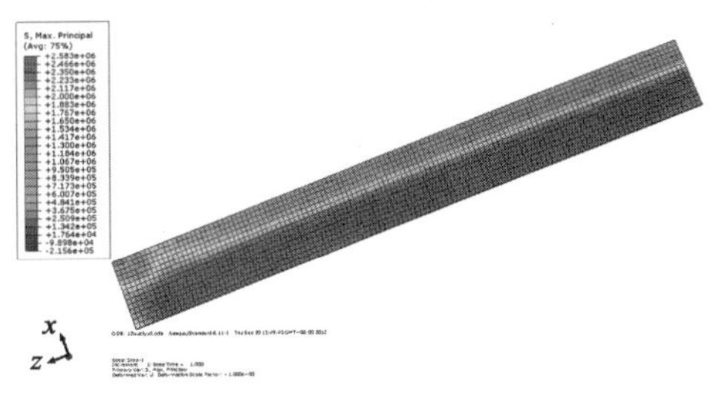

图 5-48　模型 N 整体最大主应力云图

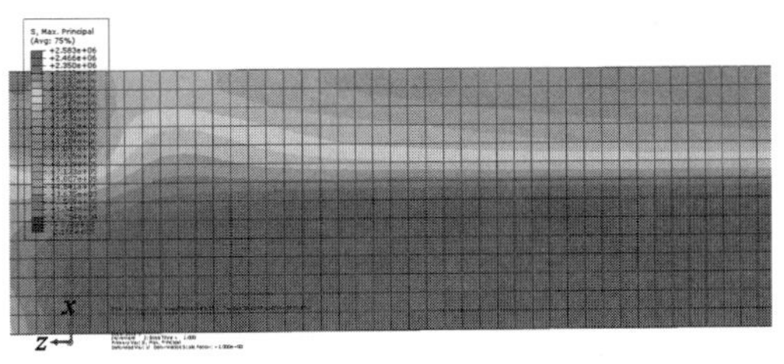

图 5-49　模型 N 局部最大主应力放大云图

模型 N_1 温度翘曲应力的最大主应力最大值为 2.958MPa，如图 5-50、图 5-51 所示。

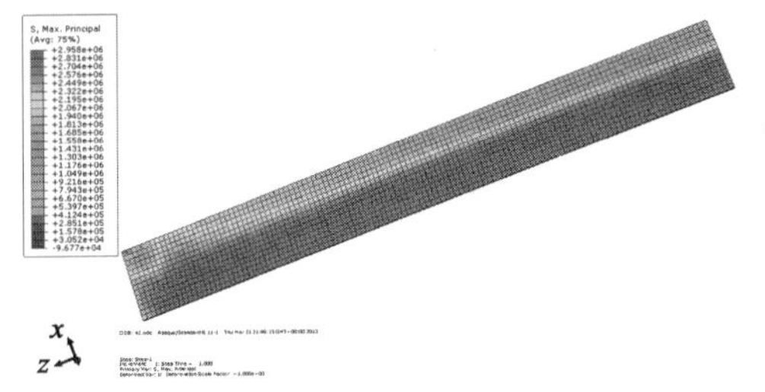

图 5-50　模型 N_1 整体最大主应力云图

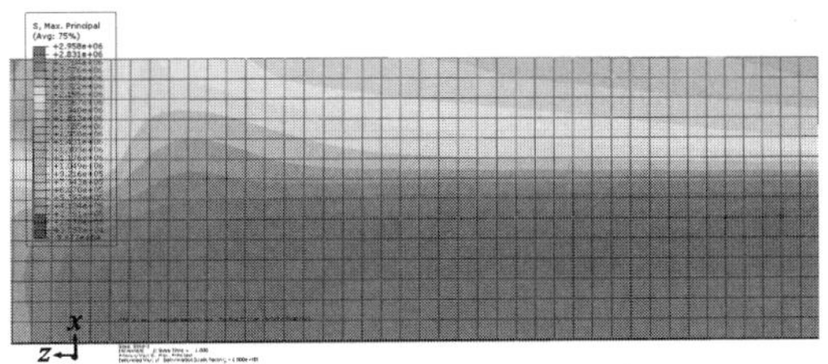

图 5-51　模型 N_1 局部最大主应力放大云图

模型 N_2 温度翘曲应力的最大主应力最大值为 3.337MPa，如图 5-52、图 5-53 所示。

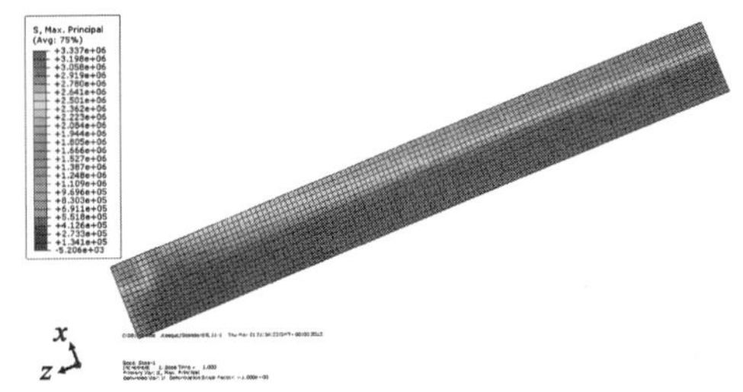

图 5-52　模型 N_2 整体最大主应力云图

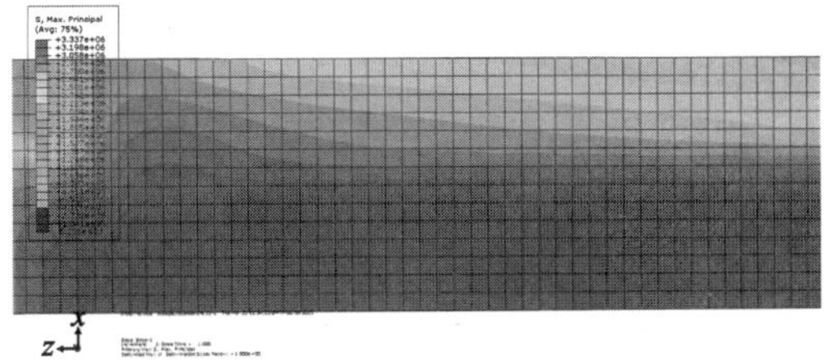

图 5-53　模型 N_2 局部最大主应力放大云图

整理上述计算结果图可以得出表 5-9，绘制结果图如图 5-54 所示。

预应力值影响计算结果　　表 5-9

模型	N	N_1	N_2
预应力模型值（MPa）	4.92	2.46	0
最小主应力（MPa）	2.583	2.958	3.337

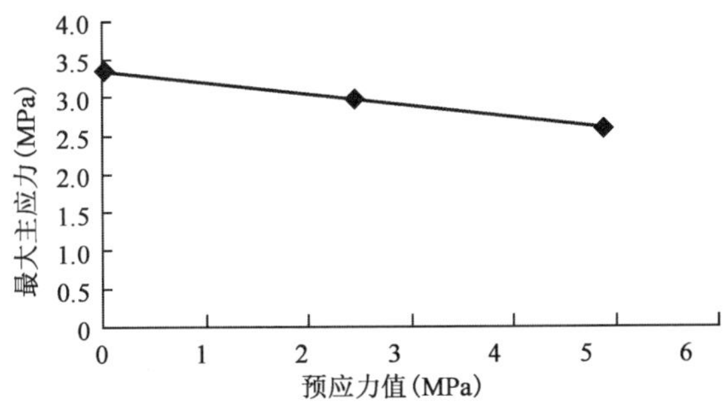

图 5-54　预应力值影响计算结果图

归纳以上结果得出：

(1)最大温度翘曲应力随着斜向预应力混凝土板宽度的增加而快速增大。宽度从5.4~11.56m变化时,其对最大温度翘曲应力影响很大。

(2)最大温度翘曲应力随着斜向预应力混凝土板厚度的增加而增大。其厚度变化在0.20~0.26m之间引起的最大温度翘曲应力变化比较大。

(3)最大温度翘曲应力随着斜向预应力混凝土板长度的增加而缓慢增大。长度在50~150m变化时,其对最大温度翘曲应力影响较小。

(4)最大温度翘曲应力随着斜向预应力混凝土板弹性模量的增大而缓慢增大。弹性模量在28000~31500MPa之间变化时,其对最大温度翘曲应力影响比较小。

(5)最大温度翘曲应力随着斜向预应力混凝土板滑动层摩擦系数的增大而缓慢减小。滑动层摩擦系数在0.3~0.8之间变化时,其对最大温度翘曲应力影响非常小。

(6)最大温度翘曲应力随着斜向预应力混凝土板预应力筋角度的增大而缓慢减小。预应力筋角度在30°~45°之间变化时,其对最大温度翘曲应力影响很小。

(7)最大温度翘曲应力随着斜向预应力混凝土板预应力值的增大而大幅度减小。应力值在0~4.92MPa之间变化时,最大温度翘曲应力变化较为均匀,且变化非常大。

(8)各项参数中对最大温度翘曲应力影响最大的顺序是:预应力值、板宽、混凝土板厚、混凝土板弹性模量,其他参数对最大温度翘曲应力影响非常小。

5.3 斜向预应力混凝土路面温度应力分析

5.3.1 普通水泥混凝土路面的温度应力

在普通水泥混凝土路面结构设计中,通常不考虑温度应力的影响。这是因为普通水泥混凝土路面板的尺寸在4~6m之间,此时的温度应力比翘曲应力小得多,不会对水泥混凝土路面受力产生影响。但随着路面板尺寸的增大,温度应力逐渐增大,它将与翘曲应力一起构成路面板的温度内应力。

对于普通水泥混凝土路面板,路面板的温度应力主要是由路面混凝土板与基层之间的摩阻力和相邻水泥混凝土板之间相互钳制作用所产生的。由于相邻路面板的温度升降是一致的,会产生相同的伸缩,故其相互间的钳制所产生的应力是很小的。因此,普通水泥混凝土路面温度应力主要是由水泥混凝土板与基层之间的摩阻力作用所产生。当路面板温度均匀下降(上升)时,板就会产生温度应力,此时的温度应力为最不利状态。最大温度应力计算为(其位置在板中):

$$\sigma_{\mathrm{T}} = \frac{Lrf}{2} \tag{5-1}$$

式中:r——混凝土的重度($\mathrm{MN/m^3}$);

L——板长度(m);

f——摩阻系数;

σ_{T}——最大应力(MPa)。

从式(5-1),可以计算出的最大伸缩应力不应大于水泥混凝土板完全受约束时产生的温度应力。水泥混凝土板完全约束时产生的温度应力计算公式见式(5-2)、式(5-3)。

板中:

$$\sigma_{\mathrm{Th}} = \frac{E\alpha\Delta T}{1-\mu} \tag{5-2}$$

板边缘中点(x 方向):

$$\sigma_{\mathrm{Tb}} = E\alpha\Delta T \tag{5-3}$$

式中:α——水泥混凝土线膨胀系数(1/℃);

ΔT——板的平均温差(℃);

E——水泥混凝土板弹性模量(MPa)。

从式(5-1)~式(5-3)可知,普通水泥混凝土路面板伸缩应力仅与板长和温度均匀变化有关,而与厚度及其他参数无关。

5.3.2　斜向预应力混凝土路面的温度应力

由于斜向预应力混凝土路面不设置伸缩缝,施工中只设置施工缝,两施工缝之间的距离可作为单块板长。两施工缝之间的距离一般为 50~100m。板长远远大于普通混凝土路面的板长。因此,在进行斜向预应力混凝土路面板温度应力计算时,必须对斜向预应力混凝土路面板的温度应力(温度引起路面混凝土板伸缩产生的应力)进行计算。

由于斜向预应力混凝土路面与普通混凝土路面除单块板长不同外,仍有诸多不同:

(1)混凝土路面板内施加了双斜向预应力,使斜向预应力混凝土路面更趋向于各向同性弹性材料。

(2)斜向预应力混凝土路面除在桥梁和隧道结合处设置胀缝外,可以在较长范围内不设置胀缩缝。

(3)斜向预应力混凝土路面板底非完全光滑,混凝土板与基层存在摩擦力,摩擦力将约束混凝土板自由移动。

(4)斜向预应力混凝土路面斜向预应力筋连续,路面混凝土板不设置缩缝,路面混凝土板没有自由边,在温度升高时路面板不拱起,不翘曲。

因此,基于以上不同,计算斜向预应力混凝土路面的温度应力时,做如下假设:

(1)斜向预应力混凝土路面完全受约束,温度应力在设置胀缝和施工缝自由端一定范围内产生位移,其余部分不产生位移。

(2)斜向预应力混凝土路面板与基层摩擦力沿板长度方向均匀分布,摩擦力使斜向预应力混凝土路面与温度应力成相反方向效应,即对斜向预应力混凝土路面成相反方向约束。

(3)斜向预应力筋与混凝土不发生相对位移,在计算温度应力时预应力筋对混凝土板起一定约束效应。

(4)斜向预应力混凝土路面产生的温度翘曲应力被路面混凝土弹性压缩平衡,在温度计算中不考虑温度翘曲应力。

基于以上假设,其斜向预应力混凝土路面温度应力受力示意图如图 5-55 和图 5-66 所示。由示意图得出式(5-4),即斜向预应力混凝土路面的板中最大温度应力为:

$$\sigma_{\mathrm{T}} = \frac{Lrf}{2} \pm \sigma_{\mathrm{com}} \tag{5-4}$$

式中：L——斜向预应力混凝土路面两施工缝之间的距离，即板长(m)；

r——混凝土的重度($\mathrm{MN/m^3}$)；

f——摩阻系数；

σ_{T}——斜向预应力混凝土路面最大温度应力(MPa)；

σ_{com}——斜向预应力混凝土路面板内纵向有效预应力(MPa)，当路面温度升高时取正，当路面温度降低时取负。

由式(5-4)看出，斜向预应力的施加，可以有效减小斜向预应力混凝土路面的温缩应力，提高斜向预应力混凝土路面的抗裂性能。其斜向预应力混凝土路面板内纵向有效预应力 σ_{com} 由式(5-5)计算。

$$\sigma_{\mathrm{com}} = \frac{nN}{BH}\cos\theta \tag{5-5}$$

式中：n——斜向预应力混凝土路面横截面内预应力筋的根数；

N——每根斜向预应力筋的有效张拉力(N)；

B——斜向预应力混凝土路面板的宽度(m)；

H——斜向预应力混凝土路面板的厚度(m)；

θ——斜向预应力筋与路面轴线的夹角(°)。

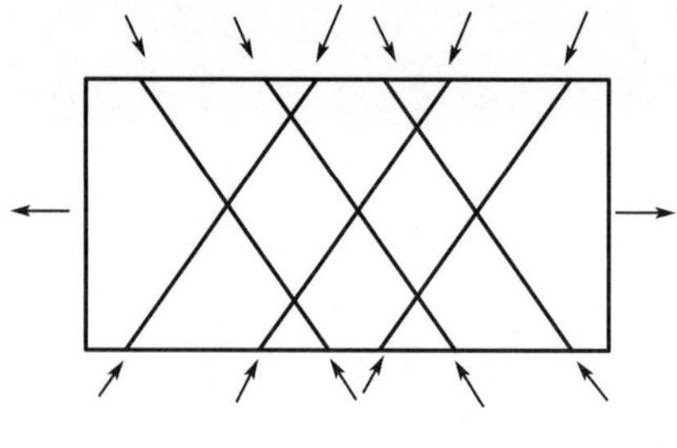

图 5-55　温缩示意图

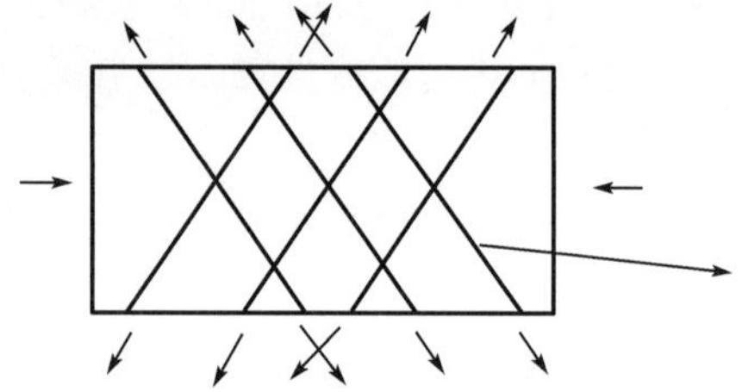

图 5-56　温胀示意图

由于斜向预应力混凝土路面板与基层之间存在摩擦力，摩擦力将使斜向预应力混凝土路面在一定范围内受到完全约束，不发生位移，因而从式(5-4)计算出的最大温度应力不应大于斜向预应力混凝土路面板完全受约束时产生的温度应力。斜向预应力混凝土路面板完全约束时产生的温度应力由式(5-6)、式(5-7)计算。由此得出：

斜向预应力混凝土路面板中纵向温度应力为：

$$\sigma_{\mathrm{Th}} = \frac{E\alpha\Delta T}{1-\mu} \pm \sigma_{\mathrm{com}} \tag{5-6}$$

斜向预应力混凝土路面板边缘中点即临界荷位的纵向温度应力为：

$$\sigma_{\mathrm{Tb}} = E\alpha\Delta T \pm \sigma_{\mathrm{com}} \tag{5-7}$$

斜向预应力混凝土路面板非完全约束端即自由端的纵向温度应力为：

$$\sigma_{\mathrm{Tz}} = \frac{E\alpha\Delta T}{1-\mu} + rfx \pm \sigma_{\mathrm{com}} \tag{5-8}$$

式中：E——斜向预应力混凝土路面的弹性模量(MPa)；

α——水泥混凝土线膨胀系数(1/℃)；

ΔT——斜向预应力混凝土路面水泥混凝土凝结时平均温度与施工区域最高温差和最低温差(℃)；

μ——水泥混凝土泊松比；

r——斜向预应力混凝土路面重度(MN/m^3)；

f——斜向预应力混凝土路面板与基层摩擦系数；

x——斜向预应力混凝土路面自由端与计算界面的距离(m)；

σ_{com}——斜向预应力混凝土路面板内纵向有效预应力(MPa)。

5.4　斜向预应力混凝土路面板自由端伸缩量分析

5.4.1　普通水泥混凝土路面伸缩量分析

对于普通水泥混凝土路面，有关研究认为，距板端 x 处的板底摩阻力可由式(5-9)计算。当板因温度升高伸长时，板底摩擦力与板伸长方向相反，板底摩擦力对混凝土板产生效应为压力。在该压力作用下，板沿长度方向自由端的伸缩量 Δu 可由式(5-10)计算，即

$$\sigma_x = rxhf \tag{5-9}$$

$$\Delta u = \frac{rfL^2}{4E} \tag{5-10}$$

式中：r——混凝土的重度(MN/m^3)；

L——水泥混凝土板长度(m)；

f——摩阻系数；

x——距板端的距离(m)；

E——水泥混凝土的弯拉弹性模量(MPa)。

当温度升高时，普通水泥混凝土路面板由于温度升高所引起的沿长度方向自由端(即胀缝间)伸长量 ΔL 可由式(5-11)计算，即

$$\Delta L = \alpha\Delta TL - \frac{rfL^2}{4E} \tag{5-11}$$

式中：α——水泥混凝土线膨胀系数(1/℃)；

ΔT——板的平均温差(℃)。

当温度降低时，由于普通水泥混凝土路面设置缩缝，收缩量分布于各缩缝之间，在胀缝之间引起的收缩量微小，因此忽略不计。

5.4.2　斜向预应力混凝土路面温度伸缩量分析

斜向预应力混凝土路面除在桥梁隧道接合部设置胀缝外，在斜向预应力路面中间只设置施工缝，不设置胀缩缝，斜向预应力筋连续。因此斜向预应力混凝土路面在温度升高和降低时，除温度应力外，还受斜向预应力混凝土板与基层摩擦力、斜向预应力混凝土路面纵向预应

力的约束。斜向预应力混凝土路面板受力模型如图 5-57 所示。

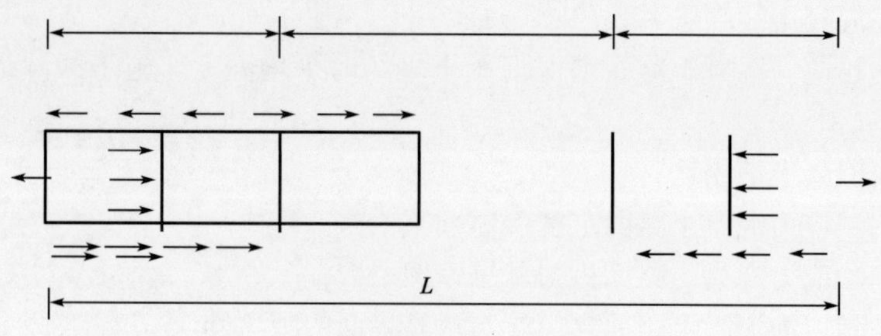

图 5-57　温度伸缩计算示意图

注:L-斜向预应力混凝土路面两施工缝之间的距离,即板长(m)。

由图 5-57 可以看出,由于斜向预应力混凝土路面不设置胀缩缝,两施工缝之间的板长是普通混凝土路面单块板长的十多倍。当环境温度升高时,摩擦力对斜向预应力混凝土路面板产生约束,约束使板分为三段,两端部可自由伸长即自由端,中间段受到约束不产生位移即固定端。自由端的长度关系式为:

$$\alpha \Delta T x - \frac{rfx^2}{4E} - \frac{\sigma_{com}}{E} = 0 \tag{5-12}$$

将关系式(5-12)转化为式(5-13)。由式(5-13)可以看出:斜向预应力混凝土路面自由端的长度 x 关系式可以用一元二次方程式表达。

$$\frac{rfx^2}{4E} - \alpha \Delta T x + \frac{\sigma_{com}}{E} = 0 \tag{5-13}$$

解此一元二次方程得斜向预应力混凝土路面自由端长度 x 为:

$$x = \frac{\alpha \Delta T + \sqrt{(\alpha \Delta T)^2 - rf\frac{\sigma_{com}}{E^2}}}{rf} E \tag{5-14}$$

由此得斜向预应力混凝土路面温度伸缩量为:

$$\Delta L = \alpha \Delta T x - \frac{rfx^2}{4E} - \frac{\sigma_{com}}{E} \tag{5-15}$$

式中:x——斜向预应力混凝土路面自由端受温度影响活动长度(m);

r——斜向预应力混凝土路面混凝土的重度(MN/m^3);

f——斜向预应力混凝土路面与基底摩擦系数;

α——斜向预应力混凝土路面混凝土温度膨胀系数(1/℃);

E——斜向预应力混凝土路面混凝土的弯拉弹性模量(MPa);

ΔT——斜向预应力混凝土路面混凝土凝结时平均温度与当地环境最高温度的温差(℃);

σ_{com}——斜向预应力混凝土路面板内纵向有效预应力(MPa);

ΔL——斜向预应力混凝土路面自由端温度胀缩量(m)。

5.4.3　斜向预应力混凝土两工作缝之间最大长度计算

斜向预应力水泥混凝土路面由于预应力的施加,可以人为提高混凝土的抗拉强度,减少温缩裂缝。在斜向预应力混凝土路面中温缩裂缝产生的要素为，由于斜向预应力混凝土路面较长，斜向预应力混凝土路面受到板底摩擦力的约束，不能自由伸缩，斜向预应力混凝土路面混凝土中的温缩应力 σ_T，相等于 x 段内摩擦力之和。当温度降低时，温缩应力大于斜向预应力混凝土路面的抗拉强度，则斜向预应力混凝土路面发生开裂。当温缩应力小于斜向预应力混凝土路面的抗拉强度时，则斜向预应力混凝土路面不开裂。由此可得出如下关系式：

即斜向预应力混凝土路面温缩开裂判别式(5-16)：

$$\sigma_0 + \sigma_{com} > \sigma_T \tag{5-16}$$

和斜向预应力混凝土路面温缩不开裂判别式(5-17)：

$$\sigma_0 + \sigma_{com} < \sigma_T \tag{5-17}$$

由于温缩应力是由斜向预应力混凝土路面板底摩擦约束产生，所以在 x 区段内的温缩应力等于该区段内的摩擦力之和，由此得关系式(5-18)：

$$\sigma_T = \gamma \cdot f \cdot h \cdot x \tag{5-18}$$

当斜向预应力混凝土路面处于开裂极限状态时，则有关系式(5-19)：

$$\sigma_0 + \sigma_{com} = \gamma \cdot f \cdot h \cdot x \tag{5-19}$$

由此求得，斜向预应力混凝土路面温缩不开裂的最大单向区域为：

$$x = \frac{\sigma_0 + \sigma_{com}}{\gamma \cdot f \cdot h} \tag{5-20}$$

当环境温度下降时，斜向预应力混凝土路面板由两施工缝向中间收缩，则斜向预应力混凝土两施工缝之间的长度即板长为 $2x$。即斜向预应力混凝土路面两施工缝之间最大长度计算式为：

$$L = 2\frac{\sigma_0 + \sigma_{com}}{\gamma \cdot f \cdot h} \tag{5-21}$$

式中：L——斜向预应力混凝土路面两施工缝之间最大长度(m)；

σ_0——斜向预应力混凝土路面混凝土容许抗拉强度(MPa)；

σ_{com}——斜向预应力混凝土路面板内纵向有效预应力(MPa)；

f——斜向预应力混凝土路面与基底摩擦系数；

γ——斜向预应力混凝土路面混凝土的重度(MN/m^3)；

h——斜向预应力混凝土路面的厚度(m)。

5.5　斜向预应力混凝土路面板不拱起最小长度计算

斜向预应力混凝土路面不设置胀缩缝，混凝土板纵向长度大，由于施加斜向预应力的约束作用，使混凝土板的整体性增强。所以当环境温度升高时，斜向预应力混凝土路面板的拱起可认为是整体拱起，即在两施工缝之间路面板不发生折断，又由于斜向预应力混凝土路面相互连续，纵向长度长，可假定两施工缝之外的混凝土板相对固定，不发生位移，因此斜向预应力混凝土路面的拱起与无铰拱桥等截面悬链线拱圈相似，其拱起示意图如图 5-58 所示。拱起计算方法可仿照等截面悬链线拱圈内力计算公式进行。

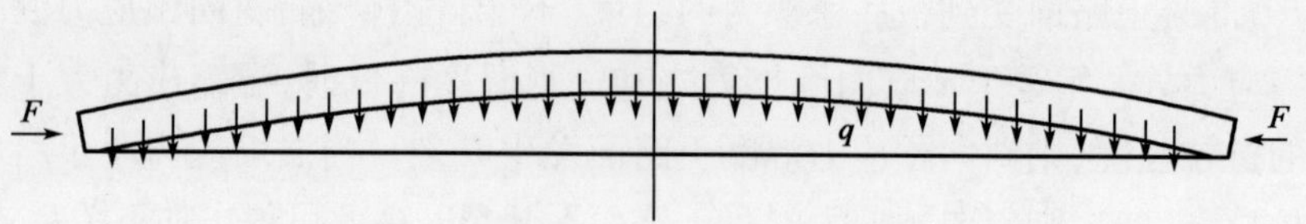

图 5-58　斜向预应力混凝土路面板拱起示意图

计算示意图如图 5-59 所示。

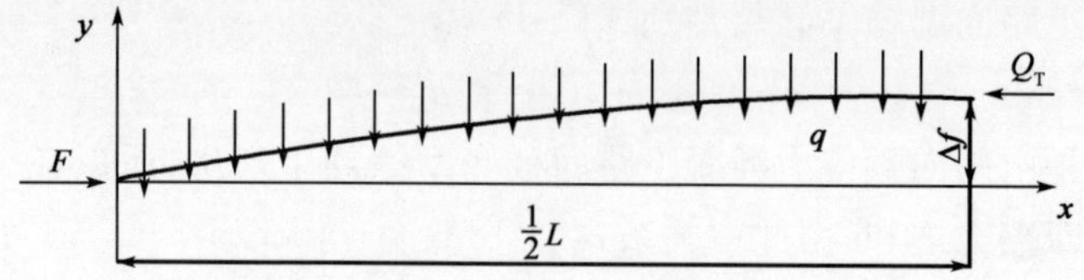

图 5-59　斜向预应力混凝土路面板拱起计算图

根据悬链线内力计算公式得：

$$H_g = \frac{\sum M_s}{\Delta f} = \frac{gL^2}{2\Delta f} \tag{5-22}$$

即单位斜向预应力混凝土路面板拱起时水平推力为：

$$F = \frac{gL^2}{2\Delta f} = \sigma_T \tag{5-23}$$

由于斜向预应力混凝土温度拱起时的温度应力为：

$$\sigma_T = \left(\alpha\Delta T - \frac{gL^2}{2\Delta fE}\right)LE \tag{5-24}$$

将式(5-23)代入式(5-24)得：

$$\frac{gL^2}{2\Delta f} = \left(\alpha\Delta T - \frac{gL^2}{2\Delta fE}\right)LE \tag{5-25}$$

整理式(5-25)得：

$$\frac{gL^2}{2\Delta fE} + \frac{gL}{2\Delta fE} - \alpha\Delta T = 0 \tag{5-26}$$

再整理式(5-26)得：

$$gL^2 + gL - 2\Delta f\alpha\Delta TE = 0 \tag{5-27}$$

分析式(5-27)知，该式是 L 的一元二次方程。令该式中二次项系数 $g = a$，一次项系数 $g = b$，$-2\Delta f\alpha\Delta TE = c$，则得式(5-28)：

$$L = \frac{-b \pm \sqrt{b^2 - 4ac}}{2a} \tag{5-28}$$

式中：L——斜向预应力混凝土路面不拱起最小长度，即两施工缝之间的最小距离；

Δf——假设斜向预应力混凝土路面拱起高度，一般取 1mm；

g——斜向预应力混凝土路面板单位重度，即混凝土重度 × 混凝土板厚；

a——斜向预应力混凝土路面混凝土温度膨胀系数(1/℃)；

E——水泥混凝土的弯拉弹性模量（MPa）；

ΔT——斜向预应力混凝土路面混凝土凝结平均温度与环境最高温度的温差（℃）。

由图 5-59 知，L 即为斜向预应力混凝土路面板不拱起最小长度。由此可确定斜向预应力混凝土路面板两施工缝的最小距离。

以上计算表明，在一定的环境温度下，通过施加斜向预应力并设置适当的施工缝，可保证斜向预应力混凝土路面不拱起。

第6章　斜向预应力混凝土路面滑动层

6.1　斜向预应力混凝土路面滑动层的必要性

斜向预应力混凝土路面要实现不设置缩缝、施工时张拉受力均匀、可连续施工等优良特性，除考虑减少斜向预应力混凝土路面的预应力损失、温度应力，提高路面板混凝土抗弯拉强度和降低弹性模量等技术措施外，有效的技术措施之一，就是铺设满足斜向预应力混凝土路面张拉和受力要求的滑动层。

滑动层的设置在国家相关标准规范中已有体现，但由于大量应用的普通混凝土路面设置缩缝，混凝土板块相对较小，因此对其专门研究并不多。目前在工程实践中，滑动层主要应用于装配式水泥混凝土路面、纵向预应力水泥混凝土路面、大面积整板基础的底板等。不同的结构类型有不同的特点，没有成熟的施工经验可借鉴，对滑动层设计、施工及验收也无统一标准。

现行滑动层多采用：一道油毡为主体，辅以防水涂料黏结层类型的滑动层；或一层砂土覆盖防水纸；或砂和油毡；或砂和聚乙烯薄膜等类型。对于纵向预应力水泥混凝土路面的滑动层一般选用防水材料（土工织物、油毛毡、聚乙烯薄膜等）、细粒状材料（单粒径的细砂或石屑）及沥青类材料作为滑动层材料。

根据斜向预应力混凝土路面的特点和设计要求，如何确定出科学合理的滑动层材料类型和结构参数，以及相应的铺筑工艺和施工方案，是斜向预应力混凝土路面铺筑成功的关键。

斜向预应力混凝土路面面板与基层之间的摩擦系数对路面面板温度应力、路面面板滑动区与固定区长度、施工缝的间距、路面面板板端推移量及路面面板纵向拱起等诸多问题均有重要影响。由于路面面板与基层接触状况复杂多变，如：铺设不同种类的滑动层；基层材料与组成形式的不同；滑动层材料温度变化的差异性，均会导致斜向预应力混凝土路面板与基层之间的摩擦滑动形式复杂多变。

在路面力学结构分析时，通常假设混凝土路面面板与基层之间的接触在垂直方向是紧密结合的，在水平方向则为完全连续或完全滑动。混凝土路面板与基层界面的滑动摩擦系数通常采用0.3～1.5，取值具有很大的变化范围，导致计算时对路面板与基层之间的摩擦系数的取值随意性很大，特别是不同类型基层对滑动层与混凝土路面面板之间摩擦系数的影响测定尤为欠缺。

虽然《预应力混凝土路面设计指南》（美国预应力协会技术委员会325技术报告）对预应力水泥混凝土路面滑动层给出了探讨性的参考值，但是目前国内外对滑动层材料类型和结构参数做过深入研究的报道较少。所以对滑动层的材料类型及其结构参数进行详细、深入的研究和确定，解决斜向预应力混凝土路面滑动层的关键技术问题，是非常必要的。

6.2　滑动层摩擦系数测试方法

为了确定滑动层的最佳材料类型和结构参数对斜向预应力混凝土路面板的结构受力影响及基层类型对滑动层摩擦系数的影响，需要快捷、准确地测得滑动层的最大静摩擦系数和滑动摩擦系数。鉴于目前国内外对预应力混凝土路面滑动层摩擦系数测试方法与测试设备的研究还属空白[9]，基于斜向预应力混凝土路面研究和施工的需要，笔者和有关人员自主研发了“斜向预应力路面滑动层摩擦系数测试仪”，并据此测试仪对滑动层摩擦系数测试方法进行探讨和研究。

6.2.1　滑动层摩擦系数测试仪研发

1）仪器测试及实现原理

（1）滑动层摩擦系数测试原理

滑动摩擦是两运动物体克服表面粗糙峰的分子吸引力和机械啮合力的过程，所以摩擦力就是分子吸引力和机械啮合力的总和[10-12]：

$$F = \tau_0 S_0 + \tau_m S_m \tag{6-1}$$

式中：S_0——分子作用面积；

S_m——机械作用面积；

τ_0——单位面积上分子作用产生的摩擦力；

τ_m——单位面积上机械作用产生的摩擦力。

根据 Крагельский 等人的研究，$\tau_m = A_m + B_m P^a$，$\tau_0 = A_0 + B_0 P^b$，故

$$F = S_0(A_0 + B_0 P^b) + S_m(A_m + B_m P^a) \tag{6-2}$$

令 $S_m = \gamma S_0$，接触面积 $A = S_0 + S_m$，法向荷载 $W = PA$，则

$$F = \frac{W}{\gamma + 1}(B_0 + B_m) + \frac{A}{\gamma + 1}(A_0 + A_m) \tag{6-3}$$

令 $\alpha = \dfrac{A_0 + \gamma A_m}{\gamma + 1}$，$\beta = \dfrac{B_0 + \gamma B_m}{\gamma + 1}$，得：

$$F = \alpha A + \beta W = \beta\left(\frac{\alpha}{\beta}A + W\right) \tag{6-4}$$

式（6-4）称为摩擦二项式定律，β 为实际的摩擦系数。将式（6-4）改写成单项式摩擦系数为：

$$f = \frac{\alpha A}{W} + \beta \tag{6-5}$$

式中：α、β——分别是由摩擦表面的物理和机械性质决定的系数。

对于由滑动层和斜向预应力混凝土路面板组成的摩擦副，表面处于塑性接触状态，实际接触面积 A 与法向荷载 W 呈线性关系，故式（6-5）中的摩擦系数 f 与荷载大小无关，从而符合 Amonton 定律，即

$$F = fW \tag{6-6}$$

“斜向预应力混凝土路面滑动层摩擦系数测试仪”根据式（6-6）设计。路面板试件浇筑完

成后，正压力 W 随之确定，如能准确测得路面板试件与基层之间的摩擦力，便可由式(6-6)换算出两者之间的摩擦系数。

为了测得路面板试件与基层之间的摩擦力大小，根据牛顿运动定律，使路面板试件处于匀速直线运动状态，此时施加在路面板试件上的摩擦力等于牵引力。只要准确测得施加在路面板试件上的水平牵引力 F'，牵引力 F' 等于路面板试件与基层之间的摩擦力 F，代入式(6-6)，便可得路面板试件和基层之间的滑动摩擦系数，即滑动层滑动摩擦系数。

在路面板试件由静止到达开始运动的瞬间之前，其水平牵引力 F' 等于基层与路面板试件之间的静摩擦力 F，故基层与路面板试件之间的最大静摩擦力 F_{max} 等于在路面板试件由静止到达开始运动的瞬间之前水平牵引力所达到的最大值 F'_{max}，代入式(6-6)，得路面板试件和基层之间的最大静摩擦系数，即滑动层最大静摩擦系数。

(2)滑动层摩擦系数测试仪实现原理

以单片机为核心的控制器，控制伺服电动机，使其以设定的速度匀速直线拉动路面板试件。在伺服电动机和路面板试件之间设有 S 型测力传感器，精确测得拉动路面板试件时所需的牵引力大小。根据上述测试原理，即可求得基层与路面板试件之间的摩擦系数，即滑动层摩擦系数。

此仪器的工作流程图如图 6-1 所示。

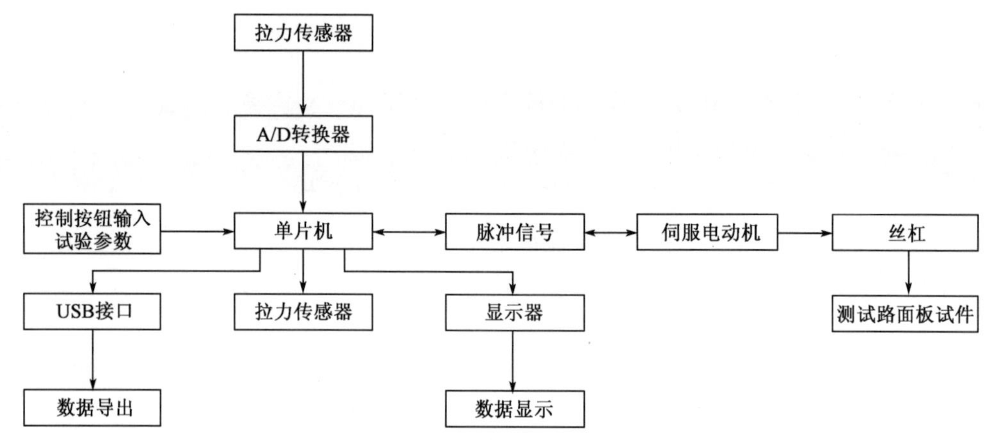

图 6-1　滑动层摩擦系数测试仪工作流程图

2)滑动层摩擦系数测试仪主机设计

(1)主机部件的选择

①电动机的选择

本仪器采用能够使用程序控制且通过反馈脉冲信号实现精确定位的伺服电动机，如图 6-2 所示。

图 6-2　伺服电动机

②位移测量设备的选择

本仪器采用通过可编程控制器(PLC)实现准确测定位移。PLC 是专门为在要求高精度的位移控制环境下应用而设计的一种工业控制计算机，其主要特点是：抗干扰能力强、可靠性极高、体积小，是实现机电一体化的理想控制装置。

位移测量设备的设计与实施过程为:伺服电动机每转一转反馈的脉冲数,那么丝杠的运行距离就可以通过式(6-7),即

$$丝杠运行距离(mm) = [脉冲数 \div (脉冲数/转)] \times 传动辊直径(mm) \times \pi \tag{6-7}$$

利用 PLC 的高速计数器,计算伺服电动机反馈回来的脉冲数量,换算出丝杠的运行距离。

③丝杠的选择及丝杠与电动机垂直传动

采用高精度、可逆性、高效率和节能的滚珠丝杠,如图 6-3 所示,作为将伺服电动机的旋转运动转换成直线拉伸运动的结构装置。

为了节省空间,使其构造更合理,将伺服电动机与丝杠之间做成垂直传动的结构形式。采用传动平稳、噪声小的蜗轮蜗杆机构,如图 6-4 所示,实现运动和动力的传动。

图 6-3 内循环式滚珠丝杠实体图

图 6-4 丝杠的选择及丝杠与电动机之间的蜗轮蜗杆垂直传动图

④减速器的选择

本仪器选用蜗轮蜗杆减速器,如图 6-5 所示,设置在伺服电动机和丝杠之间起独立闭式传动作用,增大转矩、降低转速和实现垂直传动。

⑤牵引力测试传感器的选择

牵引力的测试采用 S 型拉力传感器,如图 6-6 所示。S 型拉力传感器是一种将物理信号转变为可测量的电信号的输出装置。

图 6-5 蜗轮蜗杆减速器实体图

图 6-6 S 型拉力传感器

⑥显示屏的选择

为了能够直观地显示牵引力—位移的变化曲线,以及便于测试参数的设定,决定采用可视角度大、分辨率高的彩色 CRT 显示屏,如图 6-7 所示。

⑦其他部件

其他部件包括底座、外壳、变压器、USB 接口、操作按钮等,以及主机各个部分的联结配件,它们的选择并没有特殊规定,只要能满足试验和仪器的需要即可。

(2)主机的工作原理与实现

主机由控制器来控制,它是把组成微型计算机的各个功能部件:中央处理器(CPU)、随机存取存储器(RAM)、只读存储器(ROM)、I/O 接口电路、定时/计数器及串行接口等部件制作在一块集成芯片内,构成一完整微型计算机。

3)路面板试件及支架设计

为了真实地模拟斜向预应力混凝土路面实际路面板,需要合理选择测试试件的制作流程及尺寸大小。同时为了便于在不同的基层上铺设不同的滑动层类型,须研制专用支架,用于路面板试件的起吊。

(1)路面板试件的制作

考虑到既要真实地模拟斜向预应力混凝土路面面板,还要便于试验研究,所以路面板试件大小选为:1500mm×500mm×200mm,如图 6-8 所示。厚度取 200mm,接近斜向预应力混凝土路面面板的实际厚度;长度取 1500mm,宽度取 500mm,具有 3:1的长宽比,符合实际斜向预应力混凝土路面面板的尺寸效应。

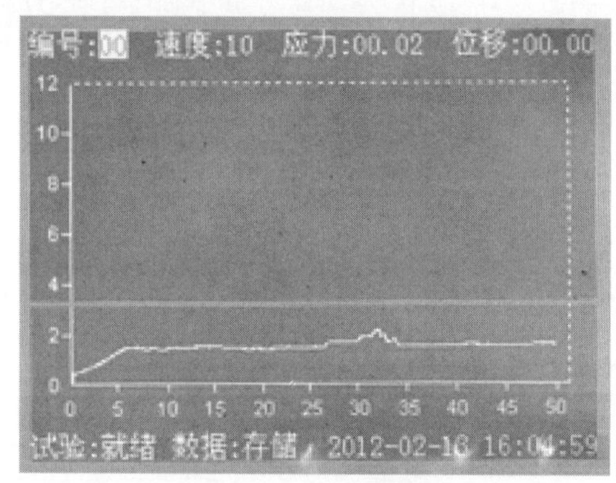

图 6-7 CRT 彩色显示屏

图 6-8 斜向预应力混凝土路面板试件实体图

为了能够更好地模拟实际斜向预应力混凝土路面板的施工成型过程,先将滑动层铺设于基层顶面,再在滑动层上面浇筑路面板试件,这样路面板试件的下表面与滑动层之间就形成相互咬合的纹理结构,更加接近实际路面。

(2)支架的制作

为了便于铺设不同类型的滑动层,以及便于改变基层类型,需要将路面板吊起。采用自制支架,如图 6-9 所示。

四根立柱采用方形管钢。在四根立柱下端部设有四个万向行走轮,如图 6-10 所示。

图 6-9　支架实体图

图 6-10　行走轮实体图

吊起设备采用最大承受荷载为 1t 具有一定安全储备的手拉式倒链，如图 6-11 所示。

6.2.2　滑动层摩擦系数测试方法

斜向预应力混凝土路面滑动层摩擦系数测试仪整体图，如图 6-12 所示。

图 6-11　手拉式倒链实体图

图 6-12　斜向预应力混凝土路面滑动层摩擦系数测试仪整体图

滑动层摩擦系数测试操作步骤如下：

(1)选择基层类型。

(2)在基层顶面铺设滑动层。

(3)将预制好的路面板试件用支架吊起，缓慢准确地安置于铺设好的滑动层上。

(4)将测试主机用膨胀螺丝固定于路面板试件前合适的位置。

(5)开启主机,使电机归位,处于工作准备状态。

(6)通过控制按钮设定试验参数,包括试件编号、试验时间、加载速率、停止条件等。

(7)为了测得最大静摩擦系数,在试验开始前,将测试仪器与路面板试件间的拉环拧紧,使路面测试板产生一个初步的位移(路面板试件发生移动即可),记下产生的最大牵引力值。

(8)开启仪器的启动按钮,试验开始,单片机记录位移及其对应的牵引力,牵引力到达峰值后下降,然后趋于平缓,达到设定的停止条件,试验结束。

(9)吊起试件,重新铺设另一类型的滑动层,进行下一个试验,重复(5)~(7)的操作步骤。

(10)如果要改变基层类型,则需要在选定的基层表面重复(2)~(8)的操作步骤。

(11)数据的查看、采集和处理。试验数据可被自动存储在控制器中,可通过控制器的“查看”按钮查看数据,在计算机上对数据进行后期处理。

综上所述,该摩擦系数测试仪能够快捷准确地测得斜向预应力混凝土路面滑动层的最大静摩擦系数和滑动摩擦系数,为确定滑动层的最佳材料类型和结构参数对斜向预应力混凝土路面板的结构受力影响,不同类型基层对滑动层摩擦系数的影响,提供了相对科学的测试方法。

6.3 滑动层原材料选择和技术性质分析

6.3.1 砂和水泥的滑动层技术性质分析

1)滑动层用砂技术指标

天然砂与人工砂相比,由于经过亿万年的风化、搬运,一般比较坚硬,所以为了减小滑动层摩擦系数,以及增加路面结构层强度,滑动层用砂选用质地坚硬、洁净的Ⅱ级及Ⅱ级以上天然砂[13,14]。根据《公路工程集料试验规程》(JTG E42—2005)中规定的方法,测得滑动层用砂各项技术指标如表6-1所示。

滑动层用砂技术指标 表6-1

项　目	试验测试值	规范要求
单粒径最大压碎值(%)	4.7	<25
氯化物(氯离子含量,%)	0.0004	<0.02
坚固性(按质量损失计,%)	6.69	<8
含泥量(按质量计,%)	0.88	<2.0
泥块含量(按质量计,%)	0.41	<1.0
表观密度(kg/m^3)	2610	>2500

由表6-1得,所选滑动层用砂各项技术指标均符合《公路水泥混凝土路面施工技术细则》(JTG/T F30—2014)的规范要求。

(1)砂级配与细度模数

为了防止出现砂颗粒过大,影响滑动层功能性发挥,在铺设滑动层之前要将滑动层用砂过4.75mm孔径方孔筛。本试验中采用的三种不同细度模数砂过筛后级配见表6-2。

滑动层用砂级配　　表 6-2

筛孔(mm)	粗砂			中砂			细砂		
	试样一	试样二	规范值	试样一	试样二	规范值	试样一	试样二	规范值
4.75	0.00	0.00	0~10	0.00	0.00	0~10	0.00	0.00	0~10
2.36	21.76	21.85	5~35	14.25	14.25	0~25	3.10	2.86	0~15
1.18	31.96	33.09	35~65	24.58	24.61	10~50	5.85	5.36	0~25
0.6	70.03	70.23	71~85	41.43	41.33	41~70	16.14	16.06	16~40
0.3	90.53	90.54	80~95	84.18	84.06	70~92	65.90	66.16	55~85
0.15	97.13	96.60	90~100	95.39	95.73	90~100	90.29	90.83	90~100
0.075	99.46	99.31	90~100	97.94	99.15	90~100	97.29	97.63	90~100
筛底	100.03	100.00	90~100	100.00	100.00	90~100	100.00	100.00	90~100
细度模数	3.1	3.1	3.1~3.7	2.6	2.6	2.3~3.0	1.8	1.8	1.6~2.2
	3.1			2.6			1.8		

由表 6-2 知，试验所选的三种不同粗细程度滑动层用砂级配及细度模数值均满足《公路水泥混凝土路面施工技术细则》(JTG/T F30—2014)的规范要求。

(2)砂棱角性

细集料棱角性主要反映的是细集料颗粒形状和表面纹理，但实测值也受集料级配和尺寸等因素的影响。细集料棱角性评价试验方法主要有：未压实空隙率法、流动时间法、图像分析法和渗透系数法等，工程中较广泛应用的是未压实空隙率法与流动时间法。按照《公路工程集料试验规程》(JTG E42—2005)中规定，本试验采用 16mm 的流出孔直径的细集料流动时间测定仪，测定其棱角性，测试结果如表 6-3 所示。

滑动层用砂棱角性测试　　表 6-3

项目	中砂					
	试样一	试样二	试样三	试样四	试样五	均值
棱角性(s)	11.54	11.91	11.29	11.24	11.23	11.44

由表 6-3 得出，滑动层用砂的棱角性较小，仅为 11.44s，有利于减小铺设初期滑动层摩擦系数。

(3)砂当量

滑动层用砂中所含黏性土或杂质对滑动层的滑动性影响较大。本试验对滑动层用砂的砂当量利用《公路工程集料试验规程》(JTG E42—2005)规定的方法做了测试。该方法是利用规定的强活性洗涤剂对细集料试样进行强力清洗，将细土和砂砾分离，并产生凝絮，然后通过测定凝絮物的数量和清洗后的砂砾数量，计算出砂当量。规定纯砂土的砂当量为 100，随着砂土中黏土含量的增加，砂当量急剧下降，黏性土的砂当量几乎为零。本研究滑动层用砂的砂当量测试结果如表 6-4 所示。

滑动层用砂砂当量测试值　　表 6-4

项目	粗砂			中砂			细砂		
	试样一	试样二	均值	试样一	试样二	均值	试样一	试样二	均值
砂当量	85.0	84.3	84.7	86.7	85.5	86.1	87.1	86.9	87.0
规范值	>80								

由表6-4得出，本试验使用的三种不同粗细程度的滑动层用砂的砂当量均满足水泥混凝土路面对细集料砂当量要求。主要是由于滑动层用砂是经过淘洗后的河砂，清洁度较高，有利于提高滑动层的滑动性能。

2）水泥

为了增强路面结构强度，使斜向预应力混凝土路面在张拉预应力后滑动层缓慢固结，达到滑动摩擦系数逐步增大的效果，防止面板和基层之间产生薄弱夹层，设想在滑动层中适量掺加水泥。滑动层用水泥选用与路面板相同强度等级普通旋窑生产的硅酸盐水泥。本试验使用的水泥为某品牌425号水泥，具体性质及力学指标如表6-5所示。

试验用水泥物理力学性能指标 表6-5

项目指标			检测结果	规范标准
标准稠度用水量(%)			26.3	≤28%
凝结时间	初凝时间(min)		148	≥45min
	终凝时间(min)		273	≤10h
安定性(雷氏夹法)			0.5mm	≤5mm
强度(MPa)	抗压	3d	29.3	≥16.0
		28d	49	≥42.5
	抗折	3d	5.2	≥3.5
		28d	7.4	≥6.5

由表6-5得出，本试验中滑动层用水泥满足《公路水泥混凝土路面施工技术细则》(JTG/T F30—2014)的规范要求。在实际工程中，为了保证滑动层用水泥的质量，要求每批水泥进场时应附有力学指标、物理和化学成分的检验合格证明，各等级路面所使用的滑动层水泥品质应符合表6-6所示的要求。

各交通等级路面滑动层用水泥的物理和化学指标 表6-6

水泥性能	特重、重交通	中、轻交通
铝酸三钙	不宜>7.0%	不宜>9.0%
铁铝酸四钙	不宜<15.0%	不宜<12.0%
游离氧化钙	不得>1.0%	不得>1.5%
氧化镁	不得>5.0%	不得>6.0%
三氧化二硫	不得>3.5%	不得>4.0%
碱含量	$N_2O+K_2O\leq0.6\%$	$N_2O+K_2O\leq1.0\%$
混合材料掺量	不得掺合窑灰、煤矸石、火山灰和黏土，有抗盐冻要求时不得掺合石灰、石粉	
出磨时安定性	雷氏夹法或蒸煮法合格	蒸煮法合格
标准细度用水量	不宜>28%	不宜>30%
烧失量	不得>3.0%	不得>5.0%
比表面积	300~400	300~500
细度(80μm)	筛余量不得大于10%	筛余量不得大于10%
初凝时间	不早于1.5h	不早于1.5h
终凝时间	不迟于10h	不迟于10h
28d干缩率	不得>0.09%	不得>0.10%
耐磨性	不得>3.5kg/m^2	不得>3.6kg/m^2

3)聚乙烯塑料薄膜的技术性质分析

聚乙烯塑料薄膜铺设在滑动层上面,既起隔断水泥浆流入到滑动层的作用,又是滑动层的一部分。本试验中涉及的四种类型的滑动层均铺设有聚乙烯塑料薄膜。在滑动层表面铺设一层聚乙烯塑料薄膜,具有明显降低滑动层摩擦系数的功能。根据《塑料拉伸性能测定》(GB/T 1040—2006)对试验用3丝的聚乙烯塑料薄膜进行了相关测定,结果如表6-7所示。

聚乙烯塑料膜物理力学性能指标　　表6-7

密度(kg/m^2)	拉伸强度(MPa)	最大强度拉伸率(%)	热处理尺寸变化率(%)	直角撕裂强度(N/mm)		维卡软化温度(℃)	脆化温度(℃)
				纵向	横向		
0.91~0.94	23.71	780	1.9	73.9	57.6	70	-60

《塑料薄膜和薄片摩擦系数测定方法》(GB 10006—1988)中规定的测试塑料薄膜摩擦系数的方法与滑动层摩擦滑动方法不太相符。本试验采用自行研发的斜向预应力混凝土路面滑动层摩擦系数测试仪进行测试。

6.3.2 再生细粒沥青混合料滑动层的技术性质分析

1)再生细粒沥青混合料沥青含量测定

为了适应斜向预应力混凝土路面的特征,寻求缓慢固结,滑动摩擦系数随时间增大的滑动层材料,在试验中试图应用再生细粒沥青混合料。作为滑动层材料,以期达到节约天然砂砾,废旧材料循环利用,减少环境污染的目的。再生细粒沥青混合料,是指将公路养护过程中需要大修的旧沥青路面铣刨后,筛分、分类,对其中细料磨细加工而成。本试验采用《公路工程沥青及沥青混合料试验规程》(JTG E20—2011)中的T 0722—1993沥青混合料中沥青含量离心分离法,测试该再生细粒沥青混合料中的废旧沥青含量。用离心法抽提时,沥青中可能混有少量通过滤纸的矿粉,为了能够精确测定沥青的含量,采用燃烧法测试矿粉的含量。测试结果如表6-8所示。

细粒沥青混合料沥青及矿粉含量　　表6-8

项　目	试　样　一	试　样　二	均　值
混合料矿料质量(g)	323.97	337.45	330.71
沥青含量(%)	7.6	7.5	7.5
油石比(%)	9.4	9.2	9.3
矿粉含量(%)	3.9	3.4	3.6

分析表6-8得出,再生细粒沥青混合料的油石比平均为9.3%,远大于新铺沥青混凝土路面油石比,主要原因是再生细粒沥青混合料选用的是再生混合料中0~3mm的部分,粒径小,比表面积大,黏附的废旧沥青较多。

2)细粒沥青混合料细度模数

为了研究"细粒沥青混合料+聚乙烯塑料薄膜"型滑动层的滑动效果,对试验使用的细粒沥青混合料级配进了测试,结果如表6-9所示。

细粒沥青混合料级配　　表 6-9

筛孔	4.75	2.36	1.18	0.6	0.3	0.15	0.075	筛底	细度模数
试样一	0.0	0.1	2.1	43.4	63.6	82.6	94.2	100.0	2.0
试样二	0.0	1.0	4.0	46.3	65.0	83.3	94.4	100.0	
规范值	0~10	0~15	0~25	16~40	55~85	90~100	90~100	90~100	

由表 6-9 得出,细粒沥青混合料的级配基本符合《公路水泥混凝土路面施工技术细则》(JTG/T F30—2014)中对细集料的级配要求,大部分颗粒集中在 0.6~1.18mm 粒径之间。单粒径颗粒居多,有利于减小滑动层摩擦系数。

6.4 滑动层类型对其摩擦系数的影响

为了确定符合斜向预应力混凝土路面结构功能要求的滑动层材料类型和结构参数,通过利用研发的"斜向预应力混凝土路面滑动层摩擦系数"测试仪,对四种不同材料类型的滑动层进行了详细的试验,以确定滑动层类型对其摩擦系数的影响。

6.4.1 "砂层+聚乙烯塑料薄膜"型滑动层的影响

"砂层+聚乙烯塑料薄膜"型滑动层,强度不随时间增长或增幅较小而变化,故对此种类型滑动层可以不考虑时间效应。

1)结构参数

滑动层结构参数,主要包括:滑动层厚度、聚乙烯塑料薄膜规格以及滑动层组成材料参数。对于"砂层+聚乙烯塑料薄膜"型滑动层,组成材料参数主要指滑动层用砂的粗细。通过用细度模数评价滑动层用砂粗细程度。

(1)砂细度模数

天然砂细度模数按式(6-8)计算,即

$$M_f = \frac{(A_{2.36} + A_{1.18} + A_{0.60} + A_{0.30} + A_{0.15}) - 5A_{4.75}}{100 - A_{4.75}} \tag{6-8}$$

式中:M_f——砂的细度模数;

$A_{4.75}$、$A_{2.36}$、$A_{1.18}$、$A_{0.60}$、$A_{0.30}$、$A_{0.15}$——对应筛孔累计筛余百分率(%)。

为了全面研究滑动层用砂粗细程度,对滑动层摩擦系数的影响,选取粗、中、细三种不同粗细程度的河砂,细度模数依次为:3.1、2.6、1.8。

(2)砂层厚度

砂层厚度满足三倍砂颗粒直径时,滑动效果最佳。但同时还要满足施工工艺对滑动层铺设厚度的限制。过薄无法铺设或者铺设不均匀,影响滑动层功能的发挥;过厚会在路面结构中形成薄弱夹层。

根据《公路水泥混凝土路面施工技术细则》(JTG/T F30—2014)可知粗砂、中砂、细砂的级配范围如表 6-10 所示。

砂的级配范围　　表6-10

砂分级	方孔筛尺寸(mm)					
	0.15	0.3	0.6	1.18	2.36	4.75
	累计筛余(以质量计,%)					
粗砂	90~100	80~95	71~85	35~65	5~35	0~10
中砂	90~100	70~92	41~70	10~50	0~25	0~10
细砂	90~100	55~85	16~40	0~25	0~15	0~10

由表6-10得出粗砂中1.18~2.36mm的含量居多,中砂中0.6~1.18mm的含量居多,细砂中0.3~0.6mm的含量居多。

根据三倍砂颗粒直径取值,得出对于粗中细三种不同细度模数的砂,砂层最佳厚度分别为9mm、6mm、2mm。结合工程实践可知2mm厚度无法实现滑动层的均匀铺设,将以上厚度向上取整,最终选取5mm、10mm和15mm作为滑动层铺设厚度试验取值。

(3)聚乙烯塑料薄膜规格

聚乙烯塑料薄膜对滑动层摩擦系数影响最大的是厚度。本试验选取0.06丝、3丝、4丝三种规格的聚乙烯塑料薄膜进行试验研究。

2)试验设计

斜向预应力混凝土路面滑动层摩擦系数越小,越有利于斜向预应力的施加。故选取摩擦系数最小的滑动层结构参数,作为此类型滑动层的最佳结构参数。

基层选用普通旧水泥混凝土路面;路面板试件采用大小为1500mm×500mm×200mm的预制普通素混凝土路面板试件;滑动层采用不同细度模数的普通河砂。

本试验中采用正交设计方法进行试验设计,设计结果如表6-11所示。

“砂层+聚乙烯塑料薄膜”型滑动层正交试验设计　　表6-11

因　素	细度模数	厚度(mm)	聚乙烯塑料薄膜规格(丝)
试验1	1.8	5	4
试验2	1.8	10	3
试验3	1.8	15	0.06
试验4	2.6	5	3
试验5	2.6	10	0.06
试验6	2.6	15	4
试验7	3.1	5	0.06
试验8	3.1	10	4
试验9	3.1	15	3

3)滑动层摩擦系数确定

分别用滑动层摩擦系数测试仪,以1mm/min、2mm/min、3mm/min三个不同的测试速度,测试“砂层+聚乙烯塑料薄膜”型滑动层最大静摩擦系数和滑动摩擦系数。测试结果如表6-12所示。

九种试验条件下滑动层最大静摩擦系数和滑动摩擦系数试验结果　　表 6-12

试验编号	细度模数	厚度(m)	塑料膜规格(丝)	测试速度(mm/min)	最大静摩擦系数	滑动摩擦系数
试验一	1.8	5	4	3	0.4592	0.4356
				2	0.4592	0.4199
				1	0.5037	0.4551
试验二	1.8	10	3	3	0.4356	0.4095
				2	0.4513	0.4248
				1	0.5010	0.4715
试验三	1.8	15	0.06	3	0.4827	0.4776
				2	0.4958	0.4917
				1	0.5194	0.5048
试验四	2.6	5	3	3	0.4277	0.4147
				2	0.4356	0.4258
				1	0.4539	0.4488
试验五	2.6	10	0.06	3	0.4461	0.4341
				2	0.4749	0.4608
				1	0.4199	0.4158
试验六	2.6	15	4	3	0.4880	0.4729
				2	0.5168	0.5103
				1	0.4749	0.4469
试验七	3.1	5	0.06	3	0.4513	0.4393
				2	0.4408	0.4000
				1	0.4618	0.4496
试验八	3.1	10	4	3	0.4644	0.4288
				2	0.4827	0.4480
				1	0.4278	0.4239
试验九	3.1	15	3	3	0.4120	0.3900
				2	0.4120	0.4010
				1	0.4487	0.4417

三种不同测试速度下，滑动层摩擦系数除个别条件外，其余均呈现出随时间先增大，到达某一峰值后略有减小，然后趋于平缓的变化趋势。符合常规弹塑性摩擦副摩擦系数变化趋势。

滑动层摩擦系数随时间由某一值开始增大的阶段，路面板试件还没有出现位移，只有开始移动的趋势，此阶段测得的是滑动层的静摩擦系数。当滑动层静摩擦系数随时间增大到峰值时，即为滑动层最大静摩擦系数。随着牵引力持续增大，大于滑动层最大静摩擦力之后，路面板试件开始出现位移，此阶段测得的是滑动层的滑动摩擦系数。

4）影响因素分析

（1）测试速度对滑动层摩擦系数的影响

当滑动速度不会引起接触界面性质变化时，摩擦系数几乎与滑动速度无关。但是由滑动层和路面板试件组成的弹塑性摩擦副，滑动速度的大小不同会导致接触界面发生一系列的变化，主要表现为滑动层的变形、磨损等现象，进而影响所测摩擦系数大小。

对于由滑动层和测试路面板试件组成的弹塑性摩擦副，滑动速度对摩擦系数的影响如图6-13所示。

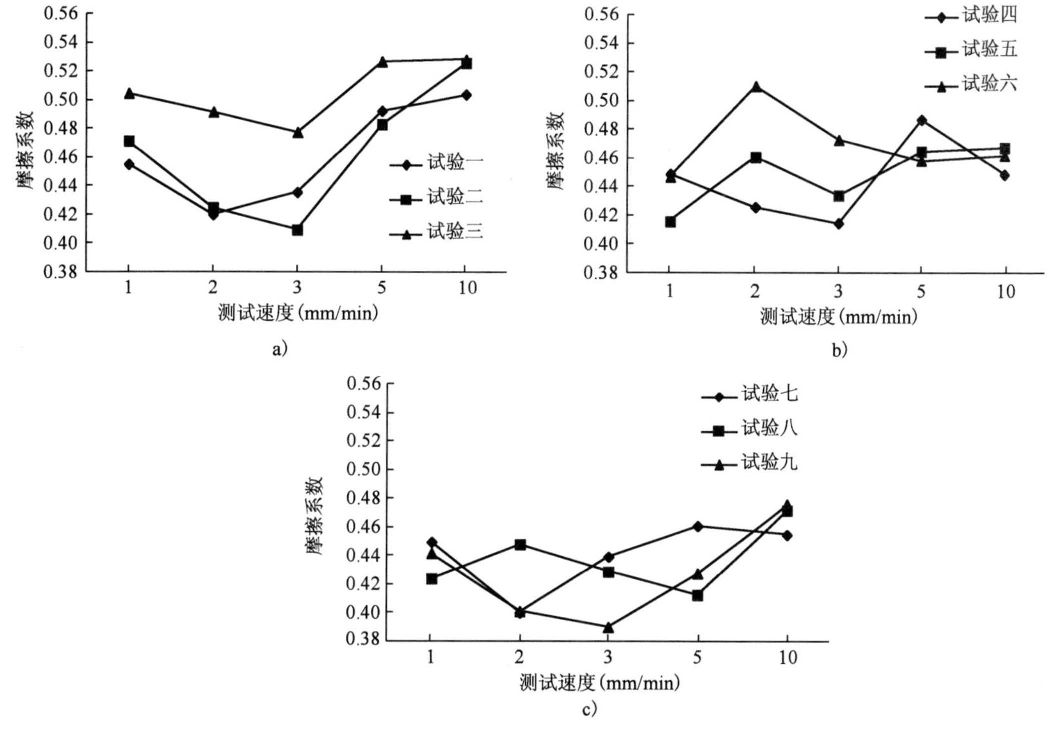

图6-13　滑动层摩擦系数—测试速度关系图

分析图6-13得出，对于不同结构参数的滑动层，测试速度对摩擦系数大小均有影响。图6-13a)中试验一～三反映出，对于细砂组成的滑动层，摩擦系数随测试速度呈现出由平缓到逐渐增大的趋势；图6-13b)中试验四～六反映出，对于中砂组成的滑动层，摩擦系数随测试速度的增大呈现出先增大，过了某一值后减小，并趋于平缓的趋势；图6-13c)中试验七～九反映出，对于粗砂组成的滑动层规律性不是很强，但摩擦系数随测试速度的增大总体呈现出由平缓到逐渐增大的趋势。对于由滑动层和路面板试件组成的弹塑性摩擦副，由于在滑动过程中由砂层和聚乙烯塑料薄膜构成的滑动层变形较大，砂颗粒与颗粒之间相互推挤滚动，所以测试速度对其摩擦系数的影响以中砂构成的滑动层为代表，表现出：随测试速度的增大，摩擦系数先增大，过了某一峰值后呈现出逐渐减小并趋于平缓的趋势。本试验选用四次多项式作为回归曲线，如图6-14所示。

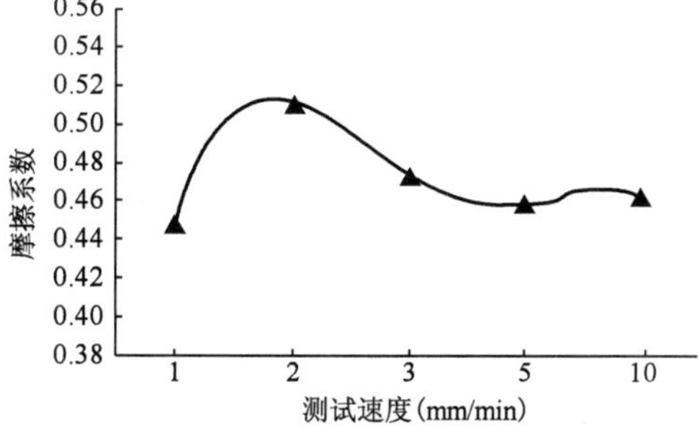

图6-14　滑动层摩擦系数—测试速度关系拟合趋势线图

其回归公式为：

$$f = -0.0018x^4 + 0.0306x^3 - 0.1773x^2 + 0.3978x + 0.001 \tag{6-9}$$

回归相关系数为 $R^2=0.9993$。

(2)砂层厚度对滑动层摩擦系数的影响

运用灰色关联技术分析得出,砂层厚度对滑动层摩擦系数的关联度为0.998,可见砂层厚度是影响其摩擦系数的一个很重要因素。试验得出砂层厚度对摩擦系数的影响如图6-15所示。

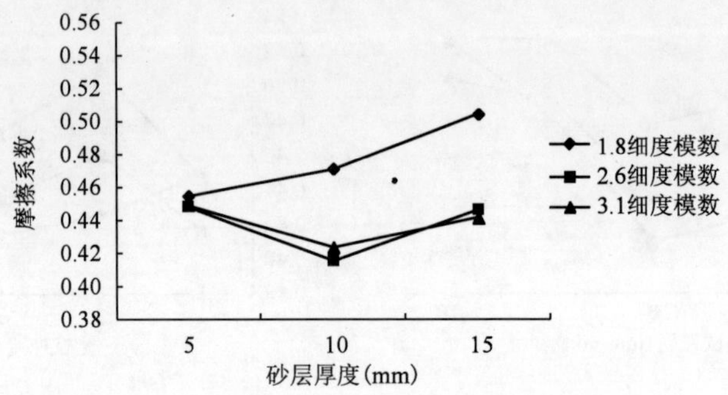

图6-15　滑动层摩擦系数—砂层厚度关系图

分析图6-15可得,对于由细砂组成的滑动层摩擦系数随砂层厚度的增加而增大;对于由中、粗砂组成的滑动层其摩擦系数随砂层厚度增加呈现出先减小后增大的趋势。由图得出中砂组成厚度为10mm的滑动层摩擦系数最小,为最佳的滑动层结构参数。此时正好符合当滑动层厚度是砂颗粒粒径三倍左右时,滑动层摩擦系数最小的理论分析。

(3)砂细度模数对滑动层摩擦系数的影响

运用灰色关联技术分析得出,砂的细度模数对滑动层摩擦系数的关联度为0.999,可见砂细度模数是影响滑动层摩擦系数的另一个重要因素。试验得出砂细度模数对摩擦系数的影响如图6-16所示。

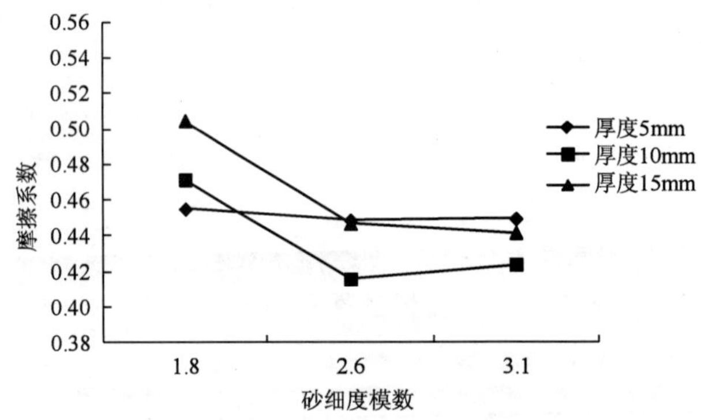

图6-16　滑动层摩擦系数—砂细度模数关系图

分析图6-16得出,对于厚度为10mm的滑动层,砂细度模数为2.6的中砂摩擦系数最小;对于厚度5mm、15mm的滑动层,砂细度模数为3.1的粗砂摩擦系数最小。综合分析得厚度为10mm,细度模数为2.6的中砂组合,得到的滑动层摩擦系数最小。

(4)聚乙烯塑料薄膜规格对滑动层摩擦系数的影响

运用灰色关联技术分析得出,聚乙烯塑料薄膜规格对滑动层摩擦系数的关联度为0.977,可见聚乙烯塑料薄膜规格也是影响滑动层摩擦系数的一个重要因素之一。试验得出聚乙烯塑料薄膜规格对摩擦系数的影响如图6-17所示。

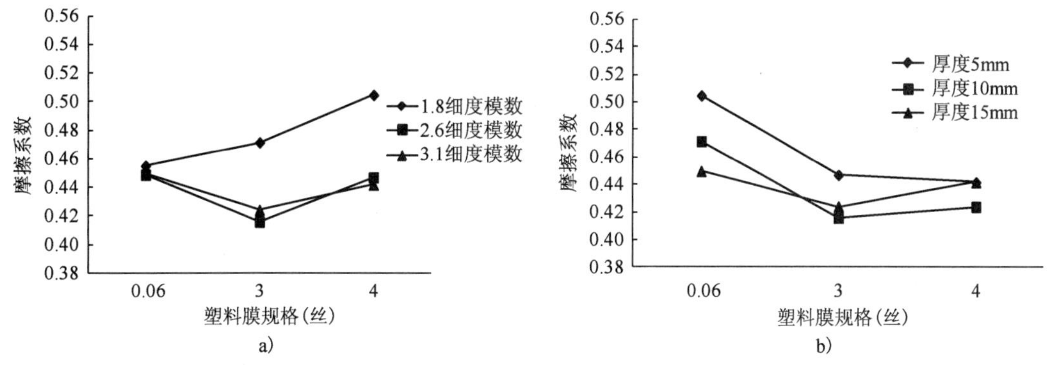

图 6-17 滑动层摩擦系数—聚乙烯塑料膜关系图

分析图 6-17 得出,对于厚度为 10mm,细度模数为 2.6 的中砂组成的滑动层,其摩擦系数随聚乙烯塑料薄膜厚度的增加呈现出先减小,过了某一峰值后又呈增大趋势。塑料膜规格取 3 丝时,得到的滑动层具有最小的摩擦系数。

总结以上试验分析得出,对于"砂层 + 聚乙烯塑料薄膜"型滑动层其摩擦系数最小的滑动层结构参数为:砂层厚度 10mm、细度模数 2.6 的中砂、聚乙烯塑料薄膜规格 3 丝。

6.4.2 "聚乙烯塑料薄膜 + 砂 + 聚乙烯塑料薄膜"型滑动层的影响

此类型滑动层,由两层聚乙烯塑料薄膜中间加砂层组成,滑动原理类似轴承转动原理,因此可能具有比"砂层 + 聚乙烯塑料薄膜"型滑动层更小的摩擦系数。

1)结构参数

此类型的滑动层结构参数同 6.4.1 中所述的"砂层 + 聚乙烯塑料薄膜"型滑动层结构参数,主要包括:滑动层厚度、聚乙烯塑料薄膜规格以及滑动层组成材料参数。砂细度模数分别为:3.1、2.6、1.8;砂层厚度,选取 5mm、10mm 和 15mm;聚乙烯塑料薄膜规格,选取 0.06 丝、3 丝、4 丝作为滑动层试验结构参数。

2)试验设计

同"砂层 + 聚乙烯塑料膜"型滑动层,选取摩擦系数最小的滑动层结构参数,作为最佳结构参数。基层选用普通旧水泥混凝土路面;路面板选用大小为 1500mm × 500mm × 200mm 的预制的普通素混凝土路面板测试试件;滑动层采用不同细度模数的普通河砂。

正交试验设计结果如表 6-13 所示。

"聚乙烯塑料薄膜 + 砂层 + 聚乙烯塑料薄膜"型滑动层正交试验设计 表 6-13

因　素	细 度 模 数	厚度(mm)	聚乙烯塑料薄膜规格(丝)
试验 1	1.8	5	4
试验 2	1.8	10	3
试验 3	1.8	15	0.06
试验 4	2.6	5	3
试验 5	2.6	10	0.06
试验 6	2.6	15	4
试验 7	3.1	5	0.06
试验 8	3.1	10	4
试验 9	3.1	15	3

3)滑动层摩擦系数的确定

分别用滑动层摩擦系数测试仪,以三个不同测试速度,测试"聚乙烯塑料薄膜+砂层+聚乙烯塑料薄膜"型滑动层最大静摩擦系数和滑动摩擦系数。测试结果如表6-14所示。

9种试验条件下滑动层最大静摩擦系数和滑动摩擦系数试验结果 表6-14

试验编号	细度模数	厚度(mm)	塑料膜规格(丝)	测试速度(mm/min)	最大静摩擦系数	滑动摩擦系数
试验一	1.8	5	4	3	0.4487	0.4177
				2	0.4382	0.4167
				1	0.4906	0.4599
试验二	1.8	10	3	3	0.4540	0.4263
				2	0.4670	0.4272
				1	0.4853	0.4484
试验三	1.8	15	0.06	3	0.4487	0.4402
				2	0.4880	0.4725
				1	0.4853	0.4777
试验四	2.6	5	3	3	0.4225	0.4001
				2	0.4461	0.4182
				1	0.3911	0.3886
试验五	2.6	10	0.06	3	0.4618	0.4322
				2	0.4487	0.4270
				1	0.4513	0.4333
试验六	2.6	15	4	3	0.4487	0.4410
				2	0.4618	0.4235
				1	0.4461	0.4399
试验七	3.1	5	0.06	3	0.4147	0.3888
				2	0.3806	0.3785
				1	0.4042	0.3886
试验八	3.1	10	4	3	0.4199	0.3983
				2	0.4382	0.4000
				1	0.4435	0.4017
试验九	3.1	15	3	3	0.4356	0.4007
				2	0.3949	0.4042
				1	0.4304	0.3995

4)影响因素分析

(1)测试速度对滑动层摩擦系数的影响

对于由"聚乙烯塑料薄膜+砂层+聚乙烯塑料薄膜"型滑动层和测试路面板试件组成的

弹塑性摩擦副,滑动速度的大小对摩擦系数的影响如图 6-18 所示。

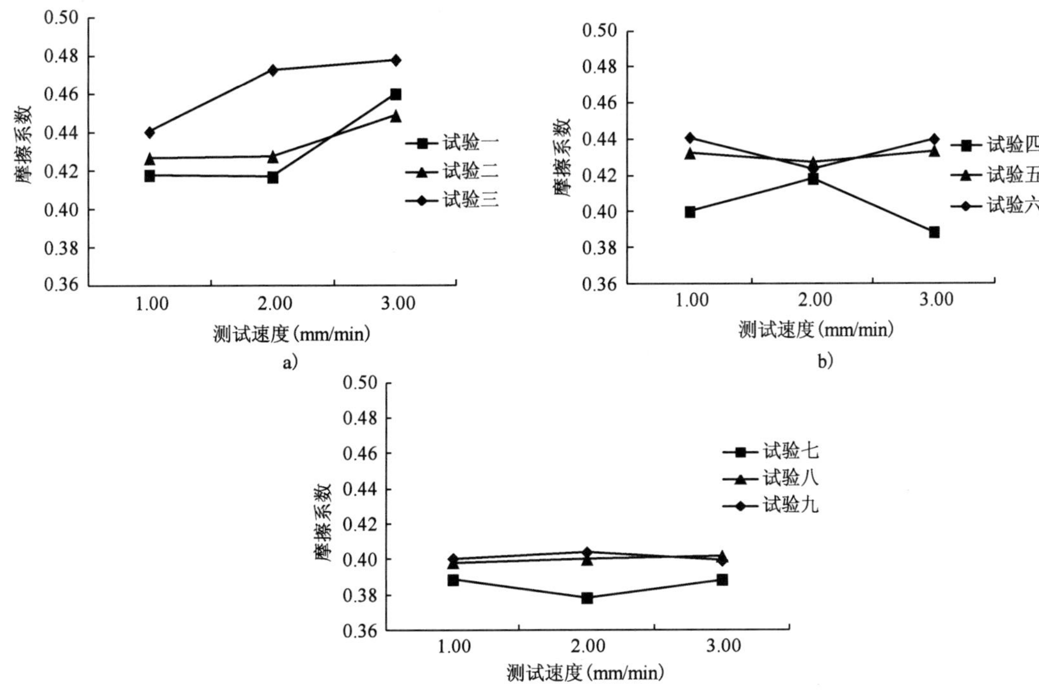

图 6-18　滑动层摩擦系数—测试速度关系图

分析图 6-18 得出,对于不同结构参数的滑动层,测试速度对所测摩擦系数大小均有影响。但是由于“聚乙烯塑料膜 + 砂层 + 聚乙烯塑料薄膜”型滑动层具有轴承效应,更加偏向于滚动摩擦范畴。测试速度对于摩擦系数的影响并不像“砂层 + 聚乙烯塑料薄膜”型滑动层那样明显。

此种滑动层测试速度对摩擦系数的影响很小,不大于 0.04。尤其粗砂组成的滑动层,由于颗粒较大,“轴承效应”明显,更加趋向于滚动摩擦范畴,所以测试速度对摩擦系数影响更小,可以忽略不计。

(2)砂层厚度对滑动层摩擦系数的影响

运用灰色关联技术分析得出,砂层厚度对滑动层摩擦系数的关联度为 0.977,可见砂层厚度是影响其摩擦系数的一个很重要的因素。由试验得出砂层的厚度对摩擦系数的影响如图 6-19 所示。

分析图 6-19 得出,滑动层厚度为 5mm 是三种厚度中所测得的摩擦系数最小,厚度 10mm 为次之,厚度 15mm 的最大。但是由于考虑到施工工艺的要求,5mm 厚度很难实现滑动层均匀摊铺,影响滑动层性能的发挥,故选取 10mm 为最佳滑动层厚度。

(3)砂细度模数对滑动层摩擦系数的影响

砂细度模数对滑动层摩擦系数的灰关联度为 0.999,说明砂的细度模数对滑动层摩擦系数影响很大,如图 6-20 所示。

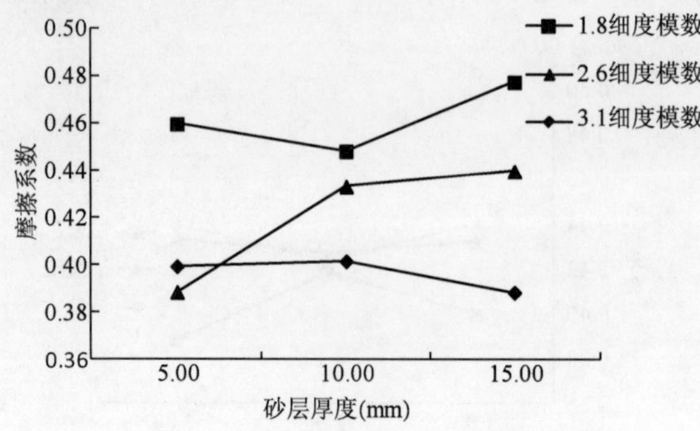

图 6-19　滑动层摩擦系数—砂层厚度关系图

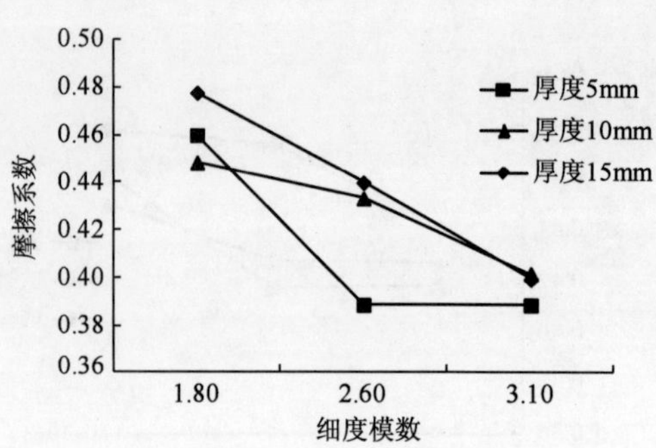

图 6-20　滑动层摩擦系数—砂细度模数关系图

分析图 6-20 得出,对于厚度为 10mm 的滑动层,细度模数为 3.1 的粗砂摩擦系数最小,细度模数为 2.6 的中砂次之,细度模数为 1.8 的细砂最大;但是由于细度模数为 3.1 的粗砂,颗粒较大,厚度又薄,摊铺均匀性受限。综合考虑施工工艺要求及试验结果,最终选取细度模数 2.6 的中砂作为最佳的结构层参数。

(4)聚乙烯塑料薄膜规格对滑动层摩擦系数的影响

聚乙烯塑料膜规格对滑动层摩擦系数的灰关联度为 0.975,可见聚乙烯塑料膜规格也是影响滑动层摩擦系数的另一个重要的因素,如图 6-21 所示。

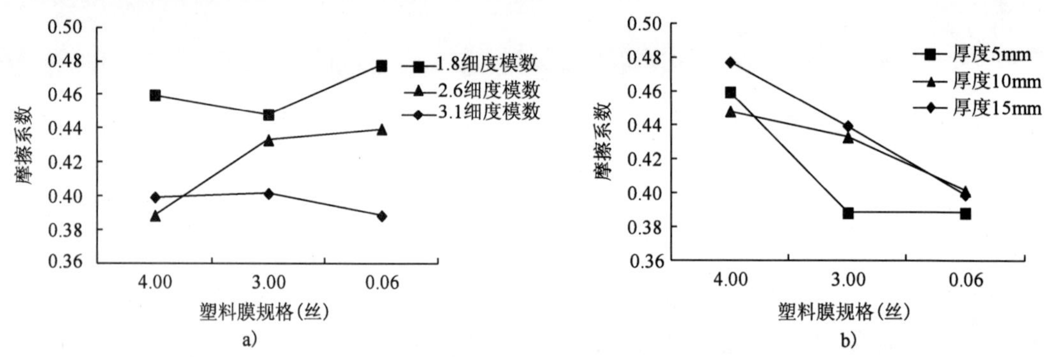

图 6-21　滑动层摩擦系数—聚乙烯塑料薄膜关系图

分析图 6-21 得出,对于细度模数为 2.6 的中砂,4 丝的聚乙烯塑料薄膜对应的摩擦系数最小,3 丝的聚乙烯塑料膜对应的摩擦系数次之,0.06 丝的最大。对于厚度为 10mm,0.06 丝的聚乙烯塑料膜最小,3 丝的次之,4 丝的最大。但是 0.06 丝的聚乙烯塑料膜由于太薄,施工绑扎钢筋时容易破裂,4 丝的聚乙烯塑料膜价格要比 3 丝的贵很多,出于经济和施工工艺两方面综合考虑,决定选取 3 丝的塑料膜作为最佳聚乙烯塑料薄膜规格。

总结以上试验分析,得出对于"聚乙烯塑料膜 + 砂层 + 聚乙烯塑料薄膜"型滑动层摩擦系数最小的滑动层结构参数为:砂层厚度 10mm、细度模数 2.6 的中砂、聚乙烯塑料薄膜规格 3 丝。

6.4.3　"砂 + 水泥 + 聚乙烯塑料薄膜"型滑动层的影响分析

"砂 + 水泥 + 聚乙烯塑料膜"型滑动层,由于掺有水泥,在毛细水作用下,强度会随时间缓慢增长。本节试验在6.4.1、6.4.2节中确定的滑动层最优结构参数的基础上，欲通过掺加水泥和变化水泥掺量来实现斜向预应力混凝土路面对滑动层其功能要求。

1）结构参数

"砂＋水泥＋聚乙烯塑料膜"型滑动层，结构参数主要包括：滑动层厚度、聚乙烯塑料薄膜规格以及滑动层组成材料参数。此类滑动层组成材料参数，主要是砂细度模数和水泥掺量。

砂细度模数取2.6的中砂，砂层厚度取值10mm，聚乙烯塑料薄膜规格取3丝，水泥剂量为：3%、6%、9%。

2）试验设计

基层选用普通旧水泥混凝土路面，为了模拟实际路面板的成型过程对滑动层摩擦系数的影响，采用现浇路面板试件的方式，滑动层用普通河砂，水泥掺量分别为3%、6%、9%的滑动层总质量。

水泥水化反应与滑动层含水率有密切联系，因此必须考虑滑动层含水率对其摩擦系数的影响。滑动层中的水主要来源于施工时渗入的水及由基层蒸发上来的毛细水。自然条件下，影响滑动层含水率的因素众多，难以控制其含水率。为了研究含水率对滑动层摩擦系数的影响，本研究在基层顶面铺设一层0.06丝厚超薄塑料薄膜，在塑料薄膜上喷洒不同剂量的水，然后铺设滑动层，以此来模拟在毛细水作用下水泥发生固化反应后对滑动层摩擦系数的影响。

针对不同的水泥掺量，取0.4的水灰比确定喷洒水用量。模拟在毛细水和施工渗入水分的作用下，滑动层中水泥完全发生水化反应，对滑动层摩擦系数的影响。

一天之中分四次测试环境温度（10am，2pm，6pm、10pm），通过环境温度的测试来观测温度对水泥水化反应的影响。

试验设计结果如表6-15所示。

"砂层＋水泥＋聚乙烯塑料薄膜"型滑动层试验设计　　表6-15

因　素	细度模数	厚度（mm）	聚乙烯塑料薄膜规格（丝）	水泥掺量（%）
试验1	2.6	10	3	3
试验2	2.6	10	3	6
试验3	2.6	10	3	9

3）滑动层摩擦系数的确定

三种不同水泥掺量下，滑动层分别在1d、7d、28d时的最大静摩擦系数和滑动摩擦系数的试验结果如表6-16所示。其变化曲线如图6-22所示。

三种试验条件下滑动层最大静摩擦系数和滑动摩擦系数试验结果　　表6-16

试验编号	细度模数	厚度（mm）	塑料膜规格（丝）	水泥掺量（%）	测试时间（d）	最大静摩擦系数	滑动摩擦系数
试验一	2.6	10	3	3	1	0.6283	0.5020
					7	0.4267	0.4401
					28	0.5419	0.4553

续上表

试验编号	细度模数	厚度 (mm)	塑料膜规格 (丝)	水泥掺量 (%)	测试时间 (d)	最大静 摩擦系数	滑动摩擦系数
试验二	2.6	10	3	6	1	0.6702	0.5524
					7	0.4171	0.4084
					28	0.5000	0.4492
试验三	2.6	10	3	9	1	0.6361	0.5465
					7	0.5471	0.5210
					28	0.5288	0.5076

分析表6-16和图6-22得出，三种不同的试验条件下，摩擦系数均呈现出随时间先增大，到达某一峰值后略有减小，然后趋于平缓的变化趋势。

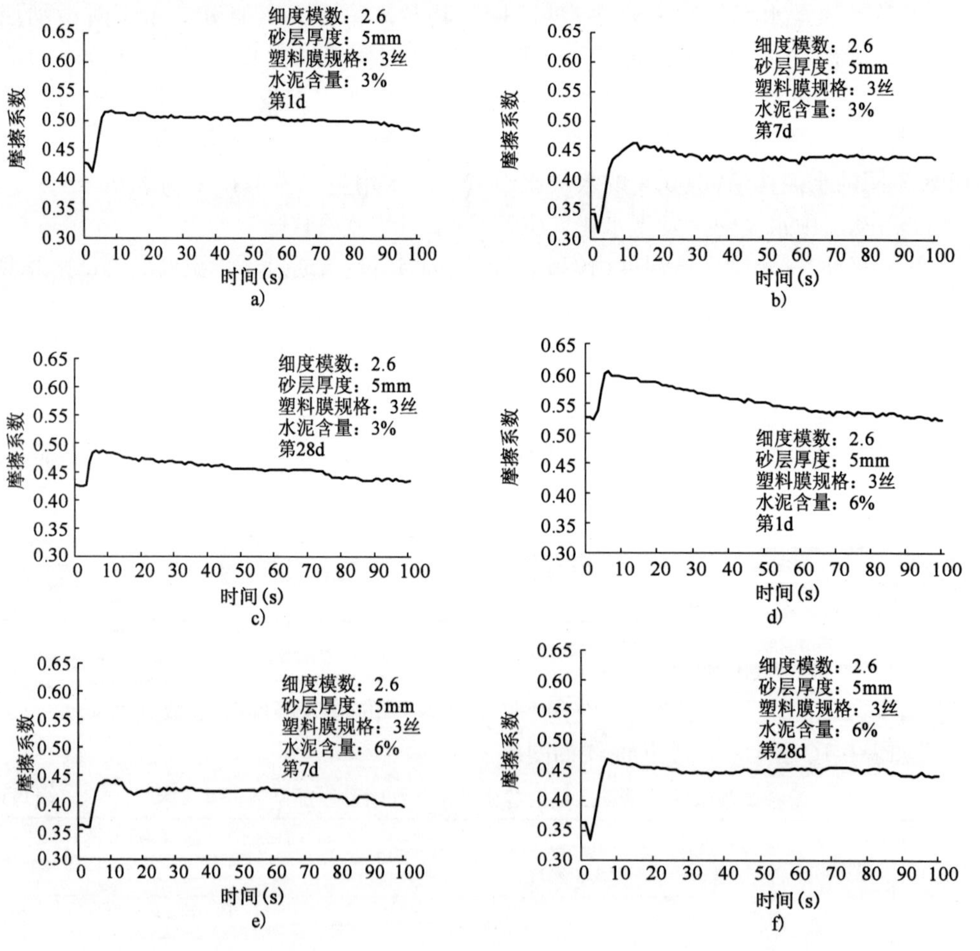

图 6-22

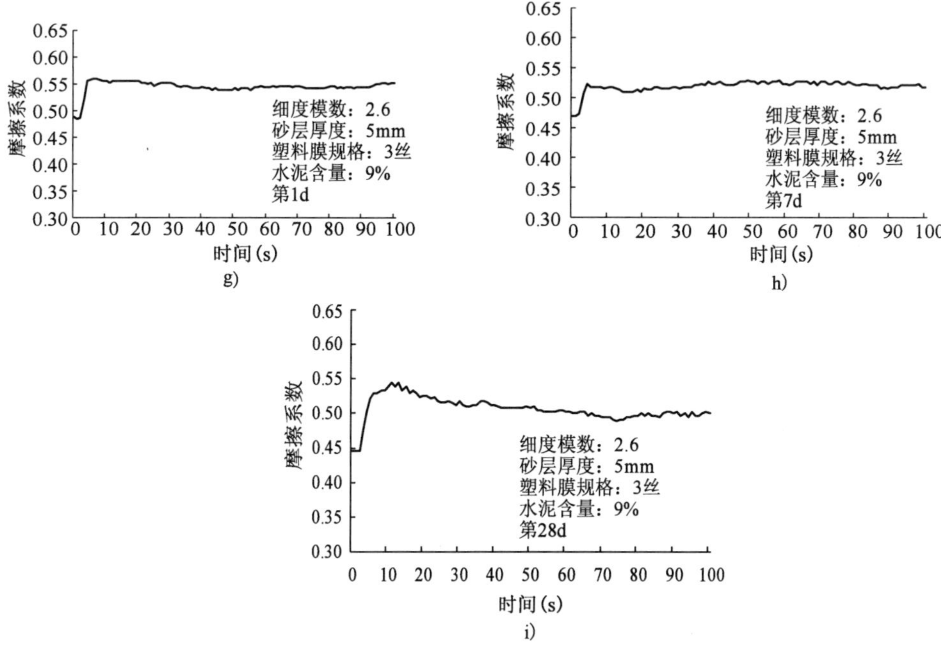

图6-22　三种条件不同时间滑动层摩擦系数随时间的变化曲线图

4）水泥掺量对滑动层摩擦系数的影响

水泥掺量对滑动层摩擦系数的影响如图6-23所示。

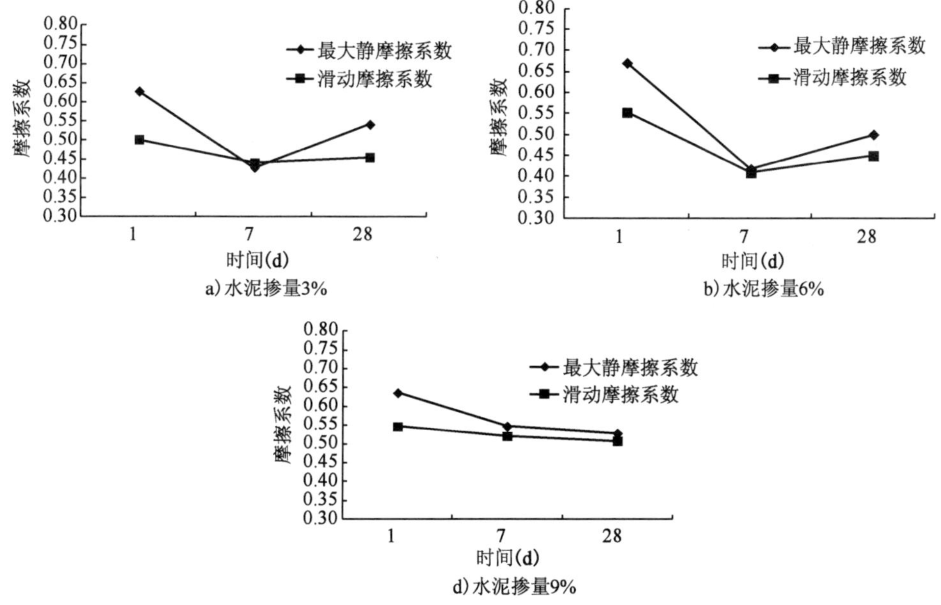

图6-23　不同水泥掺量下滑动层摩擦系数随时间的变化曲线图

分析图6-23得出，对于“砂层＋水泥＋聚乙烯塑料薄膜”型滑动层，在水泥掺量为3%和6%时，滑动层摩擦系数随时间呈现出先减小后增大的趋势；在水泥掺量为9%时，滑动层摩擦系数呈现先减小后趋于平缓稳定的状态。

水泥掺量在3%和6%时，不足以在砂颗粒之间形成贯通连接的填充，因此毛细水不会在短时间内与全部水泥发生水化反应。随着时间的延长，毛细水上升，逐渐与砂颗粒之间剩余的水泥发生水化反应，形成强度，所以3%、6%水泥掺量的滑动层在后期(28d)，其强度呈现增大的趋势。

但是对于掺量为9%的滑动层，水泥掺量大，在砂颗粒之间形成贯通连接的水泥填充。随毛细水上升，水泥完全发生水化反应，滑动层短时间内形成板体结构，初期摩擦系数大。一旦发生位移滑动，破坏了滑动层初期形成的板体结构，摩擦系数减小。由于水泥已全部或大部分发生水化反应，所以水泥掺量为9%时，滑动层后期强度增长不明显。

结合斜向预应力混凝土路面滑动层摩擦系数的要求，即在张拉施加预应力时滑动系数要小，后期摩擦系数要大的特征。选取3%水泥掺量作为“砂层+水泥+聚乙烯塑料薄膜”型滑动层最佳水泥掺量。

6.4.4 “细粒沥青混合料+聚乙烯塑料薄膜”滑动层的影响

为了适应斜向预应力混凝土路面滑动层的特征，试验试图利用细粒废旧沥青混合料代替砂粒作为滑动层，达到滑动系数先小后大并能使材料循环利用的目的。试验中主要确定“细粒沥青混合料+聚乙烯塑料薄膜”型滑动层最佳铺设厚度，以及温度对“细粒沥青混合料+聚乙烯塑料膜”型滑动层的影响。

1)结构参数

“细粒沥青混合料+聚乙烯塑料薄膜”型滑动层，结构参数主要包括：滑动层厚度、聚乙烯塑料薄膜规格以及滑动层组成材料的参数。对于“细粒沥青混合料+聚乙烯塑料膜”型滑动层组成材料的参数，主要是细粒沥青混合料细度模数和沥青含量。

废旧沥青混合料颗粒越小，表面废旧沥青裹覆越均匀。本研究选取细粒沥青混合料的细度模数为2.0；厚度5mm、10mm两种；取3丝厚的聚乙烯塑料薄膜。选用同一种废旧沥青混合料作原料进行研究，排除沥青含量对滑动层摩擦系数的影响。

2)试验设计

基层选用普通旧水泥混凝土路面；在基层上面铺设滑动层，然后在铺设好的滑动层上浇筑测试路面板试件，滑动层用细粒沥青混合料细度模数取2.0，厚度取5mm、10mm，聚乙烯塑料薄膜规格取3丝。

温度对“细粒沥青混合料+聚乙烯塑料膜”型滑动层功能的发挥影响很大，因此在试验中采取以下两种措施测定温度对“细粒沥青混合料+聚乙烯塑料膜”型滑动层摩擦系数的影响：

(1)遮阳：露天铺设滑动层，并浇筑路面板试件；

(2)不遮阳：在厂棚里面铺设滑动层，并浇筑路面板试件。

一天之中分四次(10am,2pm,6pm、10pm)，分别记录室内和室外测试路面板试件的环境温度，通过环境温度的测试来观测温度对“细粒沥青混合料+聚乙烯塑料膜”型滑动层摩擦系数的影响。试验设计结果如表6-17所示。

"细粒沥青混合料 + 聚乙烯塑料薄膜"型滑动层试验设计　　表 6-17

因　素	细度模数	厚度(mm)	聚乙烯塑料膜规格(丝)	温　度
试验 1	2.0	5	3	不遮阳
		10	3	
试验 2	2.0	5	3	遮阳
		10	3	

3)滑动层摩擦系数的确定

两种温度条件下,不同厚度的滑动层最大静摩擦系数和滑动摩擦系数试验结果如表 6-18 和图 6-24 所示。

两种试验条件下不同时间滑动层最大静摩擦系数和滑动摩擦系数试验结果　　表 6-18

试验编号	温度条件	细度模数	厚度(mm)	塑料膜规格(丝)	测试时间(d)	最大静摩擦系数	滑动摩擦系数
试验一	不遮阳	2.0	5	3	1	0.7728	0.6665
					7	0.7466	0.6547
					28	0.7545	0.654
		2.0	10	3	1	0.7466	0.6655
					7	0.7257	0.6417
					28	0.7466	0.6456
试验二	遮阳	2.0	5	3	1	0.6702	0.6076
					7	0.6702	0.584
					28	0.6545	0.563
		2.0	10	3	1	0.6204	0.5857
					7	0.6414	0.5865
					28	0.6754	0.6063

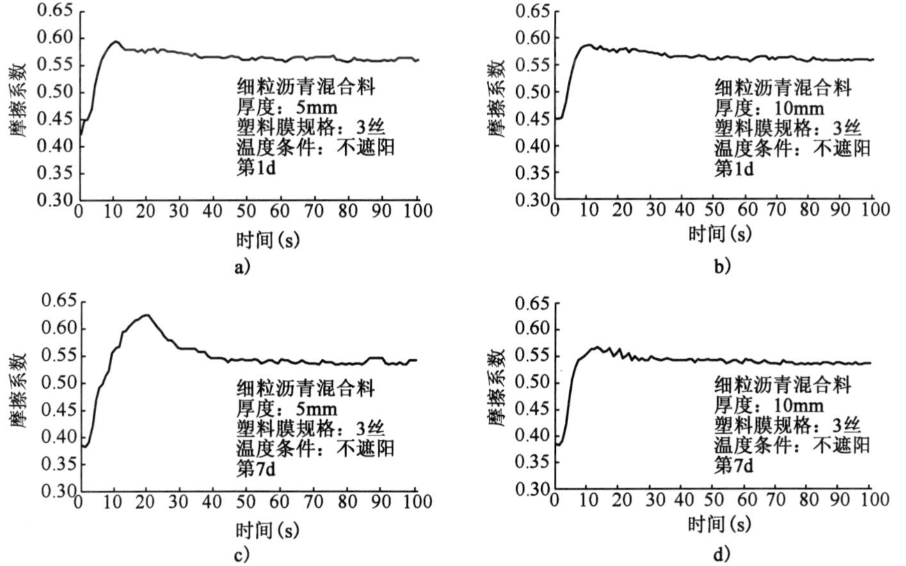

图　6-24

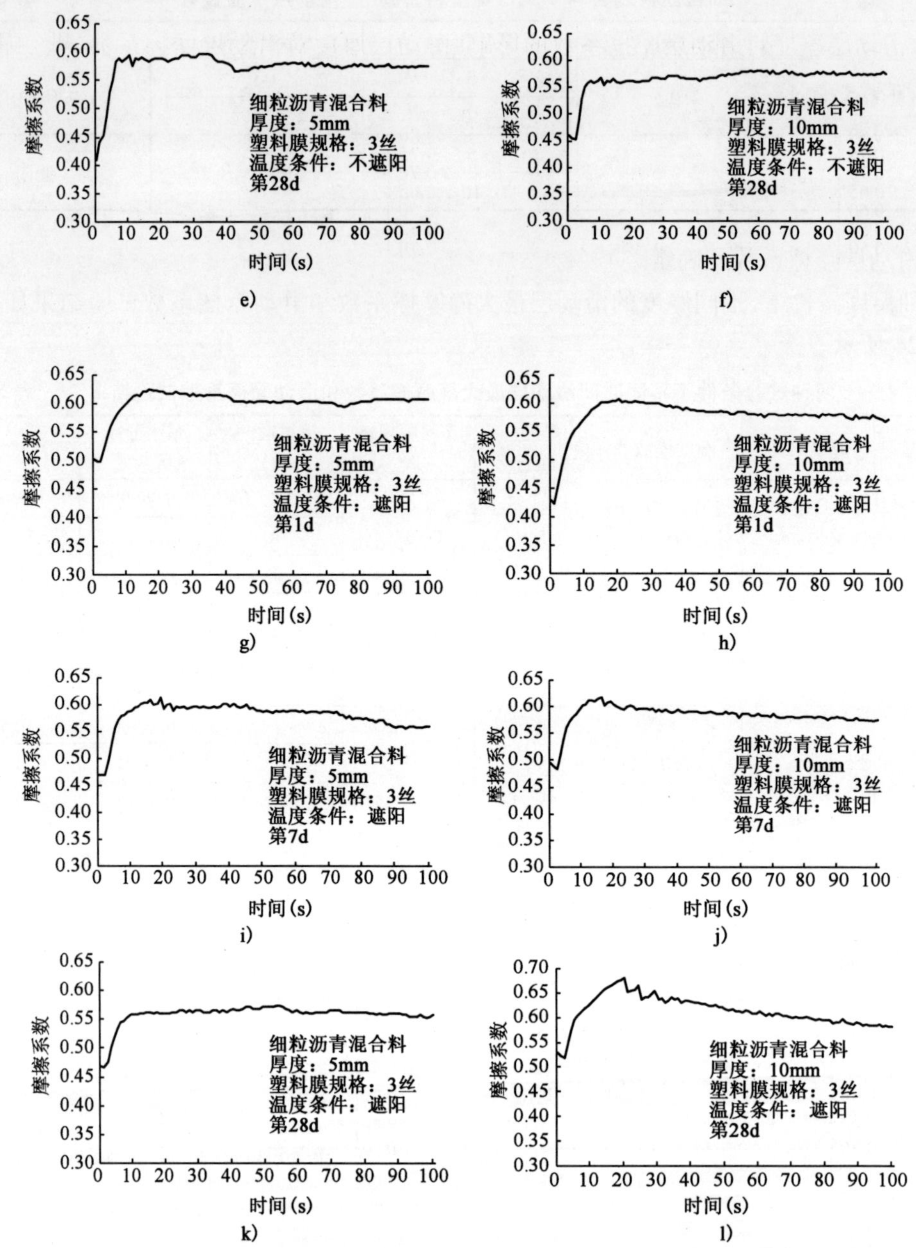

图 6-24　四种条件不同时间滑动层摩擦系数随时间的变化曲线图

分析图 6-24 得出，两种不同的温度试验条件下，摩擦系数均呈现出随时间先增大，到达某一峰值后略有减小，然后趋于平缓稳定的变化趋势。但是在试验二遮阳条件下，测得的最大静摩擦系数的峰值不是很明显。

在遮阳条件下，“细粒沥青混合料 + 聚乙烯塑料薄膜”型滑动层最大静摩擦系数与滑动摩擦系数较为接近，这是由于遮阳条件下温度较低，“细粒沥青混合料 + 聚乙烯塑料薄膜”型滑动层板体结构发展缓慢。

4)影响因素分析

(1)滑动层厚度对滑动层摩擦系数的影响:滑动层厚度对滑动层摩擦系数的影响曲线如图6-25所示。

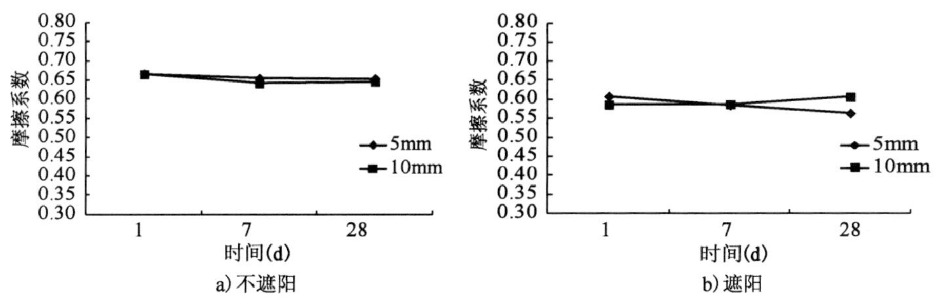

图6-25　不同温度条件下滑动层厚度对摩擦系数的影响

分析图6-25得出,对于"细粒沥青混合料+聚乙烯塑料薄膜"型滑动层,滑动层摩擦系数随厚度的变化不是很明显,5mm滑动层与10mm滑动层摩擦系数值很接近。

主要由于废旧沥青混合料的细度模数较小,对于2.0细度模数5mm厚已经能够满足三倍集料颗粒粒径的要求,其滑动性能已达到了最佳值,再增加厚度到10mm,滑动性能的提升不是很明显。

(2)时间对滑动层摩擦系数的影响

两种试验条件下,滑动层摩擦系数随时间的变化关系如图6-26所示。

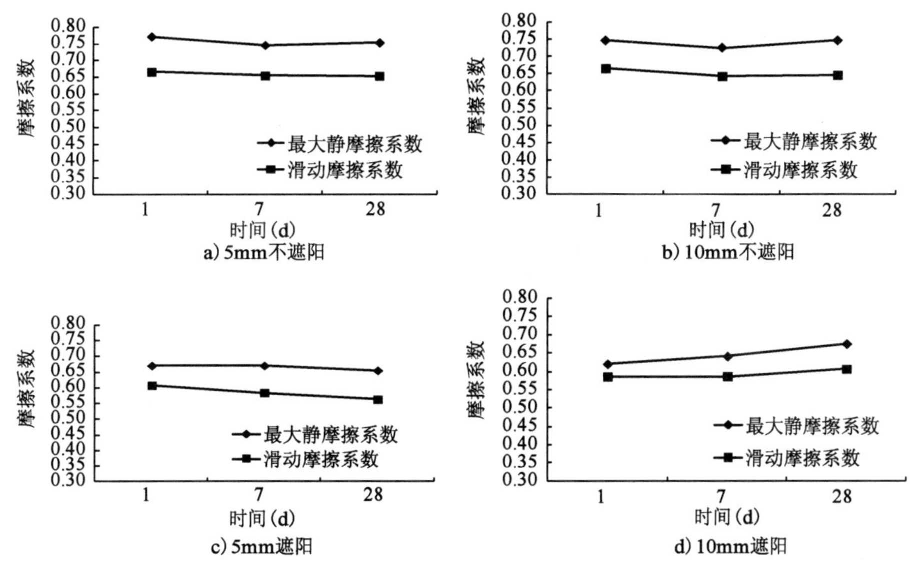

图6-26　滑动层摩擦系数随时间的变化曲线图

分析图6-26得出,对于"细粒沥青混合料+聚乙烯塑料薄膜"型滑动层,摩擦系数随时间的变化不是很大。

两种试验条件下,1d的摩擦系数均较大,主要是由于路面板试件浇筑过程中与滑动层之间形成一定的初期构造。在第一次测量之后破坏了这种初期构造结构,同时温度及路面板荷

载的作用缓慢,不能使废旧沥青混合料重新产生板体结构,所以7d的摩擦系数较1d的小。除5mm(遮阳)条件以外,其他三种条件下,28d摩擦系数均有所增长,但是增长缓慢。主要是由于废旧沥青混合料中沥青的含量较小,加之老化严重,所以在温度和路面板荷载的作用下,废旧沥青混合料中旧沥青重新构筑滑动层板体结构的性能较低,呈现出滑动层摩擦系数增长缓慢的趋势。

(3)温度对滑动层摩擦系数的影响

环境温度变化如图6-27所示。由图6-27可以看出,遮阳环境的日最高气温低于不遮阳环境的日最高气温,遮阳环境的日最低气温高于不遮阳环境的日最低气温。总体来讲,日最高气温不遮阳的环境比遮阳的环境高2℃左右,日最低气温不遮阳的环境比遮阳的环境低1℃左右。

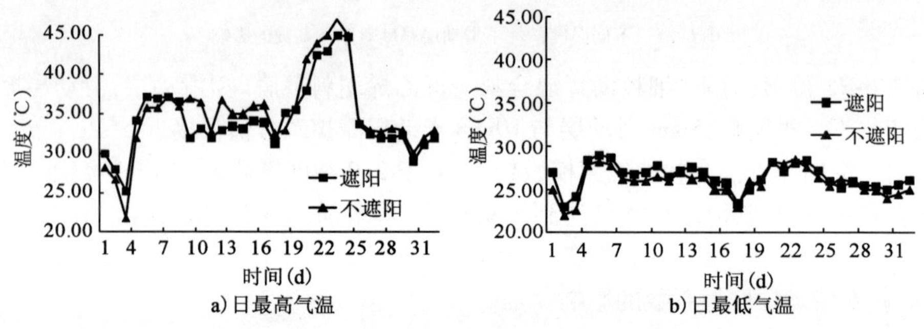

图6-27 环境温度随时间的变化曲线

环境温度的不同反映到对滑动层摩擦系数的影响如图6-28所示。

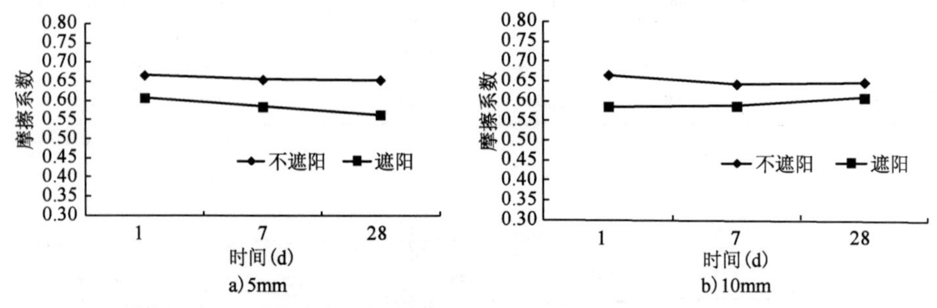

图6-28 环境温度对摩擦系数的影响图

分析图6-28得出,在两种不同厚度的条件下,各时间段测得的滑动层摩擦系数,不遮阳环境中比遮阳环境中高0.1左右,说明温度对"细粒沥青混合料+聚乙烯塑料薄膜"型滑动层摩擦系数的形成影响较大。

6.5 基层类型对滑动层摩擦系数的影响

斜向预应力混凝土路面用于新建路面及旧路改建加铺路面。新建路面基层一般为水泥稳定半刚性基层;旧路改建基层主要有旧沥青路面和旧水泥混凝土路面两种。每种类型的基层表面构造不同,对滑动层有效厚度及滑动层与基层的黏结整体性的影响不同,因此必须考虑基层类型对滑动层摩擦系数的影响。本节试验在三种不同类型的基层上铺设同种滑动层,利用自行研发的“斜向预应力混凝土路面滑动层摩擦系数”测试仪,测试每种基层上的滑动层摩擦系数,研究基层类型对滑动层摩擦系数的影响。

6.5.1 半刚性基层对滑动层摩擦系数的影响

目前水泥稳定碎石半刚性基层在高等级路面中应用较多,本试验中选用具有代表性的水泥稳定碎石基层研究半刚性基层对滑动层摩擦系数的影响。

1)试验设计

基层选用水泥稳定碎石基层;在已铺设好的滑动层上浇筑大小为1500mm×500mm×200mm路面板试件。滑动层采用细度模数为2.6的中砂,铺设厚度为10mm,其上铺设3丝规格的聚乙烯塑料薄膜。

试验设计结果如表6-19所示,试验1和试验2为平行试验。

半刚性基层对滑动层摩擦系数影响试验设计 表6-19

因　素	砂细度模数	厚度(mm)	聚乙烯塑料薄膜规格(丝)	基层类型
试验1	2.6	10	3	水泥稳定碎石
试验2	2.6	10	3	水泥稳定碎石

2)滑动层摩擦系数确定

半刚性基层上铺设的滑动层摩擦系数测试结果如表6-20所示。

半刚性基层上铺设的滑动层最大静摩擦系数和滑动摩擦系数试验结果 表6-20

试　验	砂细度模数	厚度(mm)	塑料膜规格(丝)	基层类型	最大静摩擦系数	滑动摩擦系数
1	2.6	10	3	水泥稳定碎石	0.4607	0.4365
2	2.6	10	3	水泥稳定碎石	0.5288	0.4396
均值	2.6	10	3	水泥稳定碎石	0.4948	0.4381

6.5.2 旧沥青路面基层的影响分析

在旧沥青混凝土路面上加铺斜向预应力水泥混凝土路面,是一种消除沥青混凝土路面车辙、开裂等病害的有效途径。因此本试验对旧沥青路面作为基层对滑动层摩擦系数的影响进行了试验研究。

1)试验设计

基层选用普通旧沥青混凝土路面;在已铺设好的滑动层上浇筑大小为1500mm×500mm×200mm路面板试件。滑动层采用细度模数为2.6的中砂,铺设厚度为10mm,其上铺设3丝规格的聚乙烯塑料薄膜。试验设计结果如表6-21所示。

旧沥青路面基层对滑动层摩擦系数影响试验设计　表 6-21

因　素	砂细度模数	厚度(mm)	聚乙烯塑料薄膜规格(丝)	基层类型
试验 1	2.6	10	3	旧沥青混凝土路面
试验 2	2.6	10	3	旧沥青混凝土路面

2)滑动层摩擦系数的确定

旧沥青路面基层上铺设的滑动层摩擦系数测试结果如表 6-22 所示。

旧沥青路面基层上滑动层最大静摩擦系数和滑动摩擦系数试验结果　表 6-22

试　验	砂细度模数	厚度(mm)	塑料膜规格(丝)	基层类型	最大静摩擦系数	滑动摩擦系数
1	2.6	10	3	水泥稳定碎石	0.5026	0.4994
2	2.6	10	3	水泥稳定碎石	0.5131	0.5085
均值	2.6	10	3	水泥稳定碎石	0.5079	0.5040

旧沥青路面基层上铺设的滑动层摩擦系数的变化出现局部紊乱现象,主要是由于旧沥青路面类基层具有较大的构造深度,对滑动层的实际厚度产生了较大影响,导致摩擦系数随时间变化出现局部紊乱的现象。但是其总体趋势还是符合常规塑性摩擦副摩擦系数的变化趋势。

6.5.3　基层类型对滑动层摩擦系数的影响分析

不同基层类型对滑动层摩擦系数的影响,如图 6-29 所示。

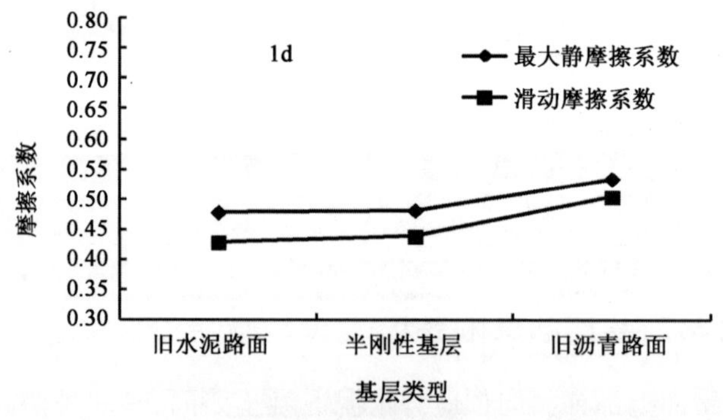

图 6-29　滑动层摩擦系数随基层类型变化图

分析图 6-29 可知,在旧水泥路面基层、半刚性基层及旧沥青路面基层上铺设的滑动层,其摩擦系数依次增大。

三种不同类型的基层,表面构造深度逐次增大,得到的滑动层摩擦系数也呈现出依次变大的趋势。因为滑动层铺设厚度较薄,基层表面构造深度直接影响到滑动层的实际有效厚度,当有效厚度小于最佳厚度时,滑动层初期摩擦系数变大;同时基层表面构造深度越大,滑动层与基层之间的黏结性越强，滑动层初期摩擦系数就越大。当基层表面构造导致滑动层实际有效厚度小于 10mm 时，滑动层铺设初期的摩擦系数也变大。

通过以上三种试验数据说明，试验选取的旧水泥路面、半刚性基层及旧沥青路面作为斜向预应力混凝土路面基层时，此种类型的滑动层最佳厚度选取 10mm 是合理的，得到的滑动层初期摩擦系数最小。

第 7 章　斜向预应力混凝土路面材料组成及要求

斜向预应力混凝土路面主要组成材料是水泥混凝土和预应力筋，其结构组成是以水泥混凝土材料的高抗压特性和预应力筋的高抗拉特性来实现路面承载力的提高和耐久性的增强。根据斜向预应力混凝土路面材料应用的目的与需求，路面材料需要保障路面能够满足强度、刚度的需求，还要具有较高的稳定性和耐久性。

路面混凝土原材料性能和配合比是决定路面性能的重要因素。斜向预应力混凝土路面是通过原材料良好的质量、合适的配合比来满足混凝土路面设计强度和性能要求。因此，路面混凝土原材料选择、原材料性能要求的有效执行、路面混凝土原材料配合比设计与执行是关系到路面混凝土施工质量、路面设计标准实现的重要途径。

7.1　斜向预应力混凝土路面混凝土材料要求

7.1.1　水泥

水泥是斜向预应力混凝土路面混凝土中最重要的原材料之一，斜向预应力混凝土路面中水泥技术性能不需要特殊要求。但应具备路面混凝土用水泥的基本技术性质：

(1)从施工性能方面考虑，水泥应选择标准稠度用水量低、颗粒大小分布合理，比表面积在 300 ~ 350m^2/kg，外掺料为活性矿物的混凝土水泥。水泥初凝时间大于 60min，终凝时间不晚于 10h[15]。

(2)从承载能力方面考虑：水泥应选用抗折强度高的，在特重和重交通等级条件下，水泥强度等级应高于 42.5，其 28d 抗折强度应高于 7.5MPa；而对于中等和轻交通水泥强度等级应高于 32.5，28d 抗折强度应高于 7.0MPa。

(3)从耐久性方面考虑，一般水泥的选用应符合以下要求[16]：为了防止塑性收缩开裂，散装水泥的出厂温度应低于 60℃；水泥中使用的石膏宜为天然石膏，并且在各种温度下，与外加剂要有良好的相容性；有抗冻性要求的地区，特别是用除冰盐融冰的环境下，水泥中不得掺入非活性混合材料，如窑灰、石灰石粉和性能变化较大的火山灰等；水泥收缩率小，出厂时用雷氏夹法检验其安定性必须合格；水泥中的游离 CaO 含量小于 1.0%，碱含量小于 0.6%（对于中型和轻型交通等级路面，无冻融环境和不使用碱活性集料时可放宽到 1.0%）。

在耐久性要求较高的场合，水泥中 C_3A 含量不宜超过 7%，特别是特重及重交通等级路面对耐磨性有更高的要求时，水泥中 C_4AF 含量不宜低于 15%。

水泥各项指标必须满足规范《公路水泥混凝土路面施工技术细则》(JTG/T F30—2014)的

要求,具体要求见表7-1。

不同交通等级路面水泥的化学成分和物理指标 表7-1

水泥性能	特重、重交通路面	中、轻交通路面
铝酸三钙	不宜>7.0%	不宜>9.0%
铁铝酸四钙	不宜<15%	不宜<12%
游离氧化钙	不得>1.0%	不得>1.5%
氧化钙	不得>5.0%	不得>6.0%
三氧化硫	不得>3.5%	不得>4.0%
混合材种类	不得掺窑灰、煤矸石、火山灰和黏土,有抗盐冻要求时不得掺石灰、石粉	不得掺窑灰、煤矸石、火山灰和黏土,有抗盐冻要求时不得掺石灰、石粉
出磨时安定性	雷氏夹或蒸煮法检验必须合格	蒸煮法检验必须合格
标准稠度需水量	不宜>28%	不宜>30%
烧失量	不得>3.0%	不得>5.0%
比表面积	宜在300~350m^2/kg	宜在300~450m^2/kg
细度(80μm)	筛余量不得>10%	筛余量不得>10%
初凝时间	不早于1.5h	不早于1.5h
终凝时间	不迟于10h	不迟于10h

斜向预应力混凝土路面水泥除应满足表7-1的指标外,为防止昼夜温差过大引起的路面混凝土开裂,应提前施加斜向预应力,还应尽量选取早期抗压强度高水化热较小的水泥。

7.1.2 集料

1)粗集料

(1)施工中为达到减少离析的目的,粗集料公称最大粒径(NMPS)的选取要求是:对于碎石不大于31.5mm,碎卵石不大于26.5mm,卵石不大于19mm。粗集料应按2~4个粒级分级生产且级配良好。

(2)粗集料的技术指标应符合《公路水泥混凝土路面施工技术细则》(JTG/T F30—2014)的要求,对于特重和重交通等级公路,应不低于Ⅱ级,对于中等及轻交通,不低于Ⅲ级。粗集料级配关键筛孔及最佳用量如表7-2所示。

粗集料级配关键筛孔(KPS)及最佳用量 表7-2

NMPS(mm)	31.5	26.5	19.0
关键筛孔KPS(mm)	26.5	19.0	16.0
最佳用量(%)	30	30	40

(3)从耐久性方面考虑,粗集料还应符合以下要求:

对特重和重交通等级路面,以及高抗裂性和耐久性要求的场合,NMPS不大于26.5mm。应特别重视粗集料级配设计及颗粒形状的要求,为限制混凝土的单位用水量及单位水泥用量以改善混凝土的耐久性,粗集料的空隙率不应超过40%。

在严寒和寒冷地区,粗集料的压碎指标不大于10%,针片状含量不大于5%,吸水率应不大于1%;在微冻及不使用除冻盐融冰地区,粗集料的压碎指标应不大于12%,吸水率小于2%。

潮湿或干湿交替环境,在使用粗集料前,应判断其是否具有潜在活性,并应进行专门验证核实。

道路混凝土用粗、细集料的技术标准建议值可见表7-3。粗、细集料应符合国家现行标准《公路工程集料试验规程》(JTG E42—2005)和《公路水泥混凝土路面施工技术细则》(JTG/T F30—2014)的有关规定。

道路混凝土用粗、细集料的技术标准建议值　　表7-3

项目＼公路等级		高速公路、一级公路	二级公路及有抗冻性要求的三、四级公路	三、四级公路及等外公路
NMPS(mm)		≤26.5(19.0~26.5最佳)	≤31.5	≤31.5
压碎值(%)	碎石	<10	<15	<20
	碎卵石	<12	<14	<16
	机制砂	<10	<15	<15
针、片状颗粒含量(%)	针状	<9	<9	<12
	片状	<6	<6	<8
吸水率(%)		<1	<2	<3
砂含泥量(%)		<2	<3	<3
机制砂石粉含量(%)		<2	<4	<8

从工作性方面来讲,增大粗集料的公称最大粒径有利于改善道路水泥混凝土的坍落度,但随着公称粒径的增大,混凝土的离析泌水趋于明显,影响道路混凝土的均质性、耐磨性;增大公称最大粒径还将导致道路混凝土的抗弯拉强度降低,当公称最大粒径大于26.5mm时,抗弯拉强度降低较明显;而且粗集料公称粒径增大,道路水泥混凝土的压折比逐渐增大,说明道路水泥混凝土的刚度增大,脆性断裂的可能性增加[17]。

综合考虑,斜向预应力混凝土路面混凝土配合比设计粗集料公称最大粒径宜选取为26.5mm。

2)细集料

(1)从路用性能方面考虑,应选用细度模数为2.0~3.0的河砂。

(2)砂的级配范围应符合《公路水泥混凝土路面施工技术细则》(JTG/T F30—2014)的要求。对于特重和重交通,应选用中粗砂,对于中等及轻交通,可选用粗砂和细砂。关键筛孔及含量应符合表7-4的要求。

细集料级配关键筛孔(KPS)及最佳用量　　表7-4

关键筛孔KPS(mm)	4.75	0.6	0.15
累计筛余量(%)	0~5	40~70	>90

7.1.3　水

水的要求应符合国家现行标准《混凝土用水标准》(JGJ 63—2006)和《公路水泥混凝土路面施工技术细则》(JTG/T F30—2014)的规定。通常使用的饮用水可直接作为混凝土搅拌和养护用水,若对水质提出质疑时,应检验含盐量、硫酸盐含量、pH 值等指标是否符合规范要求,不符合规范要求的水不能使用[18]。

7.1.4 外加剂

为了保证混凝土具有足够的强度和密实度,掺加减水剂或塑化剂则可以降低水灰比,使得和易性、密实度与强度都得以改善[19]。

为达到降低水灰比、增加施工和易性并保证混凝土摊铺振捣时间的要求,应通过试验确定减水剂或塑化剂类型及用量。减水剂和塑化剂性能指标均应符合《混凝土外加剂匀质性试验方法》(GB/T 8077—2012)的质量要求[20]。

7.1.5 粉煤灰和废旧沥青混合料细粉掺加料

由于斜向预应力混凝土路面不设置胀缩缝,斜向预应力混凝土路面混凝土要求温度收缩和干燥收缩量小。因此为了寻求降低水泥混凝土温度收缩和干燥收缩的途径,在试验工程中,试图在斜向预应力混凝土路面混凝土配合比中添加了两种材料,粉煤灰和废旧沥青混合料细粉,试图达到减少裂缝和废旧材料循环利用的目的。并进行了相关性能研究试验,现将研究试验情况介绍如下:

1)粉煤灰性能指标

粉煤灰是煤燃烧后的烟气中收捕下来的细灰,是电厂燃煤排出的主要固体废弃物。我国电厂燃煤粉煤灰的主要氧化物组成为:SiO_2、Al_2O_3、FeO、Fe_2O_3、CaO、TiO_2 等。粉煤灰是我国当前排量较大的工业废渣之一,随着电力工业的发展,电厂的燃煤粉煤灰排放量逐年增加。大量的粉煤灰不加利用,弃置堆放,既大量占用土地 ,还产生扬尘,污染大气;若排入水系既造成河流淤塞,粉煤灰中的有毒化学物质还会污染水系,对人体和生物造成危害。因此,对粉煤灰的处理和利用问题引起人们广泛的关注。

粉煤灰结构致密,比表面积小,有许多球形颗粒,吸水能力弱,所以掺加粉煤灰的混凝土在拌和时需水量比较低,干缩率小,抗裂性能较好。此外,粉煤灰的掺入可以分散水泥颗粒,使水泥的水化程度更高,增加水泥浆的密实度,使混凝土中集料与水泥浆的界面强度提高,改善了水泥混凝土的耐磨性能[21]。

粉煤灰的质量指标应满足《公路水泥混凝土路面施工技术细则》(JTG/T F30—2014)的规定。斜向预应力混凝土路面混凝土掺用粉煤灰时,其配合比应按照超量取代法取代水泥用量,且粉煤灰应用方法需满足表 7-5 的要求。

粉煤灰在混凝土中的应用方法　　表 7-5

应用条件	应用目的	粉煤灰等级	取代水泥量(%)	超量取代系数	追加抗弯拉强度(MPa)
严寒、寒冷地区	提高耐久性	>Ⅱ级	10~15	1.1~1.3	+0.5~+1.0
微冻、无冻地区	提高抗裂性	>Ⅱ级	10~20	1.1~1.3	+0~+0.5
使用机制砂和粗砂地区	提高流动性、耐久性和抗裂性	>Ⅱ级	5~10	1.1~1.3	+0
施工气候条件恶劣	提高抗塑性开裂和抗裂性	>Ⅱ级	10~15	1.1~1.3	+0

本试验选用陕西渭河电厂的Ⅱ级粉煤灰进行试验，其主要技术指标见表7-6。

试验粉煤灰技术指标　　表7-6

产　地	粉煤灰等级	SiO_2 (%)	Al_2O_3 (%)	Fe_2O_3 (%)	CaO (%)	MgO (%)	烧失量 (%)	比表面积 (m^2/kg)
陕西西安	Ⅱ	66.9	19.8	3.6	2.4	1.1	6.0	270

2）废旧沥青混合料细粉性能

沥青路面是公路路面的主要类型，目前，在我国已建成的高等级公路中，沥青混凝土路面占高等级公路路面的90%以上。沥青路面的沥青混凝土混合料主要由碎石、砂、石粉和沥青组成。沥青混合料除了要经受车辆磨耗、冲击等物理破坏作用外，还经受日晒、冰冻、水浸等环境作用的影响。故沥青混合料的品质随着使用年限的增长发生变化，主要胶结材料沥青逐渐老化，黏结力和强度下降，最终导致沥青混凝土路面出现车辙、拥包、波浪、裂缝、坑槽、飞散等病害，不能满足汽车安全、舒适、经济、快捷行驶的要求，沥青路面需要进行维修、翻修或改建。维修的时间一般为3～5年，翻修或改建的周期为10～15年。

沥青路面的维修、翻修和改建过程中将产生大量的废旧沥青混合料，据有关方面报道，我国每年产生的废旧沥青混合料多达2亿多吨，其中废旧沥青混合料包含有碎石、砂以及3%～4%的老化沥青，弃置会对环境产生较大的危害，因此废弃沥青混合料的再生利用不仅节省公路建设材料，而且对保护自然环境方面也能具有一定的贡献[22]。

将筛选粉碎的废旧沥青混合料细粉加入水泥混凝土中可以有效改善水泥混凝土的性能，提高水泥混凝土抗弯拉强度，改善抗裂性及耐久性，以期延长斜向预应力混凝土路面的使用寿命，提高公路建设材料循环利用效率，减少环境污染[23]。

本试验中的废旧沥青混合料采用高速公路大修面层铣刨的废旧沥青混合料，经过筛分设备筛分后，选取粒径在4.75mm以下废旧沥青混合料细颗粒，称之为废旧沥青混合料细粉，其筛分试验结果如表7-7所示。

废旧沥青混合料细粉级配　　表7-7

筛孔尺寸(mm)	通过百分率(%)
4.75	100
2.36	52.9
1.18	37.1
0.6	15.6
0.075	2.0

为了表征废旧沥青混合料细粉的性能，经过抽提试验后，用废旧沥青混合料细粉级配、沥青含量及回收沥青的三大指标表示，结果见表7-8。

回收沥青含量及性质　　表7-8

沥青含量(%)	25℃针入度(0.1mm)	15℃延度(mm)	软化点(环球法)(℃)
9.5	27	67	64.2

7.2　斜向预应力混凝土路面混凝土试验配合比

7.2.1　水泥混凝土基准配合比

1）粗集料级配要求

粗集料级配是指各级粒径集料的配合状态指标。集料级配对混凝土性能，特别是对高强高性能混凝土性能的影响非常明显，级配良好的集料具有较大的堆积密度，也具有较小的空隙率。在其他条件相同的情况下，堆积密度最大，即空隙率最小的集料，其级配是比较理想的配合比[24]。粗集料级配宜接近表7-9的推荐值，粗集料级配关键筛孔及最佳用量如表7-10所示。

粗集料级配推荐值　　表7-9

NMPS (mm)	筛孔尺寸 (mm)					
	31.5	26.5	19.0	16.0	9.50	4.75
	通过率 (%)					
31.5	100	70	47	34	17	0
26.5	100	97	70	45	20	0
19.0	100	100	95	57	35	0

粗集料级配关键筛孔（KPS）及最佳用量　　表7-10

NMPS(mm)	31.5	26.5	19.0
关键筛孔 KPS(mm)	26.5	19.0	16.0
最佳用量(%)	30	30	40

粗集料累计筛余见表7-11，合成级配曲线如图7-1所示。

粗集料累计筛余　　表7-11

筛孔尺寸 (mm)	粗集料粒径(mm)			级配下限 (%)	级配上限 (%)	级配中值 (%)	合成级配 (%)
	5～10	10～20	15～30				
2.36	97.6	100.0	100.0	95	100	97.5	99.8
4.75	71.7	99.9	100.0	90	100	95	96.0
9.5	1.6	94.3	100.0	70	90	80	83.9
16	0.0	34.9	95.0	50	70	60	57.1
19	0.0	10.5	57.1	25	40	32.5	30.0
26.5	0.0	0.0	5.0	0.0	5.0	2.5	2.3
31.5	0.0	0.0	0.0	0.0	0.0	0.0	0.0

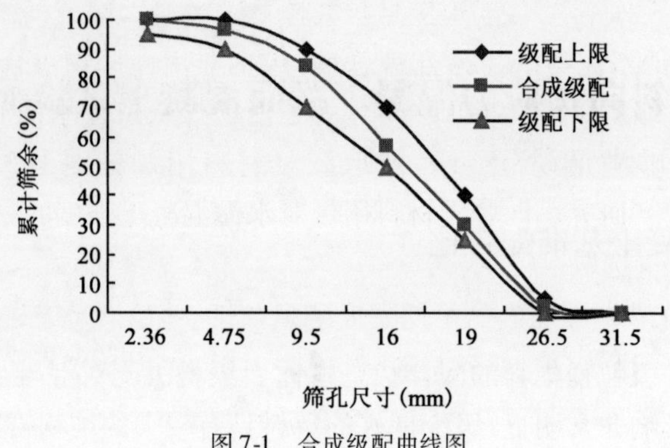

图 7-1　合成级配曲线图

2）水泥混凝土基准配合比组成设计

考虑到工程造价和施工工艺，本试验弯拉强度标准值取 $f_c = 5.0$MPa，路面弯拉强度变异水平等级为低级，摊铺方式为三滚轴摊铺方式，坍落度控制在 20 ~ 50mm，砂率选取为 β_s = 34%，根据《公路水泥混凝土路面施工技术细则》（JTG/T F30—2014）混凝土配合比设计流程，从工作性、力学性能和耐久性三方面综合考虑，配合比设计结果如表 7-12 所示。

基准配合比组成表　　表 7-12

水灰比 W/c	用水量（kg/m^3）	水泥用量（kg/m^3）	碎石用量（kg/m^3）	砂用量（kg/m^3）
0.40	144	360	1281	660

7.2.2　掺加废旧沥青细粉和粉煤灰水泥混凝土配合比设计

1）正交试验各因素水平的选取

（1）废旧沥青混合料细粉掺量选取

根据长安大学硕士论文《掺废旧沥青混合料的水泥稳定基层路用性能研究》中试验结果介绍：当废旧沥青混合料细颗粒掺量在 20% 附近时，能够满足施工性能的要求，强度以及回弹模量可以同时达到一个较好值[25]。本试验分别选取废旧沥青混合料细粉取代细集料的 15%、20% 和 25% 进行正交试验设计，探索不同的废旧沥青混合料细粉掺量对水泥混凝土力学性能影响情况。

（2）水灰（胶）比水平选取

根据《普通混凝土配合比设计规程》（JGJ 55—2011）及《混凝土结构耐久性设计与施工指南》（CCES 01—2004）中的规定，对水灰（胶）比进行耐久性校核，基准配合比的水灰比计算结果为 0.40。《混凝土结构耐久性设计与施工指南》（CCES 01—2004）规定对于高速公路或一级公路混凝土的最大水灰（胶）比不超过 0.44[26]。由于随着水灰比的增大，水泥混凝土的强度降低，水灰比过低，混凝土的工作性又难以满足，因此在本试验中，水灰（胶）比选取 0.38、0.40、0.42 进行正交试验。

（3）胶凝材料用量选取

根据《混凝土结构耐久性设计与施工指南》（CCES 01—2004）中的胶凝材料最小用量可知，水泥混凝土的胶凝材料用量不得低于 320kg/m^3，另外，《公路水泥混凝土路面施工技术细则》(JTG/T F30—2014)中规定,混凝土满足耐久性要求的最大水灰(胶)比和最小单位水泥用量,每立方米混凝土中的水泥与矿物掺合料总量(包括非活性矿物掺合料),对于掺粉煤灰最小单位水泥用量(42.5级)不小于260kg/m³。为了使粉煤灰取代水泥时,最大取代率为25%时的单位水泥用量能够满足规范要求,选取胶凝材料用量分别为350kg/m³、355kg/m³和360kg/m³进行正交试验,研究不同胶凝材料用量对水泥混凝土强度的影响情况。

(4)粉煤灰用掺加量选取

掺加粉煤灰可提高水泥混凝土的早期强度和耐久性,并且满足工作性的要求,在配合比设计中掺入粉煤灰,用超量取代法取代部分水泥,超量系数为1.5。

本试验中的粉煤灰掺量分别采用15%、20%和25%的取代率超量取代部分水泥进行正交试验。

2)水泥混凝土抗压正交试验设计

在原材料优选及各影响因素水平选取之后进行抗压强度正交试验设计。为了满足水泥混凝土工作性的要求,在配合比设计中加入西安恒升高效减水剂,最佳掺量为1%,减水率为15%。抗压强度各因素水平和正交试验见表7-13和表7-14。

抗压强度正交试验各因素水平　　表7-13

水　平	因　素			
	A	B	C	D
	废旧沥青混合料掺量(%)	水胶比	胶凝材料掺量(kg/m³)	粉煤灰掺量(%)
1	15	0.42	360	15
2	20	0.40	355	20
3	25	0.38	350	25

正交试验　　表7-14

编　号	因　素			
	A	B	C	D
	废旧沥青混合料掺量(%)	水胶比	胶凝材料掺量(kg/m³)	粉煤灰掺量(%)
ZJⅠ-1	1(15)	1(0.42)	1(360)	1(15)
ZJⅠ-2	1(15)	2(0.38)	2(355)	2(20)
ZJⅠ-3	1(15)	3(0.40)	3(350)	3(25)
ZJⅠ-4	2(20)	1(0.42)	2(355)	3(25)
ZJⅠ-5	2(20)	2(0.38)	3(350)	1(15)
ZJⅠ-6	2(20)	3(0.40)	1(360)	2(20)
ZJⅠ-7	3(25)	1(0.42)	3(350)	2(20)
ZJⅠ-8	3(25)	2(0.38)	1(360)	3(25)
ZJⅠ-9	3(25)	3(0.40)	2(355)	1(15)

3)抗压强度正交试验结果及分析

按照正交试验表用料量配制水泥混凝土,每个配合比制作6个试件,分为2组放入标准养护箱内分别进行 7d 和 28d 龄期的养护，按照《公路工程水泥及水泥混凝土试验规程》(JTG E30—2005)中 T 0553—2005 进行抗压强度试验。结果见表 7-15。

正交试验抗压强度结果　　表 7-15

编　号	废料量 (kg/m³)	用水量 (kg/m³)	水泥用量 (kg/m³)	粉煤灰掺量 (kg/m³)	减水剂掺量 (kg/m³)	抗压强度(MPa)	
						7d	28d
ZJⅠ-0	0	142.0	355.0	0	3.60	34.5	41.6
ZJⅠ-1	99	151.2	306.0	81.0	3.60	37.8	47.8
ZJⅠ-2	99	134.9	284.0	106.5	3.55	47.8	52.1
ZJⅠ-3	99	140.0	262.5	131.3	3.50	47.6	51.3
ZJⅠ-4	132	149.1	266.3	133.1	3.55	37.7	44.7
ZJⅠ-5	132	133.0	297.5	77.8	3.50	46.6	52.6
ZJⅠ-6	132	144.0	287.0	107.0	3.60	45.0	52.0
ZJⅠ-7	165	147.0	280.0	105.0	3.50	36.7	41.9
ZJⅠ-8	165	136.8	270.0	135.0	3.60	42.2	52.0
ZJⅠ-9	165	142.0	301.8	79.9	3.55	42.5	51.7

根据正交试验结果，进行极差与方差分析，从而找出对 7d、28d 抗压强度影响最敏感的因素，极差 R 分析如表 7-16 和表 7-17 所示。

不同因素对 7d 抗压强度影响分析　　表 7-16

影响因素 / 不同水平	7d 抗压强度平均值(MPa)			
	废旧沥青混合料细颗粒掺量(%)	水胶比	胶凝材料用量(kg/m³)	粉煤灰掺量(%)
1	45.1	37.1	42.0	42.6
2	43.4	45.9	43.6	43.5
3	40.5	45.0	43.6	42.8
方 差 分 析				
极差 R 值	1.2	7.8	1.6	0.9
F 值	4.9	10.6	5.1	1.9

不同因素对 28d 抗压强度影响分析　　表 7-17

影响因素 / 不同水平	28d 抗压强度平均值(MPa)			
	废旧沥青混合料细颗粒掺量(%)	水胶比	胶凝材料用量(kg/m³)	粉煤灰掺量(%)
1	50.9	44.8	50.6	50.7
2	49.8	52.4	47.9	47.8
3	47.5	52.0	47.9	49.7
方差分析				
极差 R 值	1.9	7.6	2.0	2.0
F 值	4.8	11.4	5.4	5.2

极差分析图如图 7-2 所示，混凝土 7d 和 28d 抗压强度正交分析图如图 7-3 和图 7-4 所示。

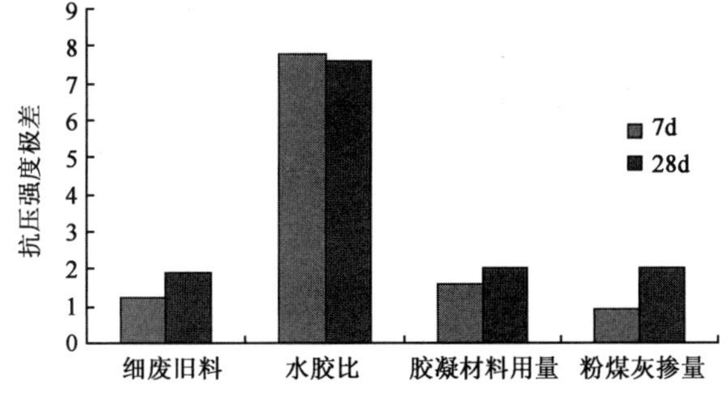

图 7-2 7d、28d 抗压强度极差 R 分析

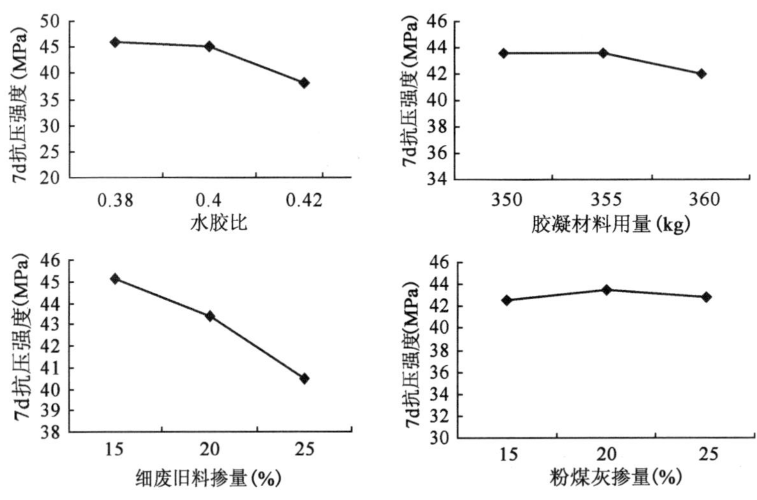

图 7-3 混凝土 7d 抗压强度正交分析图

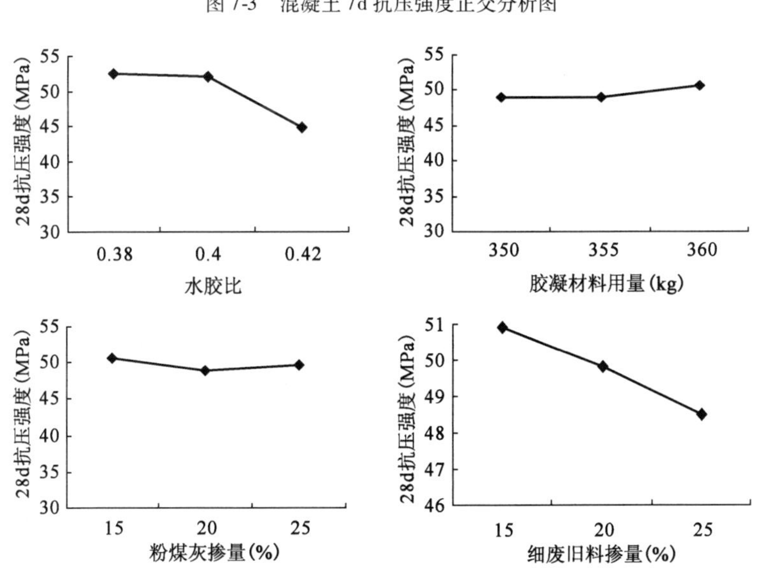

图 7-4 混凝土 28d 抗压强度正交分析图

由图 7-2 ~ 图 7-4 分析可知,影响水泥混凝土 7d、28d 抗压强度的因素显著性顺序为:水胶

比、胶凝材料用量、粉煤灰掺量、废旧沥青混合料细颗粒掺量。其中,水胶比的影响较为显著,废旧沥青混合料细颗粒掺量、胶凝材料用量和粉煤灰掺量对抗压强度影响不显著。

从表7-15中提取不同水胶比、废料掺量、胶凝材料用量和粉煤灰掺量下7d、28d抗压强度平均值,其变化规律如图7-5所示。

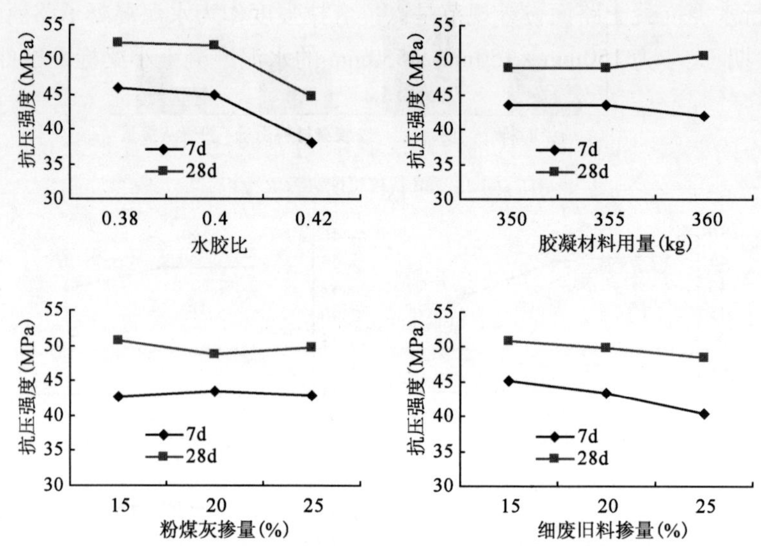

图7-5 不同影响因素下混凝土7d、28d抗压强度平均值折线图

从图7-5可以看出,虽然正交试验中其他因素有所变化,但随着水胶比的增大,水泥混凝土7d、28d抗压强度呈现降低的趋势,原因分析如下:

(1)当水胶比由0.38增大到0.40时,7d抗压强度小幅度降低,降幅约为1.8%;28d抗压强度也呈现小幅度降低,降幅约为1.06%;当水胶比由0.40增大到0.42时,7d抗压强度也是逐渐降低,降幅约15.5%;28d抗压强度也逐渐降低,降幅约13.3%。

由于水胶比越小,水泥石的强度越高,与集料黏结力越大,混凝土的强度越高,因此,随着水胶比的增大,混凝土7d、28d的抗压强度逐渐降低,随着水胶比的不断增大,用水量超出水泥水化所需的结合水量,当混凝土硬化后,多余的水分就残留在混凝土中形成气泡或蒸发形成气孔,大大减少了混凝土抵抗荷载的有效断面,而且可能在孔隙周围产生应力集中,从而导致混凝土的强度降低。

(2)随着废旧沥青混合料细颗粒掺量的增大,混凝土的7d、28d抗压强度呈现降低的趋势,当掺量由15%增加到20%时,7d、28d抗压强度分别降低3.64%和3.94%;当掺量由20%增加到25%时,7d、28d抗压强度分别降低3.29%和2.44%;为了保障路面水泥混凝土的抗压强度,废旧沥青混合料细颗粒掺量宜选取15%。

(3)掺加粉煤灰对水泥混凝土早期抗压强度会有影响,但是研究中采用的是早强型水泥(P. O42.5R),且加入了减水剂,因此粉煤灰对混凝土的抗压强度影响并不明显,但是比较基准配合比混凝土的抗压强度仍有大幅度提高。

因此,根据正交试验结果分析,水泥混凝土水灰比采用0.40、胶凝材料用量采用355kg/m^3、粉煤灰掺量采用15%或20%、废旧沥青混合料细颗粒采用15%时抗压强度能达到较好的效果。

4)水泥混凝土抗弯拉强度试验

水泥混凝土抗弯拉强度可以反映出水泥混凝土路面板的实际承载力,表征混凝土路面质量的好坏。现行水泥混凝土路面设计规范是以抗弯拉强度作为水泥混凝土路面的强度检验指标,即取28d龄期、尺寸为150mm×150mm×550mm的水泥混凝土小梁标准试件,用三分点加载试验方法测定的强度。

本试验以不同的废旧沥青混合料细粉掺量、不同的水灰比、不同的胶凝材料用量和不同的粉煤灰掺量对水泥混凝土进行四因素三水平抗折强度正交试验,试验不同因素对混凝土7d、28d龄期抗折强度的影响水平。

正交抗弯拉强度试验结果如表7-18所示。

正交试验抗弯拉强度结果　　表7-18

编　号	废料量(kg/m^3)	用水量(kg/m^3)	水泥用量(kg/m^3)	粉煤灰掺量(kg/m^3)	减水剂掺量(kg/m^3)	抗折强度(MPa)	
						7d	28d
ZJ Ⅰ-0	0	142.0	355.0	0	3.60	5.15	5.88
ZJ Ⅰ-1	99	151.2	306.0	81.0	3.60	5.97	6.37
ZJ Ⅰ-2	99	134.9	284.0	106.5	3.55	6.55	6.67
ZJ Ⅰ-3	99	140.0	262.5	131.3	3.50	6.44	6.58
ZJ Ⅰ-4	132	149.1	266.3	133.1	3.55	5.78	6.33
ZJ Ⅰ-5	132	133.0	297.5	77.8	3.50	6.46	6.65
ZJ Ⅰ-6	132	144.0	287.0	107.0	3.60	6.41	6.56
ZJ Ⅰ-7	165	147.0	280.0	105.0	3.50	6.11	6.30
ZJ Ⅰ-8	165	136.8	270.0	135.0	3.60	6.38	6.56
ZJ Ⅰ-9	165	142.0	301.8	79.9	3.55	6.26	6.42

根据正交试验结果,进行极差与方差分析,从而找出对7d、28d抗弯拉强度影响最敏感的因素,极差R分析如表7-19和表7-20所示。极差分析如图7-6所示。

不同因素对7d抗弯拉强度影响分析　　表7-19

影响因素 / 不同水平	7d抗折强度平均值(MPa)			
	废旧沥青混合料细颗粒掺量(%)	水胶比	胶凝材料用量(kg/m^3)	粉煤灰掺量(%)
1	6.32	5.95	6.25	6.23
2	6.22	6.46	6.34	6.36
3	6.25	6.37	6.34	6.20
方差分析				
极差R值	0.07	0.51	0.08	0.16
F值	1.4	30.5	1.9	3.2

不同因素对 **28d** 抗弯拉强度影响分析　表 7-20

影响因素 / 不同水平	28d 抗弯拉强度平均值(MPa)			
	废旧沥青混合料细颗粒掺量(%)	水胶比	胶凝材料用量(kg/m³)	粉煤灰掺量(%)
1	6.55	6.33	6.49	6.45
2	6.51	6.63	6.61	6.57
3	6.44	6.52	6.51	6.49
方差分析				
极差 R 值	0.11	0.30	0.13	0.12
F 值	1.9	15.9	3.0	2.5

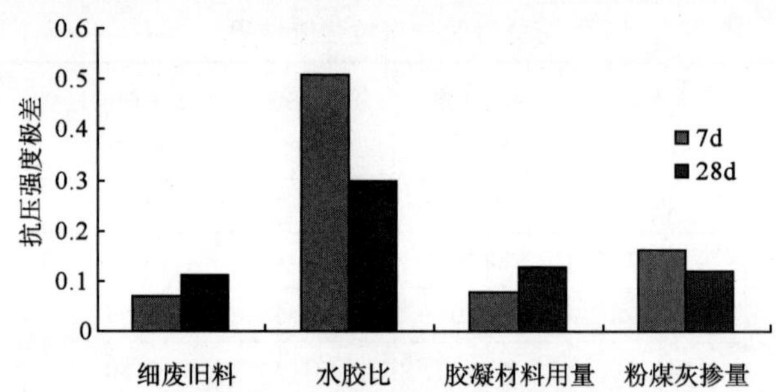

图 7-6　7d、28d 抗弯拉强度极差 R 分析

根据表中各水平均值绘制的水平趋势图分别如图 7-7、图 7-8 所示。

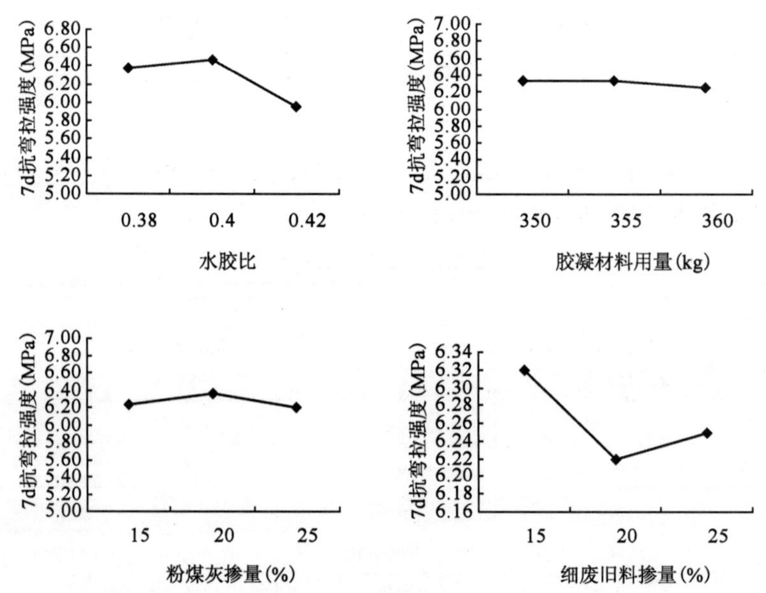

图 7-7　混凝土 7d 抗弯拉强度正交分析图

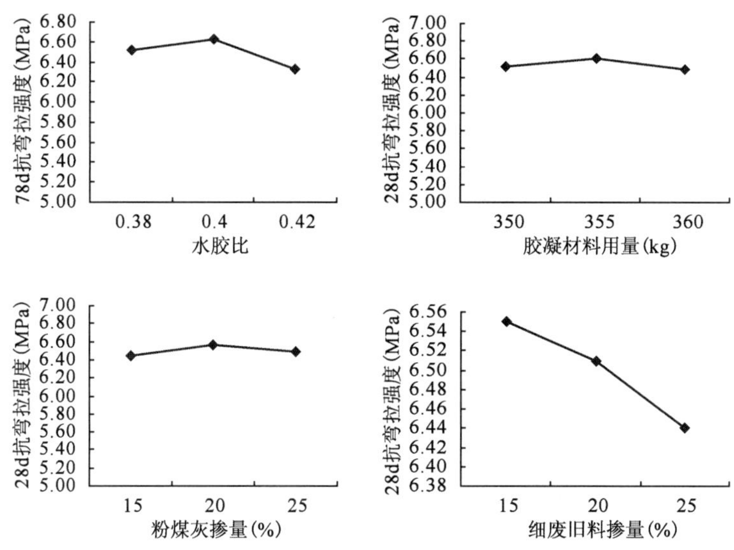

图7-8　混凝土28d抗弯拉强度正交分析图

由图7-7和图7-8分析可知，影响水泥混凝土7d、28d抗弯拉强度的因素显著性顺序为：水胶比、水泥用量、粉煤灰掺量、废旧沥青混合料细颗粒掺量。其中水胶比仍然是影响水泥混凝土7d、28d抗弯拉强度最显著的因素，水泥用量、废旧沥青混合料细粉掺量和粉煤灰掺量对抗弯拉强度影响不显著。

5）配合比设计参数对水泥混凝土抗弯拉强度的影响

（1）水胶比

从表7-19中提取不同水胶比的混凝土7d、28d抗弯拉强度平均值，如表7-21所示，变化折线见图7-9。

不同水胶比时7d、28d抗弯拉强度平均值　　　　表7-21

水　胶　比	7d抗弯拉强度平均值（MPa）	28d抗弯拉强度平均值（MPa）
0.38	6.37	6.69
0.40	6.20	6.49
0.42	5.60	6.05

从以上数据可以看出，虽然正交试验中其他因素有所变化，但随着水胶比的增大，水泥混凝土7d、28d抗弯拉强度呈现降低的趋势，原因分析如下：

①当水胶比由0.38增大到0.40时，7d抗弯拉强度降低，约降低2.63%；当水胶比由0.40增大到0.42时，7d抗弯拉强度也逐渐降低，约降低9.62%；

②当水胶比由0.38增大到0.40时，28d抗弯拉强度小幅度降低，降幅约为3.01%；当水胶比由0.40增大到0.42时，28d抗弯拉强度也逐渐降低，约降低7.98%。

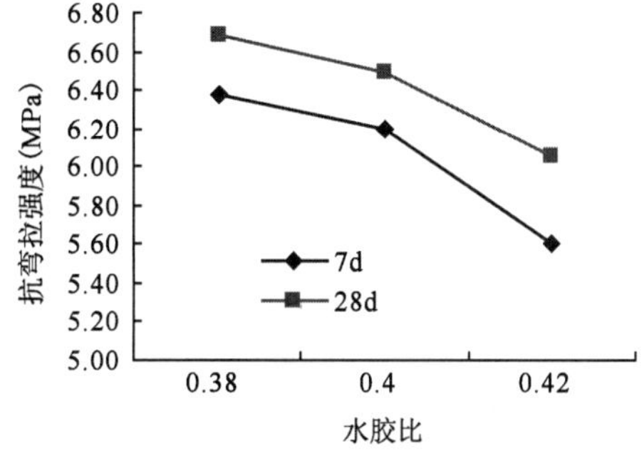

图7-9　不同水胶比时混凝土7d、28d抗弯拉强度平均值折线图

以上变化规律是因为水灰比过大,用水量过高,水化结束后多余的水会外溢泌水,蒸发后形成气孔,孔隙率增大从而影响混凝土的抗弯拉强度。由此可见,随着水胶比的增大,水泥混凝土7d、28d抗弯拉强度逐渐降低。

(2)粉煤灰掺量

从表7-19中提取不同废料掺量时混凝土7d、28d抗弯拉强度平均值,如表7-22所示,变化折线见图7-10。

不同粉煤灰掺量时7d、28d抗弯拉强度平均值 表7-22

粉煤灰掺量(%)	7d抗弯拉强度平均值(MPa)	28d抗弯拉强度平均值(MPa)
15	6.23	6.48
20	6.36	6.51
25	6.20	6.49

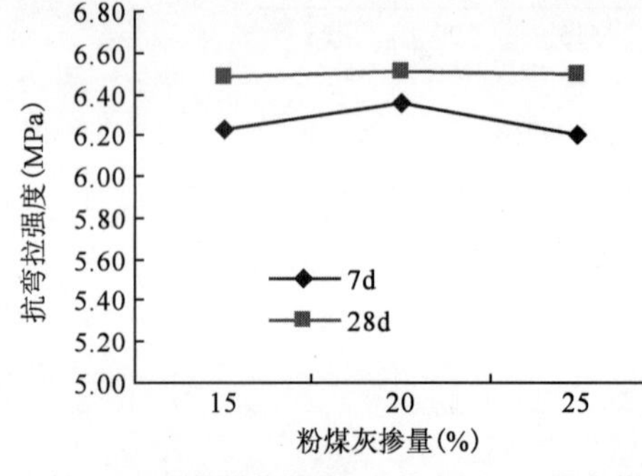

图7-10 不同粉煤灰掺量时混凝土7d、28d抗弯拉强度平均值折线图

从以上数据可以看出,随着粉煤灰掺量的增大,水泥混凝土7d、28d抗弯拉强度呈现先增大后降低的趋势,原因分析如下:

当粉煤灰掺量由15%增大到25%时,水泥混凝土7d、28d的抗弯拉强度均呈现先增大后减小的趋势,当粉煤灰掺量为20%时,混凝土的7d、28d抗弯拉强度达到最大,比基准配合比提高了21%和14.6%,比15%掺量时的抗折强度分别提高了2.1%和0.46%,比25%掺量时的抗折强度分别提高了2.6%和0.31%。

由于粉煤灰的掺入可分散水泥颗粒,使水泥水化更充分,随着水泥水化和粉煤灰二次水化作用的进一步进行,以及粉煤灰可以与水泥水化生成的副产物$Ca(OH)_2$进行反应(火山灰反应),消耗$Ca(OH)_2$片状晶体,同时生成硅酸钙类物质,提高水泥浆的密实度,使混凝土中集料与水泥浆的界面强度提高,增加水泥混凝土的抗弯拉强度。其次,粉煤灰作为部分细集料起到的微填充作用,改善水泥混凝土内部微孔结构,进一步提高了水泥混凝土的密实性,从而提高混凝土的抗弯拉强度。

但是当粉煤灰的掺量大于20%以后,随着粉煤灰掺量的增大,大幅度减少了参与水化反应的水泥数量,变相增大了水灰比,因此会出现随着粉煤灰掺量的增加,混凝土弯拉强度逐渐降低的结果。

(3)沥青废旧料细颗粒掺量

从表7-19中提取不同粉煤灰掺量时混凝土7d、28d抗弯拉强度平均值,如表7-23所示,变化折线见图7-11。

不同废料掺量时7d、28d抗弯拉强度平均值 表7-23

废料掺量(%)	7d抗弯拉强度平均值(MPa)	28d抗弯拉强度平均值(MPa)
15	6.32	6.54
20	6.22	6.51
25	6.21	6.43

从以上数据可以看出，虽然正交试验中其他因素有所变化，但随着废旧沥青混合料细粉掺量由15%增大到25%，水泥混凝土7d、28d的抗弯拉强度均呈现减小的趋势，当掺量为15%时，掺加废料沥青混凝土细粉的强度较未掺加的7d、28d抗弯拉强度分别提高16.3%和10.8%。

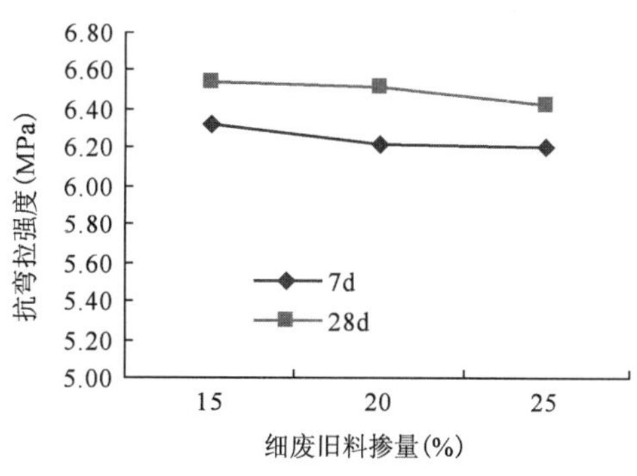

图7-11　不同废料掺量时混凝土7d、28d抗弯拉强度平均值折线图

分析其原因，首先，在水泥混凝土中掺加废旧沥青混合料细粉取代部分细集料，由于废旧沥青混合料细粉的粒径偏小，它在水泥混凝土结构中有效地填充了水泥石结构中的空隙，从而使混凝土整体结构更加密实，提高了其抗弯拉强度。其次，水泥混凝土为无机混合料，沥青混合料为有机混合料，伴随着水泥水化反应放热的同时，存在于水泥混凝土中的废旧沥青混合料细粉中的沥青及矿料粉有可能与混凝土中的水泥及集料矿物质发生以酸碱反应为主的一系列物理化学反应，增大了水泥石与集料之间的黏结力，从而提高其抗折强度。

根据正交试验结果极差分析，各因素采用$A_2B_3C_2D_2$（即废旧沥青混合料细颗粒掺量15%、水胶比0.40、胶凝材料用量355kg/m^3、粉煤灰掺量20%）水平的水泥混凝土抗弯拉强度达到较好值。

6）掺加废旧沥青混合料和粉煤灰混凝土配合比结果

根据水泥混凝土抗压强度、抗弯拉强度正交试验结果分析，水胶比对水泥混凝土强度影响显著，水胶比采用0.38时工作性能较水灰比0.40时差，且水胶比为0.40时，7d、28d抗压强度和抗弯拉强度均能达到较好值，因此选定水胶比为0.40进行后续试验研究。当废旧沥青混合料细颗粒采用15%或20%、胶凝材料用量采用360kg/m^{3}或355kg/m^3、粉煤灰掺量采用20%时抗压强度和抗弯拉强度均能达到较好的效果。因此选取掺加废旧沥青混凝土细粉和粉煤灰的水泥混凝土配合比如表7-24所示，作为斜向预应力混凝土路面混凝土配合比进行研究试验。

斜向预应力混凝土路面混凝土试验配合比　　表7-24

编号	水胶比	废料掺量（%）	胶凝材料用量（kg/m^3）	粉煤灰掺量（%）	碎石（kg/m^3）	砂（kg/m^3）	减水剂（%）
Ⅱ-1	0.40	15	360	20	1281	660	1.0
Ⅱ-2	0.40	15	355	20			
Ⅱ-3	0.40	20	360	20			
Ⅱ-4	0.40	20	355	20			

7.3　斜向预应力混凝土路面混凝土试验

为了加快斜向预应力混凝土路面施工进度，降低路面混凝土因施工昼夜温差产生开裂的风险。在施工中应尽早施加预应力，以提高设备和模板的利用率。因此要求斜向预应力混凝土路面混凝土在满足抗压强度和抗弯拉强度的基础上，还要设法提高混凝土的早期强度。

弹性模量是水泥混凝土重要的力学性能之一，它反映了混凝土所受应力与所产生应变之间的关系，是计算混凝土结构变形、裂缝的发展和温度应力必要的参数之一。降低混凝土的弹性模量和收缩变形、提高混凝土的拉伸应变和抗拉强度，对不设置伸缩缝的斜向预应力混凝土路面至关重要。本试验在前述试验的基础上，继续试验在水泥混凝土中掺加废旧沥青混合料细粉和粉煤灰的弹性模量及其他性能，研究掺加废旧沥青混合料细粉和粉煤灰对斜向预应力混凝土路面抗裂性能和耐久性的影响。

《公路工程水泥及水泥混凝土试验规程》(JTG E30—2005)中规定抗压弹性模量试验可采用尺寸为150mm×150mm×300mm的棱柱体或ϕ150mm×300mm的圆柱体试件。本试验采用棱柱体试件进行抗压弹性模量试验。

斜向预应力混凝土路面混凝土配合比采用表7-24推荐值，分别进行1d、3d、7d抗压强度试验和棱柱体抗压弹性模量试验，为斜向预应力混凝土路面混凝土配合比的优选提供早期抗压强度和弹性模量依据。

7.3.1 斜向预应力混凝土路面混凝土抗压强度试验配合比

早期抗压强度试验采用100mm×100mm×100mm立方体试件，试验结果如表7-25所示。

早期抗压强度试验配合比及试验结果 表7-25

编号	废料量 (kg/m³)	用水量 (kg/m³)	水泥用量 (kg/m³)	粉煤灰掺量 (kg/m³)	减水剂掺量 (kg/m³)	抗压强度(MPa)			坍落度 (mm)
						1d	3d	7d	
Ⅱ-1	99	144.0	287.0	107.0	3.60	19.9	37.4	44.1	33
Ⅱ-2	99	142.0	284.0	106.5	3.55	20.3	36.4	44.7	32
Ⅱ-3	132	144.0	287.0	107.0	3.60	19.7	35.6	46.0	33
Ⅱ-4	132	142.0	284.0	106.5	3.55	19.4	33.9	47.6	31

根据表7-25抗压强度试验结果绘制早期抗压强度曲线图，如图7-12所示。

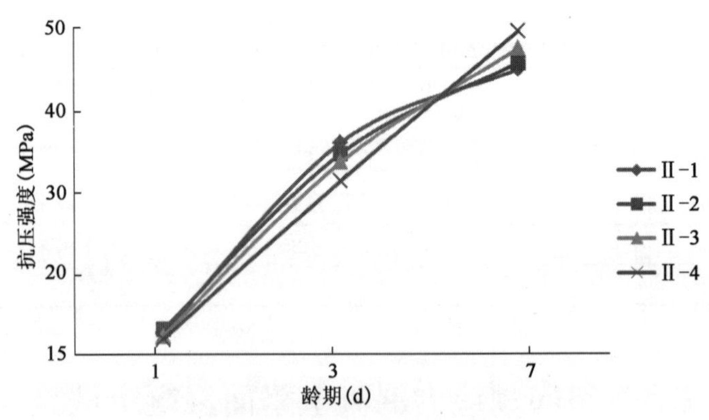

图7-12 早期抗压强度变化曲线图

根据图7-12早期抗压强度变化曲线图可以看出，Ⅱ-1、Ⅱ-2、Ⅱ-3和Ⅱ-4四个级配中Ⅱ-1、Ⅱ-2的1d、3d抗压强度试验较其他两组高，由于斜向预应力混凝土路面施工中预应力筋的初次张拉是在混凝土浇筑后的1d进行,因此须选择1~3d抗压强度高的混凝土配合比。

7.3.2　斜向预应力混凝土路面混凝土弹性模量试验

1)弹性模量影响因素

影响混凝土弹性模量的因素很多,据相关研究介绍,主要有以下因素:

(1)强度对混凝土弹性模量的影响

混凝土弹性模量随着强度的增大而增大。

(2)含水状态对混凝土弹性模量的影响

由于混凝土中的水能够限制混凝土的受压变形,因此,混凝土中含水率越高,混凝土的弹性模量越大。即有如下关系:$E_{湿} > E_{干}$。

(3)龄期对混凝土弹性模量的影响

混凝土的弹性模量随龄期增大,同强度的混凝土,龄期大者,弹性模量大。

(4)混凝土配合比对弹性模量的影响

混凝土配合比对弹性模量的影响主要是集料种类与含量、引气剂及掺合料的影响。混凝土的弹性模量随着集料弹性模量的增大而增大,随着集料含量的增加而增大,随着引气剂和掺合料的添加而减小。

(5)养护条件对弹性模量的影响

当混凝土强度相当时,养护湿度较低者,弹性模量较大。

2)弹性模量试验方法

本试验采用尺寸为150mm×150mm×300mm的棱柱体抗压弹性模量试件,水泥混凝土的受压弹性模量取轴心抗压强度的1/3时对应的弹性模量。试验采用6个试件为一组,其中3个用于测定轴心抗压强度,提出弹性模量试验的加荷标准,另外3个则做混凝土抗压弹性模量试验。试件的搅拌、成型及养生方法均按照《公路工程水泥及水泥混凝土试验规程》(JTG E30—2005)中T 0556—2005进行。达到28d龄期后,采用YES-300B压力试验机进行测试。

混凝土抗压弹性模量E_C按下式计算:

$$E_C = \frac{F_a - F_0}{A\Delta n} \tag{7-1}$$

$$\Delta n = \frac{\varepsilon_a^{左} + \varepsilon_a^{右}}{2} - \frac{\varepsilon_0^{左} + \varepsilon_0^{右}}{2} \tag{7-2}$$

式中:E_C——混凝土抗压弹性模量(MPa);

F_a——终荷载(N)(试件轴心抗压强度1/3时对应的荷载值);

F_0——初荷载(N)(轴心压应力0.5MPa时对应的荷载值);

A——试件承压面积(mm^2);

Δn——最后一次加荷时,试件两侧在F_a及F_0作用下变形差平均值;

ε_a——F_a作用下标距间试件变形(mm);

ε_0——F_0作用下标距间试件变形(mm)。

弹性模量的试验结果取三个试件测值的平均值,计算结果精确至100MPa。

3)弹性模量试验配合比及结果分析

掺加废旧沥青混合料细粉和粉煤灰混凝土的弹性模量试验结果如表7-26所示，7d和28d抗压弹性模量试验结果折线图如图7-13所示，不同废旧沥青混合料细粉和粉煤灰掺量下7d和28d抗压弹性模量试验结果如图7-14所示。

混凝土抗压弹性模量试验配合比及结果　　表7-26

编　号	废料量（kg/m³）	用水量（kg/m³）	水泥用量（kg/m³）	粉煤灰掺量（kg/m³）	减水剂掺量（kg/m³）	7d弹性模量（×10⁴MPa）	28d弹性模量（×10⁴MPa）
Ⅱ-0	0	142.0	355.0	0.0	3.60	3.12	3.39
Ⅱ-1	99	144.0	287.0	107.0	3.60	2.73	3.28
Ⅱ-2	99	142.0	284.0	106.5	3.55	2.61	3.21
Ⅱ-3	132	144.0	287.0	107.0	3.60	2.52	3.11
Ⅱ-4	132	142.0	284.0	106.5	3.55	2.47	3.04

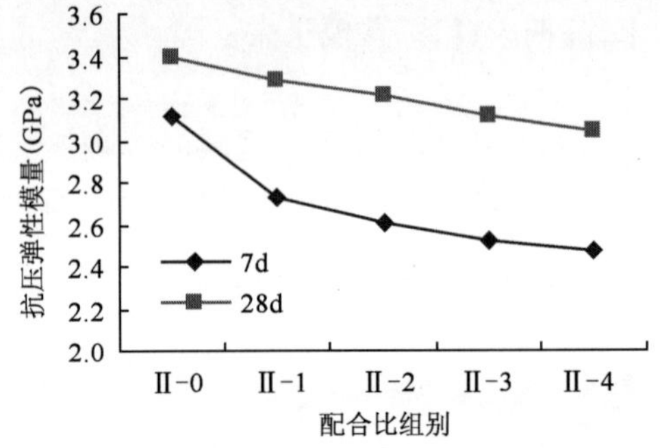

图7-13　7d、28d抗压弹性模量试验结果折线图

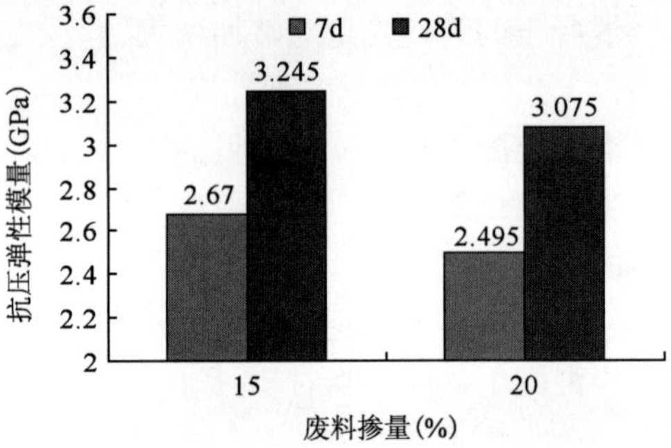

图7-14　不同废料掺量下7d、28d抗压弹性模量试验结果

分析表7-26和图7-13、图7-14可以得出：

掺加废旧沥青混合料细颗粒对水泥混凝土的7d、28d抗压弹性模量有一定的影响，四组配合比7d抗压弹性模量的平均值较基准配合比下降约14.8%，28d抗压弹性模量的平均值较基准配合比下降约5.4%。当胶凝材料为360kg/m³时，废料掺量由15%增加到20%，7d弹性模量降低0.21×10^4MPa，约降低7.69%，28d弹性模量降低0.16×10^4MPa，约降低5.18%；当胶凝材料为355kg/m³时，废料掺量由15%提高到20%，7d弹性模量降低0.14×10^4MPa，约降低6.26%，28d弹性模量降低0.17×10^4MPa，约降低5.30%。结果表明掺加废旧沥青混合料细粉能够降低混凝土的弹性模量，从而降低斜向预应力混凝土路面混凝土的刚度，有效提高斜向预应力混凝土路面的抗裂性。

从试验结果发现，随着龄期的增长，混凝土的强度不断增长，混凝土抗压弹性模量随强度的增长而增长，伴随强度增长的同时，降低混凝土刚度的作用有所减弱。所以，综合各龄期的混凝土抗压弹性模量的变化规律，确定为了降低斜向预应力混凝土路面混凝土弹性模量，废旧沥青混合料细粉的掺量为15%，粉煤灰掺量为20%。

4）斜向预应力混凝土路面混凝土配合比确定

综合考虑掺加废旧沥青混合料细粉和粉煤灰的混凝土抗压、抗弯拉强度和抗压弹性模量试验结果，在进行满足力学性能的斜向预应力混凝土路面混凝土基准配合比设计时，废旧沥青混合料细颗粒掺量宜取15%、水胶比0.40、胶凝材料用量取355kg/m³、粉煤灰掺量20%，斜向预应力混凝土路面混凝土配合比如表7-27所示。

斜向预应力混凝土路面混凝土配合比 表7-27

水胶比	用水量（kg/m^3）	水泥用量（kg/m^3）	碎石用量（kg/m^3）	砂用量（kg/m^3）	废料掺量（%）	粉煤灰（%）	减水剂（%）
0.40	142	355	1281	660	15	20	1

7.4 斜向预应力混凝土路面混凝土抗裂性试验

由于斜向预应力混凝土路面面板长度较长，在施工中一般除施工缝外不设置胀缩缝，因此斜向预应力混凝土路面必须考虑其混凝土的收缩影响，以避免由于收缩过大引起预应力损失增大和出现收缩裂缝。同时在养护与正常工作状态下水泥混凝土会产生干燥收缩与温度收缩，在干燥收缩与温度收缩的共同作用下，斜向预应力混凝土路面可能出现收缩裂缝，收缩裂缝一旦产生，会增加混凝土的渗透性，加剧腐蚀介质侵蚀预应力钢筋的速度和混凝土冻融破坏的程度。其次，在行车荷载和外界环境作用下，车辆荷载会在裂缝处形成冲击和剪切力，裂缝宽度还会相应扩展，促使渗透性进一步增大，对混凝土的破坏程度也累积加剧，从而对混凝土的耐久性产生严重损害。因此在斜向预应力混凝土路面混凝土的配合比设计中必须考虑混凝土收缩对于斜向预应力混凝土路面的影响。

7.4.1 水泥混凝土收缩类型

水泥混凝土属于多相复合材料，主要由水泥浆、粗集料、细集料、外加剂和掺加料组成，是一种内部含有骨材颗粒及黏结基材的复合材料。在水泥混凝土复合材料体系中，随着水泥水化的进行，混凝土会发生收缩，混凝土结构也会相应出现形状或尺寸的改变。其中，收缩主要由水泥浆引起，而集料由于自身具有高的刚性，对水泥浆收缩起抑制作用。

混凝土早期变形除水泥水化引起的水泥浆收缩外，还存在由外界环境影响发生的其他类型收缩。总的来说，水泥基材料的早期收缩变形主要包括塑性收缩、自收缩、早期干燥收缩和温度下降引起的温缩。混凝土早期收缩类型分析如图7-15所示，不同收缩类型对混凝土的影响程度见表7-28。

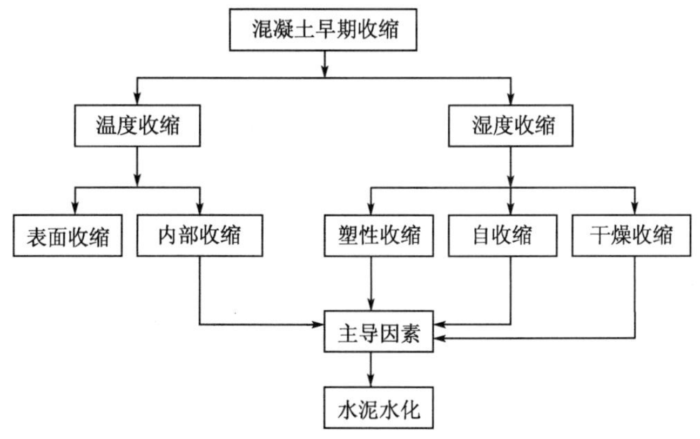

图7-15 道路水泥混凝土早期收缩类型分析

不同类型收缩对混凝土的影响程度　表 7-28

收缩类型	形成机理	出现时间	外观表象	收缩大小	影响程度
塑性收缩	水分蒸发	混凝土凝结前后	表面龟裂	大	严重
自收缩	湿度改变	混凝土拌和后早期	内部微裂缝	中	中等
干燥收缩	水分蒸发	凝结后早期	贯穿裂缝	大	严重
温度收缩	温度梯度	降温过程中	深度裂缝	小	较小

相对于普通水泥混凝土路面而言,斜向预应力混凝土路面具有较长的构造长度,并且在混凝土内部布设有斜向预应力筋,预应力筋在路面混凝土中产生内力,使预应力筋和混凝土形成整体,因此在考虑水泥混凝土的收缩性能时,考虑到斜向预应力混凝土的收缩方式和特征与普通的路面水泥混凝土有所不同。

从影响斜向预应力混凝土路面工程主要因素出发,将斜向预应力混凝土路面混凝土收缩分为:塑性收缩与自收缩、干燥收缩、温度收缩和其他收缩四类来考虑。

7.4.2　塑性收缩与自收缩

斜向预应力混凝土路面使用后张法施工。水泥早期的塑性收缩与自收缩会减小斜向预应力混凝土路面的单个板块建设长度。水泥后期的塑性收缩和自收缩会引起斜向预应力混凝土路面的预应力损失,进而影响斜向预应力混凝土路面的工作性能。因此斜向预应力混凝土路面对于水泥混凝土早期的塑性收缩与自收缩提出了更高的要求。

1)塑性收缩

塑性收缩是指混凝土浇筑后 4 ~ 15h 内,混凝土因泌水、表面水分蒸发以及集料和胶凝料之间不均匀沉降而造成的体积减小。塑性收缩数值较大,最大可达水泥体积的 1% 左右。塑性收缩发生时,混凝土接近凝固,混凝土自身已具有一定的强度和刚度。如果此时发生收缩,混凝土会因约束作用而产生拉应力,促使结构物出现开裂,影响硬化后混凝土结构的使用性能。

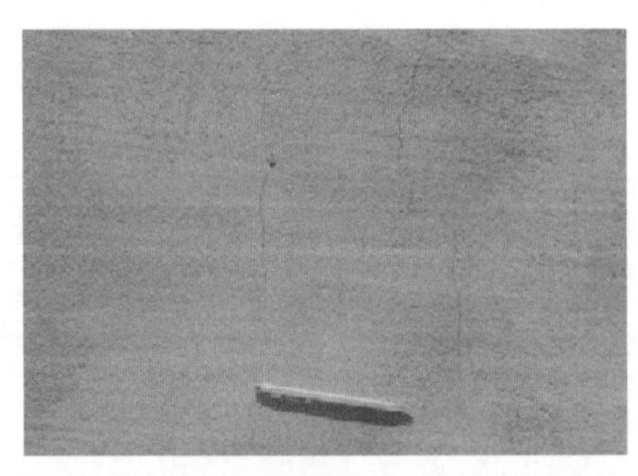

图 7-16　典型的混凝土塑性收缩裂缝

理论上,塑性收缩相对易于控制,只要在混凝土浇筑后的最初几个小时采取合适的养护措施,避免表面过多失水即可。同时,塑性收缩使浆体更加密实,从整体上讲,对混凝土结构有利。但在实际构件中,塑性收缩的影响在块体中并非均匀分布,在由约束所诱发的拉应力作用下,体积变化的差异会引起混凝土开裂。这种开裂在混凝土路面和平板构造的混凝土平面最为普遍,如图 7-16 所示。

斜向预应力混凝土路面由于在浇筑时内部已经铺设有预应力筋以及构造钢筋,在混凝土泌水,表面水蒸发的过程中预应力筋以及构造钢筋都会对水泥混凝土的收缩起到一定的抑制作用。在非自由收缩的情况下水泥混凝土的总体收缩量会变小,在局部更加容易形成收缩裂缝。因此斜向预应力混凝土路面必须考虑混凝土的塑性收缩。

2)自收缩

自收缩是指混凝土成型后由于水泥水化消耗掉混凝土内部的有效水分造成其内部湿

度降低，毛细孔中的水分不饱和并产生压力差而引起的内部干燥现象。自收缩通常伴随水泥水化的进行而发生，即当混凝土成型后自收缩即开始进行，但由于早期水化充分，自收缩绝大部分发生在混凝土成型后的前几天，尤其是新拌混凝土成型后一天内。自收缩机理与其他几种收缩不同，即便是养护充分的混凝土，在自收缩作用下也会产生轻微的开裂或不同程度的破碎。

一般认为，自收缩通常发生在高强高性能混凝土中，普通混凝土的自收缩都很小，对混凝土使用性能影响不大。随着现代混凝土技术的发展，各种外加剂及矿物掺合料相继应用到公路混凝土中，这使得混凝土的某些性能（尤其是自收缩性能）发生了很大改变，由此引起的开裂也逐渐受到重视。

斜向预应力混凝土路面在路面一侧加载时，由于斜向预应力混凝土路面的连续性，应力会在路面板中分散，因此对于混凝土的抗压强度和抗弯拉强度有较高的要求，所以必须采用较高抗弯拉强度的水泥混凝土。其次，由于在斜向预应力路面水泥混凝土中预应力筋与构造钢筋的存在，在水泥混凝土自身水化反应时，当水泥含水率减小，水泥发生收缩时是非自由收缩，水泥整体收缩应变减小，但是在局部范围内由于收缩应变的减小，收缩应力增大，更加容易产生收缩裂缝，因此斜向预应力路面水泥混凝土的自收缩应当在混凝土配合比的设计中着重考虑。

7.4.3　干燥收缩

干燥收缩是当混凝土停止养护后，在不饱和空气中失去内部毛细孔和凝胶孔中的吸附水而产生的不可逆收缩，它不同于干湿交替引起的可逆收缩。这种不可逆收缩的产生是由孔径分布的变化、水泥凝结过程中 C-S-H 粒子间黏结的变化以及 C-S-H 中水分布的变化引起的，它导致密实过程中 C-S-H 粒子产生永久的重新排列。对于高水灰比的水泥混凝土，干燥收缩变形是开裂问题中考虑的主要因素。

斜向预应力混凝土路面混凝土的干燥收缩，与普通的高强路面混凝土的区别依旧在于斜向预应力筋的分布与施工，在斜向预应力混凝土路面混凝土浇筑结束后短时间内就要进行预应力筋张拉。而水泥混凝土内部毛细孔和凝胶孔中的吸附水的散失，并形成干燥收缩也是在此时间内发生，如果干燥收缩所造成的收缩量过大，斜向预应力混凝土路面板中已施加预应力在收缩中必然产生过多的预应力损失，使斜向预应力混凝土路面施工达不到所要求的质量。所以在考虑斜向预应力路面混凝土配合比的设计时必须考虑混凝土的干燥收缩。

7.4.4　温度收缩

温度收缩主要发生在水泥混凝土水泥水化放热出现温峰后的降温过程中。水泥早期水化过程中会放出大量的热，一般每克水泥可放出 502J 热量，在绝对条件下，每 45kg 水泥水化将产生 5～8℃的绝热温升。没有掺加缓凝剂的混凝土通常在水泥水化反应开始 12h 左右出现温度峰值，随后水化放缓，放热减小，在与外界环境热交换作用下，温度开始下降。由于混凝土内、外散热条件不一致，表层混凝土温度降低快，内部混凝土温度变化慢，因而在混凝土内部出现温度梯度，使得降温过程中出现的收缩沿截面呈现出不一致，导致表层混凝土受拉。

在斜向预应力混凝土路面中混凝土的温度收缩，与传统的水泥混凝土温度收缩不同。在水泥混凝土施工、养护完成后，由于外界环境温度的改变，路面温度也会随之升高或降低，从而产生热胀或冷缩。对于普通水泥混凝土路面由于具有胀缩缝,并且构造长度较小,一般情况下对于水泥混凝土面板本身的热胀与冷缩考虑较少。但是对于斜向预应力路面而言,其本身特性决定其有较长的构造长度,如果对于热胀与冷缩不予以足够的考虑,必然会引起斜向预应力路面板的结构性开裂破坏。因此斜向预应力混凝土路面混凝土配合比设计时必须考虑混凝土的温度收缩。

7.4.5 其他收缩

斜向预应力混凝土路面混凝土的其他收缩主要是指碳化收缩等,但因此类收缩多是在水泥混凝土处于工作状态后,由于地域气候或其他地域环境特征所影响,所以在本书中只做简单的阐述,并不将此类收缩纳入研究范围。

碳化收缩是因碳化作用产生的游离态水蒸发而引起的浆体收缩。碳化作用是指大气中的 CO_2 在有水条件下与水泥水化产物作用生成 $CaCO_3$、铝胶、硅胶以及游离态水,并由此引起混凝土体积收缩变形。碳化作用的公式如下:

$$H_2CO_3 + Ca(OH)_2 \rightarrow CaCO_3 + 2H_2O \tag{7-3}$$

碳化反应会造成混凝土体积轻微减小,并使 pH 值降低。一般认为,碳化对混凝土体积改变的影响远低于对 pH 值的影响,pH 值降低将导致钢筋表面钝化膜破坏、钢筋锈蚀、锈蚀产物膨胀而造成混凝土膨胀开裂,耐久性降低。和自收缩、干燥收缩相比,碳化收缩值很小,一般环境中经常不予考虑,但在斜向预应力混凝土路面中。当预应力施加完成后,将使混凝土和预应力钢筋的握裹力提高,有助于预应力钢筋和混凝土一起受力。又由于在斜向预应力混凝土路面中预应力筋直径和含量均较小,因此由预应力筋碳化锈蚀产生裂缝的可能较小。本文对此不做过多探讨。

以上关于混凝土收缩的分析及介绍中,塑性收缩由于其特有的发生条件及开裂状态,对混凝土结构的破坏作用较大,是斜向预应力路面水泥混凝土收缩性能的研究重点。其次,伴随自收缩和干燥收缩的发展,混凝土自身体积变形较大,因而两者也是混凝土开裂研究的重点内容。通常情况下,普通干燥环境下的混凝土既产生干燥收缩又产生自收缩,若通过试验手段来严格区分它们,存在一定难度,鉴于两种收缩在引发混凝土开裂上具有相同的效果,本试验除在试验方法上略有区别外,还人为地在测试时间上进行了划分。

7.4.6 收缩影响因素分析

水泥混凝土在硬化及使用过程中会发生收缩,这种体积的改变源于多种因素。总体来讲,主要包括两个方面:一方面是混凝土自身,即内在因素,主要由混凝土组成材料的个体属性和混凝土配合比组成决定;另一方面为外在因素,主要由影响混凝土收缩的温度、湿度、风速和试件尺寸等组成。

1)原材料对混凝土收缩的影响

水泥混凝土主要由水、水泥、集料和外加剂 4 种成分组成,每一种成分由于自身的特性,对混凝土收缩影响的权重值各不相同,并且由于混凝土材料的不均匀性,其形成的结构也较为复杂,要全面准确地描述每一种组分对混凝土结构收缩性能的影响,比较困难,因而以下阐述也存在一定的局限性,仅属定性分析。

(1)水泥成分能影响水泥浆体的收缩,进而影响混凝土收缩,但这种影响并不显著,且水泥成分与收缩性能之间的关系尚不明确。然而,一些研究发现,每一种水泥都存在一个引起最小收缩的“最佳石膏掺量”,在此掺量下,水泥浆体的收缩较小。同时,部分研究者还认为收缩与 C_3A 含量之间存在一定的相关性,并由此推断出了硫铝酸盐同收缩的关系。另外,水泥其细度不同、化学成分及材料组成不同,会在一定程度上影响水化过程中毛细孔结构的分布,因而也会影响混凝土的收缩。

(2)集料是混凝土材料组成中体积含量最大的组分,其在混凝土中所占的体积可达60%～70%,集料一般不发生反应,具有较高的弹性模量,能抑制水泥浆体收缩的开展。集料对混凝土收缩的影响主要分为两部分:一是集料作为混凝土结构的骨架,可以抑制水泥浆体的收缩行为,降低可能达到的实际收缩量;二是集料体积份额较大,可以在一定程度上影响混凝土中水分的湿扩散作用,从而使水泥石的收缩发生改变。

(3)集料最大粒径、砂率和砂的细度模数也会影响混凝土的收缩性能。其中,集料最大粒径对混凝土收缩的影响表现为混凝土达到相同施工性能时,单位用水量的改变,会改变集料与水泥浆的相对体积含量。砂率和细度模数对混凝土收缩的影响与最大粒径相类似,其对混凝土收缩的影响也主要体现在混凝土单位用水量的改变以及集料吸水能力的改变上。相关资料显示,在一定范围内,砂率的改变对混凝土收缩变形的影响并不显著。

(4)随着混凝土技术的发展,外加剂已经逐渐成为混凝土中不可替代的第五组分。但是,外加剂的掺入,改变了水泥原来的水化进程以及水化过后混凝土内部的孔径大小和孔分布,促使水泥快速水化并加快了水分的蒸发速度,这在一定程度上增大了混凝土的收缩。但外加剂品种繁多,其影响也不尽相同。

2)配合比设计参数对混凝土收缩的影响

从宏观上讲,混凝土属于二相复合材料。集料作为混凝土结构的骨架,主要承受外界荷载并发挥抑制收缩开展的作用;水泥浆作为胶结材料,在水泥水化作用下发生收缩,对结构的使用性能和耐久性产生不良影响。相关研究表明:混凝土的收缩与开裂具有良好的相关性,为避免水泥混凝土出现收缩裂缝,应对混凝土的组成材料进行合理设计,力求把混凝土的收缩控制在一定范围内。

(1)水灰比是评价混凝土性能的重要参数,水灰比大小会影响到混凝土的收缩。需要指出的是,水灰比对混凝土收缩的影响研究要基于一定集料体积含量基础之上。

由于水灰比的不同,经过拌和后的水泥浆体的黏度就有所不同,水灰比过小时,水泥浆体黏度过大,拌和过程中所带入泥浆中的微小气泡便不能团集以形成较大的气泡排除,这些气泡就会留在水泥浆中,当水泥在硬化过程以及硬化之后,这些孔隙就会影响水泥混凝土的收缩性能:水灰比过大时,水泥浆体单位含水率增大,在水泥混凝土干燥过程之中,单位蒸发量增大,蒸发速度增大,会使水泥混凝土收缩增大,严重时会导致出现严重的内部裂缝,影响水泥混凝土的工作性能。因此,当混凝土中的集料体积含量一定时,实际上存在一个最佳水灰比区间,能够使胶凝材料水化形成的孔隙分布最优,从而减小混凝土的收缩值。

(2)砂率是控制混凝土流动性、黏聚性和保水性重要的技术指标,砂率的大小会影响到混凝土的收缩。

在混凝土配合比设计中,在满足混凝土其他工作性的情况下应尽量选择较低的砂率,以保证水泥混凝土的收缩性能。

(3)在混凝土其他组分固定时,单位用水量不同,混凝土的工作性能亦不相同。在硬化水泥混凝土内部孔隙大小及分布不同,会导致硬化后混凝土的收缩存在差异。

3)外界条件对混凝土收缩的影响

混凝土收缩的外部影响因素包括环境温度、湿度、风速和混凝土结构的尺寸。在外部因素影响下,随着时间的推移,混凝土内部的孔隙构造、温度场、湿度场、水分含量等会随水分的蒸发而发生改变,从而使混凝土体积产生变化。

(1)环境温度与湿度对于混凝土收缩的影响

通常情况下,混凝土所处环境温度的提高和湿度的降低都会增大混凝土的收缩,其原因在于:温度的升高加快了胶凝材料的水化速度,提高了水化相的体积含量;而随着环境湿度的降低,水化相的失水速度加快,更多的毛细孔及胶凝孔由于水分散失而产生较大的毛细管压力,从而增大了混凝土的收缩。

(2)风速对于混凝土收缩的影响

风速对混凝土收缩的影响与温、湿度相似,这主要由于风速增大了混凝土内部水分的蒸发速度,使混凝土收缩增加。在混凝土成型过程中,伴随着水泥水化,混凝土内部湿度降低,急需外界水分补充以继续维持水化的进行,而此时风速加大了混凝土表面水分的蒸发速率,提高了水分由内部向表面迁移的速度,加速了收缩的开展。

(3)混凝土试件的尺寸和形状对于混凝土收缩的影响

混凝土试件的尺寸和形状决定失水的速率,因此也会影响混凝土收缩的速率和数量。混凝土失水始于表面,而水分含于整个混凝土体积之中,因此,混凝土的收缩变形是体积/表面积的函数。有研究表明,两者之间近似呈线性关系,这在一定程度上解释了板状构件容易开裂,而一些细长梁极少出现开裂的现象。

7.4.7 斜向预应力混凝土路面混凝土收缩试验

1)水泥混凝土收缩测试方法

(1)塑性收缩测试方法

塑性收缩试验可以对混凝土的开裂趋势做出定性与定量分析。所谓定性分析就是通过观察混凝土试件在限制收缩条件下的裂缝开展情况,来评价不同组成材料混凝土的收缩开裂趋势,以及收缩开裂对不同环境与不同限制条件的敏感性。定量分析指结合相关测试得到限制收缩条件下试件内部的应变、徐变、弹性模量、约束应力等随龄期的变化曲线,并引入合理的失效模式对结构的开裂情况做出预测。

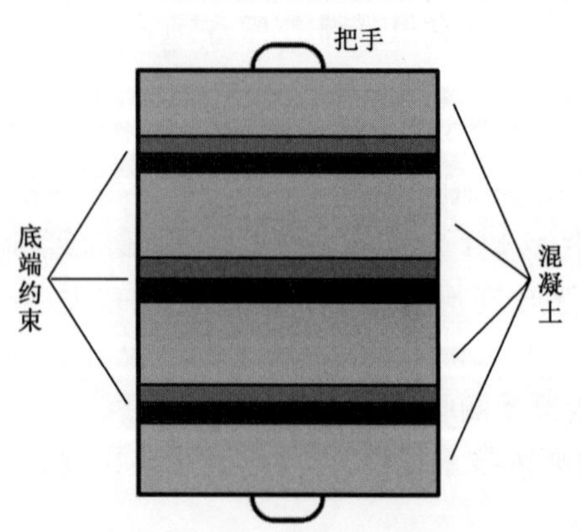

图 7-17 混凝土塑性收缩测试装置

①试验装置

采用的模具试模尺寸为 500mm × 360mm × 70mm,模底设置了三根弯起的钢板用于对混凝土进行约束限制,此方法可以测试混凝土或砂浆因干燥失水引起的收缩裂缝。试验装置如图 7-17 所示。

②试验步骤

a. 拌和混凝土，浇筑、振动并抹面，并注意控制抹面时间及次数；

b. 用保鲜膜覆盖混凝土试件上表面，并将试件连同模具一起置于标准养护室进行养护，同时成型混凝土立方块试件用于测试水分蒸发量；

c. 2h 后撤去保鲜膜，将混凝土连同试模放置于湿度、温度及风速均可控制的环境箱内，开始收缩试验测试；

d. 控制环境箱温度为 30℃，相对湿度为 60%，风速为 8m/s；

e. 观察并记录混凝土初始开裂时间，5h 后拍摄试件照片以观察其开裂情况；

f. 收缩试验 24h 后结束，测量初裂以及贯通裂缝形成的时间。

(2)干燥收缩测试方法

①试验装置

每组混凝土配比成型混凝土试件，用于测试混凝土 1 ~7d 由干燥失水引起的变形。干燥收缩试验装置由测试夹具、千分表及混凝土试件三部分组成，其中试件尺寸为 100mm ×100mm ×400mm，试验模具如图 7-18 所示。

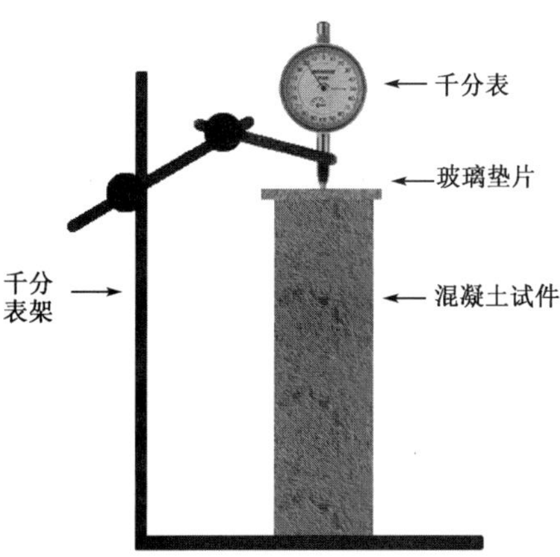

图 7-18　混凝土干燥收缩试验装置

②试验步骤

a. 按标准方法，拌和混凝土，浇筑并振实；

b. 将成型好的混凝土试件置于标准养护条件下进行养护，1d 后立即拆模(也可以在室温下用塑料薄膜进行覆盖以防止水分过快蒸发)；

c. 将混凝土试件移入恒温恒湿室内，架设千分表进行测试；

d. 测试过程中，前 3d 每隔 2h 对千分表进行读数，3d 后每天进行一次测量；

e. 测试期间，保持恒温恒湿室内的温度及湿度恒定，以横向对比不同材料组成混凝土的自由收缩值。

(3)温度收缩测试方法

目前水泥混凝凝土温缩试验的方法较多，有机测法、支架法、振弦应变传感器测试法、应变片点测法。本文使用温缩仪进行机测。

试验步骤如下：

①按标准方法，拌和混凝土，浇筑并振实；

②将成型好的混凝土试件置于标准养护条件下进行养护，3 组试件分别在 1d、7d、28d 拆模；

③将混凝土试件移入温缩试验仪内；

④打开电脑软件开始进行测试，温度降温速率为 0.5℃/min，达到所需温度后恒温 4h，在恒温时间结束前的 5min 内对该恒温段的应变值进行读取、存储，然后往下一目标温度降温；

⑤通过采集系统所采集的收缩量与温度关系，计算温度收缩系数。

2)斜向预应力混凝土路面混凝土收缩试验方案

斜向预应力混凝土路面混凝土塑性收缩试验中,主要考虑废旧沥青细粉与粉煤灰掺量对水泥混凝土塑性收缩的影响,因此主要控制变量为废旧沥青混合料细粉与粉煤灰掺量,试验评价塑性收缩的主要指标为初裂与贯通开裂的时间。

水泥混凝土标准配合比设计如表7-29所示。

标准配合比设计 表7-29

水灰比	水用量(kg)	水泥用量(kg)	碎石用量(kg)	砂用量(kg)
0.40	144	360	1281	660

由前述试验知,废旧沥青混合料细粉掺量和粉煤灰掺量分别为15%和20%时,混凝土的抗弯拉强度出现明显增长而抗压强度下降不是很明显,同时弹性模量出现明显下降,因此为了使耐久性与抗压强度、抗弯拉强度和弹性模量同时达到最佳状况,对废旧沥青混合料细粉和粉煤灰掺量分别选取15%、20%、25%进行试验,并确定最佳掺量。

塑性收缩试验采用表7-30的配合比按照塑性收缩的试验要求拌和混凝土、成型试件。

塑性收缩试验混凝土配合比 表7-30

组　号	废旧沥青掺量(%)	粉煤灰掺量(%)	组　号	废旧沥青掺量(%)	粉煤灰掺量(%)
Ⅰ-1	0	0	Ⅲ-1	0	20
Ⅰ-2	15	0	Ⅲ-2	15	20
Ⅰ-3	20	0	Ⅲ-3	20	20
Ⅰ-4	25	0	Ⅲ-4	25	20
Ⅱ-1	0	15	Ⅳ-1	0	25
Ⅱ-2	15	15	Ⅳ-2	15	25
Ⅱ-3	20	15	Ⅳ-3	20	25
Ⅱ-4	25	15	Ⅳ-4	25	25

3)塑性收缩试验结果

测定不同的塑性收缩时间如表7-31所示。塑性收缩开裂时间随废旧沥青混合料细粉掺量和粉煤灰掺量变化图如图7-19所示。

混凝土塑性收缩试验收缩时间 表7-31

时间(h)		沥青废料量(%)							
		0		15		20		25	
项目		初裂	贯通	初裂	贯通	初裂	贯通	初裂	贯通
粉煤灰含量(%)	0	1.216	1.386	1.267	1.503	1.283	1.550	1.310	1.587
	15	1.223	1.396	1.278	1.525	1.297	1.567	1.323	1.617
	20	1.233	1.401	1.287	1.535	1.312	1.583	1.333	1.630
	25	1.24	1.415	1.295	1.548	1.317	1.592	1.347	1.641

从表7-31和图7-19可知:随着粉煤灰掺量的增加,水泥混凝土塑性收缩开裂时间不断增长。即随着粉煤灰掺量的增加,水泥混凝土抵抗塑性收缩的能力不断增强;随着废旧沥青混合

料细粉掺量的增加,水泥混凝土塑性收缩开裂的时间有较为显著的改善,也就是说废旧沥青混合料细粉的掺加对于水泥混凝土抵抗塑性收缩的能力有较为显著的改善。

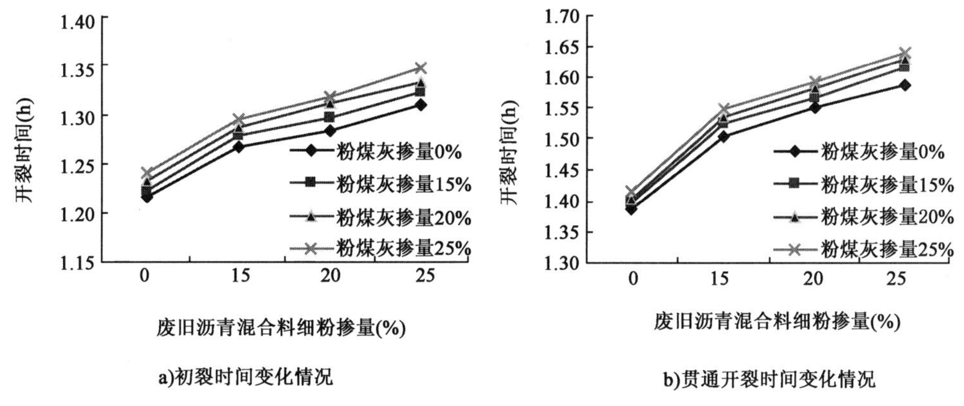

a)初裂时间变化情况　　b)贯通开裂时间变化情况

图7-19　塑性收缩开裂时间随废旧沥青混合料细粉和粉煤灰掺量变化图

(1)废旧沥青混合料细粉对塑性收缩的影响分析

图7-20所示粉煤灰掺量在0%、15%、20%、25%情况下,废旧沥青混合料细粉掺量由0%增加到25%的试件,初裂与贯通开裂时间的变化情况。

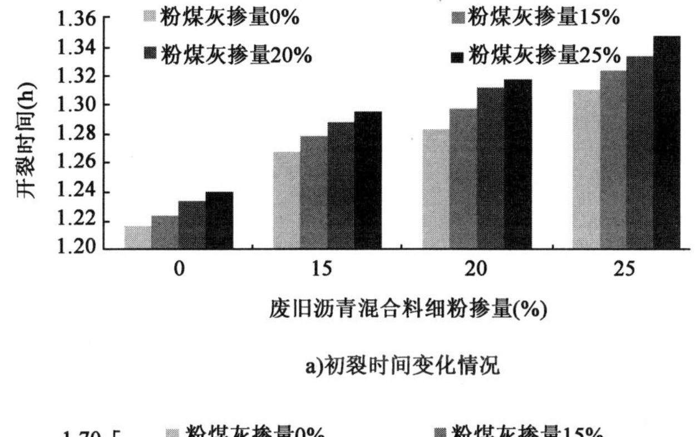

a)初裂时间变化情况

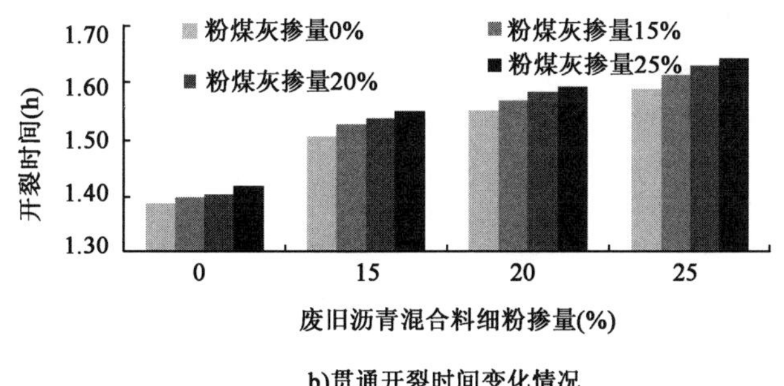

b)贯通开裂时间变化情况

图7-20　塑性收缩开裂时间随废旧沥青混合料细粉掺量变化图

依据图7-20可以看出:当废旧沥青混合料细粉含量在0%时,粉煤灰含量0%~25%的试件,初裂都出现在开始观测后1.25h之前,最终的贯通开裂都出现在开始观测后1.4h时间点附近。表现出较差的抗塑性收缩性能。随着废旧沥青颗粒掺量不断增加到25%,粉煤灰含量

0% ~25%的试件,初裂出现时间延长至开始观测1.3h以后,贯通开裂时间延长至开始观测后1.6h以后。通过计算可以得出废旧沥青颗粒含量从0%增加到25%,初裂时间与共同开裂时间分别平均增长了7.1%和15.6%。所以可以认为在水泥混凝土中掺加废旧沥青混合料细粉能有效地改善混凝土的抗塑性收缩能力。废旧沥青混合料细粉含量0% ~15%、15% ~20%、20% ~25%,混凝土的初裂发生时间分别平均增长了4.3%、1.6%、2.0%;贯通开裂时间分别平均增长9.1%、3.0%、3.0%。可以看出在水泥混凝土抵抗塑性收缩的能力随着废旧沥青颗粒含量的增加而一直增加,并不存在最佳含量。

依据试验结果,分析废旧沥青混合料细粉对混凝土抗塑性收缩机理为:

①废旧沥青混合料细粉本身是由沥青混凝土路面刨铣、筛分、粉碎而成,而沥青的比热容大于水泥的比热容,因此在水泥水化过程之中可吸收更多的能量而使水泥混凝土温度提高量减少,从而减小水分的蒸发速率,提高水泥混凝土抗塑性收缩的能力。

②由于废旧沥青混合料细粉本身是沥青混凝土路面组分,在水泥混凝土的组分中属于不参与反应的惰性材料,而且表面粗糙。在水泥混凝土浇筑时,废旧沥青混合料细粉可以携带更多的空气,因此废旧沥青混合料细粉可以充当固体引气剂,增加水泥混凝土的和易性,从而减少不均匀收缩引起的裂缝。

③水泥混凝土在掺加废旧沥青混合料细粉之后,弹性模量明显降低,这是由于废旧沥青混合料细粉的掺入,在水泥石中增加了细小的弹性体,从而在水泥收缩过程中缓解应力集中,缓解塑性收缩开裂。

④水泥的孔径结构对水泥混凝土的收缩变形能力有极为重要的影响。图7-21是对掺加废旧沥青混合料细粉后和未掺加的混凝土的300倍的电镜照片,通过对比可以认为废旧沥青混合料细粉在水泥混凝土结构中有效地填充了水泥石中的孔隙,减少了有害孔,从而缓解了水泥混凝土的泌水,提高了水泥混凝土的抗塑性收缩能力。

a)未添加废旧沥青混合料细粉

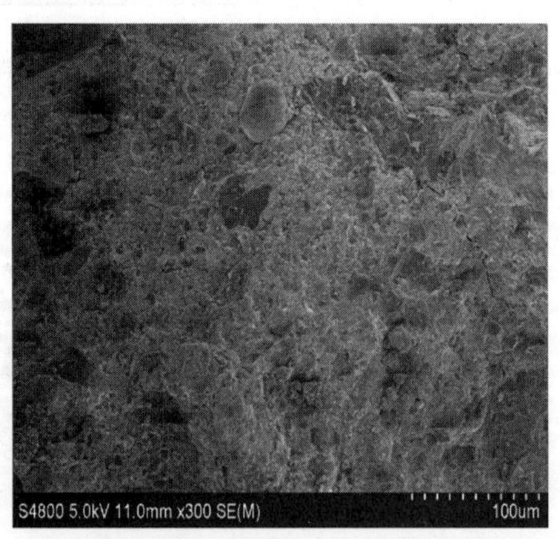

b)添加20%废旧沥青混合料细粉

图7-21 水泥混凝土电镜照片

(2)粉煤灰对塑性收缩的影响分析

图7-22表示废旧沥青混合料细粉掺量在0%、15%、20%、25%情况下,粉煤灰掺量由0%增加到25%的试件,初裂与贯通开裂时间的变化情况。

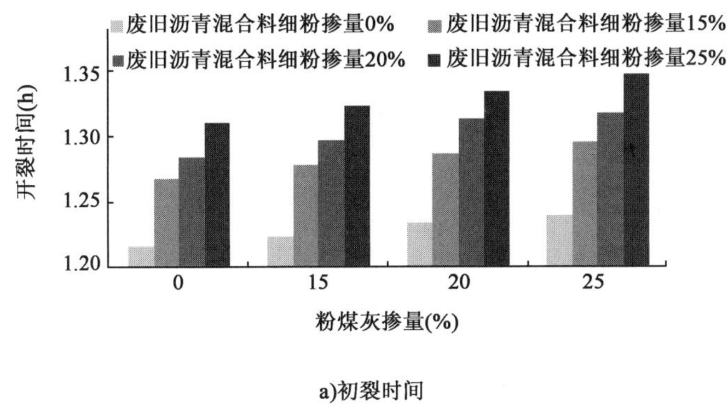

a)初裂时间

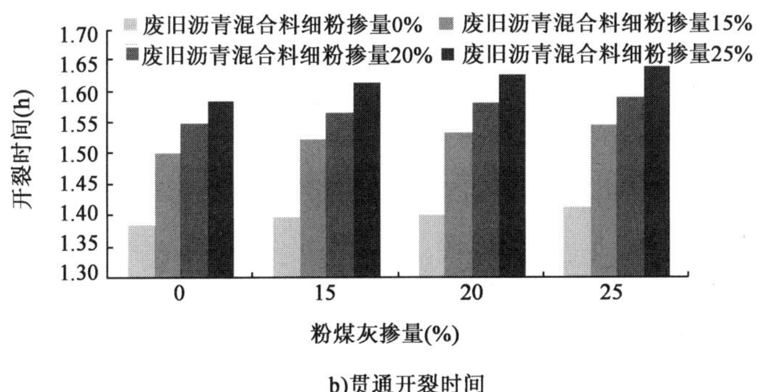

b)贯通开裂时间

图7-22　塑性收缩开裂时间随粉煤灰掺量变化图

依据图7-22可以看出在废旧沥青混合料细粉掺量一定时，随着粉煤灰掺量的增加，初裂时间与贯通开裂时间都有一定的延后。也就是说随着粉煤灰掺加量的增大，水泥混凝土表现出更加优秀的抗塑性收缩能力。通过计算我们可以得出粉煤灰含量从0%增加到25%，初裂时间与共同开裂时间分别平均增长了2.4%和2.8%。所以可以认为在水泥混凝土中掺加粉煤灰可以改善混凝土的抗塑性收缩能力。粉煤灰含量从0%～15%、15%～20%、20%～25%，混凝土的初裂发生时间分别平均增长了0.9%、0.9%、0.6%；贯通开裂时间分别平均增长1.3%、0.7%、0.8%。可以看出在水凝混凝土抵抗塑性收缩的能力随着粉煤灰掺量的增加而一直增加，并不存在最佳含量。通过对比，在同时掺加废旧沥青颗粒与粉煤灰时，废旧沥青颗粒对于水泥混凝土的抗塑性收缩能力占主导地位。

依据试验结果，分析粉煤灰影响混凝土抗塑性收缩机理为：水泥混凝土的孔结构对水泥混凝土的收缩变形能力有极为重要的影响。由于火山灰活性效应，粉煤灰与水泥水化过程中析出的氢氧化钙缓慢进行“二次反应”，在表面生成具有胶凝性能的水化铝酸钙、水化硅酸钙等胶凝物质，填充在集料之间形成紧密的混凝土结构，减少了有害孔的数量，从而提高水泥混凝土抗塑性收缩能力。

7.4.8　斜向预应力混凝土路面混凝土干燥收缩试验

1)干燥收缩试验配合比

依据混凝土强度试验推荐配合比，干燥收缩试验采用表7-32配合比制作100mm×

100mm×400mm 长方体试件。

干燥收缩试验混凝土配合比　　表 7-32

编　号	废料量(%)	粉煤灰量(%)
Ⅱ-0	0	0
Ⅱ-1	20	20
Ⅱ-2	20	25
Ⅱ-3	25	20
Ⅱ-4	25	25

2)干燥收缩试验结果及分析

根据混凝土试验配合比成型试件,测定不同龄期的干燥收缩值如表 7-33 所示,不同配合比早期干燥收缩变化折线如图 7-23 所示。

不同龄期干燥收缩试验测试结果　　表 7-33

配合比	斜向预应力混凝土干燥收缩($\times10^{-6}$m)						
	1d	2d	3d	4d	5d	6d	7d
Ⅱ-0	36	49	61	68	75	80	82
Ⅱ-1	30	42	51	56	60	63	65
Ⅱ-2	27	38	48	53	56	58	60
Ⅱ-3	25	35	42	46	49	52	53
Ⅱ-4	22	30	35	38	40	42	45

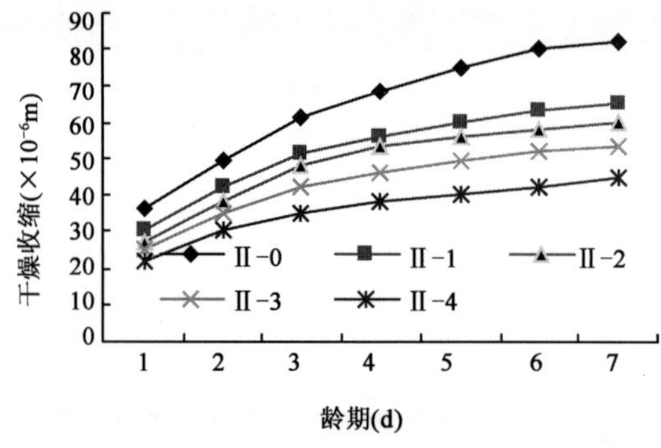

图 7-23　不同配合比早期干燥收缩变化折线图

分析表 7-33 及图 7-23 可知:Ⅱ-0 未掺加粉煤灰与沥青废旧混合料细粉,Ⅱ-1、Ⅱ-2、Ⅱ-3、Ⅱ-4 掺加了粉煤灰与废旧沥青混合料细粉。Ⅱ-1、Ⅱ-2 两组废旧沥青混合料细粉掺加量为 20%,Ⅱ-3、Ⅱ-4 两组废旧沥青混合料细粉掺加量为 25%。Ⅱ-1、Ⅱ-3 两组粉煤灰掺加量为 20%,Ⅱ-2、Ⅱ-4 两组粉煤灰掺加量为 25%。

Ⅱ-0 未掺加粉煤灰与废旧沥青混合料细粉,在成型 1d 后收缩量急剧增大,2d 开始收缩速率有所减小,但是收缩速率相较其他几组依然较大。Ⅱ-1、Ⅱ-2、Ⅱ-3、Ⅱ-4 掺加了粉煤灰与废旧沥青混合料细粉后收缩速率与收缩量都有所减小。随着胶凝材料中粉煤灰与废旧沥青混合料细粉替代量的提高,对于干缩的减小量变小。

3)废旧沥青混合料细粉对干燥收缩的影响分析

图 7-24 表示粉煤灰掺量在 20%、25% 情况下,废旧沥青混合料细粉掺量分别为 20% 和

25% 的试件，干燥收缩量的变化。

通过图 7-24 可以看到废旧沥青混合料细粉掺加之后对水泥混凝土的干燥收缩有较大的影响。当粉煤灰含量为 20% 时，废旧沥青混合料细粉含量从 20% 增加到 25%，干燥收缩量平均减小了 27%。粉煤灰含量为 25% 时，废旧沥青颗粒含量从 20% 增加到 25%，干燥收缩量平均减小了 36%。因此废旧沥青混合料细粉的掺加在干燥收缩的过程中，对于干燥收缩有较为明显的正面影响。废旧沥青混合料细粉掺入水泥混凝土后，对于水泥混凝土的干燥收缩有较强的抑制。

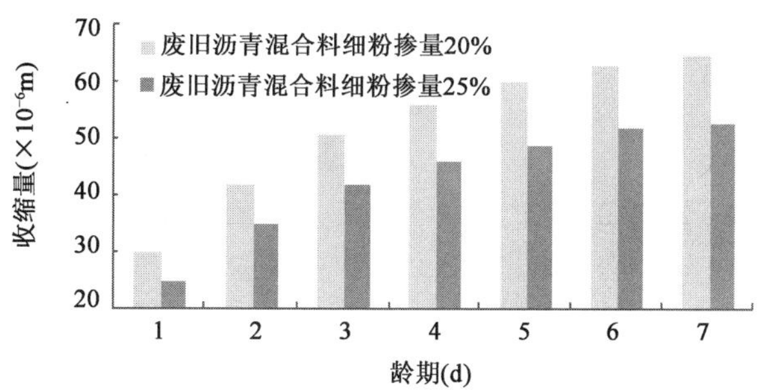

a)粉煤灰掺量20%时干燥收缩量随废旧沥青混合料细粉掺量变化图

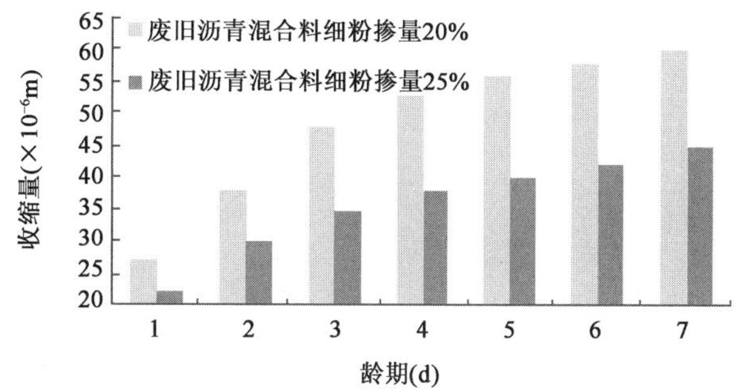

b)粉煤灰掺量25%时干燥收缩量随废旧沥青混合料细粉掺量变化图

图 7-24　干燥收缩量随废旧沥青混合料细粉掺量变化图

废旧沥青颗粒掺加对于干燥收缩影响机理为：

(1)掺加了废旧沥青混合料细粉的水泥混凝土后，废旧沥青混合料细粉有效地提高了水泥混凝土的密实度，减少了毛细孔的存在，因此延缓了在干燥过程中毛细水的损失速率，因而对于干缩性能有了较强的影响。

(2)在掺加了废旧沥青混合料细粉之后，水泥混凝土的最佳含水率降低，导致其内部的自由含水率较小，在相同的温度条件下，废旧沥青混合料细粉的掺量越大，水泥混凝土的失水率越小，因此收缩也就减小。

(3)废旧沥青混合料细粉有一定的沥青弹性体，具有一定的收缩形变能力。废旧沥青混合料细粉颗粒的存在对于水泥混凝土的干缩有一定的约束作用。废旧沥青混合料细粉掺量越大，水泥混凝土中的废旧沥青混合料细粉的密度就越大，对于水泥混凝土的干缩抑制也就越强。

4)粉煤灰对干燥收缩的影响的分析

图 7-25 表示废旧沥青混合料细粉掺量在 20%、25% 情况下，粉煤灰掺量分别为 20% 和

25% 的试件,干燥收缩量的变化。

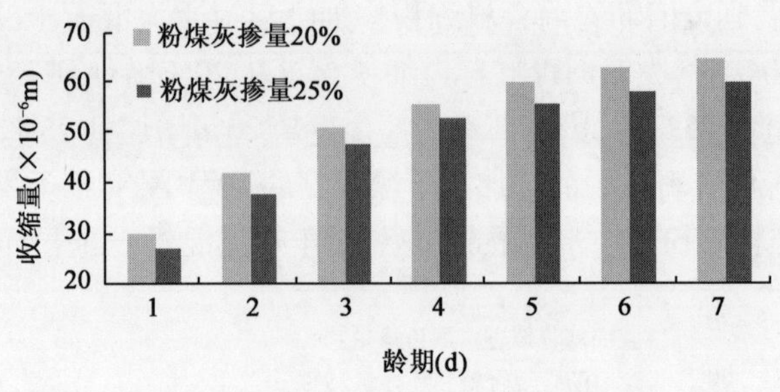

a)废旧沥青混合料细粉掺量20%时干燥收缩量随粉煤灰掺量变化图

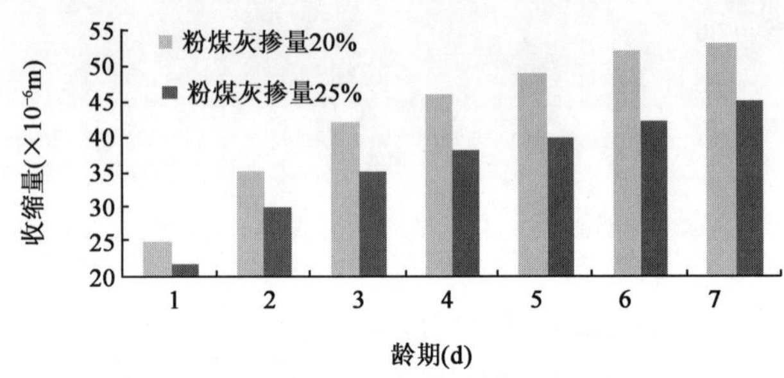

b)废旧沥青混合料细粉掺量25%时干燥收缩量随粉煤灰掺量变化图

图 7-25 干燥收缩量随粉煤灰掺量变化图

通过图 7-25 可以看出,在水泥混凝土中掺加了粉煤灰后,水泥混凝土的干燥收缩有了一定的改观,当废旧沥青混合料细粉含量为 20% 时,粉煤灰从 20% 增加到 25%,干燥收缩量平均减小了 8%。当废旧沥青混合料细粉含量为 25% 时,粉煤灰从 20% 增加到 25%,干燥收缩量平均减小了 18%。通过对比废旧沥青混合料细粉对于水泥混凝土干燥收缩的影响,不难看出粉煤灰相较于废旧沥青颗粒对于水泥混凝土的影响较小。但是粉煤灰的掺加,对水泥混凝土的干燥收缩也是有一定的影响。当粉煤灰掺量提高时,水泥混凝土的干燥收缩也得到一定的改观。

粉煤灰掺加对于干燥收缩影响机理分析:

(1)粉煤灰具有火山灰活性,它的活性成分二氧化硅和三氧化二铝与水泥水化产物氢氧化钙反应,生成水化硅酸钙和水化铝酸钙成为凝胶材料的一部分。

(2)干缩是由于水泥混凝土砂浆中的毛细水和部分凝胶水的失去而产生的。随着粉煤灰掺量的增加,水泥被等量取代,用量减少,进行的水化反应的水的也相应地减少,相应失去的胶凝水减少。

(3)粉煤灰的颗粒均匀分布在水泥浆中减少了砂浆的空隙率,这样毛细水的量也减少,这就是为什么粉煤灰的掺量越大,干缩变形反而越小的原因。

7.4.9 水泥混凝土温度收缩

1)温度收缩试验方案

依据斜向预应力混凝土路面混凝土强度试验推荐配合比,温度收缩试验采用表 7-34 配合比制作 100mm × 100mm × 400mm 长方体试件。

温度收缩试验混凝土配合比　　表 7-34

编　号	废料量（kg/m^3）	用水量（kg/m^3）	水泥用量（kg/m^3）	粉煤灰掺量（kg/m^3）	减水剂掺量（kg/m^3）
Ⅱ-0	0	142.0	355.0	0.0	3.60
Ⅱ-1	99	144.0	287.0	107.0	3.60
Ⅱ-2	99	142.0	284.0	106.5	3.55
Ⅱ-3	132	144.0	287.0	107.0	3.60
Ⅱ-4	132	142.0	284.0	106.5	3.55

2）温度收缩试验结果及分析

不同龄期的水泥混凝土温度收缩系数，如表 7-35 所示。不同配合比平均温缩系数随养护时间变化图如图 7-26 所示。

温度收缩试验不同龄期水泥混凝土平均温缩系数　　表 7-35

编号 \ 龄期(d)	1	7	28
Ⅱ-0	5.02	5.64	6.42
Ⅱ-1	5.40	5.90	6.88
Ⅱ-2	5.41	5.89	6.87
Ⅱ-3	5.51	5.95	7.06
Ⅱ-4	5.53	6.00	6.98

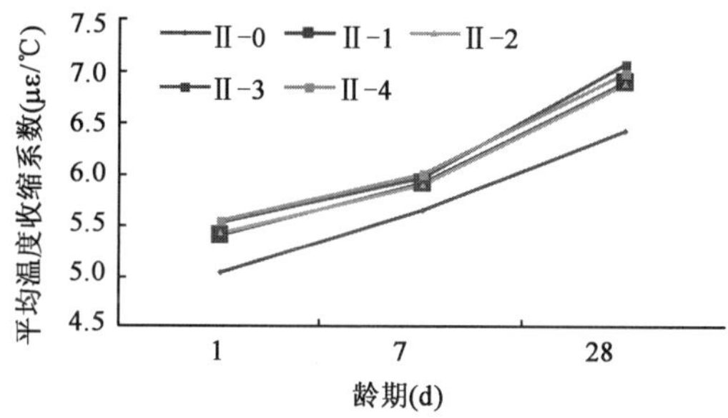

图 7-26　不同配合比平均温缩系数随养护时间变化图

依据图 7-26、表 7-35 可以得到：在相同养护时间内，Ⅱ-0 平均温缩系数最小，Ⅱ-1、Ⅱ-2 平均温缩系数次之，Ⅱ-3、Ⅱ-4 平均温缩系数最大。随着养护时间的增长，水泥混凝土的平均温缩系数呈增大趋势。

3）掺加废旧沥青混合料细粉与粉煤灰对水泥混凝土温度收缩的影响

通过表 7-35 与图 7-26，对比Ⅱ-1、Ⅱ-2、Ⅱ-3、Ⅱ-4 得出，在养护时间为 1d 的试件Ⅱ-1、Ⅱ-2 平均温缩系数在 5.4με/℃附近，Ⅱ-3、Ⅱ-4 平均温缩系数在 5.5με/℃附近。养护时间为 7d 的试件Ⅱ-1、Ⅱ-2 平均温缩系数在 5.9με/℃附近，Ⅱ-3、Ⅱ-4 平均温缩系数在 5.95με/℃附近。养护时间为 28d 的试件Ⅱ-1、Ⅱ-2 平均温缩系数在 6.87με/℃附近，Ⅱ-3、Ⅱ-4 平均温缩系数在7.0με/℃附近。

由表 7-35、图 7-26 得出：掺加粉煤灰和废旧沥青混合料细粉对水泥护凝土的温缩系数都有一定影响。相应废旧沥青混合料细粉是由沥青混凝土路面刨铣、清洗、筛分、粉碎而成,本身具有一定的弹性,在温度降低时,细小的沥青颗粒在水泥混凝土的温度收缩过程中,具有一定的分散收缩应力的能力。因此可以在温度降低时较好地减少水泥混凝土的收缩。

4)其他因素对温度收缩的影响

(1)养护时间对于温度收缩的影响

通过横向养护时间比较,可以看出养护时间越短则温缩系数越小。这是因为形成水泥稳定碎石强度的主要胶结物氢氧化钙、碳酸钙等晶体以及主要水化物含水硅酸钙(C-S-H)凝胶、含水铝酸钙(C-Al-H)凝胶等具有比原材料高的强度和比较大的温缩系数。随着龄期的增长和水泥水化硬化反应的进一步进行,这些胶结物在整体材料中所占比例越来越大,而它们本身的温缩系数又比集料大,因此温缩系数值随龄期而增加[27]。

(2)水灰比对于温度收缩的影响

通过计算Ⅱ-0 水灰比为40%,Ⅱ-1、Ⅱ-2 水灰比为29%,Ⅱ-3、Ⅱ-4 水灰比为27%。通过对比,可以看出水泥混凝土的平均温缩系数的增大与水灰比的减小呈同步趋势。当水灰比较大时,水泥混凝土表现出较小的温缩系数,即较差的抵抗温度收缩的能力。当水灰比减小,水泥混凝土的温缩系数随着增大,表现出较强的抵抗温度收缩的能力[28]。

综上所述,通过对不同废旧沥青混合料细粉和粉煤灰掺量的水泥混凝土进行干燥收缩、塑性收缩、温度收缩试验,分别探讨不同废旧沥青混合料细粉和粉煤灰掺量下水泥混凝土收缩的影响。通过对试验结果和机理进行分析,可以对斜向预应力混凝土路面混凝土配合比提出以下意见:

(1)斜向预应力混凝土路面水泥混凝土属于高强混凝土,由于水灰比较低,拌和水量不能满足水泥水化用水需求,水泥水化过程中会产生较为严重的自我干燥现象,进而引起较为严重的收缩裂缝。因此在配合比设计,增加掺合物时必须要考虑掺合物对于水泥混凝土的收缩影响。以避免斜向预应力混凝土路面在施工、使用中出现裂缝影响路面的正常工作。

(2)斜向预应力混凝土路面较普通的水泥混凝土路面而言,不设置胀缩缝和更长的板块结构长度,因此混凝土收缩对其结构影响大,在斜向预应力混凝土路面混凝土配合比设计时必须考虑混凝土塑性收缩、自收缩、干燥收缩和温度收缩。

(3)掺加废旧沥青混合料细粉与粉煤灰的水泥混凝土中,仅考虑收缩性能而言,废旧沥青混合料细粉与粉煤灰掺料含量越高越好,因此废旧沥青混合料细粉与粉煤灰掺量应在满足水泥混凝土工作性能的前提下取最大值,以减小水泥混凝土的收缩性能。

(4)斜向预应力混凝土路面除施工缝外不设置胀缩缝,对于温缩系数相较其他混凝土有较高的要求,在斜向预应力混凝土路面混凝土配合比设计时应考虑水灰比对温缩系数的影响。

7.5 斜向预应力混凝土路面水泥混凝土抗渗性试验

抗渗性是指混凝土抵抗外界 H_2O、Cl^-、SO_4^{2-} 等一切腐蚀性离子渗透的能力,是多孔性材料的基本性质之一。由于抗渗性既反映了混凝土内部孔隙的大小、数量与连通性情况,又表征了密实性,因此被认为是最重要的耐久性评价指标。

抗渗性按侵入物质的不同,可细分为抗水渗性、抗氯离子渗透性、抗气体渗透性和抗腐蚀性盐类侵蚀性，其中，与路用混凝土最为相关的当属前两种渗透能力。由于混凝土的耐久性破坏与其内部水分冻结和外部水分进入密切相关，因此抗水渗性在理论上是最佳的耐久性评价指标。然而，研究者发现水渗试验难以应用于评价中高强度混凝土，再加上混凝土的冻融破坏更多取决于内部毛细水而非外部侵入水的研究结论已被证明，因此抗水渗性要求在路面混凝土中已很少被提及。

氯离子扩散是导致混凝土结构物内钢筋锈蚀的主要原因，当前国内外关于此方面的大部分研究都集中于采用 Fick 第一定律和 Fick 第二定律，预估氯离子在混凝土中的传输与扩散速度。

在北方地区，冬季为了降低路面的冰点，通常大量抛撒除冰盐，或者在下雪之后防止路面湿滑而抛撒大量融雪剂，而除冰盐和融雪剂中均含有盐即 NaCl，从而会导致大量氯离子渗入路面；考虑到氯离子抗渗性与耐久性的直接联系，大量的氯离子渗入斜向预应力混凝土路面，会引起混凝土结构破坏以及加速斜向预应力钢筋锈蚀。因此，抗渗性是斜向预应力混凝土路面具备优良耐久性的基本保证。氯离子抗渗性指标由于测试准确度高，因此可作为主要的斜向预应力混凝土路面混凝土密实性和抗渗性检验指标。

本试验通过对氯离子渗透方式及氯离子对斜向预应力混凝土路面破坏机理的分析，最终选用浙江绍兴肯特公司生产的 KENTc1202 型混凝土氯离子渗透仪进行斜向预应力混凝土路面混凝土氯离子抗渗试验。

7.5.1　氯离子渗透对斜向预应力混凝土路面破坏机理分析

1）混凝土中盐分迁移过程分析

氯盐侵入混凝土内部有毛细管渗透、扩散和电化学迁移等多种方式，通常氯离子渗透是这几种方式的组合，但扩散占主要地位。扩散方式主要通过孔隙内已存在的盐溶液的离子浓度差进行，该浓度差提供驱动力，使得氯盐可以由高浓度区向低浓度区进行迁移。

氯离子侵入混凝土的过程一般用 Fick 第二扩散定律来描述，见式（7-4）。

$$\frac{\partial c}{\partial t} = D\frac{\partial^2 c}{\partial x^2} \tag{7-4}$$

式中：c——离子或气体的浓度（%）；

x——扩散方向的距离；

t——扩散时间；

D——第二定律中的扩散系数（与混凝土的孔结构相关）。

由以上公式得出，氯离子在混凝土中渗透性的程度，除了与结构物截面尺寸、表面状况等设计和施工因素有关外，材料本身的抗渗性是最重要的影响因素，主要与混凝土的孔结构、密实度有密切关系。另外，氯离子在混凝土构造物内部传输过程中，部分氯离子会与混凝土胶凝材料的水化产物相结合，推迟了氯离子的迁移进度，在一定程度上可以延缓其对混凝土中配筋的破坏。但这种结合是非稳态的，在混凝土周围环境温度上升时，被结合的氯离子仍有可能释放成自由氯离子，所以应尽量降低氯离子在混凝土中的渗入程度。

2）氯盐溶液引起混凝土内部斜向预应力筋锈蚀

为了防止路面冬季结冰，影响车辆安全，抛撒融雪盐是主要的路面防冰措施。斜向预应力混凝土路面冬季抛撒融雪盐后,氯盐溶液会慢慢地渗透到混凝土路面孔隙中,进而使混凝土中的斜向预应力钢筋受到腐蚀,严重影响斜向预应力混凝土路面的使用寿命。

氯离子对钢筋混凝土的腐蚀作用机理,目前人们在认识上还存在不少分歧。认为氯盐离子能够破坏钢筋表面的钝化膜使钢筋发生局部腐蚀的观点比较常见。在碱性或中性溶液中,钢筋一般比较容易钝化,而氯盐离子的存在则能缓解或者防止钝化的出现。钢筋混凝土硬化后,外界氯离子通过渗透作用从混凝土毛细孔中引入(当混凝土有裂缝时,氯盐的进入量会增加)。透过混凝土保护层渗透进入的氯离子尽管一般不改变钢筋周围的碱性环境,但它被吸附在钢筋阳极区的钝化膜上,与钝化膜氧化铁中的铁离子结合,生成易溶的二价铁与氯化物的复合物(绿锈)。绿锈可向钝化膜外渗出,遇到含氧较多的介质时,又分解为铁的氢氧化物(褐锈),再放出氯离子,而重新放出的氯离子又从钢筋阳极区带出更多的二价铁离子。所以氯盐对钢筋去钝化起到促进催化作用,但并不改变锈蚀产物的组成。失去钝化膜的保护作用,钢筋极易发生腐蚀。锈蚀的钢筋体积膨胀,挤压破坏混凝土,从而产生顺筋破坏。氯离子的半径很小,具有很强的穿透能力,比其他阴离子更易渗入钝化膜。有试验表明,普通混凝土在浓度为7.0%的 NaCl 溶液中浸泡60天,氯离子的渗透深度可达2.0cm。

并非混凝土中的所有氯离子都会引起钢筋的腐蚀破坏,只有自由氯离子才能对钢筋起到破坏作用。自由氯离子主要是通过扩散过程进入混凝土而到达钢筋表面的。其扩散进程与周围介质中的浓度、混凝土渗透性均有关,也受混凝土中毛细孔结构及孔膜中水饱和程度等因素的影响。

7.5.2 抗氯离子渗透性试验方法的选择

在评价氯离子渗透能力方面,《普通混凝土长期性能和耐久性能试验方法标准》(GB/T 50082—2009)同时推荐了 ASTM C1202 法、RCM 法和 NTL 法。

ASTM 法作为目前应用最为普及的氯离子抗渗性测评方法,试验设备与方法经过多年的改进,操作的简便性、稳定性和可靠性都得到了广泛的认同,在评价中等强度混凝土上具备独特的优势,与其他几种氯离子渗透性指标都有良好的相关性。其他如 RCM 法本质上都是由 ASTM 法修正而来,虽然各有优势,但 RCM 法存在国内应用时间较短,可靠性未被充分验证的问题。

图7-27 KENTc-C1202 氯离子渗透仪

本试验选用了浙江绍兴肯特公司生产的 KENTc1202 型混凝土氯离子渗透仪进行试验,仪器外观见图7-27。KENTc 型渗透仪及专用配套设备适用于 ASTM C1202 及 NTBuild 492 法要求的混凝土氯离子渗透试验,完全符合本项研究的试验要求。其主要技术参数见表7-36。

KENTc 混凝土渗透仪主要技术指标 表7-36

量测范围	评测能力	工作电压	测试通道	量测时限	量测误差	质 量
0~6000C	<10min	60VDC	1~6路	6hrs	<0.3%	<4kg

7.5.3　斜向预应力混凝土路面混凝土氯离子抗渗性能试验方案及分析

1)抗氯离子渗透试验方案

由前述试验知，当混凝土水胶比为0.40时，抗弯拉强度都能达到较好值，且满足其工作性能。因此该抗渗性能试验固定水胶比为0.40，然后选取不同废旧沥青混合料细粉和粉煤灰掺量进行试验。当废旧沥青混合料细粉和粉煤灰掺量分别为15%和20%时，混凝土的抗弯拉强度出现明显增长而抗压强度下降不是很明显，同时弹性模量出现明显下降，因此为了使耐久性与抗压强度、弯拉强度和弹性模量同时达到最佳状况，本试验对废旧沥青混合料细粉和粉煤灰掺量分别选取15%、20%、25%进行试验。试验方案如表7-37所示。

抗渗性试验方案　　表7-37

组　号	废旧沥青混合料细粉掺量(%)	粉煤灰掺量(%)	组　号	废旧沥青混合料细粉掺量(%)	粉煤灰掺量(%)
Ⅰ-1	0	0	Ⅲ-1	0	20
Ⅰ-2	15	0	Ⅲ-2	15	20
Ⅰ-3	20	0	Ⅲ-3	20	20
Ⅰ-4	25	0	Ⅲ-4	25	20
Ⅱ-1	0	15	Ⅳ-1	0	25
Ⅱ-2	15	15	Ⅳ-2	15	25
Ⅱ-3	20	15	Ⅳ-3	20	25
Ⅱ-4	25	15	Ⅳ-4	25	25

2)抗氯离子渗透试验结果

按照表7-37的掺量制作ϕ100mm×200mm圆柱形试件，进行28d标准养护，然后将试件切割并打磨光滑，依次进行真空饱水和氯离子抗渗性能试验。抗氯离子渗透试验结果如表7-38所示。

抗氯离子渗透性能试验结果　　表7-38

组　号	电通量(C)	评　价	组　号	电通量(C)	评　价
Ⅰ-1	1736	低	Ⅲ-1	1219	低
Ⅰ-2	1568	低	Ⅲ-2	1147	低
Ⅰ-3	1322	低	Ⅲ-3	1013	低
Ⅰ-4	1254	低	Ⅲ-4	986	很低
Ⅱ-1	1483	低	Ⅳ-1	1195	低
Ⅱ-2	1295	低	Ⅳ-2	1126	低
Ⅱ-3	1178	低	Ⅳ-3	996	很低
Ⅱ-4	1107	低	Ⅳ-4	979	很低

3)废旧沥青混合料细粉掺量对混凝土抗氯离子渗透性能的影响

图7-28表示在粉煤灰掺量为0%、15%、20%、25%情况下,废旧沥青混合料细粉掺量由0%增加到25%时,电通量的变化情况。

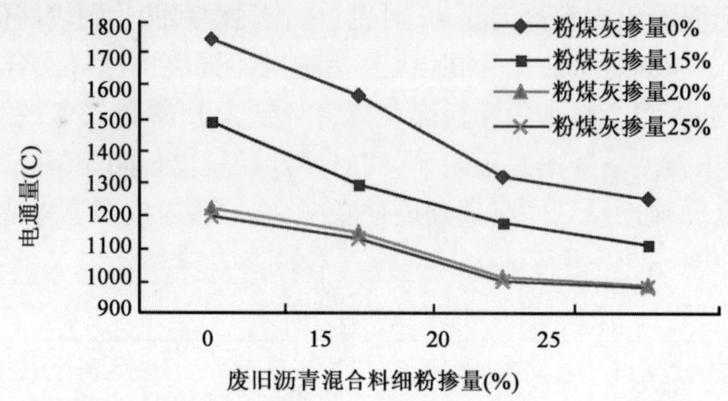

图7-28　不同粉煤灰掺量下废旧沥青混合料细粉掺量和电通量的关系

根据图7-28可以看出,在同一粉煤灰掺量的情况下,随着废旧沥青混合料细粉掺量由0%增加到25%,混凝土的电通量均下降,即其抗氯离子渗透的能力逐渐提高,尤其是在粉煤灰掺量为20%和25%的情况下,当废旧沥青混合料细粉的掺量增加到20%和25%时,氯离子渗透能力均达到很低(即电通量 <1000C),可见掺加废旧沥青混合料可以明显提高抗氯离子渗透能力,并且掺入量越大,混凝土的抗氯离子渗透能力越高。

为反映废旧沥青混合料细粉掺量对电通量变化的影响关系,定义电通量的变化率为电通量差与废旧沥青混凝土细粉掺量差之比,见式(7-5)。

$$k = \frac{E_1 - E_2}{C_2 - C_1} \tag{7-5}$$

式中:k——电通量变化率,100C;

E_1——第 N 组的电通量,C;

E_2——第 $N+1$ 组的电通量,C;

C_1——第 N 组的废旧沥青混合料细粉掺量,0.01;

C_2——第 $N+1$ 组的废旧沥青混合料细粉掺量,0.01。

根据图7-28可以看出,在不同粉煤灰掺量的情况下,废旧沥青混合料细粉掺量由15%增加到20%时的电通量变化率最大,而掺量由20%增加到25%时的电通量变化率和掺量由0%增加到15%时的电通量变化率均较小。因此废旧沥青混合料细粉掺量在15%和20%之间可能存在一个最佳掺量,这一掺量对提高抗氯离子抗渗能力效果最佳;而当废旧沥青混合料细粉掺量低于15%或高于20%时,其对抗氯离子渗透能力提高均较小。

废旧沥青混合料细粉掺量对抗渗性能影响的机理分析:

混凝土是由水泥、集料和水共同组成的复杂多相体。从宏观上可以把混凝土看成是连续相的水泥浆和离散的嵌入在水泥浆体中的集料颗粒所组成的复合材料,并且当混凝土结构尺寸大于集料尺寸4倍时,混凝土往往可以看成是均匀的各向同性材料;从微观结构看,混凝土是由水泥凝胶、氢氧化钙结晶、未水化的水泥颗粒、凝胶空隙、毛细管、孔隙水以及气泡等组成的不均匀的多相材料。混凝土的抗渗性能与混凝土的密实度有关系,随着混凝土内部孔隙之间孔隙率的增大而变好，从而导致混凝土氯离子抗渗性变差。通过电镜扫描，废旧沥青混合料细粉的掺配比例为20%和普通混凝土试件进行对比，发现前者空隙更少、结构更加密实，并通过电镜扫描照片印证这一观点。

图7-29是放大300倍的扫描电镜照片，可以看出未添加废旧沥青混合料细粉的水泥石结构存在很多孔隙，而添加20%废旧沥青混合料细粉的水泥石结构则孔隙相对较少，结构更加密实。

a)未添加废旧沥青混合料细粉

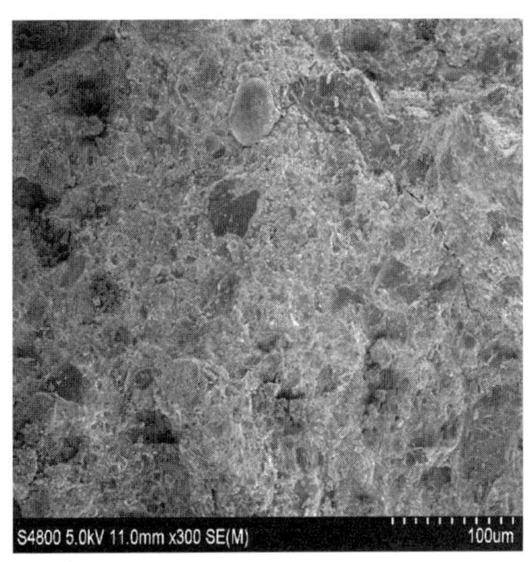

b)添加20%废旧沥青混合料细粉

图7-29　放大300倍的电镜照片

因此可以认为，废旧沥青混合料细粉在水泥混凝土结构中有效地填充了水泥石结构中的空隙，减少了水泥石中的连通孔隙，使混凝土整体结构更加密实，从而提高其抗氯离子渗透性能。

4）粉煤灰掺量对混凝土抗氯离子渗透性能的影响

图7-30表示在废旧沥青混合料细粉掺量为0%、15%、20%、25%情况下，粉煤灰掺量由0%增加到25%时，电通量的变化情况。

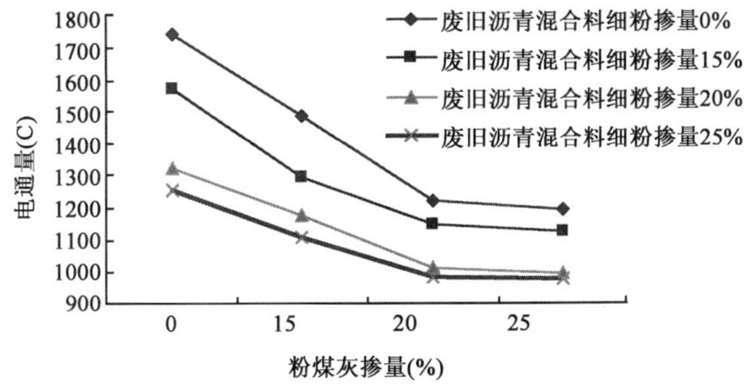

图7-30　不同废旧沥青混合料细粉掺量下粉煤灰掺量和电通量的关系

根据图7-30可以看出，在同一废旧沥青混合料细粉掺量的情况下，粉煤灰掺量由0%增加到 20% 时，电通量均大幅下降，即抗氯离子渗透性能提高；而粉煤灰掺量由 20% 增加到 25% 时，电通量下降幅度较小，可以认为抗氯离子渗透性能基本不变。因此，粉煤灰存在最佳掺量为 20%。

粉煤灰掺量对抗渗性能影响的机理分析：

（1）火山灰活性效应

由于粉煤灰具有无定形玻璃体形态的活性氧化硅（SiO）、氧化铝（Al_2O_3），且比表面积大，这些成分能与水泥水化过程中析出的氢氧化钙［$Ca(OH)_2$］缓慢进行“二次反应”，在表面生成具有胶凝性能的水化铝酸钙、水化硅酸钙等胶凝物质，填充在集料之间形成紧密的混凝土结构。同时氢氧化钙的消除使水泥的碱度降低，在此环境中更有利于水化铝硅酸盐的形成。图 7-31a）表示粉煤灰发生火山灰效应而水化。

（2）粉煤灰对氯离子的固化作用

由于粉煤灰较大颗粒［图 7-31b）］具有空心结构和复杂的内比表面积，粉煤灰通过气孔与内部空腔相通，这样混凝土内部对活泼氯离子吸附与反应就在粉煤灰球体表面或通过气孔在空腔内进行，增加了吸附与反应的场所。另外值得提出的是，粉煤灰中的未燃烧部分可能存在两种形态，一种是独立无规则的多孔煤粒，另一种被包裹在玻璃球体内，后者对混凝土的有害影响较前者小得多。由于多孔煤粒具有较大的比表面积、较强的吸附能力，可能对混凝土内部的氯离子吸附起到一定的有利作用。因此，粉煤灰对氯离子有较强的初始固化能力。

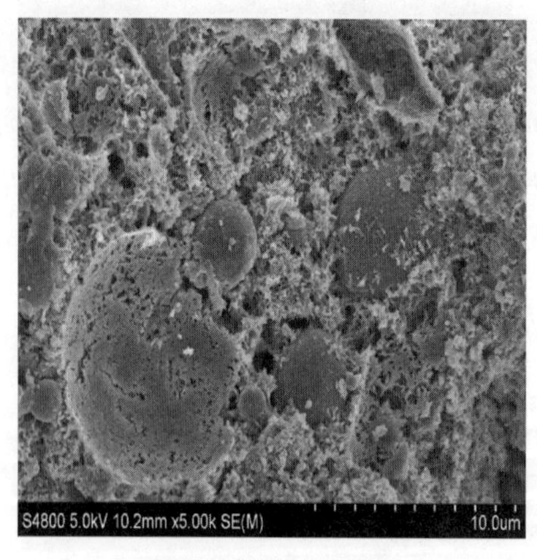

a)粉煤灰发生火山灰效应

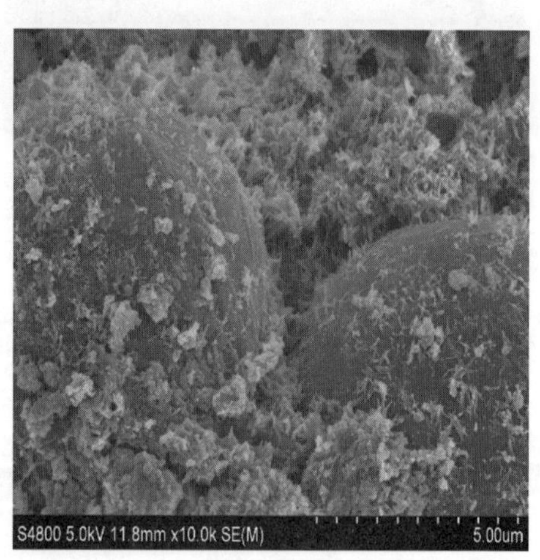

b)粉煤灰颗粒

图 7-31　粉煤灰电镜照片

（3）微集料填充效应

混凝土在微观结构上是非匀质体，理论上，粗集料的空隙由细集料填充，细集料的空隙由水泥浆填充，水泥颗粒的空隙则由水和水泥水化产物及毛细孔填充。由于满足混凝土施工和易性的需要，实际用水量比水泥水化理论需水量多得多，再加上水泥在很长一段时间内不可能完全水化，因此，混凝土内胶凝孔和毛细孔大量存在，孔隙率占胶凝体的 25% ~30%。混凝土的抗渗性能与混凝土的密实度有关系，混凝土内部孔隙随着孔隙率的增大而变大，从而导致混凝土氯离子抗渗性变差。但是粉煤灰具有较小的粒径，并以球状颗粒形式存在；在水泥的水化过程中,粉煤灰并没有开始水化,而是均匀分散于孔隙和胶凝体中,起到填充作用,减少了有害孔的数量,增加了有利孔的数量,改善了孔结构,提高了水泥石的密实度,从而提高了混凝土的抗氯离子渗透性能。

7.6　斜向预应力混凝土路面混凝土抗冻性能试验

斜向预应力混凝土路面直接暴露在自然环境中,尤其冬季气候干湿交替频繁,造成路面混凝土遭受反复冻融作用。如果混凝土抗冻性能不良,则易造成混凝土结构破坏,严重影响预应力混凝土路面的耐久性。因此,抗冻性能是斜向预应力混凝土路面混凝土耐久性能中至关重要的一项。本试验通过对不同废旧沥青混合料细粉和粉煤灰掺量的水泥混凝土进行冻融试验,并对其进行评价,优选斜向预应力混凝土路面混凝土两种掺合料的最佳掺量。

7.6.1　冻融循环导致斜向预应力混凝土路面混凝土破坏机理

混凝土冻融循环产生的破坏作用主要有冻胀开裂和表面剥蚀两个方面。水在混凝土毛细孔中结冰造成的冻胀开裂使混凝土的弹性模量、抗压强度、抗拉强度等力学性能严重下降,危害结构物的安全性。一般认为,混凝土的冻融破坏是一个复杂的物理作用的过程。国内外学者对混凝土的抗冻性能做了大量理论与试验工作。对混凝土的冻融破坏机理主要提出了静水压假说和渗透压假说。这两个假说合在一起,较为成功地解释了混凝土冻融破坏的机理,奠定了混凝土抗冻性研究的理论基础。

1)静水压假说

硬化混凝土中的孔隙有凝胶孔、毛细孔、空气泡等。各种孔隙之间的孔径差异很大,凝胶孔的孔径为15~100Å(1Å=10^{-10}m);毛细孔孔径一般在0.01~10μm之间,而且往往互相连通;空气泡是混凝土搅拌与振捣时自然吸入或掺加引气剂人为引入的,且一般呈封闭的球状,混凝土在水中时,毛细孔处于饱和状态,而空气泡内壁虽也吸附水分,但在常压下很难达到饱和。混凝土孔溶液中溶有钾、钠、钙离子等,溶液的饱和蒸气压比普通水低,在不掺盐类的水泥浆体中的自由水的冰点为-1~1.5℃。由于孔隙表面张力的作用,不同孔径的孔内水的饱和蒸气压和冰点不同,孔径越小,孔内水的饱和蒸气压越小,冰点越低。当环境温度降低到-1~1.9℃时,混凝土孔隙中的水由大孔开始结冰,逐渐扩展到较细的孔。一般认为温度在-12℃时,毛细孔都能结冰,而凝胶中的水分子物理吸附于水泥浆固体表面,估计在-12℃以上不会结冰。因此,凝胶孔水实际上是不可能结冰的,对混凝土抗冻性有害的孔隙只是毛细孔。众所周知,水结为冰时体积膨胀9%,迫使未结冰的孔中溶液从结冰区向外迁移,因而产生静水压力。显然,静水压力随孔隙水流程长度增加而增加。因此,存在一个极限流程长度,如果孔隙水的流程长度大于该极限长度,则静水压力将超过混凝土的抗拉强度,从而造成破坏。如图7-32所示。

2)渗透压假说

渗透压假说认为,由于混凝土孔溶液含有Na^+、K^+、Ca^+等盐类,大孔中的部分溶液先结冰后,未冻溶液中盐的浓度上升,与周围较小孔隙中的溶液之间形成浓度差。这个浓度差的存在使小孔中的溶液向已部分冻结的大孔迁移。即使是浓度为零的孔溶液,由于冰的饱和蒸气压低于同温下水的饱和蒸气压，小孔中的溶液也要向已部分冻结的大孔溶液迁移。孔溶液的盐浓度差和冰水饱和蒸气压差共同形成渗透压，使大孔内的冰逐步积累增多，体积增大破坏水泥混凝土结构。如图7-32所示。

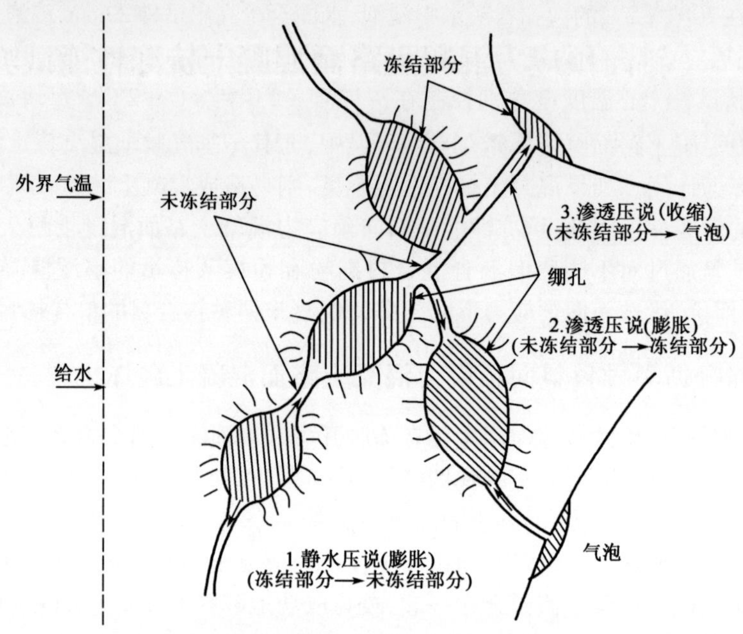

图7-32 静水压假说和渗透压假说示意图

水泥混凝土冻融过程如图7-33所示。

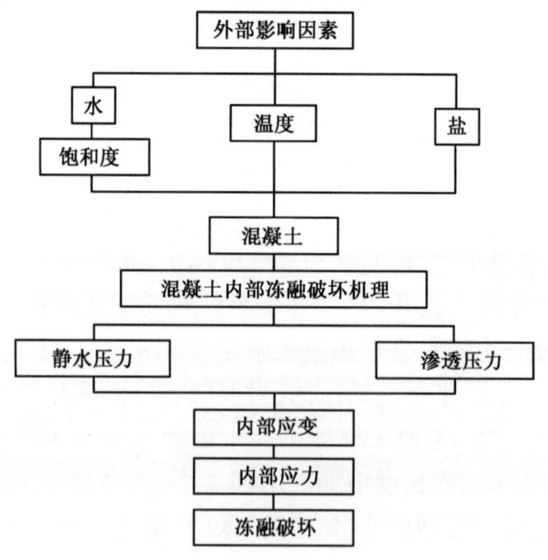

图7-33 水泥混凝土冻融破坏过程

7.6.2 抗冻性试验方法及评价指标

1）抗冻性试验方法选择

目前，我国抗冻性试验方法主要根据《普通混凝土长期性能和耐久性能试验方法标准》

(GB/T 50082—2009)的规定,分为快冻法和慢冻法。

(1)快冻法

快冻法采用水冻水溶方法对100mm×100mm×400mm标准棱柱体试件进行试验。在24d龄期时,将试件放在20℃±2℃的饱和石灰水中浸泡,水面至少高出试件20mm,浸泡4d进行冻融试验。每次冻融循环应在2~4h内完成,其中用于融化的时间不得小于整个冻融时间的1/4。在冻结和融化终了时,试件中心温度应分别控制在-17℃±2℃和8℃±2℃。每块试件从6℃降至-15℃所用的时间不得少于冻结时间的1/2。每块试件从-15℃升至6℃所用的时间也不得少于整个融化时间的1/2,试件内外的温差不宜超过28℃。冻和融之间的转换时间不宜超过10min。当混凝土试件的质量损失超过5%,或者相对动弹性模量小于60%时停止试验。

(2)慢冻法

慢冻法采用气冻水溶方法。每次循环中试件的冻结时间应按其尺寸而定,对100mm×100mm×100mm及150mm×150mm×150mm试件的冻结时间不应小于4h,对200mm×200mm×200mm试件不应小于6h。如果在冷冻箱(室)内同时进行不同规格尺寸试件的冻结试验,其冻结时间应按最大尺寸试件计。冻结试验结束后,试件即可取出并应立即放入能使水温保持在15~20℃的水槽中进行融化。此时,槽中水面应至少高出试件表面20mm,试件在水中融化的时间不应小于4h。融化完毕即为该次冻融循环结束,取出试件送入冷冻箱(室)进行下一次循环试验。当混凝土试件的质量损失超过5%,或者抗压强度损失超过25%时停止试验,混凝土的抗冻强度等级以同时满足强度损失和质量损失的最大冻融循环次数表示。

由于慢冻法周期长、工作量大、误差较大、可重复性差,另外根据资料表明混凝土冻融循环破坏对抗压强度不敏感,因此采用抗压强度来衡量混凝土的抗冻性存在不合理性。快冻法和慢冻法相比,混凝土的抗冻试验周期短,采用相对动弹性模量进行评价混凝土的抗冻性准确而且无破损性,可以进行重复性试验,提高了试验的效率。并且我国《公路工程水泥和水泥混凝土试验规程》(JTG E30—2005)推荐使用快冻法,因此,本次抗冻性试验方法采用快冻法,试验设备采用TDR Ⅲ型冻融循环箱,如图7-34所示。

图7-34　TDR-Ⅲ型快速冻融循环箱

2)抗冻性评价指标

(1)相对动弹模量。

水泥混凝土动弹性模量测试可采用无损检测法,这种检测方法对于持续的化学侵蚀、重复的冻融循环、老化及其他一些因素而导致的模量逐渐变化的测量极为有效。其原理是根据某种波在混凝土中传播的波速和所测材料的弹性模量符合一定的函数关系(在泊松比、密度和材料长度不变的条件下),通过共振法测得材料的基频(研究对象本身的最低固有频率,自由振荡系统的最低振荡频率),从而推知材料的弹性模量。为区别于常规的弹性模量,称为动弹性模量。

本试验所用仪器为 DT-10W 动弹仪(图 7-35),仪器可与冻融循环箱配套使用,能有效测量材料的动态弹性模量。

图 7-35 DT-10W 动弹仪图

动弹仪的工作原理是:通过激振换能器(发射探头)产生变化的频率振动作用到试件上,当作用试件上的激振频率与试件的自振频率相等时,物体产生共振,使物体产生较大振幅。此时的频率称为共振频率或谐振频率。该仪器可通过拾振换能器(接收探头)检测物体的机械振幅,计算出横向振动基振频率,从而自动推算出混凝土试件的相对动弹性模量 P[计算公式见式(7-6)]。

$$P = \frac{f_n^2}{f_0^2} \times 100 \tag{7-6}$$

式中:P——n 次冻融循环后的相对动弹模量(%);

f_n——n 次冻融循环后的横向基频(Hz);

f_0——试验前的横向基频(Hz)。

(2)质量变化率。

由于冻融循环试验使混凝土试件产生剥落,随着冻融循环次数的增加,剥落质量逐渐增大,因此剥落质量变化率[计算公式见式(7-7)]也反映了混凝土的抗冻性能。

$$W_n = \frac{m_0 - m_n}{m_0} \times 100 \tag{7-7}$$

式中:W_n——n 次冻融循环后的质量变化率(%);

m_0——试验前的质量(g);

m_n——n 次冻融循环后的质量(g)。

(3)当冻融循环试件达到以下三种情况的任意一种,即可停止试验:

①冻融至 300 次循环;

②试件的相对动弹模量下降至 60% 以下;

③试件的质量损失率达 5%。

3)抗冻性能试验方案及结果分析

(1)抗冻性能试验方案

按表7-39所示的废旧沥青混合料细粉和粉煤灰掺量制作100mm×100mm×400mm标准棱柱体试件,每组3根,并按照《公路工程水泥和水泥混凝土试验规程》(JTG E30—2005)中《水泥混凝土抗冻性试验方法(快冻法)》(T 0565—2005)的规定进行试验。

抗冻性能试验方案　　表7-39

组　号	废旧沥青混合料细粉掺量(%)	粉煤灰掺量(%)	组　号	废旧沥青混合料细粉掺量(%)	粉煤灰掺量(%)
Ⅰ-1	0	0	Ⅲ-1	0	20
Ⅰ-2	15	0	Ⅲ-2	15	20
Ⅰ-3	20	0	Ⅲ-3	20	20
Ⅰ-4	25	0	Ⅲ-4	25	20
Ⅱ-1	0	15	Ⅳ-1	0	25
Ⅱ-2	15	15	Ⅳ-2	15	25
Ⅱ-3	20	15	Ⅳ-3	20	25
Ⅱ-4	25	15	Ⅳ-4	25	25

(2)抗冻性能试验结果

在24d龄期时,将试件放在20℃±2℃的饱和石灰水中浸泡,水面至少高出试件20mm,浸泡4d。浸泡完毕后,取出试件,用湿布擦去表面水分,然后测定试件质量和动弹模量作为初始值。在达到规定冻融循环次数后,对试件进行一次称重和动弹模量测试。测试结果如表7-40、表7-41所示。

各组试件的相对动弹模量(%)　　表7-40

组　号	冻融次数(次)						
	0	50	100	150	200	250	300
Ⅰ-1	100.0	94.2	86.9	79.6	70.2	62.5	51.7
Ⅰ-2	100.0	95.8	87.4	83.1	75.7	67.1	57.3
Ⅰ-3	100.0	96.3	90.2	85.7	79.1	72.7	66.5
Ⅰ-4	100.0	95.7	89.3	85.3	76.6	69.5	63.1
Ⅱ-1	100.0	97.3	93.1	86.4	77.5	70.9	61.8
Ⅱ-2	100.0	97.1	94.8	89.9	84.3	77.7	69.2
Ⅱ-3	100.0	97.2	96.1	92.8	87.6	83.5	77.9
Ⅱ-4	100.0	97.7	95.4	91.5	86.2	80.8	74.1
Ⅲ-1	100.0	97.5	94.2	87.9	82.7	76.6	69.6
Ⅲ-2	100.0	97.3	95.9	91.6	86.7	81.4	74.8
Ⅲ-3	100.0	97.7	96.8	93.8	91.1	87.3	84.0
Ⅲ-4	100.0	97.5	96.0	92.5	90.3	86.9	82.2
Ⅳ-1	100.0	97.4	94.5	89.2	81.4	76.1	67.8
Ⅳ-2	100.0	97.8	95.0	91.7	85.9	80.1	73.6
Ⅳ-3	100.0	97.5	96.4	93.1	90.3	87.2	81.6
Ⅳ-4	100.0	97.6	95.5	92.8	89.5	85.8	79.2

各组试件的质量变化率(%)　　表7-41

组号	冻融次数(次)						
	0	50	100	150	200	250	300
Ⅰ-1	0.00	0.11	0.44	0.92	1.85	2.27	3.94
Ⅰ-2	0.00	-0.05	0.38	0.72	1.33	1.96	3.56
Ⅰ-3	0.00	-0.05	0.31	0.69	1.25	1.72	2.97
Ⅰ-4	0.00	-0.07	0.38	0.70	1.27	1.84	3.10
Ⅱ-1	0.00	-0.04	0.40	0.67	1.31	2.00	3.24
Ⅱ-2	0.00	-0.09	0.34	0.62	1.19	1.85	2.75
Ⅱ-3	0.00	-0.08	0.22	0.47	0.75	1.11	1.62
Ⅱ-4	0.00	-0.1	0.30	0.54	0.92	1.36	1.95
Ⅲ-1	0.00	-0.05	0.35	0.71	1.19	1.73	2.80
Ⅲ-2	0.00	-0.08	0.27	0.56	0.89	1.38	2.01
Ⅲ-3	0.00	-0.07	0.09	0.25	0.42	0.77	1.10
Ⅲ-4	0.00	-0.08	0.11	0.27	0.42	0.83	1.29
Ⅳ-1	0.00	-0.07	0.33	0.69	1.11	1.74	2.78
Ⅳ-2	0.00	-0.07	0.26	0.47	0.88	1.32	1.96
Ⅳ-3	0.00	-0.09	0.16	0.33	0.51	0.80	1.20
Ⅳ-4	0.00	-0.08	0.14	0.29	0.43	0.82	1.17

根据表7-41可以看出,在50次冻融循环结束后,除了未掺加粉煤灰和废旧沥青混合料细粉的混凝土试件质量是下降的,其他掺加废旧沥青混合料细粉和粉煤灰的混凝土试件质量均有略微增长,其原因可能是废旧沥青混合料细粉的掺入使试件中有一定量的微小弹性体,在开始经历冻融循环作用时这些弹性体释放空间,从而引起吸水饱和导致质量有所增加;普通混凝土试件观察不到质量增加,可能是因为混凝土中本身的孔隙吸水有限,增重与剥落失重相互抵消,结果表现为质量下降。

表7-40和表7-41对比可以看出,经历50次冻融循环后,掺加废旧沥青混合料细粉的混凝土试件,在质量略微增加的同时,其相对动弹模量并没有增长而是下降,因此并不能认为此时混凝土试件的抗冻性能提高;而且所有试件的质量损失率均小于5%(即从质量损失率指标分析,所有试件的抗冻性能均合格),但是Ⅰ-1、Ⅰ-2两组最终的相对动弹模量均小于60%(即从相对动弹模量来看,这两组混凝土试件其抗冻性能不合格),因此,可以认为在评价掺加废旧沥青混合料细粉和粉煤灰的混凝土时,不宜采用质量损失率指标,宜采用相对动弹模量指标。所以,下面分析混凝土试件的抗冻性能时均采用相对动弹模量指标。

(3)废旧沥青混合料细粉掺量对混凝土抗冻性能的影响

图7-36表示在粉煤灰掺量为0%、15%、20%、25%情况下,废旧沥青混合料细粉掺量由0%增加到25%的试件,经过300次冻融循环后,其相对动弹模量的变化情况。

根据图7-36可以看出,在粉煤灰掺量为0%时,经过300次冻融循环,废旧沥青混合料细粉掺量为0%和15%的试件,相对动弹模量均小于60%,表现出较差的抗冻性能。经过300次冻融循环后,在同一粉煤灰掺量的情况下,随着废旧沥青混合料细粉的掺量由0%增加到

20%，混凝土的相对动弹模量不断增加，而且增长率不断增大，可见掺加废旧沥青混合料细粉的混凝土抗冻性能优于普通混凝土；而当废旧沥青混合料细粉掺量由20%增加到25%时，其相对动弹模量反而下降，因此废旧沥青混合料细粉掺量宜为20%。

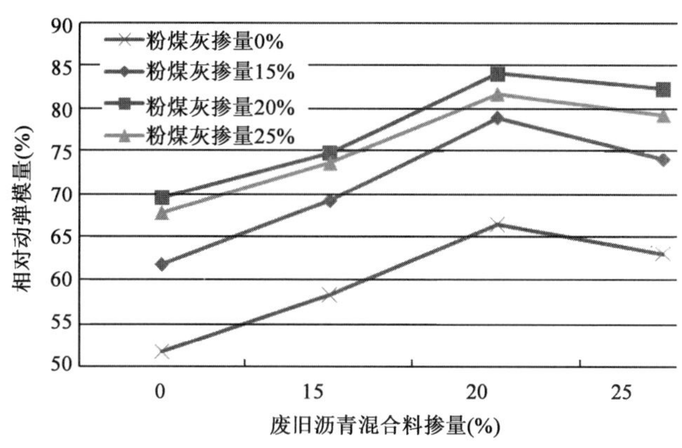

图7-36 不同粉煤灰掺量下废旧沥青混合料细粉掺量和相对动弹模量的关系

掺加废旧沥青混合料细粉对混凝土抗冻性能影响的机理分析：

①废旧沥青混合料细粉是沥青混凝土路面经刨铣、清洗、筛分、粉碎而成，相对混凝土组分来说是一种不参与反应的惰性材料，而且表面粗糙不平，便于携带空气，并且废旧沥青混合料细粉细度越大，在搅拌过程中被自然裹挟进浆体的空气也越多，相比引气剂在商品混凝土搅拌、振动、运输、浇灌和捣实过程中，混凝土中的气泡可能破裂，导致数量减小的弊端，废旧沥青混合料细粉的掺入可以充当固体引气剂，保证其在混凝土中分布的稳定性及均匀性，从而避免引气剂的弊端。

②废旧沥青混合料细粉可以提高混凝土的密实度，从而提高其抗渗性能。随着混凝土抗渗性能的提高，水分难以进入混凝土的空隙内，继而提高了混凝土的抗冻性能。

③掺加废旧沥青混合料细粉的混凝土与未掺加废旧沥青混合料细粉的混凝土相比，抗冻性能有明显提高，还因为废旧沥青混合料细粉具有良好的弹塑性变形能力，当空隙中的自由水发生冻融时，废旧沥青混合料细粉能缓解静水压力和渗透压力，从而缓解应力集中现象。

④废旧沥青混合料细粉的掺入，在水泥石中增加了无数个细小的弹性体，改变了过渡区的组成；在混凝土受力的过程中，这些弹性体缓解了微裂缝的产生和发展。因此，在混凝土发生冻融破坏产生微裂缝时，废旧沥青混合料细粉能够缓解微裂缝的产生，从而增强混凝土的抗冻性能。

⑤但是废旧沥青混合料细粉的掺量并不是越多越好，其存在最佳掺量为20%，可能是由于过量掺加废旧沥青混合料细粉，引入了过多的空气并且增加了有害孔的数量、降低了有益孔的数量，从而导致过量掺加废旧沥青混合料细粉的混凝土的抗冻性能反而下降。

(4)粉煤灰掺量对混凝土抗冻性能的影响

图7-37表示在废旧沥青混合料细粉的掺量为0%、15%、20%、25%情况下，粉煤灰掺量由0%增加到25%的试件，经过300次冻融循环后，其相对动弹模量的变化情况。

根据图7-37可以看出，在废旧沥青混合料细粉掺量为0%、15%、20%、25%时，与未掺加

粉煤灰的混凝土相比，掺加粉煤灰的混凝土的抗冻性能均有大幅度提高，并且都满足相对动弹模量大于60%的要求。可见，掺加粉煤灰能够有效提高混凝土的抗冻性能。但是，当粉煤灰掺量由20%增加到25%时，混凝土的相对动弹模量略微下降，即抗冻性略微下降。可见粉煤灰掺量宜控制在20%左右，此时混凝土的抗冻性能最佳。

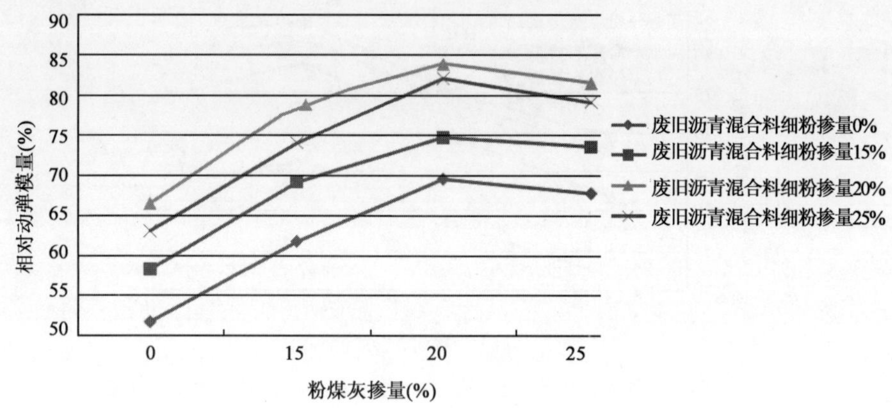

图7-37　不同废旧沥青混合料细粉掺量下粉煤灰掺量和相对动弹模量的关系

掺加粉煤灰对混凝土抗冻性能影响的机理分析：

①火山灰活性效应。

由于粉煤灰具有无定形玻璃体形态的活性氧化硅（SiO）、氧化铝（Al_2O_3），且比表面积大，这些成分能与水泥水化过程中析出的氢氧化钙[$Ca(OH)_2$]缓慢进行“二次反应”，在表面生成具有胶凝性能的水化铝酸钙、水化硅酸钙等胶凝物质，填充在集料之间形成紧密的混凝土结构。同时氢氧化钙的消除使水泥的碱度降低，在此环境中更有利于水化铝硅酸盐的形成。火山灰效应有利于后期水泥的水化，使混凝土更加密实，从而增强了混凝土的抗冻性能。

②微集料填充效应。

混凝土在微观结构上是非匀质体，理论上，粗集料的空隙由细集料填充，细集料的空隙由水泥浆填充，水泥颗粒的空隙则由水和水泥水化产物及毛细孔填充。由于满足混凝土施工和易性的需要，实际用水量比水泥水化理论需水量多得多，再加上水泥在很长一段时间内不可能完全水化，因此，胶凝孔和毛细孔大量存在，孔隙率占胶凝体的25%～30%。由于混凝土的抗渗性能与混凝土的密实度有关系，混凝土内部孔隙随着孔隙率的增大而增多，从而导致混凝土抗冻性能变差。掺加的粉煤灰具有较小的粒径，并以球状颗粒形式存在；在水泥的水化过程中，粉煤灰并没有开始水化，而是均匀分散于孔隙和胶凝体中，起到填充作用，减少了有害孔的数量，增加了有利孔的数量，改善了孔结构，提高了水泥石的密实度，从而提高了混凝土的抗冻性能。

③在水灰比为0.40的情况下，粉煤灰掺量大于20%时，混凝土的抗冻性能略微下降，其原因可能是因为：前期粉煤灰水化速度较慢，并且本试验中粉煤灰超量取代水泥，当粉煤灰掺量大于20%时，存在大量未参与水化的自由水，这些自由水随着后期水化和蒸发，形成大量有害孔，从而造成掺量大于20%的混凝土的抗冻性能变差。

综上所述，对不同废旧沥青混合料细粉和粉煤灰掺量的水泥混凝土进行抗冻性能试验，探讨不同废旧沥青混合料细粉和粉煤灰掺量下水泥混凝土抗冻性能的影响。通过对试验结果和机理进行分析，可以对斜向预应力混凝土路面混凝土抗冻性能提出如下意见：

(1)使用快冻法对混凝土试件进行抗冻试验周期短,采用相对动弹性模量评价混凝土的抗冻性准确而且无破损性,可以进行重复性试验,提高了试验的效率。因此推荐使用快冻法进行试验。

(2)掺加废旧沥青混合料细粉的混凝土在冻融试验前期,由于废旧沥青混合料细粉的影响,可能会产生质量略微增长。因此,使用质量变化率评价混凝土抗冻性能可能存在较大误差,推荐使用相对动弹模量进行评价。

(3)当粉煤灰的掺量一定时,废旧沥青混合料细粉的掺量最佳值为20%。经过300次冻融循环后,当废旧沥青混合料细粉掺量低于20%时,随着其掺量的增加,混凝土的抗冻性能逐渐提高;当废旧沥青混合料细粉的掺量大于20%时,随着其掺量的增加,混凝土的抗冻性能下降。因此,废旧沥青混合料细粉的掺量最佳值宜为20%。

(4)当废旧沥青混合料细粉掺量一定时,粉煤灰掺量存在最佳值为20%。经过300次冻融循环后,当粉煤灰掺量低于20%时,随着粉煤灰掺量的增加,混凝土的抗冻性能逐渐提高,而且提高幅度逐渐增大;当粉煤灰掺量大于20%时,随着粉煤灰掺量的增加,混凝土的抗冻性能逐渐下降。因此,粉煤灰掺量最佳值也宜为20%。

7.7　斜向预应力混凝土路面水泥混凝土耐磨性能试验

7.7.1　混凝土路面耐磨性试验的必要性及机理分析

1)混凝土路面耐磨性试验的必要性

水泥混凝土路面磨损是一个比较复杂的过程,其在行车荷载和车轮的滚动下,受到磨损和冲击的双重作用,面层受到压应力和拉应力的循环作用,形成周期性的扰动,耐磨性不佳的水泥混凝土路面,会因此产生微裂缝,引起表层局部断裂和细集料脱落,混凝土集料逐渐裸露失去保护。在行车荷载的冲击下,集料发生松动、剥离现象,使表面形成砂浆孔穴。如此反复进行,混凝土不断被磨损。不久即出现脱皮、麻面、露骨等严重磨损病害,影响路面的正常使用,造成以下问题:

(1)安全性能差,存在严重安全隐患;

(2)加速路面破坏,降低路面使用寿命;

(3)平整度不足,影响乘车舒适度。

然而在现行的路面设计控制指标中只有强度指标,对路面的耐磨性并未作具体的要求。随着水泥混凝土路面的发展和耐磨能力不强问题的日益突出,深入研究斜向预应力混凝土路面混凝土的磨损机理、影响因素、路面工作特点及混凝土磨损劣化过程,对斜向预应力混凝土路面的耐磨性、耐久性的提高、增加其使用寿命十分重要。

2)混凝土路面磨损机理

混凝土的磨损破坏是个十分复杂的物理力学过程,除本身材料性能外,还与磨损方式及环境条件密切相关。相对于混凝土是一种非均质多组分的脆性复合材料,主要由水泥石基体和集料组成,其表面、亚表面及其内部本身含有大量缺陷,包括裂纹、空隙、气泡、界面和夹杂物等。冯乃谦教授把混凝土的表面磨损过程,作为一种单纯的模型来处理,如图7-38所示。

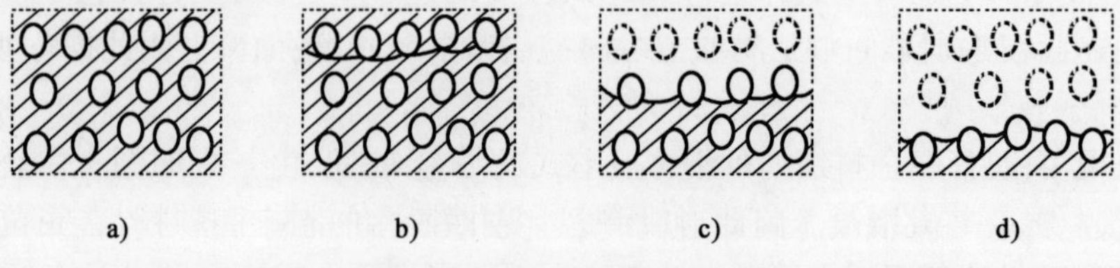

图 7-38 混凝土表面磨损过程模型

实际工程中,混凝土路面的主要磨损形式有黏着磨损、磨粒磨损、疲劳磨损和侵蚀磨损 4 种类型,如图 7-39 所示。

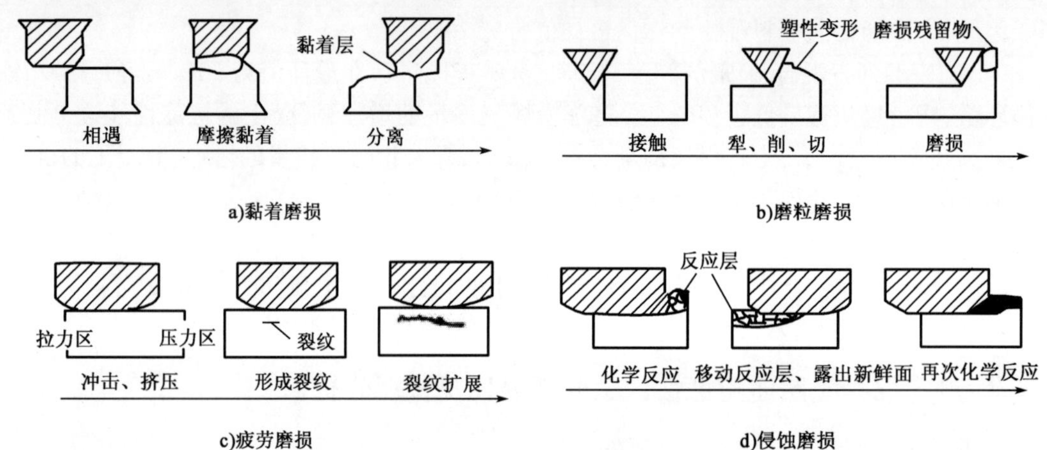

图 7-39 混凝土路面磨损形式

黏着磨损[图 7-39a)]是材料表面相互剐擦造成的,其中磨损物黏着并带走路面的材料,损失材料体积与两者实际接触面积和摩擦距离有关。

磨粒磨损[图 7-39b)]是路面最常见的磨损形式,由路面坚硬颗粒楔入相对较软的混凝土表面引起。有些磨粒本身是磨损物的一方,而有些磨粒则夹在磨损物与路面之间滚动,一般而言,磨粒磨损程度由接触材料的相对硬度、磨粒几何形态、路面荷载及磨损距离等决定。

疲劳磨损[图 7-39c)]是当混凝土路面受到车辆移动的推压力作用时产生的,其表面应力状态如图 7-40 所示。混凝土承受的最大法向正应力虽然就在表面上,但最大剪应力却发生在表面以下的次表面层;在受力点前后分别形成压力区和拉力区。由于接触应力的移动和反复作用,混凝土表面不断承受着压应力和拉应力的交替循环,形成周期性扰动。混凝土硬化过程中形成的原生缺陷则成为磨损时循环扰动力的疲劳裂纹引发源,可导致表面裂纹的扩展,最终引起路面表层的局部断裂。当疲劳裂纹扩展时,粗集料因嵌埋较深不易脱落,而砂浆极易脱落。这就是混凝土路面“疲劳磨损”的具体过程。

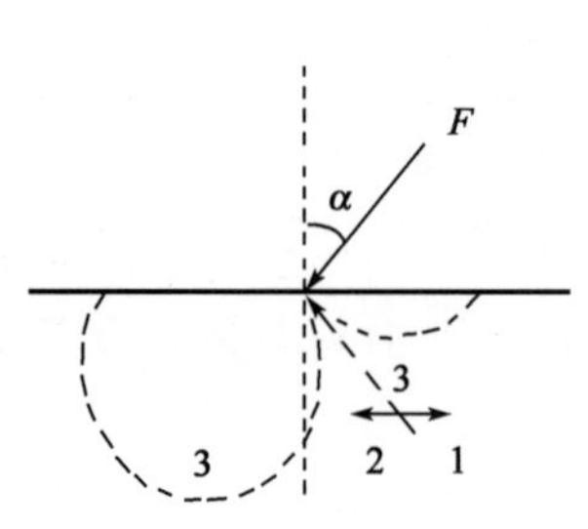

图 7-40 疲劳磨损表层应力状态
1-拉力区;2-压力区;3-恒定最大剪应力

侵蚀磨损[图 7-39d)]是当材料接触表面相互之间含可产生化学反应的物质时,经过接触、滑动摩擦造成的磨损,在混凝土表面形成反应物且演变为磨损残留物或形成更大的颗粒停留在路面上便形成侵蚀磨损。此外，在公路上高速行驶的汽车如遇到路面凹凸不平时会产生负压，混凝土路面会出现类似水工混凝土结构物遭遇含砂水流那样的空蚀效果，形成空洞，这些空洞更加剧了其他磨损的产生和发展，称为空蚀磨损。

实际上，混凝土路面往往受到多种磨损形式的综合作用，其中主要是疲劳磨损和磨粒磨损。疲劳磨损的结果将在混凝土路面形成许多自表面脱落的粉末和颗粒，这些颗粒的硬度又往往大于水泥基体，因而进一步导致磨粒磨损。磨粒磨损是在路面上移动的车辆带着坚硬的颗粒做相对运动，这些坚硬颗粒被压入混凝土表面，产生剪切和犁削作用或砂粒在物体与混凝土表面之间滚动时，使表面应力不断发生变化，反复变形，这又加剧了疲劳磨损的作用。由此可见，磨粒磨损和疲劳磨损两者同时发生，相互影响。

7.7.2　耐磨性能试验方法以及评价指标

耐磨性试验方法采用《公路工程水泥及水泥混凝土试验规程》(JTG E30—2005)中规定的标准磨耗方法。

混凝土耐磨性试验的磨损机理可大致概括为：首先，混凝土表面的砂浆部分被花轮刀片磨损，露出粗集料，随着磨损作用的继续，凸出的部分集料在冲磨作用下与基相剥离，并脱离基相，此时新砂浆承受的冲磨作用增大而逐渐被磨损，直至下一层粗集料露出表面，开始新一轮磨损。磨损过程如此反复进行，混凝土不断被磨损。图7-41所示为磨耗仪，图7-42为磨耗后的标准试件。

图7-41　磨耗仪

图7-42　磨耗后的标准试件

试件尺寸为150mm×150mm×150mm立方体标准试件，每组3个试件。在200N负荷下磨30转，然后取下试件刷净表面粉尘称重，记下相应质量 m_1，该质量作为试件的初始质量。然后在200N负荷下磨60转，然后取下试件刷净表面粉尘称重，记录剩余质量 m_2。试验后可计算每一试件的磨损量，以单位面积的磨损量来表示，见式(7-8)。

$$G_c = \frac{m_1 - m_2}{0.0125} \tag{7-8}$$

式中：G_c——单位面积的磨损量(kg/m^2)；

m_1——试件初始质量(kg)；

m_2——试件磨损后质量(kg)；

0.0125——试件磨损面积(m^2)。

以3块试件磨损量的算术平均值作为试验结果,结果计算精确至0.001kg/m^2。当其中一块磨损量超过平均值15%时,应予以剔除,取余下附块试件结果的平均值作为试验结果,如两块磨损量均超过平均值15%时,应重新试验。

7.7.3 斜向预应力混凝土路面混凝土耐磨性试验方案及结果分析

1)耐磨性试验方案

按表7-42所示的废旧沥青混合料细粉和粉煤灰掺量制作尺寸为150mm×150mm×150mm立方体标准试件,每组3个试件。

耐磨性试验方案　　表7-42

组　号	废旧沥青混合料细粉掺量(%)	粉煤灰掺量(%)	组　号	废旧沥青混合料细粉掺量(%)	粉煤灰掺量(%)
Ⅰ-1	0	0	Ⅲ-1	0	20
Ⅰ-2	15	0	Ⅲ-2	15	20
Ⅰ-3	20	0	Ⅲ-3	20	20
Ⅰ-4	25	0	Ⅲ-4	25	20
Ⅱ-1	0	15	Ⅳ-1	0	25
Ⅱ-2	15	15	Ⅳ-2	15	25
Ⅱ-3	20	15	Ⅳ-3	20	25
Ⅱ-4	25	15	Ⅳ-4	25	25

2)耐磨性试验结果

将试件标准养护至27d龄期从养护地点取出,擦干表面水分放在室内空气中自然干燥12h,再放入60℃±5℃烘箱中,烘12h至恒重。试件烘干后放至室温,刷净表面浮尘。然后按照《公路工程水泥及水泥混凝土试验规程》(JTG E30—2005)要求进行试验,试验结果如表7-43所示。

耐磨性试验结果　　表7-43

组　号	磨损量(kg/m^2)	组　号	磨损量(kg/m^2)	组　号	磨损量(kg/m^2)	组　号	磨损量(kg/m^2)
Ⅰ-1	3.15	Ⅱ-1	3.08	Ⅲ-1	2.97	Ⅳ-1	3.01
Ⅰ-2	3.29	Ⅱ-2	3.18	Ⅲ-2	3.05	Ⅳ-2	3.07
Ⅰ-3	3.51	Ⅱ-3	3.35	Ⅲ-3	3.16	Ⅳ-3	3.21
Ⅰ-4	3.72	Ⅱ-4	3.56	Ⅲ-4	3.35	Ⅳ-4	3.44

3)废旧沥青混合料细粉掺量对混凝土耐磨性能的影响

图7-43表示在粉煤灰掺量为0%、15%、20%、25%情况下,随着废旧沥青混合料细粉掺量的变化,混凝土磨损量的变化。

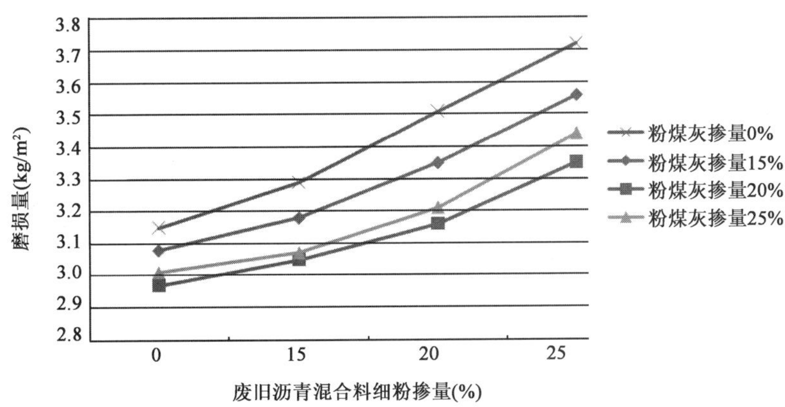

图7-43　不同粉煤灰掺量下废旧沥青混合料细粉掺量和磨损量的关系

从图7-43可以看出在不同粉煤灰掺量的情况下，随着废旧沥青混合料细粉的掺量增加，混凝土的磨损量逐渐增加。可见，废旧沥青混合料细粉对混凝土的耐磨性能有不利影响，并且掺入量越多耐磨性能越差，因此从耐磨性能考虑，应减少废旧沥青混合料掺量。由于在粉煤灰掺量为15%、20%、25%的情况下，试件的磨损量（约相当于600多万次标准轴载作用下的磨损量）均满足单位面积磨损量不大于3.6kg/m^2 的要求，因此可以在满足耐磨性指标的前提下加入适量废旧沥青混合料细粉，不掺加粉煤灰时废旧沥青混合料细粉的掺加量应不大于20%，掺加粉煤灰时废旧沥青混合料细粉的掺加量应不大于25%。

掺加废旧沥青混合料细粉对耐磨性能的影响机理分析：

（1）由于本试验中，使用废旧沥青混合料细粉等比例代替细集料砂，其中细集料砂是由岩石风化而成，化学成分主要是二氧化硅（SiO_2），具有良好的硬度和耐磨性能，而废旧沥青混合料细粉是由沥青混凝土路面铣刨、回收、清洗、筛分、粉碎而成，含有大量沥青；显然，细集料的耐磨性能比废旧沥青混合料细粉优异，因此随着废旧沥青混合料细粉掺加量增加，混凝土的耐磨性能逐渐降低。

（2）由于废旧沥青混合料细粉含有沥青颗粒，沥青是由芳香分、饱和分、胶质、沥青质等有机物组成。而且，废旧沥青混合料细粉是使用多年的沥青混凝土面层，其中的沥青已经老化失去大部分黏附性。因此，水泥石与废旧沥青混合料细粉之间的黏结力比水泥石与集料之间的黏结力弱。

图7-44　水泥石和废旧沥青颗粒之间的界面

图7-44为废旧沥青混合料细粉与水泥石界面的电子显微镜照片，从图中可以看出一些废旧沥青混合料细粉和水泥石之间黏结较差甚至存在空隙，导致掺加废旧沥青混合料细粉的混凝土耐磨性能降低。

4）粉煤灰掺量对混凝土耐磨性能的影响

图7-45表示在废旧沥青混合料细粉掺量为0%、15%、20%、25%的情况下，随着粉煤灰掺

量的变化,混凝土磨损量的变化情况。

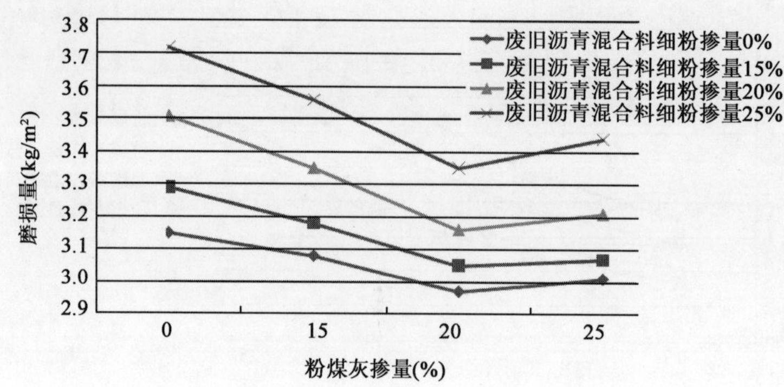

图7-45 不同废旧沥青混合料细粉掺量下粉煤灰掺量和磨损量的关系

根据图7-45可以看出,在废旧沥青混合料细粉掺量一定时,随着粉煤灰掺量由0%增加到20%,磨损量不断降低,即耐磨性能不断提高;尤其是当粉煤灰掺量由15%增加到20%时,其耐磨性能提高幅度最大。而当粉煤灰由20%增加到25%时,磨损量反而增大,但是仍然低于粉煤灰掺量为15%时的磨损量。可见,对于提高混凝土耐磨性能,粉煤灰掺量存在一个最佳掺量,这一最佳掺量为20%或略大于20%但小于25%。

掺加粉煤灰对混凝土耐磨性能的影响机理分析:

(1)火山灰活性效应

由于粉煤灰具有无定形玻璃体形态的活性氧化硅(SiO_2)、氧化铝(Al_2O_3),且比表面积大,这些成分能与水泥水化过程中析出的氢氧化钙[$Ca(OH)_2$]缓慢进行“二次反应”,在表面生成具有胶凝性能的水化铝酸钙、水化硅酸钙等胶凝物质,填充在集料之间形成紧密的混凝土结构。同时氢氧化钙的消除使水泥的碱度降低,在此环境中更有利于水化铝硅酸盐的形成。从而促进了水泥和粉煤灰的水化,提高了混凝土的密实度并减少了混凝土缺陷(即连通孔隙),继而提高其耐磨性能。

(2)微集料效应

混凝土在微观结构上是非匀质体,胶凝孔和毛细孔大量存在,孔隙率占胶凝体的25%~30%,而粉煤灰具有较小的粒径,在水泥的水化过程中,均匀分散于孔隙和胶凝体中,起到填充作用,改善了孔结构,提高了水泥石的密实度。

(3)粉煤灰微珠耐磨性

粉煤灰玻璃微珠本身的强度很高,有资料表明厚壁空心微珠的抗压强度在700MPa以上,并且玻璃微珠外层玻璃质表面非常致密,作为微集料本身的耐磨性很高。粉煤灰中存在的这些大量高强的粉煤灰微珠,具有很好的耐磨性能,因而能够提高混凝土的耐磨性能。

7.8 斜向预应力混凝土路面预应力筋

斜向预应力混凝土路面是由水泥混凝土和斜向预应力筋组成的共同体,因此,斜向预应力筋也是斜向预应力混凝土路面的主要材料。

斜向预应力混凝土路面预应力施加采用后张法施工，且在浇筑混凝土时不预留预应力筋通道。斜向预应力混凝土路面施工时，首先将预应力筋预置于模板内，浇筑路面混凝土时埋置在混凝土中。因此，斜向预应力混凝土路面预应力筋需特殊加工，预应力筋包括预应力钢筋（钢绞线）和缓凝胶黏涂层材料。

1）预应力钢筋（钢绞线）

预应力钢筋可采用预应力钢绞线或预应力钢丝，预应力钢绞线直径一般选用12.7mm和15.2mm，预应力钢绞线性能应符合现行国家标准《预应力混凝土用钢绞线》（GB/T 5224—2014）的有关规定。预应力钢丝直径一般为10mm、12mm或13mm，极限抗拉强度为1470MPa，预应力钢丝性能应符合现行国家标准《预应力混凝土用钢丝》（GB/T 5223—2014）的有关规定。

2）缓凝胶黏涂层材料

由于斜向预应力混凝土路面采用后张法施加预应力，预应力筋预置于混凝土路面模板内，浇筑路面混凝土时预应力筋不需预留预应力筋通道，预应力筋浇筑在混凝土中，因此为保证预应力筋施加预应力不与混凝土黏结，施加预应力施工结束后，能与混凝土黏结，共同受力，需要在预应力钢筋上涂抹缓凝胶黏材料。缓凝黏结材料的性能要求是既要缓凝，缓凝到期后又要黏结。依据斜向预应力混凝土路面预应力的作用机理，结合化学和材料相关理论，缓凝胶黏材料以环氧树脂为主体高分子材料，选择合适的环氧树脂固化剂体系，辅以稀释剂、增韧剂、填料等多种助剂成分，经物理过程均匀地混合，研究制备预应力钢筋专用缓凝胶黏材料。

（1）缓凝胶黏材料的基本配方

依据斜向预应力混凝土路面对预应力筋和施工工艺的要求，以环氧树脂为基料制备的缓凝胶黏材料，在施工前提前黏附在预置的预应力钢筋上，随后进行混凝土的浇筑，这就要求制备的缓凝胶黏材料有一定的流动性便于黏附，黏附后可以和预应力钢筋形成整体。且要求胶黏材料在张拉施加预应力的时候可以滑动，后期经固化将钢筋和混凝土黏结到一块，不可滑动。这就要求缓凝胶黏材料前期固化速度慢，固化后的固化物机械强度好，对钢筋无腐蚀等。基于缓凝胶黏材料的性能和施工特点，考虑到施工工艺、固化速度、固化物强度等因素筛选的配方如表7-44所示。

缓凝胶黏材料的基本配方　　表7-44

编　号	E－44	固　化　剂		稀　释　剂		
		HGA	650	JD320	JD348	二丁酯
1	59.5	—	13.9	—	12.9	13.7
2	69.5	16.9	—	13.6	—	—

确定了以上缓凝胶黏材料的基本配方，根据上述基本配方和相应辅料配制的缓凝胶黏材料能够满足预应力前期张拉的需求，到后期随着时间的增加，固化反应的完成，形成具有一定机械、力学强度的环氧固化物，将预应力钢筋和水泥混凝土黏结在一起。符合斜向预应力混凝土路面的要求。

(2)缓凝胶黏材料的性能要求

缓凝胶黏材料的自身性能是一个最基本的指标,主要取决于主体材料的物理结构和化学性质以及其他组成成分。主要包括密度、黏度、pH 值及固含量。

缓凝胶黏材料密度的测定参照《建筑胶黏剂通用试验方法　第 1 部分:陶瓷砖胶黏剂试验方法》(GB/T 12954.1—2008)。缓凝胶黏材料黏度按《胶黏剂黏度的测定单圆筒旋转黏度计法》(GB/T 2794—2013)检测缓凝胶黏材料的 pH 值,使用精准 pH 试纸直接测试。固含量以《建筑胶黏剂通用试验方法　第 1 部分:陶瓷砖胶黏剂试验方法》(GB/T 12954.1—2008)为测定依据。

另外,缓凝胶黏材料的主体高分子材料——环氧树脂的分子两端有环氧基,链中间有羟基和醚基,在与固化剂固化的过程中还会继续产生羟基和醚基,生成三维网状结构,结构中含有苯环。主体材料的这些结构属性以及添加的其他助剂成分的特质特点,决定了缓凝胶黏材料还应具有如下属性:

(1)防腐蚀性。环氧树脂结构中存在稳定的苯环、醚链及固化后形成的致密三维网状结构,决定了缓凝胶黏剂在固化过程中几乎没有体积上的变化,它阻隔了外界腐蚀性物质到达预应力钢筋的通道,对钢筋起到防腐作用。

(2)强黏结性。缓凝胶黏材料逐渐固化的过程中内聚力及韧性显著增强,同时它与被黏结物表面产生极强的黏结力。因此固化后具有极高的强度。

(3)低收缩性。环氧树脂分子排列紧密以及适量填料的加入,保证了缓凝胶黏涂层材料在整个固化的过程中不会释放出水或气体及其他小分子化合物,因而无气泡产生,内部胶层不会产生多孔的缺陷,故其收缩率很低。

(4)流变性。缓凝胶黏材料为黏质流体,在搅拌及涂塑时有一定外力的作用下黏度较小,具有较大的流动性,有利于均匀包裹钢筋。而在静止状态时,胶液不会随意的流动。

(5)无害性。缓凝胶黏涂层材料不含挥发成分、无异味、耐碱, 对人体、环境无害,固化后更具有较好的耐热性、绝缘性。

总之,斜向预应力混凝土路面是一种新型路面结构,由于在施加预应力时既采用后张法施工,又需要不预留张拉通道,因此,为满足斜向预应力混凝土路面施加预应力的要求,预应力钢筋需黏附缓凝胶黏材料。缓凝胶黏材料性能既要初期缓凝,又能后期固结。涉及技术问题复杂,技术难度大,本试验只满足试验工程的初步应用,优选材料和相关机理还需进一步深化研究。

第8章 斜向预应力混凝土路面结构设计

斜向预应力混凝土路面和纵向预应力混凝土路面是普通水泥混凝土路面的衍生和提升，斜向预应力混凝土路面除施工缝外可以在整段内不设置胀缩缝，既克服了普通水泥混凝土因胀缩缝引起的应用缺陷和病害，又克服了纵向预应力混凝土路面不能连续施工和施工需要预留施工后浇带等弊端。但设计理论和方法上仍然借鉴了普通水泥混凝土路面和纵向预应力混凝土路面的基本理论和方法。在阐述斜向预应力混凝土路面设计之前，先概略介绍普通混凝土路面和纵向预应力混凝土路面的不同，并就斜向预应力混凝土路面的设计过程做出了算例，以验证斜向预应力混凝土路面设计和实施的可行性。

8.1 斜向预应力混凝土路面的特征

斜向预应力混凝土路面与纵向预应力混凝土路面都属预应力混凝土路面，但斜向预应力混凝土路面与纵向预应力混凝土路面有下列不同：

(1)布筋方式不同：斜向预应力混凝土路面预应力筋与路面纵向有一定的夹角而且双层布置，纵向预应力混凝土路面预应力筋与路面纵向没有夹角且单层布置。斜向预应力混凝土路面不设置横向分布钢筋，但纵向预应力混凝土路面需在路面横向设置分布钢筋。

(2)受力方式不同：斜向预应力混凝土路面预应力筋斜向布设，张拉预应力方向为斜向。路面混凝土为二元受力形式，既有纵向预应力，又有横向预应力，使路面混凝土受到纵向和横向预压应力，更切合混凝土路面复杂的受力特征，能有效防止混凝土路面产生纵横向裂缝。而纵向预应力混凝土路面预应力筋纵向布置，仅能产生纵向预应力，对于较宽混凝土路面会因应力不均衡而使路面混凝土产生纵向裂缝。

(3)张拉位置和位移不同：斜向预应力混凝土路面预应力筋在路面两边或一边张拉，张拉时路面混凝土受到斜向压缩，压缩变形产生的位移与预应力筋同向，路面纵向位移较小。而纵向预应力混凝土路面沿路面纵向张拉，张拉时路面纵向位移较大。

(4)张拉时混凝土板与基层摩擦力大小不同：由于斜向预应力混凝土路面预应力筋斜向布设，预应力筋较短，且摩擦力方向与预应力筋相同，因此，摩擦力在混凝土路面纵向分力较小。纵向预应力混凝土路面沿路面纵向布设，预应力筋较长，张拉时混凝土板与基层底摩擦力大。

基于以上的不同，斜向预应力混凝土路面与纵向预应力混凝土路面在设计中也应有所不同。

(1)斜向预应力可分解纵向和横向两个预应力。横向预应力对混凝土的侧向约束作用，可抵抗混凝土路面的纵向裂缝，因此斜向预应力混凝土不需配置横向分布钢筋。

(2)横向预应力压缩路面混凝土产生的纵向应变可抵消部分纵向预应力压缩混凝土产生的应变。抵消后的剩余应变微小,在路面与基层摩擦力约束作用下,斜向预应混凝土路面在张拉时产生纵向位移微小,因此,斜向预应力混凝土路面在设计中不考虑施工施加预应力时混凝土与基层之间的摩阻力。

8.2 斜向预应力混凝土路面结构组合和构造设计

8.2.1 斜向预应力混凝土路面各结构层要求

斜向预应力混凝土路面适应于各等级公路路面,在重载交通条件下可优先选用。斜向预应力混凝土路面设计时应依据公路等级、交通荷载、路基条件、当地温度和湿度状况、使用性能要求、经济条件选择路面结构设计。路面结构组合设计,应使各个结构层的力学特性及其组成材料性质满足相应的功能要求。应充分考虑各相临结构层的相互作用、层间结合条件和要求,以及结构组合的协调与平衡。斜向预应力混凝土路面应充分考虑地表水的渗入和对基层的冲刷作用,采取封堵和疏排措施,减少地表水渗入,防止渗入水积滞在路面结构内。

1)面层

斜向预应力混凝土路面面层承受行车荷载和环境因素(温度和湿度)的作用,应具有足够的抗弯拉强度、耐久性以及良好的表面特性,选择合适的组成材料和配合比,以获得高强度、低弹模、低收缩、耐磨和抗冻的混凝土路面板。

(1)斜向预应力混凝土路面面层应具有足够的强度和耐久性,表面应抗滑、耐磨、平整,且具有较好的抗冻和抗渗性。

(2)斜向预应力混凝土路面面层每天施工中断时需设置施工缝,施工缝设置时预应力筋连续,面层混凝土断开。当斜向预应力混凝土路面下埋有地下设施,位于高填方、软土地基、填挖交界段等有可能产生不均匀沉降的路基段时,应设置施工缝满足沉降变形。

(3)斜向预应力混凝土路面的厚度。可按交通荷载轻、重、超重情况在 180 ~ 240mm 之间通过计算确定。

(4)斜向预应力混凝土路面和沥青混凝土路面作复合式路面时,沥青混凝土上面层的厚度宜为 40 ~ 60mm。沥青混凝土面层只作为功能层,不影响斜向预应力混凝土计算厚度。斜向预应力混凝土路面表层应进行拉毛或用置石工艺处理,与沥青混凝土上面层之间应洒铺黏层油。

(5)斜向预应力混凝土路面表面构造必须采用拉毛、置石、拉槽或刻槽等方法进行处理,在交工验收时构造深度应满足《公路水泥混凝土路面施工技术细则》(JTG/T F30—2014)的相关要求。

(6)斜向预应力混凝土路面行车道路面横坡坡度宜为 1% ~ 1.5%。

2)基层

基层应具有耐冲刷性和一定的刚度,以防止在工作缝处唧泥和错台导致板底脱空。可供选择的基层类型有贫混凝土或碾压混凝土、沥青混凝土或沥青稳定粒料、水泥稳定粒料或二灰稳定粒料、细料(小于 0.0074mm)含量少(不超过 8%)的级配碎石(或砾石)、多孔隙粒料或者水泥或沥青稳定开级配碎石(空隙率约 20%)。

(1)新建斜向预应力混凝土路面基层和底基层可选二灰稳定碎石类和水泥稳定碎石类材料,旧路面改造时可利用旧水泥路面或旧沥青路面作为基层。

(2)高速公路、重交通荷载的路面基层下应设置底基层;承受中等或轻交通荷载时,可不设底基层。

(3)旧水泥混凝土或旧沥青路面上铺设斜向预应力混凝土路面时,旧路面应铺设整平层,整平层层厚不宜小于30mm。且旧路面回弹模量应满足基层要求。

(4)各种基层和底基层的结构层适宜压实厚度,应按所选集料的公称最大粒径和压实效果的要求而定,基层或底基层的设计层厚度超出相应材料的适宜压实厚度范围时,宜分层铺设和压实。

3)路基

斜向预应力混凝土路面路基应稳定、密实、均质,能对路面结构提供均匀的支承。路床顶面的综合回弹模量值,一般荷载等级时不得低于60MPa,特重或极重交通荷载等级时不得低于80MPa。路基填料应满足以下要求:

(1)高液限黏土及含有机质的细粒土不应用作斜向预应力混凝土路面上路床填料。

(2)高液限粉土、塑性指数大于16或膨胀率大于3%的低液限黏土不应用作斜向预应力混凝土路面路床填料。

(3)因条件限制必须采用上述土作填料时,应掺加水泥、粉煤灰或石灰等结合料进行改善。

(4)季节性冰冻地区的中湿类、潮湿类和过湿类路基,当冰冻线深度达到路基的冻胀土层时,在易冻胀土层上应设置防冻垫层或用不易冻胀土置换冰冻线深度范围内的易冻胀土。

(5)水文地质条件不良的土质路堑,应采取地下排水措施。

(6)填挖交界或新老路基接合路段,应采取防止差异沉降的技术措施;且在铺筑斜向预应力混凝土路面时需设置施工缝。

(7)石质挖方或填石路床顶面应铺设整平层。整平层可采用碎石、低剂量水泥稳定粒料等材料,其厚度可根据路床顶面平整程度确定,最小厚度不小于100mm。

4)斜向预应力混凝土路面路肩

(1)斜向预应力混凝土路面路肩铺面结构应具有一定的承载能力,其结构层组合和材料选用应与行车道路面相协调,不应使渗入的路表水积滞在行车道路面结构内。路肩表面的横向坡度宜为1.5%~2%。

(2)斜向预应力混凝土路面行车道混凝土面层宜宽出外侧车道边缘线0.25m。

(3)高速公路和一级公路以及承受极重、特重和重交通荷载等级的公路,斜向预应力混凝土路面路肩铺面基层与路面基层结构形式、材料相同。

(4)斜向预应力混凝土路面路肩面层可选用水泥混凝土或沥青类材料。路肩面层选用沥青类材料时,中等交通荷载以上等级公路,应采用热拌沥青混合料;低等级公路和轻交通荷载等级公路,可采用沥青表面处治。路肩基层为粒料类材料时,其细料(小于0.075mm)含量不应超过6%。

(5)斜向预应力混凝土路面路肩混凝土面层与行车道面层不需设置拉杆相连,斜向预应力混凝土路面预应力筋可埋设在路肩内。若路肩面层为水泥混凝土时,路肩应切割缩缝,缩缝

间距不宜大于5.0m。当遇有斜向预应力混凝土路面施工缝时,应与施工缝对齐。

8.2.2 斜向预应力混凝土路面层间结合形式

斜向预应力混凝土路面因其板长较长,板底摩阻力对路面影响大,为防止过多的预应力损失和板底的不利约束,需对基层顶面进行处理,基层顶面应平整无凸凹,并应采用铺设滑动层来减小摩擦系数。

斜向预应力混凝土路面滑动层材料由防水材料、细粒状材料组成。防水材料可选用土工织物、油毛毡、聚乙烯薄膜,细粒状材料可选用粒径相近的细砂、石屑、废旧沥青混合料粉或石灰粉煤灰及土的混合料。防水材料铺设在细粒状材料之上,细粒状材料铺设在基层顶面,细粒状材料的最大粒径不大于3mm,铺设厚度不宜大于10mm,其上应铺设防水材料。防水材料的接茬处应专门处理,以防止浇筑混凝土时水泥浆渗漏,影响滑动效果。

斜向预应力混凝土路面板底摩擦系数与滑动层设置类型及其施工质量和工艺有关,设置滑动层的材料和工艺应通过试验段实测确定。斜向预应力混凝土路面与基层之间实测摩擦系数宜为0.3~0.7。

8.2.3 斜向预应力混凝土路面构造设计

1)路面几何尺寸

对于斜向预应力混凝土路面,面板长度不受限制,预应力钢筋应连续设置,但考虑到施工因素和张拉前的温缩应力,需设置施工缝。考虑到斜向预应力混凝土路面混凝土施加预应力前收缩和施工期昼夜温差等因素影响,斜向预应力路面两施工缝之间距离不宜大于100m。

斜向预应力混凝土路面厚度:根据《混凝土结构设计规范》(GB 50010—2010)中钢筋最小保护层厚度的要求[29],路面板最小厚度宜为14cm。ACI 法[30]建议,对于公路,预应力路面板厚应略大于相应素混凝土路面的0.65倍;对于机场,应是0.6倍。对于中国公路而言,考虑到运输繁忙和超载现象严重,建议斜向预应力路面的板厚取相应素混凝土路面板厚的0.7~0.8倍。斜向预应力混凝土路面设计计算时,可参照表8-1选取。

斜向预应力混凝土路面厚度的参考范围 表8-1

交通荷载等级	极重	特重			重				
公路等级	高速	高速	一级		二级	高速	一级		二级
变异水平等级	低	低	中	低	低	低	中	低	中
面层厚度(mm)	≥260	260~200	240~190	230~170			220~180	210~180	

交通荷载等级	中等	
公路等级	二级	
变异水平等级	高	中
面层厚度(mm)	200~180	200~160

斜向预应力混凝土路面宽度:根据道路等级及应用场所确定,高速公路或一级公路板宽在施工工艺允许及不通行车辆的情况下,宜为全幅路面宽度,二级公路设有路拱的路面宜为半幅或全幅路面宽度,收费广场路面宽度根据收费岛间距确定。

2)斜向预应力筋布置间距和角度

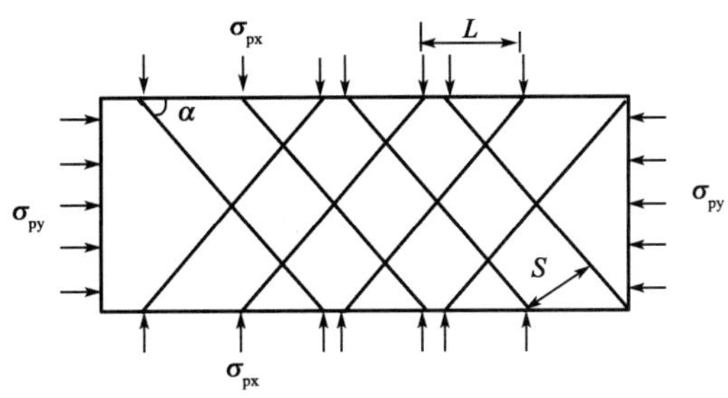

图8-1 预应力筋布置示意图

斜向预应力筋布置如图8-1所示,对于一定的路面板厚及应施加的预应力值,与斜向预应力筋的间距、预应力筋的公称截面面积 A_p 及夹角 α 有关。夹角 α 值可根据路面长度和宽度的比例确定,夹角 α 理论值一般在5°~45°范围内取值,但是如果角度过小,预应力筋长度增大,斜向施加预应力时预应力损失增大。斜向预应力混凝土路面板两端未布置预应力筋的区域也增大,路面两端应力分布不均匀,因此,考虑到实际施工和路面受力状态,夹角 α 宜在20°~45°之间取值,配置在路面板厚1/2下10~30mm范围内。

根据纵向预应力值以及预应力筋的容许拉应力、预应力总损失,按式(8-1)计算预应力筋沿路面纵向的布置间距 L。

$$L=\frac{2(\sigma_{con}-\sigma_{l})\times A_{p}\times\cos^{2}\alpha}{\sigma_{py}\times h\times\sin\alpha} \tag{8-1}$$

式中:L——斜向预应力筋布设间距;

σ_{con}——预应力筋张拉控制应力;

σ_{l}——预应力总损失值;

A_p——预应力筋公称截面积;

h——路面板厚;

σ_{py}——斜向预应力在板长方向的分向应力。

从式(8-1)可以看出,当预应力筋与路面纵向的夹角 α 一定时,预应力筋的截面 A_p 越大,斜向预应力筋纵向间距 L 越大,预应力筋布置越稀疏;预应力筋的截面 A_p 越小,斜向预应力筋纵向间距 L 越小,预应力筋布置越密。因此,当计算纵向间距 L 过小不满足张拉工具放置空间的需要或不满足经济性的要求时,可以更换较大截面的预应力筋,以满足要求。

同理,当预应力筋的公称截面积 A_p 一定时,夹角 α 越大,斜向预应力筋纵向间距 L 越小;夹角 α 越小,斜向预应力筋纵向间距 L 越大。因此,对于已经取较大公称截面积的预应力筋进行设计时,如斜向预应力筋纵向间距 L 过小不满足张拉工具放置空间或者经济性的要求时,应适当减小夹角 α;如斜向预应力筋纵向间距 L 过大使得预应力路面应力分布不均匀时,应适当增大夹角 α。

综上所述,在进行预应力筋间距计算时,在预应力满足要求的前提下,还应考虑张拉空间和经济性的要求。

预应力筋的预应力损失值计算应符合国家标准《混凝土结构设计规范》(GB 50010—2010)的有关规定。在一般气候环境下,斜向预应力混凝土路面,预应力总损失也可按预应力筋张拉控制应力的20%确定,且预应力损失值不应大于80MPa。

斜向预应力混凝土路面平均预应力指扣除全部预应力损失后,在混凝土总截面面积上建立的平均纵向预压应力。斜向预应力混凝土路面的施加的平均纵向预应力不应小于0.7MPa[31]。

3)构造钢筋配置

斜向预应力混凝土路面板端无预应力筋处,应布置板端补强钢筋,补强钢筋采用直径10~13mm 螺纹钢筋,补强钢筋布置高度一般距斜向预应力混凝土路面底部 3cm,构造钢筋平面布置如图 8-2 所示。

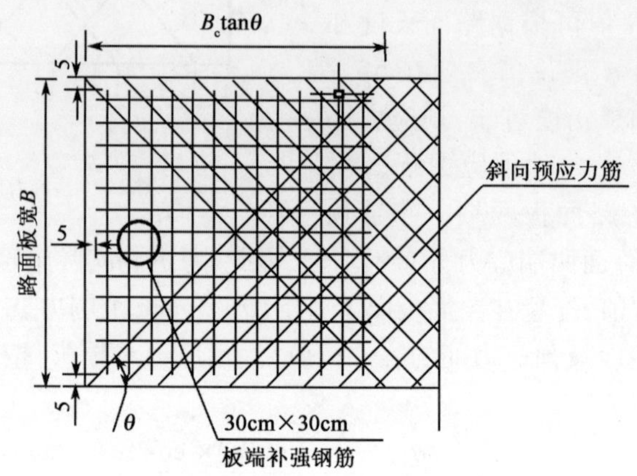

图 8-2 斜向预应力路面板端补强钢筋构造(尺寸单位:cm)

斜向预应力混凝土路面沿路面纵向两侧应布置构造钢筋,构造钢筋的作用起分布预应力和固定预应力筋作用。构造钢筋由纵向钢筋和箍筋组成,其中纵向钢筋采用直径 12~14mm 螺纹钢筋,箍筋采用直径 6~8mm 光圆钢筋,构造向钢筋构造如图 8-3 所示。

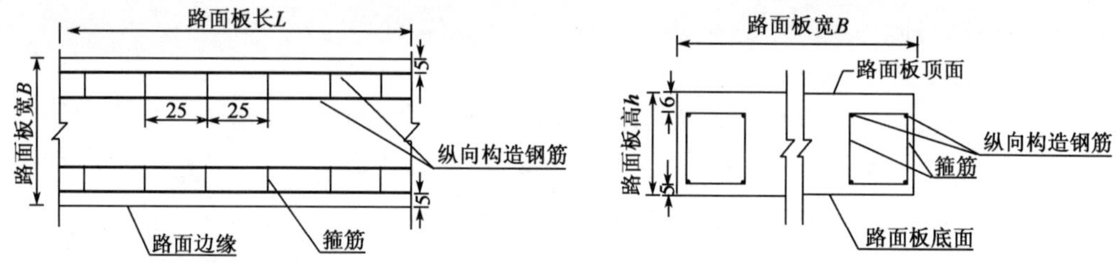

图 8-3 斜向预应力路面纵向钢筋及箍筋构造(尺寸单位:cm)

4)斜向预应力混凝土路面板锚固区设计

斜向预应力混凝土路面斜向施加预压力通过锚具传递给混凝土,锚固区锚垫板作用在混凝土上的面积较小,锚固区的混凝土将承受较大的局部压力。因此,锚固区的设计既要保证在张拉预应力筋时锚固区的混凝土不发生开裂和不产生过大的变形,又要求计算锚具下所需配置的间接钢筋必须满足局部承受承载力的要求,还需考虑预应力筋张拉时所需空间要求。斜向预应力混凝土路面锚固区形式有固定端与张拉端两种形式,分别如图 8-4、图 8-5所示。

斜向预应力混凝土路面锚固区局部受压承载力验算应符合现行国家标准《混凝土结构设计规范》(GB 50010—2010)的有关规定。具体验算方法如下:

(1)受压截面尺寸验算[32]

为了满足路面局部受压区的抗裂要求,防止混凝土由于预应力的施加导致锚固区产生裂缝,对于配置间接钢筋的混凝土结构构件,其局部受压区的截面尺寸应符合式(8-2)的要求。

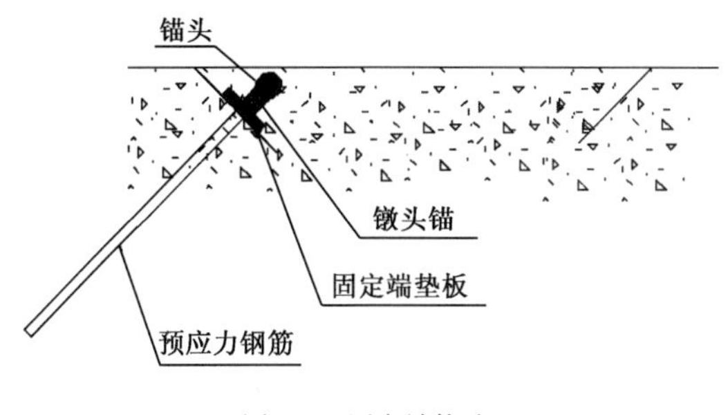

图 8-4 固定端构造

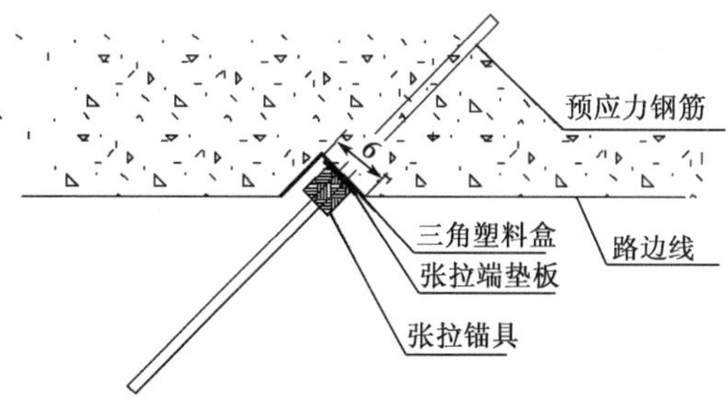

图 8-5 张拉端构造(尺寸单位:cm)

$$F_l \leqslant 1.35\beta_c\beta_l f_c A_{ln} \tag{8-2}$$

$$\beta_l = \sqrt{\frac{A_b}{A_l}} \tag{8-3}$$

式中:F_l——局部受压面上作用的局部压力设计值,取 1.2 倍张拉控制力,即 $F_l = 1.2\sigma_{con}A_p$,其中 $\sigma_{con} = 0.75f_{ptk}$,$A_p$ 为预应力筋的截面积,f_{ptk} 为预应力筋的强度标准值,根据其极限抗拉强度确定;

β_c——混凝土强度影响系数,当混凝土强度等级不超过 C50 时,取 $\beta_c = 1$;当混凝土强度等级为 C80 时,取 $\beta_c = 0.8$;其间按线性内插法取用;

β_l——混凝土局部受压时的强度提高系数;

f_c——混凝土轴心抗压强度设计值;根据相应阶段的混凝土立方体抗压强度 f_{cu} 值按表 8-2以线性内插法确定;

A_l——混凝土局部受压面积,当有垫板时可考虑预压力沿锚具垫圈边缘在垫板中按 45°扩散后传至混凝土的受压面积,如图 8-6 所示;

A_b——局部受压的计算底面积,可根据局部受压面积与计算底面积同心、对称的原则确定,对于一般情况,可按图 8-7 取用;

A_{ln}——混凝土局部受压净面积,计算时应扣除孔道部分的面积。

混凝土强度设计值 表 8-2

弯拉强度(MPa)	混凝土强度等级	f_c(MPa)
3.5	C20	9.6
4.0	C25	11.9
4.5	C30	14.3
5.0	C35	16.7
5.5	C40	19.1

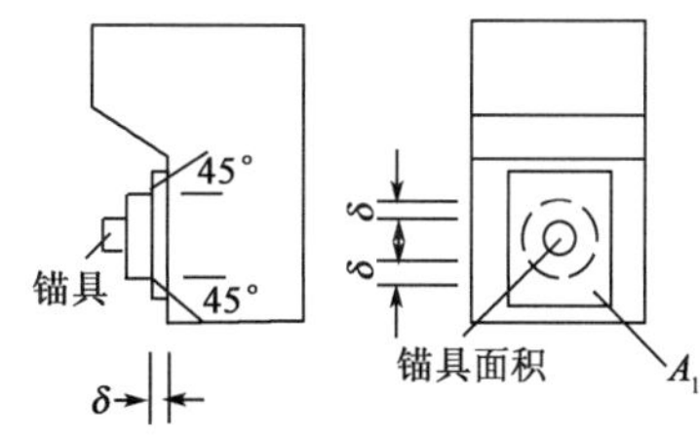

图 8-6 有垫板时预应力扩散示意图

当不满足式(8-2)时,应加大锚固区的截面尺寸、调整锚具位置或提高混凝土强度等级。对于斜向预应力混凝土路面,一般来说,锚具位置和混凝土的强度等级是一定的,这时只有通过扩大锚固区空间来增大锚固区的截面尺寸,并需考虑截面尺寸是否满足张拉空间。

(2)局部受压承载力计算

锚固区配置方格网式或螺旋式间接钢筋可以有效提高锚固区的局部受压强度,防止局部受压产生破坏,当配置间接钢筋,且其核心面积 $A_{cor} \geqslant A_l$ 时,如图 8-8 所示,局部受压承载力应

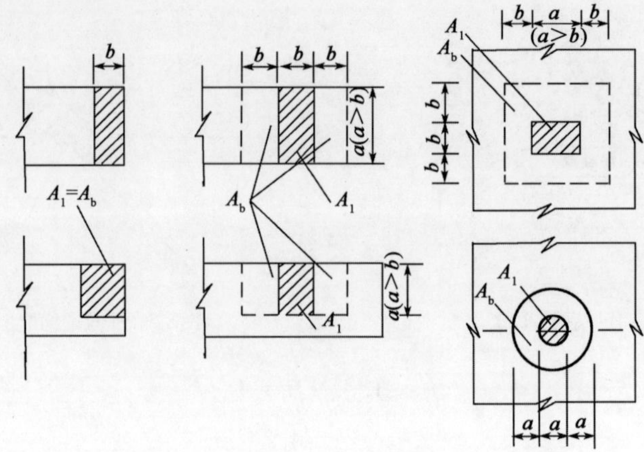

图 8-7 局部受压计算底面积 A_b 示意图

按式(8-4)计算:

$$F_1 \leqslant 0.9(\beta_c\beta_1 f_c + 2\alpha\rho_v\beta_{cor}f_y)A_{ln} \tag{8-4}$$

式中:β_{cor}——配置间接钢筋的局部受压承载力提高系数 $\beta_{cor}=\sqrt{\dfrac{A_{cor}}{A_1}}$。其中 A_{cor} 为配置方格网式或螺旋式间接钢筋内表面范围内的混凝土核心面积(不扣除孔道面积),当 $A_{cor}>A_b$ 时,取 $A_{cor}=A_b$;

α——间接钢筋对混凝土约束的折减系数。当混凝土强度等级不超过 C50 时,取 1.0;当混凝土强度等级为 C80 时,取 0.85;其间按线性内插法取用;

f_y——间接钢筋的抗拉强度设计值;

ρ_v——间接钢筋的体积配筋率(核心面积 A_{cor} 范围内单位混凝土体积所含间接钢筋的体积)。

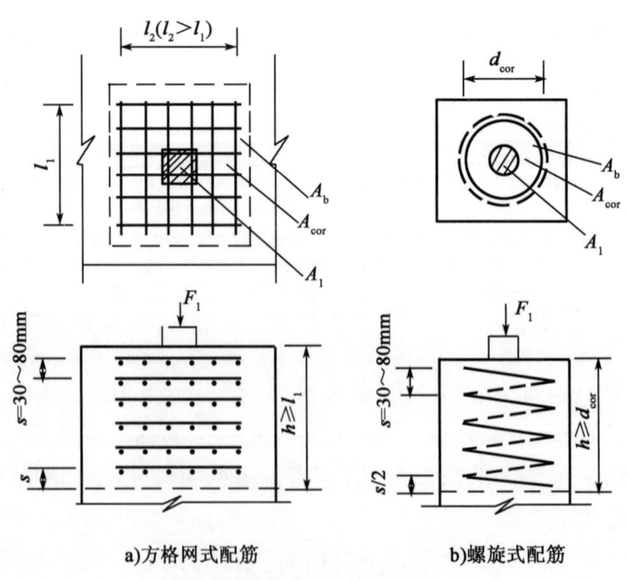

图 8-8 局部受压区配置的间接钢筋

当为方格网式配筋时，体积配筋率 ρ_v 按式(8-5)计算：

$$\rho_v = \frac{n_1 A_{s1} l_1 + n_2 A_{s2} l_2}{A_{cor} s} \tag{8-5}$$

式中：n_1、A_{s1}——方格网沿 l_1 方向的钢筋根数、单根钢筋的截面面积；

n_2、A_{s2}——方格网沿 l_2 方向的钢筋根数、单根钢筋的截面面积。

为避免长、短两个方向配筋相差过大导致钢筋不能充分发挥强度，在钢筋两个方向上单位长度内，钢筋截面面积的比值不宜大于1.5倍。

当为螺旋式配筋时，体积配筋率 ρ_v 按式(8-6)计算：

$$\rho_v = \frac{4A_{ss1}}{d_{cor} s} \tag{8-6}$$

式中：A_{ss1}——单根螺旋式间接钢筋的截面面积；

d_{cor}——螺旋式间接钢筋内表面范围内的混凝土截面直径；

s——螺旋式间接钢筋的间距，宜取30～80mm。

按式(8-6)计算的间接钢筋应配置在图8-8所规定的 h 范围内，对于方格网式钢筋，不应少于4片；对于螺旋式钢筋，不应少于4圈，对于柱接头，h 不应小于 $15d$，d 为柱的纵向钢筋直径。按式(8-4)验算，如不能满足时，对于方格钢筋网，应增加钢筋根数，加大钢筋直径，减小钢筋网的间距；对于螺旋钢筋，应加大钢筋直径，减小螺距。

5)路面接缝设计

斜向预应力混凝土路面在施工时应设置施工缝，施工缝间距应大于30m，小于100m，遇地基不均匀沉降和路面下设置构造物时应设置沉降缝。在桥梁或隧道接合部应设置胀缝。

(1)斜向预应力混凝土路面施工缝形成的两直角属施加预应力的薄弱部分，应在施工时用传立杆和角隅钢筋加固。传立杆和角隅钢筋构造如图8-9所示。

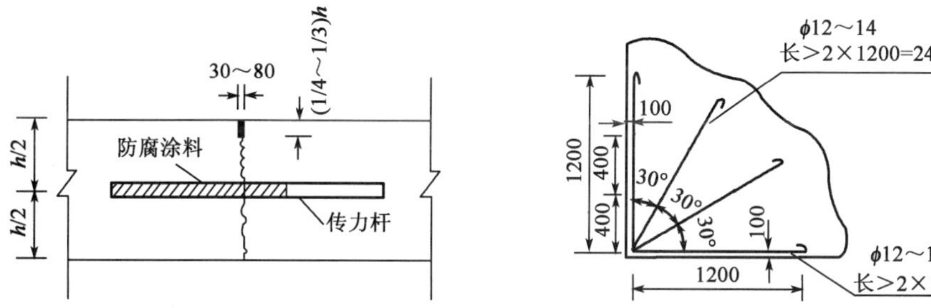

图8-9　传力杆和角隅钢筋构造(尺寸单位：mm)

(2)斜向预应力混凝土路面与其他水泥混凝土路面、桥梁或其他固定构造物相接时，应设置横向胀缝，无极端气候情况下胀缝宽度宜为20～25mm，缝内应设置填缝板和一端滑动一端固定的传力杆。传力杆应采用光圆钢筋，尺寸和间距如表8-3所示，斜向预应力混凝土路面胀缝构造如图8-10所示。也宜采用桥梁伸缩缝代替胀缝，具体结构形式可参照桥梁伸缩缝结构设置。

斜向预应力混凝土路面传力杆尺寸和间距(mm)　　表8-3

面层厚度	传力杆直径	传力杆最小长度	传力杆最大间距
≤180	24	350	300
200	26	350	300

续上表

面层厚度	传力杆直径	传力杆最小长度	传力杆最大间距
220	28	400	300
240	30	400	300
≥260	32	450	300

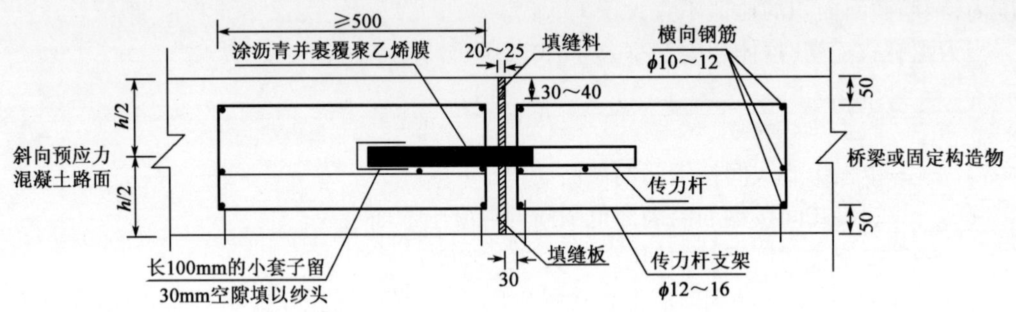

图 8-10　斜向预应力混凝土路面胀缝构造图(尺寸单位:mm)

(3)斜向预应力混凝土路面与沥青混凝土路面相接时,应设置不小于 3m 的过渡段。过渡段的路面应采用阶梯状叠合布置,其下面铺设的变厚度混凝土过渡板的厚度不得小于 200mm,如图 8-11 所示。过渡板顶面应设横向拉槽,沥青面层与过渡板之间应黏结良好。

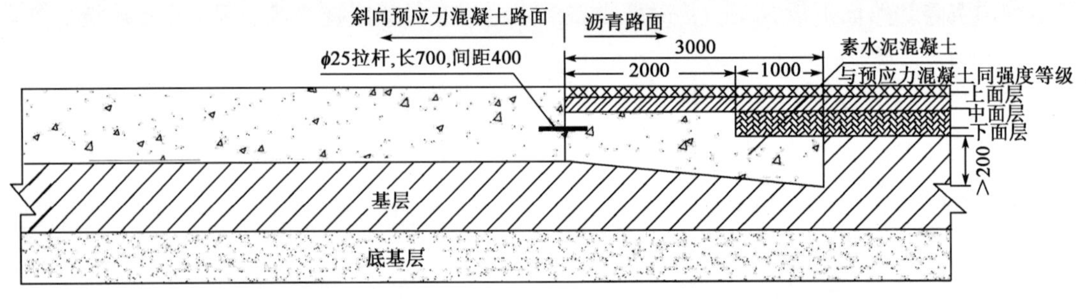

图 8-11　预应力混凝土路面与沥青路面相接段的构造布置(尺寸单位:mm)

(4)斜向预应力混凝土路面分幅铺设时,两幅之间应设纵缝,纵向施工缝不宜设置拉杆。可在模板上设置梯形槽,既保证施加预应力时相互移动,又可使两幅路面相互传力。

8.3　斜向预应力混凝土路面设计准则、参数及流程

斜向预应力混凝土路面由于在混凝土中施加了斜向预应力,路面的抗弯拉强度可依据施加预应力大小人为地控制,因此,斜向预应力混凝土路面可在公路路面工程中广泛应用。可作为高速公路复合路面的承重层,解决沥青路面的车辙问题;或作为重载公路的面层,解决沥青路面重载情况下易出现坑槽和车辙问题。也可在旧路面修复改善工程中,直接作为面层加铺于破损的旧沥青面层和普通水泥混凝土路面上,既可利用旧沥青路面或水泥混凝土的强度作

为基层，又可充分使旧路面材料循环利用，降低工程造价。因此，斜向预应力混凝土路面的设计参数、路面结构设计、目标可靠度、荷载应力计算、路基、垫层、基层、路面横向坡度、路肩、排水及材料选型与要求除应符合国家现行标准《公路路基施工技术规范》（JTG F10—2006）、《公路路面基层施工技术细则》（JTG/T F20—2015）、《公路水泥混凝土路面设计规范》（JTG D40—2011）和《预应力混凝土路面技术规范》（GB 50422—2007）的有关规定外，还应结合斜向预应力混凝土路面的特征进行设计。

8.3.1 斜向预应力混凝土路面设计准则

斜向预应力混凝土路面主要由水泥混凝土和预应力筋组成。由于预应力筋在混凝土中所占比例较小，且预应力施加在混凝土板内。其整体结构仍然是有限板的结构。因此结构分析仍采用弹性地基板理论，除粒料类基层外，其他各类基层与斜向预应力混凝土面层应按分离式双层板模型进行结构分析。粒料类基层及各类底基层和垫层，应与路基一起视作多层弹性地基，以地基顶面当量回弹模量表征。

斜向预应力混凝土路面结构设计应在设计可靠度情况下，以斜向预应力混凝土面板在设计基准期内，在行车荷载、温度梯度应力、斜向预应力混凝土路面混凝土与基层摩阻应力之和与可靠度系数的乘积，减去斜向预应力混凝土路面混凝土设计弯拉强度后，小于斜向预应力混凝土路面施加的有效纵向预应力，即满足式(8-7)作为设计标准。同时，式(8-8)作为验算标准。

$$\sigma_{py} \geqslant \gamma_r(\sigma_{pr} + \sigma_{tr} + \sigma_f) - f_r \tag{8-7}$$

$$\sigma_{py} \geqslant \gamma_r(\sigma_{p,max} + \sigma_{t,max} + \sigma_f) - f_r \tag{8-8}$$

式中：σ_{py}——有效预应力引起的混凝土中的纵向预应力（MPa）；

σ_{pr}——荷载疲劳应力（MPa）；

σ_{tr}——温度疲劳应力（MPa）；

$\sigma_{p,max}$——最重的轴载在临界荷位处产生的最大荷载应力（MPa）；

$\sigma_{t,max}$——所在地区最大温度梯度在临界荷位处产生的最大温度翘曲应力（MPa）；

γ_r——可靠度系数，依据所选目标可靠度、变异水平等级及变异系数通过计算确定；

σ_f——斜向预应力混凝土路面与基层摩擦力（MPa）。

8.3.2 斜向预应力混凝土路面设计参数

（1）斜向预应力混凝土路面结构的设计安全等级及相应的设计基准期、目标可靠指标与目标可靠度，应符合《公路水泥混凝土路面设计规范》（JTG D40—2011）中条款的规定，如表8-4所示。

可靠度设计标准　　表8-4

公路等级	高速	一级	二级	三级	四级
安全等级	一级		二级	三级	
设计基准期(a)	30		20	15	10
目标可靠度(%)	95	90	85	80	70
目标可靠指标	1.64	1.28	1.04	0.84	0.52

(2)斜向预应力混凝土路面各安全等级路面的材料性能和结构尺寸参数的变异水平可分为低、中和高三个等级,应按公路等级及所采用的施工技术和能达到的施工质量控制和管理水平,通过调研确定变异水平等级和相应的变异系数。高速公路、一级公路的变异水平等级宜为低级,二级公路的变异水平等级应不大于中级。确定困难时按《公路水泥混凝土路面设计规范》(JTG D40—2011)中条款主要设计参数变异系数范围选择相应的变异系数。变异系数见表 8-5。

变异系数 c_v 的范围 表 8-5

变异水平等级	低	中	高
水泥混凝土弯拉强度	$0.05 \leqslant c_v \leqslant 0.10$	$0.10 < c_v \leqslant 0.15$	$0.15 < c_v \leqslant 0.20$
基层顶面当量回弹模量	$0.15 \leqslant c_v \leqslant 0.25$	$0.25 < c_v \leqslant 0.35$	$0.35 < c_v \leqslant 0.55$
水泥混凝土面层厚度	$0.02 \leqslant c_v \leqslant 0.04$	$0.04 < c_v \leqslant 0.06$	$0.06 < c_v \leqslant 0.08$

(3)斜向预应力混凝土路面按疲劳断裂设计标准进行结构分析时,以 100kN 单轴—双轮组荷载作为设计轴载,对极重交通荷载等级的斜向预应力混凝土路面,宜选用货车中占主要份额特重车型的轴载作为设计轴载。设计轴载作用次数 N_s 按式(8-9)计算确定。

$$N_s = \sum_{i=1}^{n} N_i \left(\frac{P_i}{P_s} \right)^{16} \tag{8-9}$$

式中:P_i——第 i 级轴载重(kN),联轴按每一根轴载单独计;

P_s——设计轴重(kN);

n——各种轴型的轴载级位数;

N_i——i 级轴载的作用次数;

N_s——设计轴载的作用次数。

设计基准期内水泥混凝土路面设计车道临界荷位处所承受的设计轴载累计作用次数,应按式(8-10)计算确定。

$$N_e = \frac{N_s[(1+g_r)^t - 1] \times 365}{g_r} \times \eta \tag{8-10}$$

式中:N_e——设计基准期内设计车道所承受的设计轴载累计次数(轴次/车道);

t——设计基准期(a);

g_r——基准期内货车交通量的年平均增长率(以分数计);

η——临界荷位处的车辆轮迹横向分布系数,按表 8-6 选用。

车辆轮迹横向分布系数 表 8-6

公 路 等 级		纵缝边缘处
高速公路、一级公路、收费站		0.17 ~ 0.22
二级及二级以下公路	行车道宽 > 7m	0.34 ~ 0.39
	行车道宽 ≤ 7m	0.54 ~ 0.62

注:车道、行车道较窄或者交通量较大时,取高值;反之,取低值。

(4)水泥混凝土路面设计车道在设计基准期内所承受的设计轴载累计作用次数应按《公路水泥混凝土路面设计规范》(JTG D40—2011)附录 A 进行调查和分析,按设计基准期内设计车道临界荷位处所承受的设计轴载累计作用次数分为 5 级,分级范围见表 8-7。

交通荷载分级 表 8-7

交通荷载等级	极重	特重	重	中等	轻
设计基准期内设计车道承受设计轴载(100kN)累计作用次数 N_e(×10^4)	>1×10^6	2000～1×10^6	100～2000	3～100	<3

(5)水泥混凝土的设计强度应采用28d龄期的弯拉强度。各交通荷载等级要求的水泥混凝土弯拉强度标准值不得低于表8-8的规定。

水泥混凝土弯拉强度标准值 表 8-8

交通荷载等级	极重、特重、重	中等	轻
水泥混凝土的弯拉强度标准值(MPa)	≥5.0	4.5	4.0

(6)预应力混凝土路面面板的最大温度梯度计算值,可根据公路所在地的公路自然区划,按表8-9确定。

预应力混凝土路面面板的最大温度梯度计算值 表 8-9

公路自然区划	不同板厚的最大温度梯度 T_g(℃/cm)					
	140mm	160mm	180mm	200mm	220mm	240mm
Ⅱ、Ⅴ	0.102～0.108	0.097～0.103	0.092～0.098	0.087～0.092	0.083～0.088	0.078～0.083
Ⅲ	0.111～0.117	0.105～0.111	0.100～0.105	0.095～0.100	0.090～0.095	0.085～0.089
Ⅳ、Ⅵ	0.106～0.113	0.101～0.108	0.095～0.102	0.090～0.097	0.086～0.092	0.081～0.086
Ⅶ	0.114～0.121	0.109～0.115	0.103～0.109	0.098～0.103	0.093～0.098	0.087～0.092

8.3.3 斜向预应力混凝土路面面层板厚度计算流程

(1)斜向预应力混凝土路面面层板的厚度计算。首先应进行行车道路面结构的组合设计,初拟路面结构,包括路床、垫层、基层和面层的材料类型和厚度。按照初拟路面结构的组合情况和交通荷载轻、重、超重情况,初拟混凝土板厚度。

(2)按照初拟路面结构的组合情况,选择相应的结构分析模型。

(3)参照图8-12所示的混凝土路面板厚度计算流程,分别计算混凝土面层板(单层板或双层板的面层板)的最重轴载产生的最大荷载应力、设计轴载产生的荷载疲劳应力、最大温度梯度产生的最大温度应力。

(4)参照图8-12,当计算出的荷载疲劳应力与温度疲劳应力之和与可靠度系数的乘积小于且接近混凝土弯拉强度标准值,同时,最大荷载应力与最大温度应力之和与可靠度系数的乘积小于混凝土弯拉强度标准值时,初选厚度可作为斜向预应力混凝土路面混凝土板的计算厚度。

(5)将按图8-12所示计算流程计算出的荷载疲劳应力、温度疲劳应力和摩阻应力、可靠度系数、混凝土的设计弯拉强度代入本章式(8-7)和式(8-8),求出所需施加的预应力值。再计算所需设置的预应力筋间距,计算出的预应力筋间距按50mm取整即为斜向预应力筋间距。

(6)若求出所需施加的预应力值大于5.0MPa和斜向预应力筋间距小于50cm时。说明所需的斜向预应力筋较多,斜向预应力混凝土路面结构选择不够合理,经济性能差,则应改选斜向预应力混凝土路面混凝土板厚度或(和)调整基层类型或(和)厚度,重新计算。

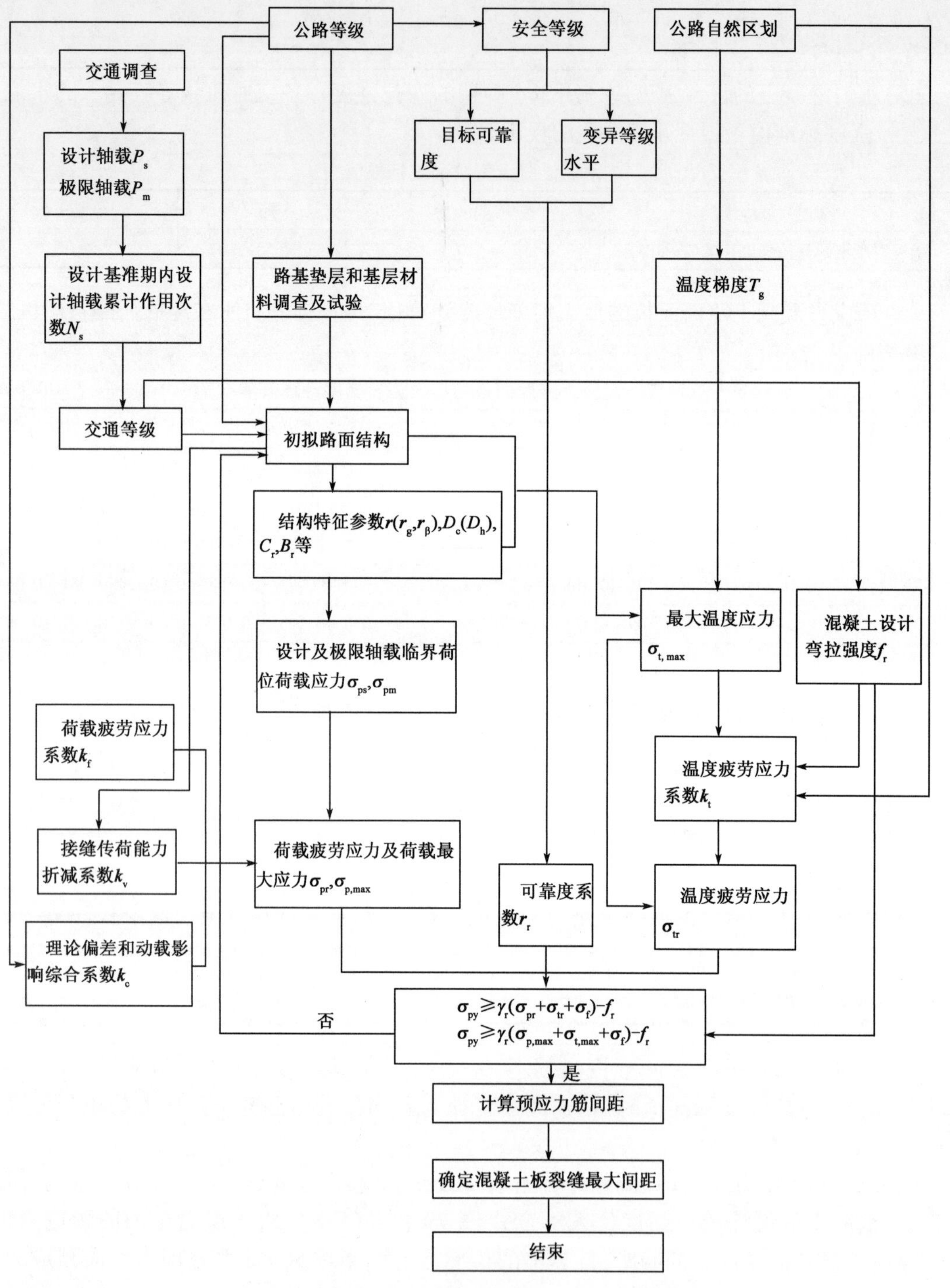

图 8-12　斜向预应力混凝土路面混凝土板厚度计算流程图

(7)依据工程所在地环境最低及最高温度和施工时温差计算斜向预应力混凝土路面不开裂的两施工缝之间最大距离和不拱起的最小距离。

(8)斜向预应力混凝土路面直接作为面层时,计算厚度加10mm磨损厚度后,作为斜向预应力混凝土路面的设计厚度。

(9)斜向预应力混凝土路面作为高速公路路面时,为了增加舒适性,可在斜向预应力混凝土路面上加铺4~6cm厚沥青混凝土路面作为功能层。功能层不参与斜向预应力混凝土路面的厚度计算,只解决斜向预应力混凝土路面舒适度和磨损问题。计算出的斜向预应力混凝土路面混凝土板厚度即为斜向预应力混凝土路面的设计厚度。

8.4　斜向预应力混凝土路面应力计算

8.4.1　斜向预应力混凝土路面设计力学模型

斜向预应力混凝土路面在荷载作用下,受力状态仍然和普通水泥混凝土路面相同,只是斜向预应力混凝土路面的路面板相对长一些。在设计力学模型时,假定斜向预应力筋只参与提高混凝土抗拉强度的内力,不参与改变混凝土板的外部受力状态。因此斜向预应力混凝土路面按其基层和路面类型及组合的不同,路面结构分析设计分别采用下述力学模型:

(1)弹性地基单层板模型——适用于粒料基层上的斜向预应力混凝土面层,旧沥青路面上加铺的斜向预应力混凝土面层;斜向预应力混凝土路面以下部分按弹性地基处理。

(2)弹性地基双层板模型——适用于水泥稳定粒料类基层或沥青类基层上的斜向预应力混凝土面层,旧水泥混凝土路面上加铺斜向预应力混凝土面层;基层底面以下或者旧面层底面以下部分按弹性地基处理。

8.4.2　斜向预应力混凝土路面荷载应力

1)标准轴载荷载疲劳应力

标准轴载在临界荷位处产生的荷载疲劳应力可按式(8-11)计算确定:

$$\sigma_{pr}=k_r k_f k_c \sigma_{ps} \tag{8-11}$$

式中:σ_{pr}——设计轴载在面层板临荷位处产生的荷载疲劳应力(MPa);

σ_{ps}——设计轴载在四边自由板临界荷位处产生的荷载应力(MPa);

k_r——考虑接缝传荷能力的应力折减系数,采用混凝土路肩时,$k_r=0.87\sim0.92$(路肩面层与路面面层等厚时取低值,减薄时取高值);采用柔性路肩或土路肩时,$k_r=1$;

k_f——考虑设计基准期内荷载应力累计疲劳作用的疲劳应力系数;

k_c——考虑计算理论与实际差异以及动载等因素影响的综合系数,按公路等级查表8-10确定。

综合系数 k_c　　表8-10

公路等级	高速公路	一级公路	二级公路	三、四级公路
k_c	1.15	1.10	1.05	1.00

2)最重轴载荷载应力

最重轴载在斜向预应力混凝土路面面层板临界荷位处产生的最大荷载应力,应按式(8-12)计算:

$$\sigma_{p,max}=k_f k_c \sigma_{pm} \tag{8-12}$$

式中:$\sigma_{p,max}$——最重轴载 p_m 在斜向预应力混凝土路面板临界荷位处产生的最大荷载应力(MPa);

σ_{pm}——最重轴载 p_m 在四边自由板临界荷位处产生的最大荷载应力(MPa)(以单轴计,kN)。

(1)弹性地基单层板荷载应力分析

标准轴载在临界荷位处产生的荷载应力可按下列公式计算确定:

$$\sigma_{ps}=1.47\times10^{-3}r^{0.70}h_c^{-2}P_s^{0.94} \tag{8-13}$$

$$r=1.21\left(\frac{D_c}{E_t}\right)^{1/3} \tag{8-14}$$

$$D_c=\frac{E_c h_c^3}{12(1-\upsilon_c^2)} \tag{8-15}$$

式中:P_s——设计轴载的单轴重(kN);

h_c、E_c、υ_c——混凝土面层板的厚度(m)、弯拉弹性模量(MPa)和泊松比;

r——混凝土面层板的相对刚度半径(m);

D_c——混凝土面层板的截面弯曲刚度(MN·m);

E_t——板底地基当量回弹模量(MPa)。

设计基准期内的荷载疲劳应力系数可按下列公式计算确定:

$$k_f=(N_e)^{\lambda} \tag{8-16}$$

式中:N_e——设计基准期内设计轴载累计作用次数,按式(8-8)计算;

λ——材料疲劳指数,在斜向预应力混凝土路面中,$\lambda=0.057$。

新建公路的板底地基当量回弹模量 E_t 应按式(8-17)计算。

$$E_t=\left(\frac{E_x}{E_0}\right)^{\alpha}E_0 \tag{8-17}$$

$$\alpha=0.86+0.26\ln h_x \tag{8-18}$$

$$E_x=\frac{\sum_{i=1}^{n}(h_i^2E_i)}{\sum_{i=1}^{n}h_i^2} \tag{8-19}$$

$$h_x=\sum_{i=1}^{n}h_i \tag{8-20}$$

式中:E_0——路床顶综合回弹模量(MPa);

α——与粒料层总厚度 h_x 有关的回归系数;

E_x——粒料层的当量回弹模量(MPa);

h_x——粒料层的总厚度(m);

n——粒料层的层数;

E_i、h_i——第 i 结构层的回弹模量（MPa）与厚度（m）。

（2）弹性地基双层板荷载应力分析

面层板或上面层板的荷载疲劳应力 σ_{pr} 应按式（8-11）计算。其中，荷载疲劳应力系数 k_f、综合系数 k_c 的确定方法，与单层板的相同；设计轴载 p_s 在上层板临界荷位处产生的荷载应力 σ_{ps} 应按式（8-21）确定。

$$\sigma_{ps} = \frac{1.45 \times 10^{-3}}{1 + \dfrac{D_b}{D_C}} r_g^{0.65} h_c^{-2} P_s^{0.94} \tag{8-21}$$

$$D_b = \frac{E_b h_b^3}{12(1 - v_b^2)} \tag{8-22}$$

$$r_g = 1.21\left[\frac{(D_c + D_b)}{E_t}\right]^{\frac{1}{3}} \tag{8-23}$$

式中：　D_b——下层板的截面弯曲刚度（MN·m）；

h_b、E_b、v_b——下层板的厚度（m）、弯拉弹性模量（MPa）和泊松比；

r_g——双层板的总相对刚度半径（m）；

h_c、D_c——上层板的厚度（m）和截面弯曲刚度（MN·m）。

8.4.3　斜向预应力混凝土路面温度应力

斜向预应力混凝土路面面层板在临界荷位处产生的温度疲劳应力应按式（8-24）计算。

$$\sigma_{tr} = k_t \sigma_{t,max} \tag{8-24}$$

式中：σ_{tr}——斜向预应力混凝土路面面层临界荷位处的温度疲劳应力（MPa）；

$\sigma_{t,max}$——最大温度时斜向预应力混凝土面层板最大温度应力（MPa）；

k_t——考虑温度应力累计疲劳作用的温度疲劳应力系数。

由于斜向预应力混凝土路面不设置缩缝且预应力筋连续，可以不考虑混凝土板翘曲应力，因此最大温度时面层板产生的最大温度应力（MPa），按下式确定：

$$\sigma_{t,max} = \frac{E_c \alpha_c \Delta T}{(1 - \upsilon_c) - rfx \pm \sigma_{com}} \tag{8-25}$$

式中：$\sigma_{t,max}$——最大温度时斜向预应力混凝土路面最大温度应力，其中 $\pm\sigma_{com}$ 正负号取法为：温度升高取正，温度降低取负；

α_c——混凝土的线膨胀系数，根据粗集料的岩性，参照《公路水泥混凝土路面设计规范》（JTG D40—2011）附录 E，按表 8-11 选用；

E_c、υ_c——斜向预应力混凝土路面混凝土弯拉弹性模量（MPa）和泊松比；

ΔT——斜向预应力混凝土路面混凝土凝结平均温度与环境最高平均温度的温差（℃）；

r——斜向预应力混凝土路面混凝土的重度（MN/m^3）；

f——斜向预应力混凝土路面与基底摩擦系数；

x——斜向预应力混凝土路面自由端温度影响伸缩区域长度；

σ_{com}——斜向预应力混凝土路面板内纵向有效预应力。

水泥混凝土线膨胀系数经验参考值　表 8-11

粗集料类型	石英岩	砂岩	砾岩	花岗岩	玄武岩	石灰岩
水泥混凝土线膨胀系数($\times10^{-6}$/℃)	12	12	11	10	9	7

温度疲劳应力系数 k_t,应按式(8-26)计算。

$$k_t = \frac{f_r}{\sigma_{t,max}}\left[a_t\left(\frac{\sigma_{t,max}}{f_r}\right)^{b_t} - c_t\right] \tag{8-26}$$

式中:a_t、b_t、c_t——回归系数,按所在地区的公路自然区划查表 8-12 确定;

f_r——斜向预应力混凝土路面混凝土的弯拉强度标准值(MPa)。

回归系数 a_t、b_t 和 c_t　表 8-12

系　数	公路自然区划					
	Ⅱ	Ⅲ	Ⅳ	Ⅴ	Ⅵ	Ⅶ
a_t	0.828	0.855	0.841	0.871	0.837	0.834
b_t	1.323	1.355	1.323	1.287	1.382	1.270
c_t	0.041	0.041	0.058	0.071	0.038	0.052

8.4.4　斜向预应力混凝土路面摩阻应力分析

斜向预应力混凝土路面面板较长,在两施工缝之间不设置缩缝,因而在进行斜向预应力混凝土路面设计计算时,应计算摩阻应力,基层摩阻引起的应力可按式(8-27)计算[33]:

$$\sigma_F = frx \tag{8-27}$$

式中:σ_F——斜向预应力混凝土路面混凝土板底摩阻应力;

x——斜向预应力混凝土路面自由端温度影响胀缩区域长度,由第 5 章分析得:

$$x = \frac{\alpha\Delta T + \sqrt{(\alpha\Delta T)^2 - rf\dfrac{\sigma_{com}}{E^2}}}{rf}E \tag{8-28}$$

r——斜向预应力混凝土路面混凝土的单位重度(MN/m³);

f——斜向预应力混凝土路面与基底摩擦系数;

α——斜向预应力混凝土路面混凝土温度膨胀系数(1/℃);

E——斜向预应力混凝土路面混凝土的弯拉弹性模量(MPa);

ΔT——斜向预应力混凝土路面混凝土凝结平均温度与环境最高平均温度的温差(℃);

σ_{com}——斜向预应力混凝土路面板内纵向有效预应力。

8.5　斜向预应力混凝土路面设计计算示例

这里选取国道 G210 陕西省宜君县南山峁试验路作为计算示例。南山峁试验路为山岭二级公路,路基宽度 10m,路面宽度 9.0m,路面为 7cm 沥青混凝土路面,路面因重载交通影响,出现局部坑槽和网裂、车辙病害,需要大修。为配合斜向预应力混凝土路面研究,拟采用斜向预应力混凝土路面100m作为试验段。经交通调查得知，设计轴载 $p_s=100\text{kN}$，最重轴载 $p_m=150\text{kN}$，设计车道使用初期设计轴载的日作用次数为100次，交通量年平均增长率5%。

8.5.1 轴载计算

根据试验路交通组成及轴载，设计年限取30年，由表8-4得，安全等级为一级；由表8-6得，临界荷位处的车辆轮迹横向分布系数取较大值0.62。按式(8-8)计算得到设计基准期内设计车道设计轴载累计作用次数，通过交通量调查和计算可得设计使用年限内车道的标准轴载累计作用次数：

$$N_e=\frac{N_s[(1+g_r)^t-1]\times365}{g_r}\times\eta=\frac{100\times[(1+0.05)^{30}-1]\times365}{0.05}\times0.62=150.4\times10^4$$

属于重交通荷载分级。

8.5.2 初拟路面结构

试验路如果按照普通二级混凝土路面设计，混凝土板厚需25cm。采用斜向预应力混凝土路面，考虑结构的安全性，若斜向预应力混凝土路面很薄，可能产生以下不利影响：使用期间在行车荷载作用下会产生过大的挠度，在预应力施加时可能产生较大的反拱，高温天气会因热胀而拱起，而且不利于施工。因此斜向预应力混凝土路面板厚取20cm，由表7-17施工质量变异水平选择中级，基层对原路面结构挖除重铺，试验路总长100m。试验路分两幅施工，单幅路面宽度4.5m。路面结构如表8-13所示。

斜向预应力混凝土路面试验路结构 表8-13

结 构 层	厚度(cm)	材 料
面层	20	斜向预应力混凝土路面面层
滑动层	1	细砂与聚乙烯薄膜
基层	25	水泥稳定碎石

8.5.3 路面材料参数确定

斜向预应力混凝土路面在路面板厚度拟定的情况下，试验路设计参数确定如下：

混凝土设计弯拉强度 $f_r=5.0\text{MPa}$；

相应的弯拉弹性模量与泊松比为 $3.1\times10^4\text{MPa}$、0.15；

路面板长 $L=100\text{m}$；

路面板宽 $w=4.5\text{m}$；

路面板厚 $h=0.2\text{m}$；

基层顶面当量回弹模量 $E_t=165\text{MPa}$；

斜向预应力混凝土路面滑动层摩擦系数 $f=0.5$（滑动层设置：基层顶面铺1cm细砂层，其上铺设两层聚乙烯薄膜）；

板内最大温度梯度 $T_g=0.92℃/\text{cm}$（铜川属于公路自然区划Ⅲ，根据第5章表5-1查得 $T_g=0.92℃/\text{cm}$）；

混凝土密度 $r=2500\text{kg/m}^3$；

混凝土线膨胀系数 $\alpha_c=8\times10^{-6}/℃$；

混凝土泊松比 $\upsilon_c=0.15$；

路面混凝土终凝温度与最低温度差为 30℃；

预应力筋（采用 $\phi15.2$）标准强度 $R_y^b=1860\text{MPa}$；

公称截面面积 $A_p=140\text{mm}^2$。

取低液限黏土路基回弹模量 80MPa，取距地下水位 1.2m 时的湿度调整系数为 0.75，由此得到路床顶综合回弹模量为 80×0.75＝60（MPa），水泥稳定砂砾基层回弹模量为 2000MPa，泊松比取 0.20，级配砾石底基层回弹模量取 250MPa，泊松比取 0.35，计算板底地基当量回弹模量如下：

$$E_x=\frac{\sum_{i=1}^{n}(h_i^2E_i)}{\sum_{i=1}^{n}(h_i^2)}=\frac{h_1^2E_1}{h_1^2}=250(\text{MPa})$$

$$h_x=\sum_{i=1}^{n}h_i=h_1=0.18(\text{m})$$

$$\alpha=0.26\ln h_x+0.86=0.26\times\ln0.18+0.86=0.414$$

$$E_t=\left(\frac{E_x}{E_0}\right)^{\alpha}E_0=\left(\frac{250}{60}\right)^{0.414}\times60=112.7(\text{MPa})$$

板底地基当量回弹模量 E_t 取为 110MPa。

混凝土面层板的弯曲刚度 D_c、半刚性基层板的弯曲刚度 D_b，路面结构总相对刚度半径 r_g 为：

$$D_c=\frac{E_ch_c^3}{12(1-\upsilon_c^2)}=\frac{31000\times0.20^3}{12(1-0.15^2)}=21.1(\text{MN}\cdot\text{m})$$

$$D_b=\frac{E_bh_b^3}{12(1-\upsilon_b^2)}=\frac{2000\times0.20^3}{12(1-0.20^2)}=1.39(\text{MN}\cdot\text{m})$$

$$r_g=1.21\left(\frac{D_c}{E_t}\right)^{1/3}=1.21\times\left(\frac{21.1+1.39}{110}\right)^{1/3}=0.713(\text{m})$$

8.5.4 荷载应力

由于试验路采用水泥稳定粒料类基层，适用于弹性地基双层板模型应力，荷载应力按式（8-21）计算，标准轴载和最重荷载在临界荷位处产生的荷载应力计算如下：

$$\sigma_{ps}=\frac{1.45\times10^{-3}}{1+\frac{D_b}{D_c}}r_g^{0.65}h_c^{-2}P_s^{0.94}=\frac{1.45\times10^{-3}}{1+\frac{1.39}{21.1}}\times0.713^{0.65}\times0.20^{-2}\times100^{0.94}=1.942(\text{MPa})$$

$$\sigma_{pm}=\frac{1.45\times10^{-3}}{1+\frac{D_b}{D_c}}r_g^{0.65}h_c^{-2}P_m^{0.94}=\frac{1.45\times10^{-3}}{1+\frac{1.39}{21.1}}\times0.713^{0.65}\times0.20^{-2}\times150^{0.94}=2.105(\text{MPa})$$

按式（8-11）计算面层标准荷载疲劳应力，取面层 $k_f=N_e^{\lambda}=(150\times10^4)^{0.057}=2.249$；$k_r$ 为考

虑接缝传荷能力的应力折减系数，当采用混凝土路肩时，$k_r = 0.87 \sim 0.92$，由于预应力混凝土路面为整板，本次 k_r 取值 0.87；k_c 为综合系数，查表取值为 1.05。

$$\sigma_{pr} = k_r k_f k_c \sigma_{ps} = 0.87 \times 2.249 \times 1.05 \times 1.942 = 3.990(\text{MPa})$$

按式(8-12)计算面层最大荷载应力：

$$\sigma_{p,max} = k_r k_c \sigma_{pm} = 0.87 \times 1.05 \times 2.105 = 1.923(\text{MPa})$$

8.5.5 温度应力

最大温度胀缩应力，按斜向预应力混凝土路面设计步骤，按式(8-25)计算：

$$\sigma_{t,max} = \frac{E_c \alpha_c \Delta T}{(1 - \upsilon_c) - rfx \pm \sigma_{com}}$$

其中：$E = 31000\text{MPa}$，$\alpha = 8 \times 10^{-6}/℃$，斜向预应力混凝土路面板内纵向有效预应力 σ_{com} 计算取 3.0MPa。

按式(8-28)斜向预应力混凝土温度影响区域长度为：

$$x = \frac{\alpha\Delta T + \sqrt{(\alpha\Delta T)^2 - rf\dfrac{\sigma_{com}}{E^2}}}{rf}E$$

$$= \frac{8 \times 10^{-6} \times 30 + \sqrt{(8 \times 10^{-6} \times 30)^2 - 2.5 \times 0.5 \times \dfrac{3.0}{31000^2}}}{2.5 \times 0.5} \times 31000 = 11.65(\text{m})$$

则最大温度伸缩应力为：

$$\sigma_{t,max} = \frac{E_c \alpha_c \Delta T}{(1 - \upsilon_c) - rfx \pm \sigma_{com}}$$

$$= \frac{31000 \times 8 \times 10^{-6} \times 30}{(1 - 0.15) - 2.5 \times 0.5 \times 11.65 + 3.0}$$

$$= -2.81(\text{MPa})$$

负号表示温度降低时混凝土中出现的最大拉应力。

由表 8-12 查得式中：$a_t = 0.855$、$b_t = 1.355$、$c_t = 0.041$，则：

$$k_t = \frac{f_r}{\sigma_{t,max}}\left[a_t\left(\frac{\sigma_{t,max}}{f_r}\right)^{b_t} - c_t\right] = 0.624$$

因此，求得温度疲劳应力：

$$\sigma_{tr} = k_t \sigma_{t,max} = 0.624 \times 2.81 = 1.75(\text{MPa})$$

8.5.6 计算路面与路基摩阻力

按式(8-27)，斜向预应力混凝土路面试验段路面与基层的摩阻力计算为：

$$\sigma_f = frx = 0.5 \times 2.5 \times 0.2 \times 11.65 = 2.91(\text{MPa})$$

式中：f——斜向预应力混凝土路面与基层摩擦系数，取值为 0.5；

r——斜向预应力混凝土路面单位重度；

x——斜向预应力混凝土温度影响区域长度。

8.5.7 计算斜向预应力混凝土路面有效纵向预应力 $\boldsymbol{\sigma}_{py}$，验算纵向预应力 $\boldsymbol{\sigma}_{pe}$

$$
\begin{aligned}
\sigma_{py} &\geqslant \gamma_r(\sigma_{pr}+\sigma_{tr}+\sigma_f)-f_r \\
&=1.13\times(3.99+1.75+2.91)-5.0 \\
&=4.77(\mathrm{MPa})
\end{aligned}
$$

$$
\begin{aligned}
\sigma_{pe} &\geqslant (\sigma_{p,max}+\sigma_{t,max}+\sigma_f)-f_r \\
&=(1.923+2.81+2.91)-5.0 \\
&=2.64(\mathrm{MPa})
\end{aligned}
$$

8.5.8 计算斜向预应力混凝土路面斜向预应力筋间距

由于 $\sigma_{py}\geqslant\sigma_{pe}$，以 σ_{py} 进行斜向预应力间距计算。依据式(8-1)：

$$
\begin{aligned}
l &= \frac{2(\sigma_{con}-\sigma_1)\times A_p\times\cos^2\alpha}{\sigma_{py}\times h\times\sin\alpha} \\
&= \frac{2\times(1860-0.2\times1860)\times140\times\cos^2 45°}{4.77\times200\times\sin45°} \\
&=437(\mathrm{mm}) \\
&=44(\mathrm{cm})
\end{aligned}
$$

式中：l——斜向预应力筋路面纵向布设间距；

σ_{con}——预应力筋张拉控制应力，取1860MPa；

σ_1——预应力总损失值，取控制应力20%；

A_p——预应力筋公称截面积，取140mm；

h——路面板厚，取200mm；

α——斜向预应力筋与路面纵向的夹角。

σ_{py}——斜向预应力在板长方向的分向应力，即纵向应力，其值为4.77MPa。

8.5.9 斜向预应力混凝土路面温度伸缩量

依据第5章式(5-15)得：

$$
\begin{aligned}
\Delta L &= \alpha\Delta Tx-\frac{rfx^2}{4E}-\frac{\sigma_{com}}{E} \\
&=8\times10^{-6}\times30\times11.65-\frac{2.5\times0.2\times0.5\times11.65^2}{4\times3.1\times10^4}-\frac{4.77}{3.1\times10^4} \\
&=23.61\times10^{-4}(\mathrm{m}) \\
&=2.4\mathrm{mm}
\end{aligned}
$$

式中：x——斜向预应力混凝土路面自由端受温度影响活动长度；

r——斜向预应力混凝土路面混凝土的单位重度（$\mathrm{MN/m^3}$）；

f——斜向预应力混凝土路面与基底摩擦系数；

α——斜向预应力混凝土路面混凝土温度膨胀系数（℃）；

E——斜向预应力混凝土路面混凝土的弯拉弹性模量（MPa）；

ΔT——斜向预应力混凝土路面混凝土凝结时平均温度与当地环境最高温度的温差（℃）；

σ_{com}——斜向预应力混凝土路面板内纵向有效预应力；

ΔL——斜向预应力混凝土路面自由端温度胀缩量。

8.5.10　斜向预应力混凝土两施工缝之间最大长度计算

依据第5章式（5-21），斜向预应力混凝土两施工缝之间最大长度计算为：

$$\begin{aligned} L_1 &= 2 \times \frac{f_r + \sigma_{com}}{\gamma f h} \\ &= 2 \times \frac{5.0 + 4.77}{2.5 \times 0.5 \times 0.2} \\ &= 78.2(\mathrm{m}) \end{aligned}$$

式中：L_1——斜向预应力混凝土路面两施工缝之间最大长度；

f_r——斜向预应力混凝土路面混凝土容许抗拉强度，其值为5.0MPa；

σ_{com}——斜向预应力混凝土路面板内纵向有效预应力；

f——斜向预应力混凝土路面与基底摩擦系数；

γ——斜向预应力混凝土路面混凝土的重度（$\mathrm{MN/m^3}$）；

h——斜向预应力混凝土路面的厚度，其值为0.2m。

8.5.11　斜向预应力混凝土路面板不拱起最小长度计算

依据第5章式（5-28），斜向预应力混凝土路面板不拱起最小长度计算公式为：

$$L = \frac{-b \pm \sqrt{b^2 - 4ac}}{2a}$$

其中：

$$a = g = 2.5 \times 0.2 = 0.5$$

$$b = 0.5$$

$$c = -2\Delta f \alpha \Delta T E = 2 \times 10^{-3} \times 8 \times 10^{-6} \times 30 \times 3.1 \times 10^{9} = -1488$$

将a、b、c值代入得：

$$\begin{aligned} L &= \frac{-0.5 \pm \sqrt{(0.5)^2 + 4 \times 0.5 \times 1488}}{2 \times 0.5} \\ &= 54(\mathrm{m})（此处 L 取正值，为 54\mathrm{m}） \end{aligned}$$

式中：L——斜向预应力混凝土路面板不拱起最小长度，即两施工缝之间的最小距离；即斜向预应力混凝土路面两施工缝间的最小距离小于54m可拱起；

Δf——假设斜向预应力混凝土路面拱起高度，一般计算取1mm；

g——斜向预应力混凝土路面板单位重度，即混凝土重度×混凝土板厚；

α——斜向预应力混凝土路面混凝土温度膨胀系数；

E——水泥混凝土的弯拉弹性模量（MPa），取值为31GPa。

ΔT——斜向预应力混凝土路面混凝土凝结平均温度与环境最高温度的温差，计算取30℃。

通过以上计算，得出斜向预应力混凝土路面试验工程的基本参数为：路面混凝土板的计算厚度20cm。实际施工厚度21cm，其中1cm为预留磨耗厚度。混凝土设计弯拉强度 f_r = 5.0MPa，相应的弯拉弹性模量与泊松比为31GPa、0.15。斜向预应力混凝土路面两施工缝之间最大长度75m，最短长度54m，路面板宽4.5m。

斜向预应力筋（采用 ϕ15.2）标准强度 R_y^b = 1860MPa，公称截面面积 A_p = 140mm^2。斜向预应力筋间距45cm。最大张拉力220kN。

第9章　斜向预应力混凝土路面模型试验研究

斜向预应力混凝土路面是一种新型的路面结构，目前除本研究实施的试验工程外，尚未有实体工程相关经验借鉴，因此理论计算和实体工程结果是否存在差异？实施工程时是否存在可操作性？实体工程应用性如何？工程建设的施工工艺是否可行？工程应用材料是否满足设计要求？面对诸多问题，本章介绍斜向预应力混凝土室内模型试验和室外足尺模型试验研究有关情况。

9.1　斜向预应力混凝土路面室内模型试验研究

斜向预应力混凝土路面室内模型试验研究的主要内容如下：

(1)斜向预应力混凝土路面施工可行性试验。通过对模型工程的实施，检验施工材料、施工工艺、施工机具的可实施性。

(2)预应力筋张拉时混凝土板内的应力测试试验。通过斜向预应力筋张拉时混凝土板内的应力测试，验证理论计算结果与实际工程的相符性。

(3)预应力筋张拉时混凝土板位移研究。通过对预应力筋张拉时混凝土板位移测试，检验斜向预应力筋对斜向预应力混凝土路面的预应力和位移效应。

(4)斜向预应力混凝土板加载试验。通过斜向预应力混凝土板加载试验，验证斜向预应力混凝土路面实际荷载应力与计算结果的差异性。

9.1.1　室内模型试验原材料技术指标

1)预应力筋

室内模型试验中的斜向预应力筋采用ϕ12.7mm 钢绞线，横截面积为97.7mm^2，抗拉强度为1860MPa。钢绞线力学性质如表9-1所示。

1×7结构钢绞线力学性质　　表9-1

钢绞线结构	钢绞线公称直径(mm)	抗拉强度(MPa)	钢绞线的最大力(kN)	非比例延伸力(kN)	最大力总伸长(%)	钢绞线弹性模量(Pa)
1×7	12.7	≥1860	241	≥217	≥3.5	1.95×10^5

2)锚具

室内模型试验固定端与张拉端都是安装在斜向预应力混凝土板两侧，固定端与张拉端均采用夹片锚具，其性能符合现行国家标准《预应力筋用锚具、夹具和连接器应用技术规程》

(JGJ 85—2010)。经综合对比,室内模型试验采用柳州欧维姆机械股份有限公司单孔夹片式锚具。

3)构造钢筋

为架立斜向预应力筋和均匀分布斜向预应力,在模型试验混凝土板两侧设置构造钢筋,构造钢筋采用 HRB335 级、HRB400 级热轧带肋钢筋,或采用 HPB235 和 RRB 级钢筋。构造钢筋根据使用部位和功能确定,试验模型中构造钢筋的选用如表 9-2 所示。

足尺试验模型钢筋(材)等级及规格 表 9-2

部位和功能	钢筋(材)等级	钢筋直径(mm)	外　形
纵向钢筋	HPB335	12	螺纹
U 形钢筋	HPB235	6	光圆
横向钢筋	HPB235	6	光圆

4)U 形板

为提高锚固区混凝土的局部承压力,减少由于张拉产生剪切力,在每两个相邻突起的混凝土之间设置 3mm U 形钢板。U 形板的尺寸可以根据端部受压截面尺寸验算得出。

9.1.2 室内模型试验混凝土配合比设计

1)原材料的技术指标

(1)水泥:采用 P. O42.5 陕西秦岭牌水泥,技术指标符合要求。

(2)粗集料:采用的粗集料为陕西铜川产石灰岩,公称最大粒径为 31.5mm。粗集料技术性质指标试验结果如表 9-3 所示,各项指标均满足施工规范的技术要求。

粗集料技术指标 表 9-3

试 验 项 目	检 测 结 果	规　范　值
碎石的压碎值(%)	6.9	<15
针片状含量(%)	0.3	<15
含泥量(%)	0.3	<1.0
泥块含量(%)	0	<0.2
表观密度(kg/m^3)	2778	>2500

(3)细集料:采用西安灞河产中砂,其技术指标和筛分结果分别如表 9-4 和表 9-5 所示。

细集料技术指标 表 9-4

试 验 项 目	检 测 结 果	规　范　值
含泥量(%)	1.1	<2.0
泥块含量(%)	0	<1.0
堆积密度(kg/m^3)	1.58	>1350
表观密度(kg/m^3)	2.610	>2500
空隙率(%)	39.7	<47

细集料筛分结果 表 9-5

砂分级	方孔筛尺寸(mm)					
	0.15	0.30	0.60	1.18	2.36	4.75
	累计筛余(%)					
中砂	96	83	61	39	17	3
规范级配范围	90～100	70～92	41～70	10～50	0～25	0～10

(4)减水剂:采用缓凝型高效减水剂,通过试验确定其掺量为0.8%,减水率达到15%,满足《混凝土外加剂》(GB 8076—2008)标准要求。

2)配合比设计

混凝土的设计抗弯拉强度为5.0MPa,采用的混凝土配合比如表9-6所示,水灰比为0.42,砂率32%。

试验混凝土配合比 表 9-6

材料	水泥	水	砂	粗集料			减水剂
				5～10	10～20	10～31.5	
用量(kg/m^3)	381	136	618	196	391	717	3.05

9.1.3 试验模型成型

试验模型的斜向预应力混凝土路面模型板长8m,板宽2m,板厚20cm,预应力筋分两层斜向30°角布置,钢绞线布置间距为80cm,两层预应力筋形心位于1/2板厚偏下10mm,竖向紧挨布置。

1)模型结构

试验模型各层材料及厚度如表9-7所示。

斜向预应力混凝土路面模型结构 表 9-7

名称	厚度(cm)	材料
面层	20	斜向预应力混凝土板
滑动层	1	细砂与聚乙烯薄膜
基层	10	水泥稳定碎石

2)模型构造

(1)斜向预应力混凝土路面板总体布筋平面图如图9-1所示。

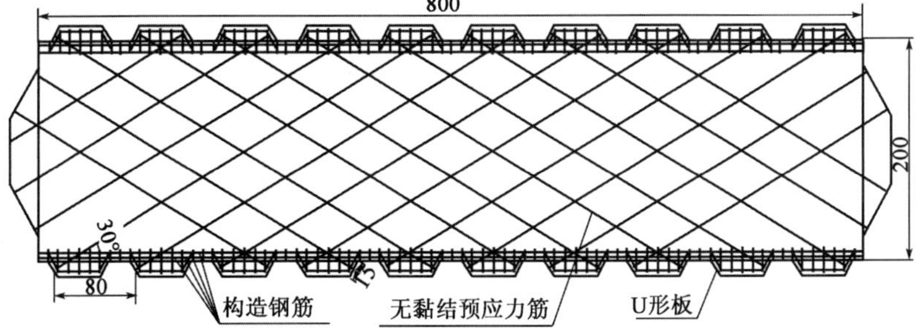

图9-1 斜向预应力混凝土路面总体布筋平面图(尺寸单位:cm)

(2)U 形板尺寸图

U 形板尺寸如图 9-2 与图 9-3 所示。

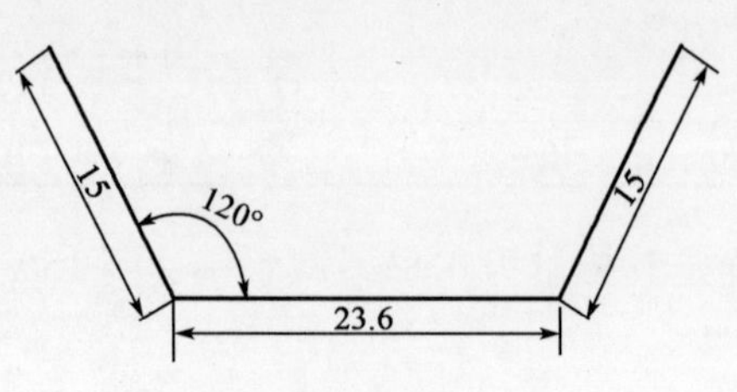

图 9-2　U 形板尺寸(尺寸单位:cm)

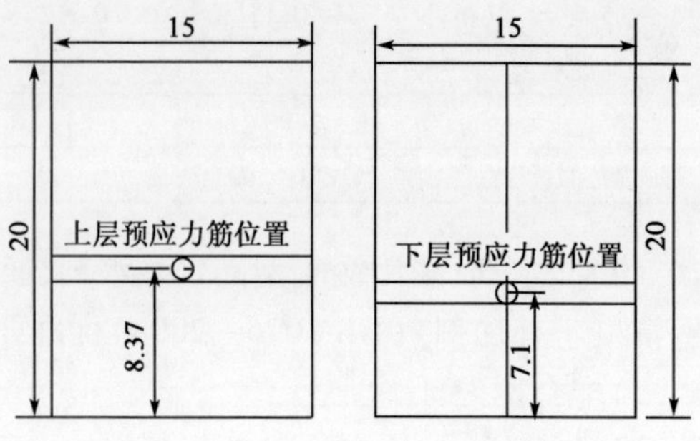

图 9-3　U 形板打孔位置图(尺寸单位:cm)

(3)构造钢筋示意图

构造钢筋如图 9-4 所示。

3)张拉力确定

为了保证混凝土板在施加预应力前不发生收缩开裂,预应力筋分两次张拉。初次张拉力为 $0.3\sigma_{con}$,混凝土强度要求达到设计抗压强度的 30%,即在路面浇筑后第二天进行;第二次张拉力为 σ_{con},混凝土强度要求达到设计抗压强度的 75%,即在路面浇筑后一周进行。

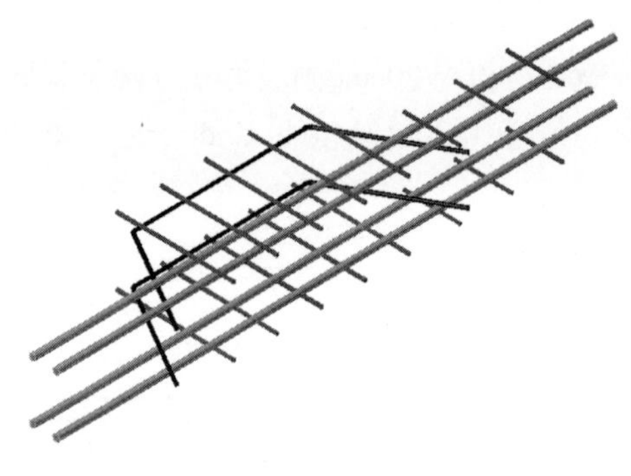

图 9-4　构造钢筋示意图

采用无黏结预应力钢绞线时张拉控制应力为 $\sigma_{con} = 1860 \times 75\% = 1395$(MPa)。预应力筋初次张拉力大小为 $0.3\sigma_{con} = 417.5$MPa[换算成力为:$F = 1860 \times 75\% \times 0.3 \times 97.7 = 41.3$(kN)]。第二次张拉采用超张拉法,张拉应力为 $1.05\sigma_{con}$,持荷 2min,再卸荷至 σ_{con} 后锚固[换算成力为:$F = 1860 \times 75\% \times 97.7 = 137.7$(kN)]。通过计算可以得出横向应力约为 0.7MPa,纵向应力约为 1.9MPa。

4)预应力筋的张拉顺序

预应力筋的张拉按照理论计算的合理顺序进行,预应力筋在混凝土板两侧对称张拉,同时张拉两根,张拉顺序见图 9-5。

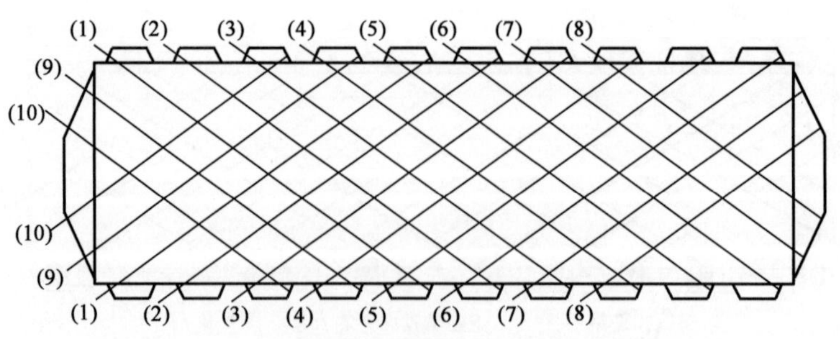

图 9-5　预应力筋张拉顺序

9.1.4　斜向预应力筋张拉时混凝土板内应力测试

1)测试元件

(1)混凝土应变计

采用长沙金码公司生产的JMZX-215埋入式混凝土应变计,技术参数指标如表9-8所示,用于量测板中混凝土的应力分布。

混凝土应变计技术参数指标　　表9-8

品　名	型　号	量程(με)	灵敏度(με)	标距(mm)	外形尺寸(mm)	
					直径	长
智能弦式应变计	JMZX-215	±1500	1	157	24	161

(2)JMZX-32数据采集仪

JMZX-32数据采集仪是一种全自动无人值守的弦式传感器数据采集模块。此仪器共有32个采集通道,最多可同时连接32支智能型弦式传感器进行测量,包括应变计、应力计、压力盒、渗压计、温度计、位移计等,既可以实时测量,也可以设置起始时间与时间间隔进行连续观测。

此仪器可通过专用的数据处理软件JMZR2000自动综合测试系统将测试数据导入EXCEL表格中对数据进行处理。数据软件界面如图9-6所示。

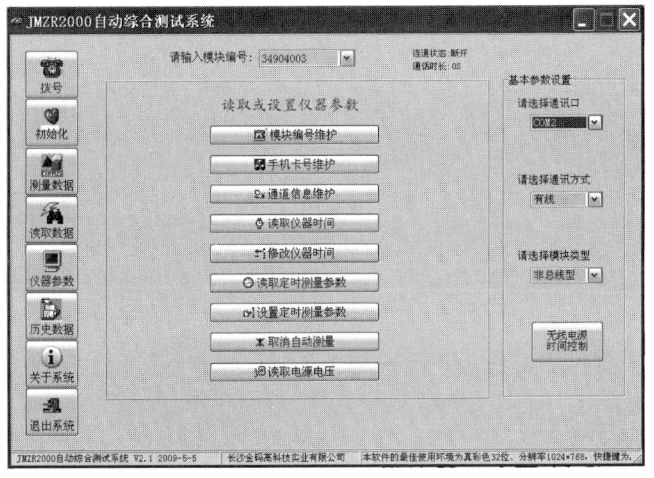

图9-6　JMZR2000自动综合测试系统操作界面

2)测试方案设计

斜向预应力混凝土路面板内布置有应变计。应变计是测量张拉预应力筋后混凝土中应变值,以及施加荷载引起的混凝土的应变等。由于预应力筋是对称布置,两侧对称张拉,所以张拉预应力筋混凝土板受力也是对称的,只需在混凝土板的一侧布置应变计。为测试板中均匀分布的横向压应力和纵向压应力,应变计共布置了6个测点,每个测点沿混凝土板厚度方向布置三层,沿路面板长方向布置三个断面。其中6号测4点应变计沿路面板横向布置,其余测点沿路面板纵向布置。具体的布置位置如图9-7所示。

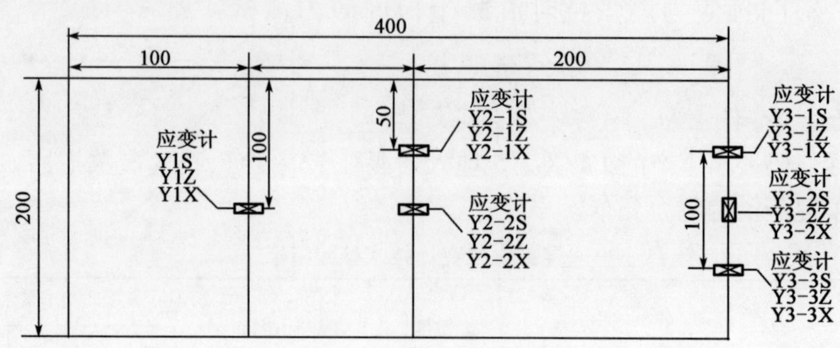

图 9-7 应变计位置布置图(尺寸单位:cm)

注:S 表示传感器位置在预应力筋之上,Z 表示表示传感器位置在预应力筋之间,X 表示传感器在预应力筋下方。

3)测试结果及分析

(1)第一次预应力筋张拉过程中应变计测试结果及分析

为了分析斜向预应力筋张拉过程混凝土板内的应力分布情况,在预应力筋张拉时,每对称张拉两根预应力筋后用数据采集仪对应变计进行测试。数据分析曲线如图 9-8 所示。

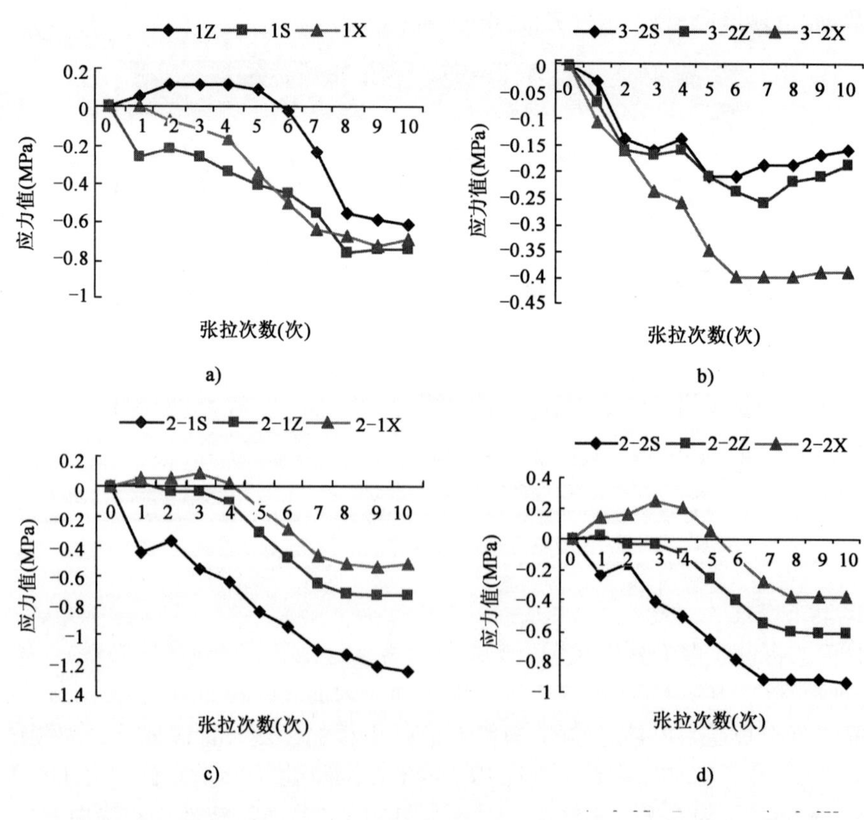

图 9-8

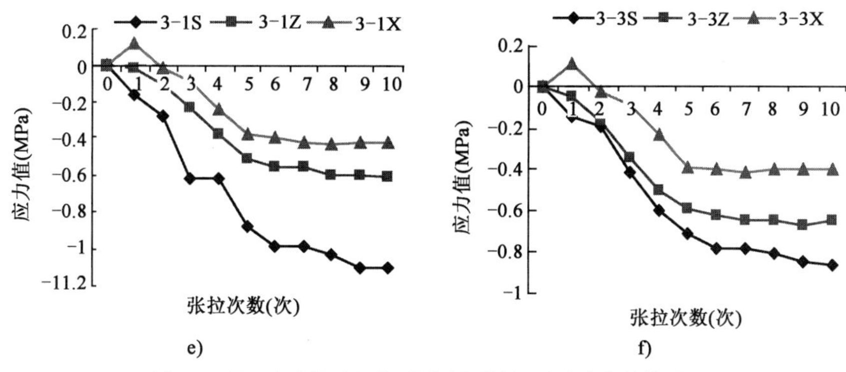

图 9-8　第一次张拉过程中不同测点混凝土应力变化趋势图

从图 9-8 可以看出：

①在斜向预应力筋张拉过程中，混凝土均会受到不同程度的纵向拉应力，板宽方向始终受压，预应力筋张拉完毕后，混凝土在板长和板宽方向均受压应力。这是因为预应力筋有一定的张拉顺序，不是一次全部张拉完毕，先张拉的预应力使得板中某些区域受到压应力，某些区域受到拉应力，当预应力筋全部张拉完毕后，板中区域压应力分布均匀。

②板中平均纵向压应力为 0.64 ~0.83MPa，平均横向压应力为 0.25MPa，分别为理论计算值的 36% ~42% 和 34%，与张拉控制应力 $0.3\sigma_{con}$ 基本吻合。

(2)第二次斜向预应力筋张拉过程中应变计测试结果及分析

第二次张拉过程中混凝土应力变化曲线如图 9-9 所示。

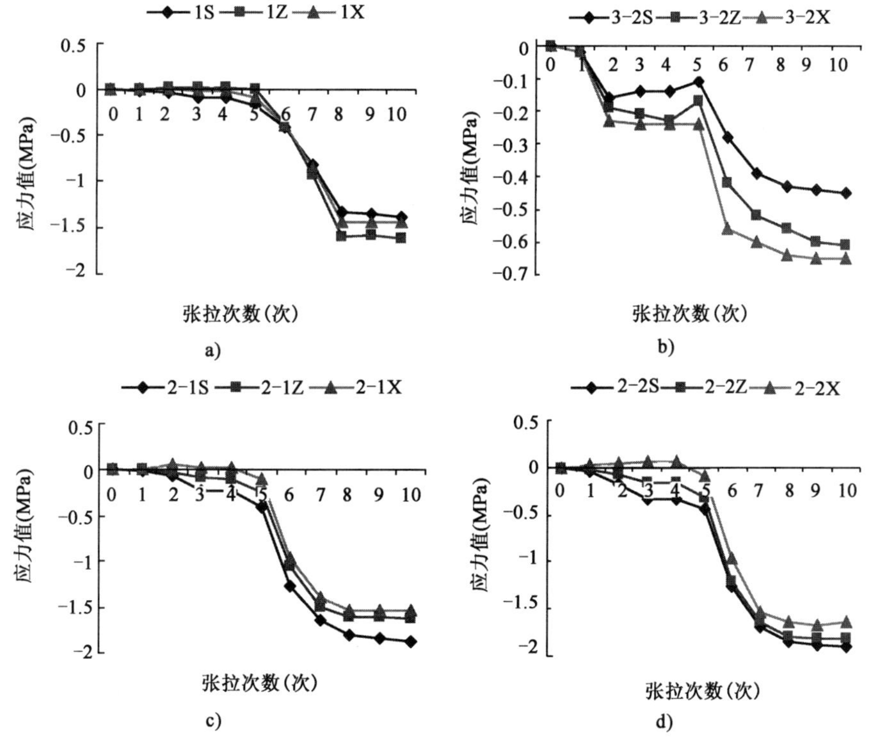

图　9-9

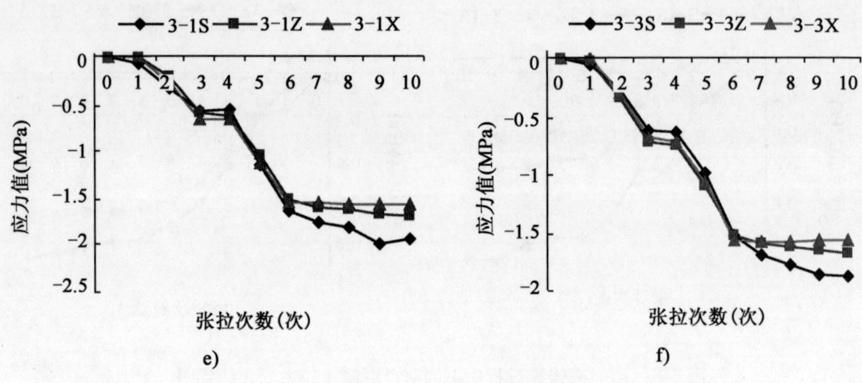

图 9-9　第二次张拉过程中不同测点混凝土应力变化趋势图

从图 9-9 可以看出：

①与第一次张拉相似，每个断面的测点曲线变化规律相同，表明测试结果可信。

②预应力筋在张拉过程中混凝土受到的拉应力值很小，这是因为第一次张拉之后混凝土一直处于受压状态，第二次虽然也是依次张拉，混凝土里产生的拉应力与压应力相互抵消。

③板中横向压应力平均值为 0.57MPa，纵向压应力 1.68 ~ 1.78MPa，和理论计算值基本吻合，偏差仅为 0.12 ~ 0.22MPa。

9.1.5　斜向预应力筋张拉时混凝土板位移测试

1）测试元件

千分表，测量范围 0 ~ 1mm，精度 0.01mm，用于张拉预应力筋过程中量测板顶拱起情况。

2）测试方案设计

为了测试斜向预应力筋张拉时混凝土板是否有因拱起脱空现象和位移情况，在混凝土板上不同位置处布置千分表用于测量张拉过程中板的拱起和位移，千分表布置位置如图 9-10 所示。

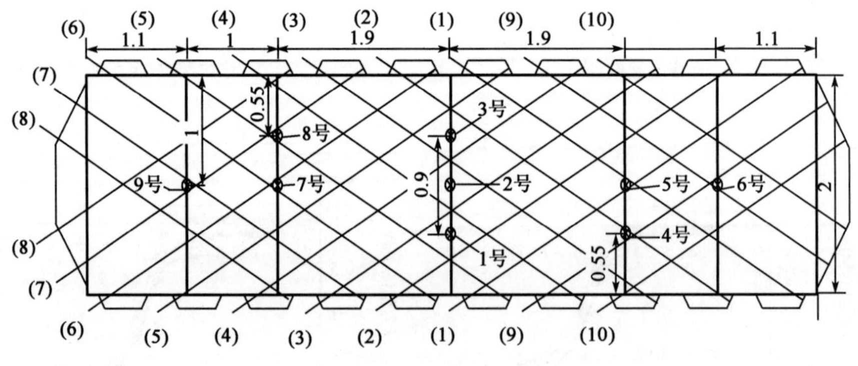

图 9-10　百分表位置布置图（尺寸单位：m）

3）测试结果及分析

每次对称张拉两根预应力筋时，对布置在混凝土板上的千分表进行读数。位移测试结果如表 9-9 所示。

混凝土板位移测试结果

表 9-9

百分表位置	张拉次数(次)									
	1	2	3	4	5	6	7	8	9	10
1	0.000	0.020	0.020	0.020	0.030	0.060	0.050	0.030	0.000	0.050
2	0.010	0.030	0.040	0.030	0.050	0.090	0.070	0.060	0.040	0.080
3	0.020	0.040	0.050	0.050	0.060	0.090	0.080	0.070	0.000	0.070
4	0.090	0.010	0.030	0.040	0.043	0.025	0.023	0.023	0.013	0.330
5	0.030	0.040	0.070	0.070	0.073	0.073	0.068	0.073	0.073	0.073
6	0.010	0.005	0.015	0.010	0.030	0.040	0.040	0.060	0.128	0.073
7	0.000	0.070	0.050	0.060	0.070	0.090	0.090	0.110	0.120	0.150
8	0.070	0.200	0.150	0.160	0.170	0.190	0.190	0.260	0.280	0.330
9	0.000	0.012	0.025	0.030	0.065	0.080	0.110	0.135	0.150	0.150

由表 9-9 可以看出：

(1)在预应力筋张拉过程中混凝土板有微小的拱起和位移情况，千分表显示为拱起和位移的综合值，测点位置不同，位移值不同。板中截面 1、2、3 号百分表变化量为 0.05 ~0.08mm，4 号和 8 号百分表变化量均为 0.33mm，5 号和 6 号百分表变化量均为 0.073mm，7 号和 9 号百分表变化量均为 0.15mm。表明板中横断面和纵断面位移较小，距中线距离越大，位移越大，距离板中横断面距离越大，位移也越大。

(2)在车辆荷载作用下，可抵消混凝土板在预应力作用下向上的拱度，减少板在荷载作用下的竖向挠度，可降低混凝土板底荷载应力。

9.1.6 斜向预应力混凝土板加载测试

1)测试元件

测试元件与斜向预应力筋张拉时混凝土板内应力测试相同。

2)测试方案设计

加载试验车采用东风 140 汽车，后轴距 1.8m，满载 100kN，在试验前加载试验车用电子秤进行标定。沿路面纵向共加载 6 个截面，具体加载位置如图 9-11 所示。

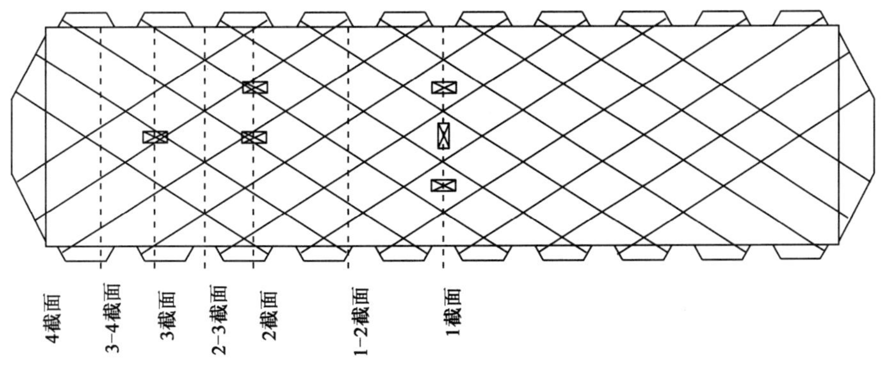

图 9-11 加载位置图

3)测试结果及分析

加载过程中混凝土内各测点的应变变化趋势如图9-12所示。

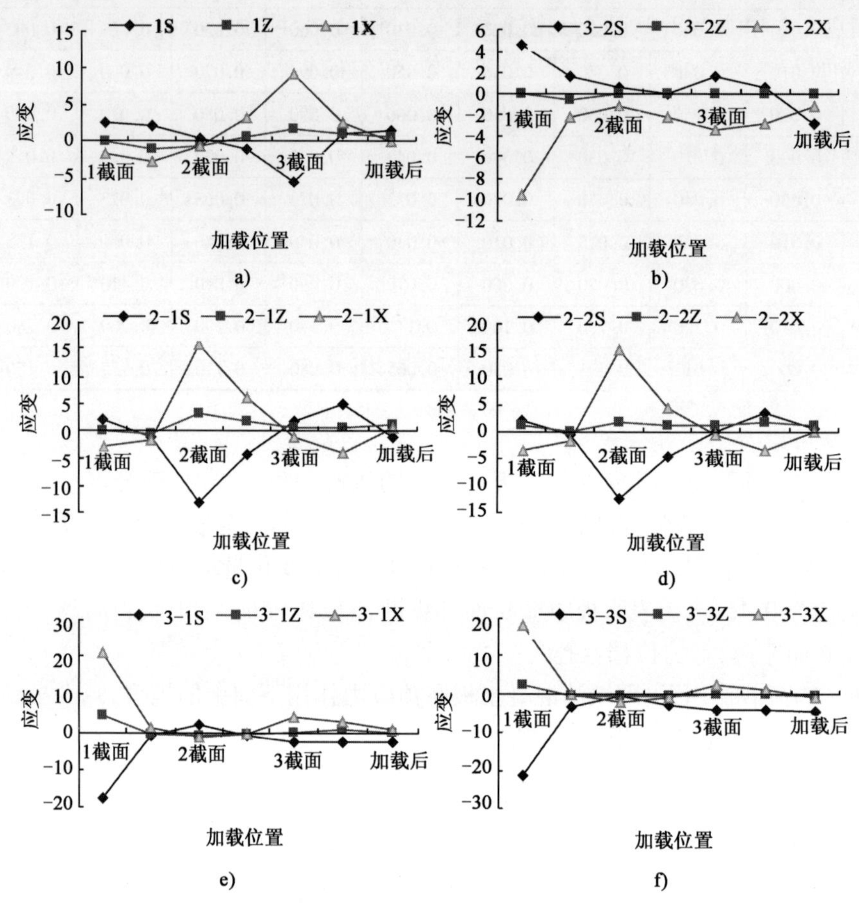

图9-12 加载过程中混凝土应变变化趋势

由图9-12可以看出:

(1)当车辆荷载分别作用于1、2和3截面时,测得混凝土板底受不同大小的拉应力,板顶受到不同大小的压应力,在加载于截面1时的压应力和拉应力最大,截面2次之,截面3最小,加载处混凝土的应力值如表9-10所示,混凝土板底最大拉应力约为0.651MPa。

加载位置处混凝土应力值(MPa) 表9-10

应变计位置	加载于截面1			加载于截面2		加载于截面3
	3-1	3-2	3-3	2-1	2-2	1
板顶	-0.549	0.140	-0.657	-0.409	-0.384	-0.171
板中	0.136	0	0.068	0.102	0.052	0.053
板底	0.651	-0.298	0.555	0.496	0.468	0.288

(2)荷载作用于某一截面时,该截面的应变值较大,当离开时,应变计数值恢复到初始数

据，之后作用于其他截面时，对该截面的影响很小，表明荷载应力影响范围较小。

（3）由于测点3-1与测点3-2应变计位置对称，理论上数据结果一样。从实际测量数据与分析图可以看出，图形变化趋势相似，数据结果相近。

（4）测点2-1和测点2-2应变计位置虽然不对称，但是两个应变计布置间距很小，因此荷载作用于截面2时，两个测点应变发展趋势相似，应力值相近。

（5）当荷载加载完毕后，混凝土各点的应变基本恢复到初始状态。

综合分析以上室内模型试验数据显示，对斜向预应力混凝土板施加斜向预应力，测试数据与理论计算数据基本吻合，在施加预应力过程中，混凝土板受力均匀，不产生局部应力集中现象。混凝土板有微小的拱起和位移现象。这些现象表明，斜向预应力路面的理论计算依据适当，施加斜向预应力方法可行，且预应力板的微小拱起和位移表明预应力施加效果明显。

9.2　斜向预应力混凝土路面足尺模型试验研究

在斜向预应力混凝土板室内模型试验研究的基础上，进行斜向预应力混凝土路面足尺模型试验研究。足尺模型试验研究的主要内容如下：

（1）预应力筋张拉时混凝土板内的应力测试及对比分析。通过对预应力筋张拉时混凝土板内的应力测试及对比，分析斜向预应力的施加效果。

（2）锚具锚固时预应力损失及混凝土和预应力筋摩擦力测试。通过对锚具锚固时预应力损失及混凝土和预应力筋摩擦力测试，确定实施斜向预应力混凝土路面工程时需进行超施加的预应力值。

（3）斜向预应力混凝土路面弯沉测试研究。通过对斜向预应力混凝土路面弯沉测试研究，对比斜向预应力混凝土路面相对于普通水泥混凝土路面的弯沉提高能力。

（4）斜向预应力混凝土路面破坏试验研究。通过对斜向预应力混凝土路面破坏试验，研究斜向预应力混凝土路面的抵抗超载冲击能力。

9.2.1　原材料技术指标

1）斜向预应力筋

足尺模型试验中的预应力筋采用ϕ10mm预应力钢丝，横截面积为77.5mm^2，抗拉强度为1470MPa。预应力钢丝力学性质如表9-11所示。

预应力钢丝力学性质　　表9-11

项　目		单　位	要　求
抗拉强度		MPa	不小于1470
非比例伸长应力	WLR	MPa	不小于1290
	WNR	MPa	不小于1250
弯曲次数		次/180°	4
1000h后应力松弛率	WLR	%	不大于4.5
	WNR	%	不大于12

2)斜向预应力锚具

足尺模型试验模拟实际道路工程施工,为保证预应力路面在单侧张拉,固定端一侧采用镦头锚,张拉端一侧采用夹片锚具,夹片锚具其性能符合现行国家标准《预应力筋用锚具、夹具和连接器应用技术规程》(JGJ 85—2010)的要求。经综合对比,采用开封强力集团锚固技术股份有限公司生产的镦头锚具及夹片锚具。

3)构造钢筋

足尺试验模型的钢筋等级及规格如表9-12所示。

足尺试验模型钢筋(材)等级及规格　　表9-12

部位和功能	钢筋(材)等级	钢筋直径(mm)	外　形
纵向钢筋	HPB335	10	光圆
箍筋	HPB235	6	光圆

9.2.2　足尺模型试验混凝土配合比

足尺模型试验所用混凝土材料与前期试验相同。试验在冬季开展,混凝土中加入防冻剂,以验证斜向预应力路面冬季施工的可行性,经对混凝土配合比进行多次试验研究,最终确定水灰比0.44,防冻剂掺量为5%,混凝土配合比见表9-13。

混凝土配合比　　表9-13

材　料	水泥	水	砂	粗集料			防冻剂
				5~10	10~20	10~31.5	
用量(kg/m^3)	365	161	637	185	371	681	17.25

9.2.3　斜向预应力混凝土路面足尺试验段施工

足尺模型路面试验段几何尺寸如表9-14所示,斜向预应力混凝土路面预应力筋分两层布置,形心位于1/2路面板厚偏下10mm,竖向紧挨布置。

足尺模型试验混凝土路面几何尺寸　　表9-14

混凝土路面类型	路面长度(m)	路面宽度(m)	路面厚度(cm)	钢筋布置角度	钢筋间距(cm)
素水泥混凝土(弯道)	10	4.5	22	—	—
斜向预应力混凝土	15	4.5	22	45°	60
斜向预应力混凝土	15	4.5	22	30°	60
素水泥混凝土(直线)	10	4.5	22	—	—

1)足尺模型试验段路面结构

足尺模型试验段路面各层材料及厚度如表9-15所示。

斜向预应力混凝土路面结构图　　表9-15

名　称	厚度(cm)	材　料
面层	22	斜向预应力混凝土路面
滑动层	1	废旧沥青混合料细颗粒与聚乙烯薄膜
基层	原路面	

2）足尺模型试验段路面构造

（1）足尺模型试验段斜向预应力混凝土路面钢筋和预应力筋布置平面图如图9-13所示。

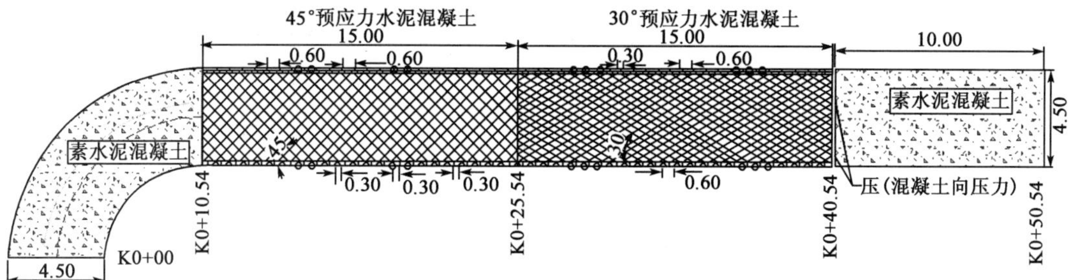

图9-13　斜向预应力混凝土路面钢筋和预应力筋布置平面图（尺寸单位：m）

（2）构造钢筋示意图如图9-14所示。

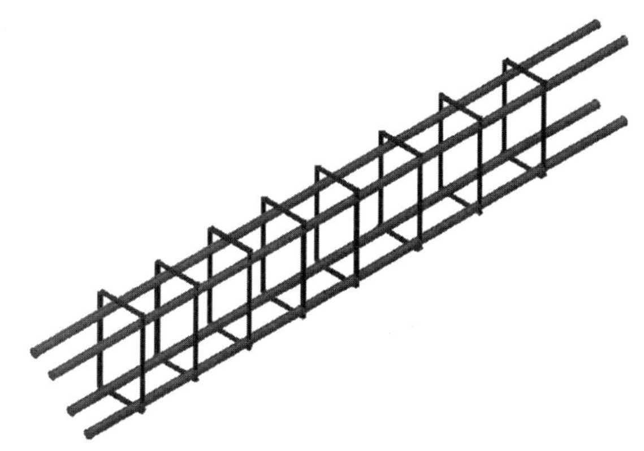

图9-14　构造钢筋示意图

（3）预应力筋锚固区示意图

预应力筋固定端与张拉端分别如图9-15和图9-16所示。

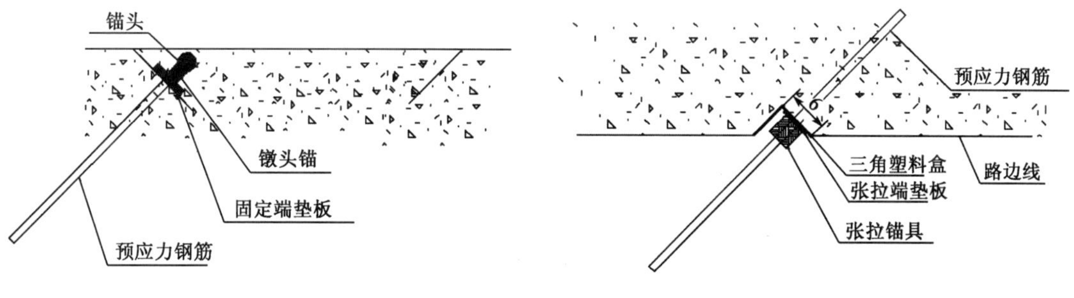

图9-15　预应力筋固定端构造　　图9-16　预应力筋张拉端构造

3）预应力筋张拉力确定

预应力筋施加方式与钢绞线相同，预应力筋初次张拉应力为$0.3\sigma_{con}=330.6$MPa［换算成力为：$F=1470\times75\%\times0.3\times77.5=26.0$(kN)］。第二次施加预应力采用超张拉法，张拉应力为$1.05\sigma_{con}$，持荷2min，再卸荷至σ_{con}后锚固［换算成力为：$F=1470\times75\%\times77.5=86.5$(kN)］。通过计算得出，当预应力筋30°布置时，横向应力约为0.5MPa，纵向应力约为1.5MPa；当预应力筋45°布置时，横向应力和纵向应力约为0.7MPa。

4）预应力筋的张拉顺序

预应力筋一端为固定端，一端为张拉端，预应力筋张拉时沿路面单侧，张拉顺序见图9-17。

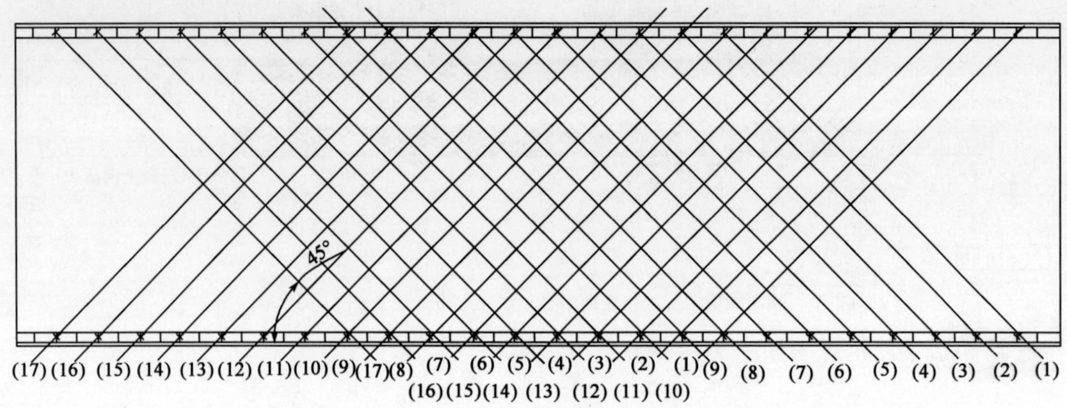

图9-17 预应力筋张拉顺序

9.3.4 足尺模型试验段路面预应力筋张拉时混凝土板内的应力测试及对比分析

1）测试元件

足尺模型试验所用测试元件与室内模型试验相同。

2）测试方案设计

足尺模型试验段路面在布置好钢筋之后，浇筑混凝土前布置应变计和温度传感器，应变计共布置了7个测点，沿路面板长方向布置三个断面。其中3号测点与7号测点应变计沿路面板横向布置，其余测点沿路面板纵向布置。具体的布置位置如图9-18所示（以45°为例，30°传感器布置位置与45°基本相同）。在混凝土浇筑后，不间断地对混凝土内外温度及应力变化进行监测，在预应力筋张拉时，每张拉两根预应力筋后（即上下层各张拉一根）用数据采集仪对应变计进行测试。

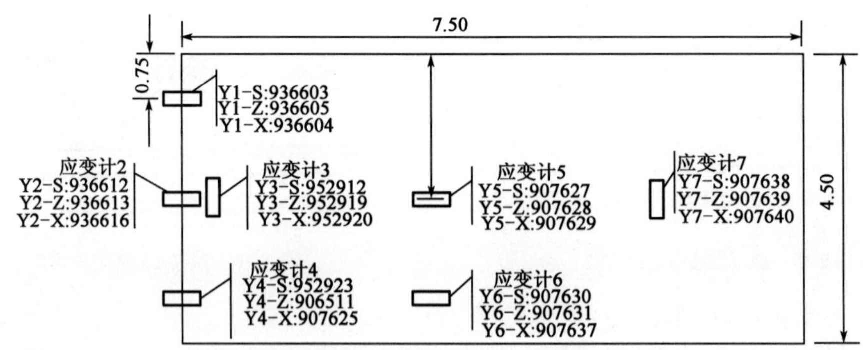

图9-18 预应力筋45°布置时混凝土应变计测点布置图（尺寸单位：m）

3）测试结果及分析

为了分析斜向预应力混凝土路面预应力筋张拉过程混凝土板内的应力分布情况，在预应力筋张拉时，每张拉两根预应力钢丝后用数据采集仪对应变计进行测试。

(1)预应力筋45°布置时应变计数据分析如图9-19所示。

由实测数据测量出混凝土板中纵向应力平均值为0.79MPa,板中横向应力平均值为0.74MPa。由此可以看出,预应力的实测值与理论计算值基本吻合。

(2)预应力筋30°布置时应变计数据分析如图9-20所示。

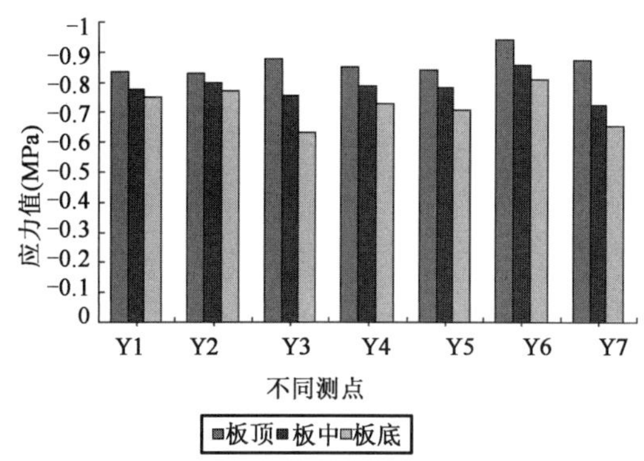

图9-19　预应力筋45°布置张拉后不同测点的应力图

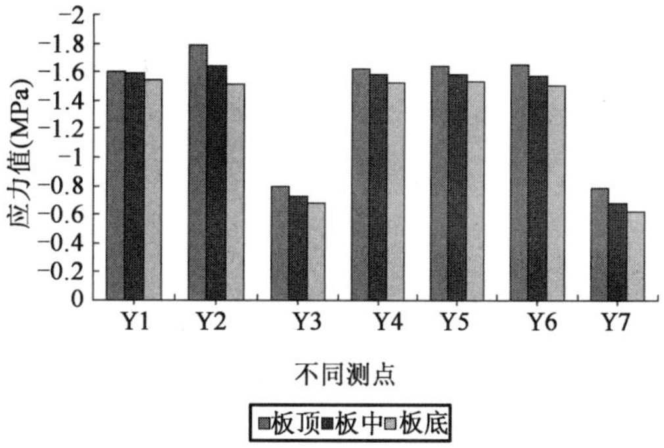

图9-20　预应力筋30°布置张拉后不同测点的应力图

由实测数据测量算出混凝土板中纵向应力平均值为1.59MPa,板中横向应力平均值为0.70MPa。由此可以看出,预应力的实测值与理论计算值基本吻合。

9.3.5　预应力筋锚固时预应力损失及预应力筋张拉时摩擦力测试

1)测试元件

(1)测力仪:预应力筋锚固时预应力损失及预应力筋张拉时摩擦力测试测力装置采用GY-15T压力称重传感器,量程为0~15t,测量精度为0.01t,如图9-21所示。

(2)无纸记录仪:预应力筋锚固时预应力损失及预应力筋张拉时摩擦力测试自动记录仪器采用西安美测电子有限公司生产的无纸记录仪。该仪器是以32位CPU为核心、辅以大规模集成电路和图形液晶显示器的新型记录仪表,精度为±0.2%F.S,可同时读取32通道数据,如图9-22所示。

图9-21　压力称重传感器

图9-22　无纸记录仪

2)测试方案设计

为了对斜向预应力筋的夹片锚具锚固时的应力损失及预应力筋张拉时预应力筋与混凝土

的摩擦力进行测试，在布置预应力筋时，选择三组对称预应力筋固定端与张拉端均用夹片锚具进行锚固，并对预应力筋进行编号。进行编号的预应力筋的两端先安装称重传感器，之后安装锚具。待混凝土初次与二次张拉时，对同一预应力筋一端张拉（编号1作为张拉端，1′作为固定端），保持油泵油表读数不变，分别用无纸记录仪读取两端传感器读数，以此计算预应力筋与混凝土间的摩擦力。待混凝土初次及二次张拉前后，在温度及车辆荷载作用下，每隔30天读取称重传感器读数，计算张拉后锚具锚固时预应力损失，并对称重传感器进行长期观测，以获取预应力的时间效应关系。锚具锚固时预应力损失及张拉预应力筋与混凝土摩擦力测试如图9-23所示。

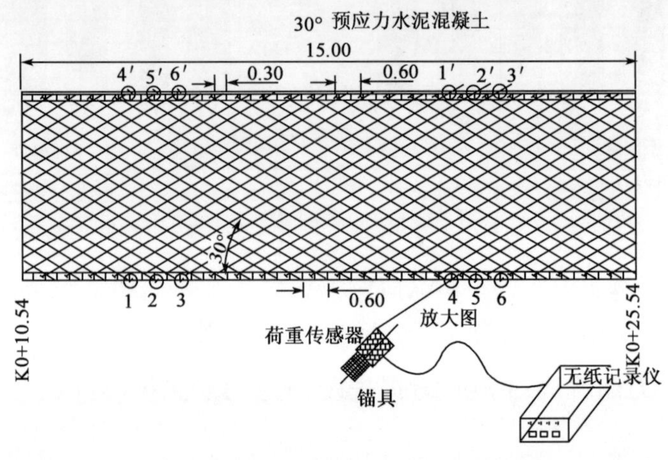

图9-23 锚具锚固时预应力损失及预应力筋与混凝土摩擦力测试图（尺寸单位：m）

3）测锚具锚固时预应力损失及张拉预应力筋与混凝土摩擦力测试结果及分析

（1）预应力筋与混凝土之间摩擦力测试结果如表9-16所示。

张拉时预应力筋摩阻力测试　　表9-16

钢筋编号	初张拉传感器读数(kN)		二次张拉传感器读数(kN)	
	张拉端	固定端	张拉端	固定端
1	26	24	78	75
2	24	23	90	74
3	27	24	77	72
4	28	25	79	77
5	25	24	90	73
6	26	22	79	71

由测试数据分析可知，初次张拉时预应力筋张拉端的平均作用力为26kN，固定端的平均作用力23.7kN；二次张拉时预应力筋张拉端的平均作用力为78.8kN，固定端的平均作用力77kN，预应力筋与混凝土间张拉瞬时摩阻损失值为11.8kN，摩阻损失率为13.3%。

根据《无黏结预应力混凝土结构技术规程》（JGJ 92—2004）知，无黏结预应力筋与壁之间的摩擦引起的预应力损失 σ_{l1} 可按下式计算：

$$\sigma_{l1} = \sigma_{con}\left(1 - \frac{1}{e^{kx+\mu\theta}}\right) \tag{9-1}$$

式中：σ_{l1}——张拉端至计算截面的摩阻损失值；

σ_{con}——预应力筋张拉控制应力；

μ——预应力筋与管壁间摩擦系数；

k——管道每米长度局部偏差的摩擦系数；

x——从张拉端至计算截面的水平距离(m)；

θ——从张拉端至计算截面曲线部分切线夹角(rad)的总和。

由于预应力钢丝张拉端至计算截面曲线部分切线夹角为0，预应力筋与混凝土间摩阻损失值为146.6MPa，预应力筋张拉控制应力 $\sigma_{con}=1470\times75\%=1102$(MPa)，从张拉端至计算截面的水平距离为9m，因此根据上述计算公式返算管道每米长度局部偏差的摩擦系数 k 为0.0148。

根据《无黏结预应力混凝土结构技术规程》(JGJ 92—2004)知，管道每米长度局部偏差的摩擦系数的取值为0.0035，而用预应力钢丝涂抹缓黏结材料后与混凝土的摩阻力大约为无黏结预应力钢绞线的4倍，造成此结果的原因可能是：因为随着混凝土强度的增长，混凝土对预应力筋的握裹力在增强，预应力钢丝与混凝土之间会有部分黏结。随着时间的增长有利于预应力筋和混凝土整体受力。

(2)锚具锚固时预应力损失测试结果分析

试验采用10mm预应力钢丝，锚具为开封强力集团锚固技术有限公司提供的夹片锚。为了验证锚具的锚固效果，对锚具锚固时的预应力损失进行了测试，测试数据如表9-17所示。

锚固力损失测试　　表9-17

测试时间	锚固力测试结果(kN)					
	1	2	3	4	5	6
2012-2-3	72	76	68	70	74	65
2012-3-3	72	76	68	70	74	64
2012-4-3	71	76	68	70	74	64
2012-5-3	71	75	68	69	74	64
2012-6-3	71	75	67	69	73	64
2012-7-3	71	75	67	69	73	64
2012-8-3	71	75	67	69	72	64

由测试结果可以看出，通过7个月的连续观测，温度从-2℃增长到35℃左右，在温度及少量荷载作用下，锚固区锚固力无明显变化。

9.3.6　斜向预应力混凝土路面足尺试验路段弯沉测试

1)测试元件

斜向预应力混凝土路面足尺试验段弯沉测试采用本项目组研发的路面弯沉测试装置，如图9-24所示。

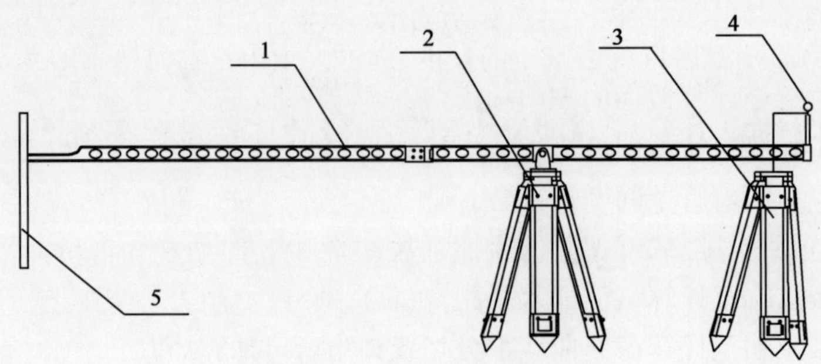

图9-24　刚性路面弯沉测试装置

1-贝克曼梁;2-主三脚架;3-副三脚架;4-百分表;5-探头

2)测试方案设计

为了研究斜向预应力混凝土路面的弯沉值,先用图9-24所示的刚性路面弯沉测试装置对斜向预应力混凝土路面与普通素水泥混凝土路面弯沉进行对比分析,然后对足尺试验模型的素水泥混凝土和斜向预应力混凝土路面板基层挖空,分别实施板底破坏弯沉测试。

3)测试结果及分析

斜向预应力混凝土路面与普通素水泥混凝土路面两者的弯沉测试结果如图9-25～图9-28所示。

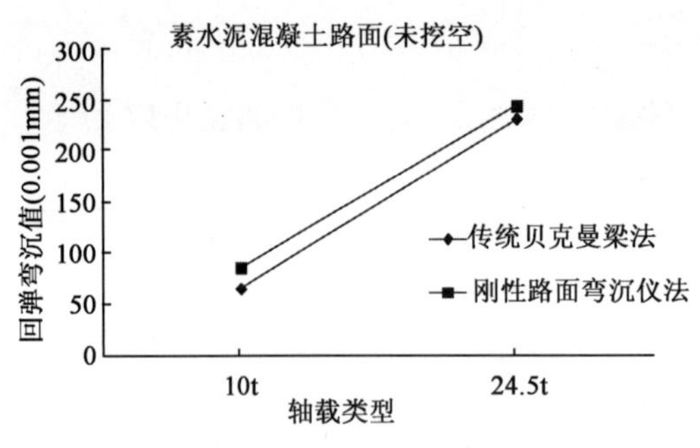

图9-25　素混凝土路面板底未挖空弯沉值

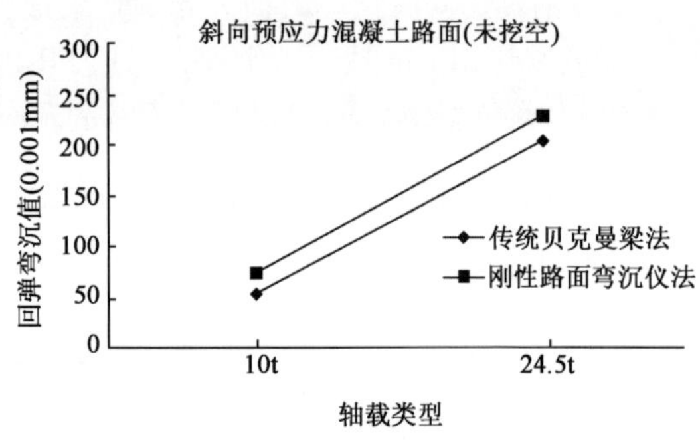

图9-26　斜向预应力路面板底未挖空弯沉值

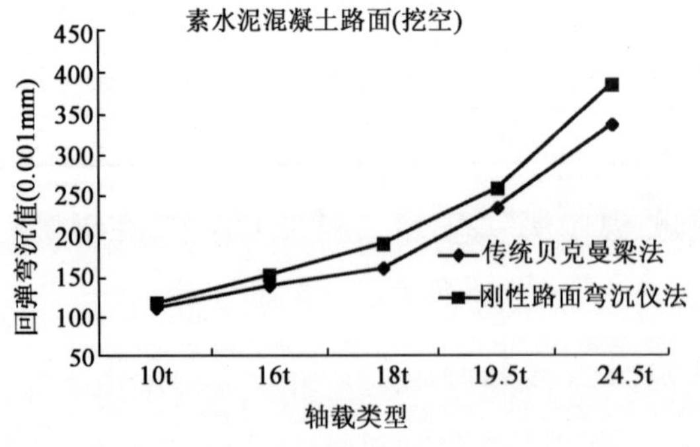

图9-27　素混凝土路面板底挖空后弯沉值

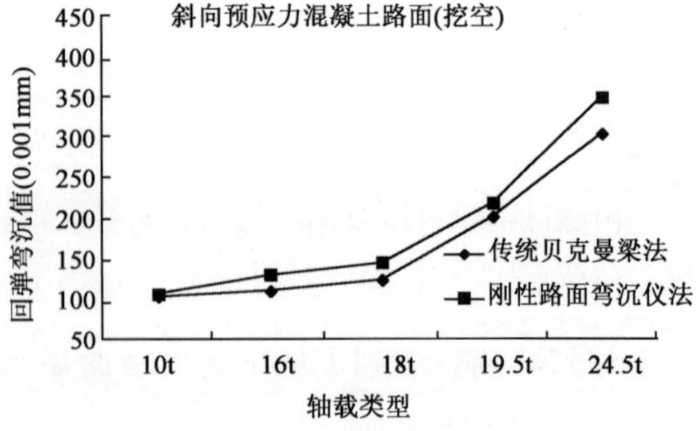

图9-28　斜向预应力路面板底挖空后弯沉值

分析图9-25～图9-28得出,对普通素混凝土路面和斜向预应力混凝土路面,板底挖空后路面弯沉值均明显大于板底未挖空时的弯沉值;同时斜向预应力混凝土路面挖空后其弯沉值,较普通素混凝土路面挖空后弯沉值减小的程度,远远大于未挖空时两者的差别。

9.3.7　斜向预应力混凝土足尺模型试验段破坏性试验研究

1)测试方案设计

为了比较斜向预应力混凝土路面与普通水泥混凝土路面超载和抵抗冲击能力,采用大型装载机将重物举至4m高度,使其自由落下,对足尺试验模型的素水泥混凝土与斜向预应力混凝土试验段实施破坏性试验。

试验时,采用大型装载机将大小为1000mm×650mm×435mm、质量为707kg的水泥混凝土块举至4m高度,使其自由落下,对路面施加动量大小为6260kg·m/s,竖直向下的动量,如图9-29所示。

图9-29　路面冲击荷载施加过程图

2)测试结果及分析

(1)普通素混凝土路面,施加了一次冲击荷载后,观察发现路面板出现了断裂通缝。

(2)斜向预应力路面混凝土路面,施加前两次冲击荷载时,未出现任何裂缝。当施加第三次冲击荷载时,在路面边缘出现了73cm长的裂缝;施加第四次冲击荷载时,裂缝延长至124cm;施加第五次冲击荷载时,裂缝达到1.6m长度,达到路面总宽度的1/3左右。

通过破坏性试验显示,当水泥混凝土路面板底出现脱空时,用相当于2倍的汽车标准轴载,在水泥混凝土路面板平整度最大允许值(5mm)处,产生的冲击动量(6260kg·m/s),作用一次,普通素水泥混凝土路面板便会出现断裂通缝;对于斜向预应力混凝土路面,在作用第三次时,才出现裂缝,作用五次后,裂缝才发展到路面板宽度的1/3,说明斜向预应力水泥路面抗击车辆冲击荷载的能力,远远大于普通素混凝土路面。主要原因是由于斜向预应力混凝土路面中预应力的存在,提高了路面的抗弯拉性能,提高了路面的弹性,增强了混凝土的抗冲击能力,延缓了路面裂缝的出现,增强了路面的承载能力和使用寿命。

第10章 斜向预应力混凝土路面的施工

10.1 施工材料准备

10.1.1 斜向预应力混凝土路面混凝土材料及要求

斜向预应力混凝土路面所用的混凝土，需满足以下要求：

(1)抗弯拉强度高

斜向预应力混凝土路面要求混凝土抗弯拉强度高和较高的耐磨耗性能。直接作为面层时，混凝土强度等级不应低于C35，抗弯拉强度不低于5.0MPa。混凝土用作复合路面时，强度等级不应低于C25，抗弯拉强度不低于4.5MPa。

(2)收缩、徐变小

收缩、徐变小的混凝土可以有效地减少因混凝土收缩和徐变引起的预应力损失，从而增大斜向预应力混凝土路面有效预应力。

(3)早强、水化热小

早强混凝土强度形成较快，一旦达到施加预应力强度要求，可以尽早施加预应力，避免产生收缩裂缝。同时，加快了施工进度，提高了模板和机械设备的利用率。混凝土水化热小，可减少混凝土的表面裂缝，提高耐久性。

基于以上要求，斜向预应力混凝土路面宜采用以下材料：

(1)水泥

斜向预应力混凝土路面的主要材料和承载主体仍然是水泥混凝土，水泥的选用，根据道路交通等级，按照《公路水泥混凝土路面施工技术细则》(JTG/T F30—2014)3.1执行。

(2)粉煤灰及其他掺合料

掺加粉煤灰、废旧沥青合料细颗粒等掺合料可以改善混凝土的耐久性能，降低弹性模量，提高抗折强度。掺加粉煤灰、废旧沥青合料细颗粒等掺合料按照《公路水泥混凝土路面施工技术细则》(JTG/T F30—2014)3.2执行，并应对废旧沥青混合料的质量通过混凝土性能试验提出要求。

(3)集料

斜向预应力混凝土路面混凝土粗集料的最大粒径不超过31.5mm，细集料采用中砂，粗细集料的技术指标和级配范围应满足《公路水泥混凝土路面施工技术细则》(JTG/T F30—2014)3.3和3.4的要求。

(4)外加剂

斜向预应力混凝土路面混凝土外加剂质量除应符合国家和行业现行相关标准外，尚应符合《公路水泥混凝土路面施工技术细则》(JTG/T F30—2014)3.6 的相关要求。

(5)水

符合现行《生活饮用水卫生标准》(GB 5749—2006)的饮用水可直接作为斜向预应力混凝土路面混凝土的搅拌与养生用水。非饮用水应进行水质检验。并应按《公路水泥混凝土路面施工技术细则》(JTG/T F30—2014)3.5.2 和 3.5.3 执行。

10.1.2 钢筋材料及要求

1)预应力钢筋

斜向预应力混凝土路面预应力钢筋可采用预应力钢绞线或预应力钢丝。预应力钢绞线直径一般取 15.2mm,极限抗拉强度为 1860MPa,伸长率为 6.5%,其性能应符合现行国家标准《预应力混凝土用钢绞线》(GB/T 5224—2014)的有关规定。预应力钢丝直径一般为 10 ~ 13mm,极限抗拉强度为 1470MPa,预应力钢丝性能应符合现行国家标准《预应力混凝土用钢丝》(GB/T 5223—2014)及《预应力混凝土用钢棒》(GB/T 5223.3—2005)的有关规定。

2)普通钢筋

斜向预应力混凝土路面构造用普通钢筋宜采用 HRB335 级、HRB400 级热轧带肋钢筋,也可采用 HPB235 和 RRB 级钢筋。普通钢筋(材)可根据使用部位和功能,按表 10-1 确定,也可根据施工实际情况确定。

钢筋(材)等级及规格　表 10-1

部位和功能	钢筋(材)等级	钢筋直径(mm)	外　形
板端钢筋	HRB335	12 或 8	螺纹
纵向钢筋	HRB335	12 或 8	螺纹
箍筋	HPB235	6	光圆
支撑钢筋	HPB235	6	光圆

3)预应力筋缓凝胶黏材料

预应力筋表面应有缓凝胶黏材料涂层,缓凝胶黏材料应防腐、无毒、无害、无污染,缓凝胶黏材料的缓凝期应在 14d 以上。预应力钢丝的缓凝胶黏材料涂层应在预应力钢丝布置结束和浇筑混凝土前在预应力钢丝表面均匀涂抹。预应力钢绞线的缓凝胶黏材料涂层应用专用机械涂抹。

4)填缝材料

斜向预应力混凝土路面施工缝在路面通车前应注入填缝材料,填缝材料包括常温施工式和加热施工式,其填缝材料技术指标应符合国家现行标准《公路水泥混凝土路面施工技术细则》(JTG/T F30—2014)的规定。

5)滑动层

斜向预应力混凝土路面滑动层可采用三种类型:砂层 + 聚乙烯塑料薄膜、聚乙烯塑料薄膜 + 砂层 + 聚乙烯塑料薄膜、废旧沥青混合料细颗粒 + 聚乙烯塑料薄膜。

具体材料要求如下:

(1)砂

采用中砂,其技术性能应满足《公路水泥混凝土路面施工技术细则》(JTG/T F30—2014)

3.4.2 规定的相关要求。

(2)废旧沥青混合料细颗粒

废旧沥青混合料细颗粒的作用是在路面压力下,利用沥青未老化的黏结性能,起到逐步增大摩擦力的作用。废旧沥青混合料细颗粒用废旧沥青混合料筛分、磨细反复加工而成,细颗粒的最大粒径不大于2.36mm。

(3)聚乙烯塑料薄膜

聚乙烯塑料薄膜应满足《塑料　拉伸性能的测定　第1部分:总则》(GB/T 1040.1—2006)中对其拉伸强度的规定。选取聚乙烯塑料薄膜的规格为3丝。聚乙烯塑料薄膜在储存和运输过程中要防止硬物挂刺,要保持聚乙烯塑料薄膜的完整性。如果在铺设时发现已有破损,应使用胶带将破损的地方进行修复。

10.1.3　混凝土配合比设计

(1)斜向预应力混凝土路面水泥混凝土的配合比设计应满足其弯拉强度、工作性、耐久性要求,兼顾经济性。应按照《公路水泥混凝土路面施工技术细则》(JTG/T F30—2014)的要求,选用符合质量标准要求、性能稳定的原材料。不同的原材料组合应分别进行配合比设计。

(2)水泥混凝土配合比设计应包括目标配合比设计和施工配合比设计两个阶段。目标配合比设计应确定混凝土的水泥用量、集料用量、水灰(胶)比、外加剂掺量,施工配合比设计应通过拌和楼试拌确定拌和参数。经批准的配合比在施工过程中不得擅自调整。

(3)目标配合比设计应对混凝土性能进行全面检验,并规定施工配合比设计与目标配合比的允许偏差。目标配合比应按下列要求进行:

①根据原材料、施工工艺要求,通过计算正交试验拟定混凝土配合比的控制性参数。

②按拟定配合比进行试验室试拌,实测各项性能指标,选择混凝土的弯拉强度、工作性、耐久性满足要求,且经济合理的配合比作为目标配合比。

③根据拌和楼(机)试拌情况,对试拌配合比进行性能检验和调整,直至符合目标配合比要求。

(4)施工配合比应符合目标配合比的实测数据,并应按下列要求进行:

①施工配合比中的水泥用量可根据拌和过程中的损耗情况,较目标配合比适当增加5~10kg/m^3。

②根据目标配合比计算各种原材料用量,按照实际生产要求进行试拌。

③进行混凝土的弯拉强度、工作性和耐久性检验,确定是否满足要求。

④总结试验数据,提出施工配合比,确定设备参数,明确施工中根据集料实际含水率调整拌和楼(机)上料参数和加水量的有关要求。

⑤当原材料变化时,应重新进行目标配合比和施工配合比设计与检验。

⑥面层水泥混凝土配制28d弯拉强度的均值宜按式(10-1)计算确定:

$$f_c = \frac{f_r}{1 - 1.04c_v} + ts \tag{10-1}$$

式中:f_c——配制28d弯拉强度的均值(MPa);

f_r——设计弯拉强度标准值(MPa);

t——保证率系数,应按表 10-2 确定;

s——弯拉强度试验样本的标准差(MPa);有试验数据时应使用试验样本的标准差;无试验数据时可按公路等级及设计弯拉强度,参考表 10-3 规定范围确定;

c_v——弯拉强度变异系数,应按统计数据取值;小于 0.05 时取 0.05;在无统计数据时,可在表 10-4 的规定范围内取值,其中高速公路、一级公路变异水平应为低,二级公路变异水平应不低于中。

保证率系数 t　　表 10-2

公路等级	判别概率 p	样本数 n(组)			
		6~8	9~14	15~19	≥20
高速	0.05	0.79	0.61	0.45	0.39
一级	0.10	0.59	0.46	0.35	0.30
二级	0.15	0.46	0.37	0.28	0.24
三、四级	0.20	0.37	0.29	0.22	0.19

各级公路水泥混凝土面层弯拉强度试验样本的标准差 s　　表 10-3

公路等级	高速	一级	二级	三级	四级
目标可靠度(%)	95	90	85	80	70
目标可靠指标	1.64	1.28	1.04	0.84	0.52
样本的标准差 s(MPa)	$0.25 \leq s \leq 0.50$		$0.45 \leq s \leq 0.67$	$0.40 \leq s \leq 0.80$	

变异系数 c_v 的范围　　表 10-4

混凝土弯拉强度变异水平等级	低	中	高
弯拉强度变异系数 c_v 允许变化范围	0.05~0.10	0.10~0.15	0.15~0.20

(5)水泥混凝土掺用粉煤灰时,配合比设计宜按超量取代法进行,取代水泥的部分应扣除等量水泥量;超量部分应代替砂,并折减用砂量。Ⅰ、Ⅱ级粉煤灰的超量系数可按表 10-5 初选。粉煤灰最大掺量:Ⅰ型硅酸盐水泥宜≤30%;Ⅱ型硅酸盐水泥宜≤25%;道路硅酸盐水泥宜≤20%。粉煤灰总掺量应通过试验最终确定。

各级粉煤灰的超量取代系数　　表 10-5

粉煤灰等级	Ⅰ	Ⅱ	Ⅲ
超量取代系数 k	1.1~1.4	1.3~1.7	1.5~2.0

(6)废旧沥青混合料细颗粒掺入水泥混凝土中,可改善混凝土使用性能,混凝土掺用废旧沥青混合料细颗粒时,废旧沥青混合料细颗粒应按第 7 章相关要求进行专门加工,掺加量应不大于 15%。并应进行专门配合比设计。

10.2　施工机具准备

斜向预应力混凝土路面施工机具应满足施工工艺、施工进度和质量的要求。

10.2.1 施加预应力相关机具

1)斜向预应力筋锚具

预应力筋用锚具、夹具和连接器按锚固方式不同,分为夹片式、支承式、锥塞式和握裹式四种。其中夹片式锚具包括单孔和多孔夹片锚具两种,支撑式锚具分为镦头锚具、螺母锚具等,锥塞式锚具如钢质锥形锚具,握裹式锚具如挤压锚具、压花锚具。锚具一般可按照表10-6选用。

锚具选用形式 表10-6

预应力筋品种	张拉端	固定端	
		安装在结构之外	安装在结构之内
钢绞线或钢绞线束	夹片锚具	夹片锚具 挤压锚具	压花锚具 挤压锚具
预应力钢丝或钢丝束	夹片锚具 镦头锚具 锥塞锚具	夹片锚具 镦头锚具 挤压锚具	挤压锚具 镦头锚具

对于斜向预应力混凝土路面,当采用预应力钢绞线时,固定端采用挤压锚具,张拉端采用单孔夹片锚具;当采用预应力钢丝时,固定端采用镦头锚具,张拉端采用单孔夹片锚具。其技术性能应符合国家标准《预应力筋用锚具、夹具和连接器应用技术规程》(JGJ 85—2010)的要求。

2)镦头器

镦头器用于斜向预应力混凝土路面固定端配合镦头锚具使用,是对预应力钢丝进行镦头的设备。其技术性能如表10-7所示。

镦头器技术性能 表10-7

镦头器型号	LD10-4、5、6、7	LD20-8、9、10、13
额定油压(MPa)	35	45
镦头力(kN)	83	199
镦头活塞行程(mm)	6	12
夹紧活塞行程(mm)	12	20

3)挤压机

挤压机用于斜向预应力混凝土固定端配合挤压锚具使用,是对预应力钢绞线(ϕ12.7~15.2mm)进行挤压的设备。其技术性能如下:

额定挤压力:475kN;

额定油压:50MPa;

挤压油缸面积:9503.3mm^2;

回程油压:10MPa。

4)斜向预应力钢筋张拉机具

斜向预应力钢筋张拉机具是对斜向预应力路面施加预应力的机具,要求操作简易可靠,控制应力准确,能以稳定速度增大张力。选择张拉机具时,为保证设备、人身安全和张拉力准确,张拉机具的张拉力应不小于预应力筋张拉力的1.5倍;张拉机具的张拉行程不小于预应力筋容许伸长值的1.1~1.3倍。还应考虑张拉机具与锚固夹具配套使用。

(1)油泵

为保证预应力值的准确建立,采用精度为Ⅰ级的精密油压表控制,在第一次张拉前需进行千斤顶与油压表的配套校验,以提供给操作人员准确的张拉力。

(2)千斤顶

YCK180型千斤顶采用了新的结构设计,主要零件选用了性能更优越的钢材,从而延长了使用寿命,工程中配合使用ZB2×2/50型油泵即可满足施工需要,是张拉ϕ10钢丝的必用产品。主要技术性能如下:

拉力180kN;

张拉面积3454mm^2;

行程100mm;

额定油压52MPa;

回程油压≤10MPa。

10.2.2 模板

1)张拉端模板

由于预应力筋为斜向交叉布置,张拉端一侧的模板需刻矩形槽,以保证预应力筋能通过钢模板,见图10-1。

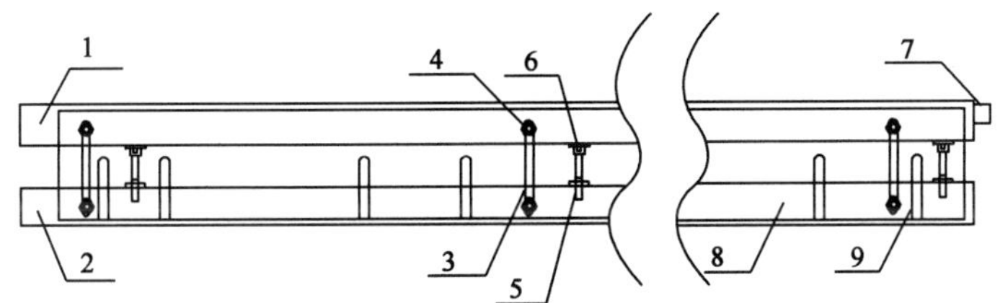

图10-1 张拉端模板构造示意图

1-第一上方管;2-第一下方管;3-连接板;4-调节螺栓;5-调节螺钉;6-垫板;7-第一连接方管;8-挡浆板;9-插槽

(1)张拉端模板的两个方管由通过侧面的连接板利用调节螺栓连接,调节螺栓既能起到支撑作用,又能起到调节高度的作用。方管之间的调节螺钉能够起到附加支撑的作用,以使模板更加牢固。张拉端模板之间用一个连接方管套接,使模板之间间隙更小,消除错缝影响。

(2)预应力筋能方便地从两个方管中间穿插,便于张拉及路面施工。

(3)挡浆板能起到防止漏浆的作用,并且可以使边部更加密实,保证张拉。

2)固定端模板

固定端模板的作用是为两幅铺筑的斜向预应力混凝土路面在纵向缝中形成梯形槽,梯形槽既起竖向传力作用,又能使两幅路面板在张拉施加预应力时可纵向滑移。固定端模板如图10-2所示。

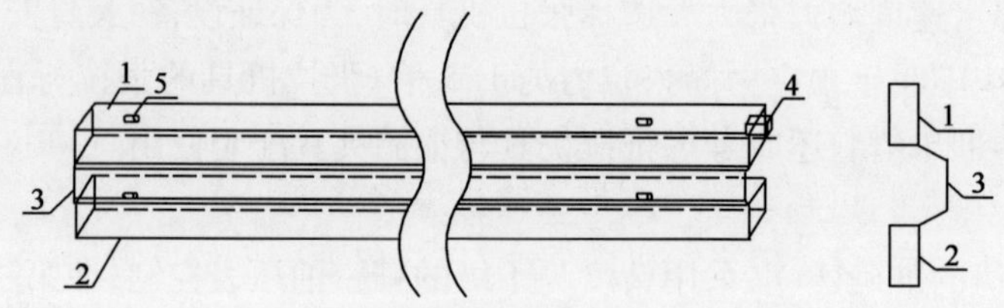

图 10-2 固定端模板构造示意图

1-上方管;2-下方管;3-中间梯形板;4-连接方管;5-支撑圆管

3)三角模板

三角模板的作用是为预应力锚具提供张拉工作平台,三角模板预埋在张拉端模板内侧,三角模板构造如图 10-3 所示。

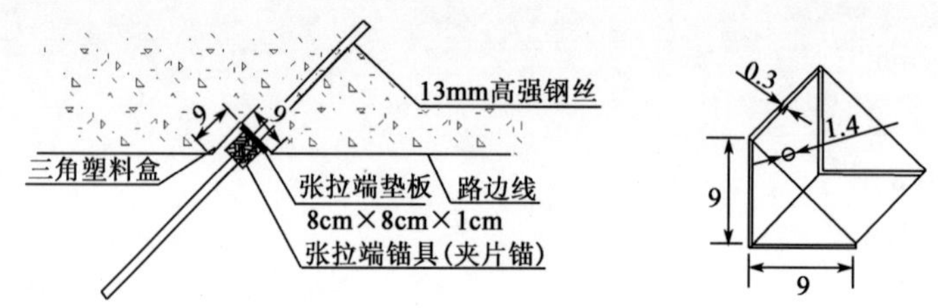

图 10-3 三角模板构造(尺寸单位:cm)

10.2.3 混凝土浇筑相关设备

1)混凝土拌和设备

斜向预应力混凝土路面混凝土可采用拌和工厂生产或现场拌制,应符合《公路水泥混凝土路面施工技术细则》(JTG/T F30—2014)。现场混凝土拌和机应采用强制式水泥混凝土搅拌机。

2)混凝土浇筑运输设备

由于斜向预应力混凝土路面板中布设有预应力筋和构造钢筋,混凝土拌和物不能直接倾倒进行摊铺,为试验工程研发的,如图 10-4 所示的混凝土皮带运输机,可用于斜向预应力混凝土路面混凝土的运输。

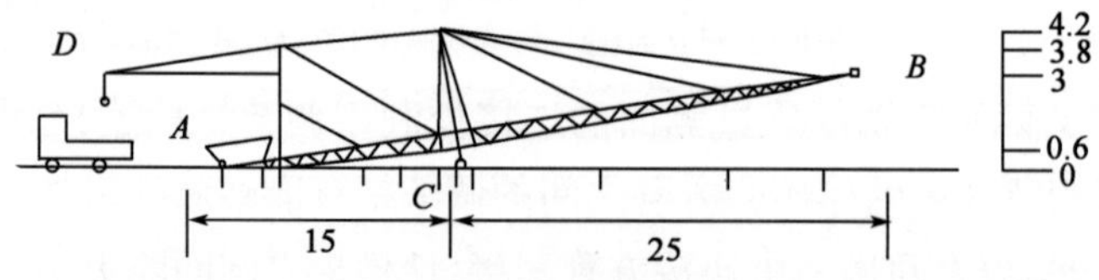

图 10-4 皮带运输机结构示意图(尺寸单位:m)

皮带运输机工作步骤如下:

(1)先将皮带运输机放入工作面中,在皮带运输机 *B-C* 段已布置预应力钢筋至少 20m,对皮带运输机进行调试。

(2)将拌好混凝土放入车载料斗中,运料车到达施工现场,停放在 *D* 位置下方,用皮带运输机自带起重设备(*D* 处),将料斗吊起并输送至料仓 *A* 处,将混凝土卸至运输机料仓 *A* 中。

(3)混凝土经运输机料仓 A 溜到输送皮带上,并被送至远端 B 处。

(4)运输机 B 处自带一个 2m 长的可转动溜槽。混凝土顺溜槽进入到工作面中。溜槽可人工转动,对普通路面可进行整个断面浇筑,若遇到 2 ~4 个车道一次性进行浇筑的情况,在 A 端下部安装有 2 个万向轮,可转动整个皮带运输机进行浇筑。

(5)在浇筑 3 ~5m 后,将皮带运输机向后方(已浇筑混凝土的反方向)推动 3 ~5m,继续浇筑。同时,在 B-C 段新空白处继续布置预应力钢筋。

此过程持续重复,皮带运输机的后退,B-C 段新增空白处布置钢筋,B 端混凝土浇筑三者同时同步进行。

(6)依次重复(1) ~(5)的步骤,直至工作面浇筑完毕。

除此而外,挖掘机、汽车吊也可用于斜向预应力混凝土路面混凝土浇筑时的运输。

3)混凝土摊铺成型设备

混凝土的摊铺成型可采用滑模式混凝土路面摊铺机或小型三滚轴机具配合人工进行,根据斜向预应力混凝土路面的特殊性,在浇筑混凝土施工中若用三滚轴机具配合人工进行施工,摊铺混凝土过程中需用挖掘机协助人工整平混凝土。

10.2.4 滑动层铺设设备

铺设滑动层时,人工使用铁锨铺设既不能满足厚度的要求,又不能保证滑动层的铺设均匀性,不能满足滑动层的铺设要求。试验工程研发的斜向预应力混凝土路面滑动层铺设器,可以实现铺设均匀,且铺设厚度满足要求。滑动层铺设器结构如图 10-5 所示。

(1)实现原理

刮平板的左侧面与轴架固定连接在一起,采用高度调节架上下移动,带动刮平板移动,用来调节刮平板的离地高度。通过读取指示针指向高度刻度条的刻度值,可以确定预定铺设高度,从而能够铺设出铺设厚度满足预定要求的路面滑动层。

(2)特点及实施方式

滑动层铺设器设有两个行走轮,减小了推动铺设器时所需的力,同时为滑动层的铺设厚度提供一个稳定的基准面。铺设器手柄与刮平板之间的角度可以调整,便于不同身高的工人使用。铺设器刮平板下部采用金属板,或者金属包边,使刮平板经久耐用。

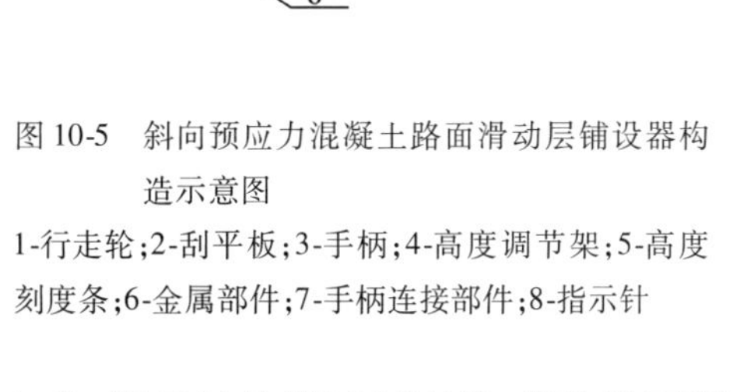

图 10-5 斜向预应力混凝土路面滑动层铺设器构造示意图

1-行走轮;2-刮平板;3-手柄;4-高度调节架;5-高度刻度条;6-金属部件;7-手柄连接部件;8-指示针

当刮平板的底部与行走轮的底部位于同一水平面时,指示针指向高度刻度条上的零刻度,当高度调节架带动刮平板向上移动时,指示针从零刻度值不断上升,指示针的指示刻度值,即为路面滑动层铺设厚度。

使用时,通过调节高度调节架(图中4),带动刮平板(图中2)移动,设置好铺设厚度,手握手柄(图中3)推动滑动层铺设器,可以铺设出预定厚度的滑动层。如有铺设不均匀之处,可来回反复推动路面滑动层铺设装置,最终实现快速、均匀、精准地铺设出路面滑动层。

10.3 斜向预应力混凝土路面的施工工艺

10.3.1 施工准备

1)施工准备

(1)斜向预应力混凝土路面施工前应由设计单位向施工、监理单位进行技术交底。设计文件、图纸、资料应齐全。

(2)斜向预应力混凝土路面的基层及下封层的工程质量应符合《公路路面基层施工技术细则》(JTG/T F20—2015)的有关规定。业主应组织监理、施工单位现场验收签字确认。

(3)材料进场时应按相关规范的规定进行进场验收;斜向预应力混凝土路面施工前,应检查所需材料的储量、性能,确保所有材料的数量和质量。

(4)斜向预应力混凝土路面施工前应进行施工放线,先放路面中线,然后放边线,中线和边线每10m钉钢钎标记位置。然后测量高程,根据设计路面高程要求,在钢钎上标注高程。

2)混凝土及拌和设备准备

(1)混凝土应按施工图要求及《公路水泥混凝土路面施工技术细则》(JTG/T F30—2014)的有关规定进行原材料试验和混合料组成配合比设计,包括混凝土抗弯拉强度和抗压强度,集料级配要求、水灰比,水泥用量等。

(2)混凝土拌和设备应按施工日进度用量要求配备拌和机具,并应在施工前检查拌和机拌制混凝土的拌和质量。诸如混凝土的坍落度、和易性等。

3)施加预应力设备准备

(1)施加预应力设备除应满足施工进度要求外,还应保证1~2台备用。以免因设备故障延误张拉时间。

(2)斜向预应力混凝土路面施加预应力前应进行设备标定。保证预应力施加值准确。

10.3.2 斜向预应力混凝土路面施工

1)立模

斜向预应力混凝土路面模板采用特制钢模板。张拉端采用图10-1模板,固定端采用图10-2模板。模板底面与基层顶面紧贴,局部低洼处(空隙)事先用水泥砂浆铺平。模板安装完毕后检查接头处的高差和模板内侧是否有错位。模板要求稳固牢靠,不能松动,模板接头处的高差控制在3mm以内。模板与路面中线和边线的偏差控制在10mm以内。

2)滑动层铺设

滑动层设置在基层顶面(图10-6),基层应平整无坑凹。铺设滑动层之前,先将基层表面清理干净。并对砂子进行过筛,砂层铺撒厚度为5~10mm,可采用人工或滑动层铺设器进行,其上铺设聚乙烯薄膜(图10-7),聚乙烯薄膜的搭接处用透明胶带黏合成整体以防止渗水及滑动层材料的散失。

图 10-6　铺设细砂滑动层

图 10-7　细砂上铺设聚乙烯薄膜

3）预应力筋及普通钢筋下料

预应力钢筋和普通钢筋下料前，应检查预应力钢筋、构造钢筋的规格尺寸和检测报告。并报监理工程师签认，预应力筋及构造钢筋下料应使用机械切割，严禁使用电焊或者气割下料。预应力筋下料应尽量保持顺直，弯曲度过大的应剔除。如图 10-8 所示。

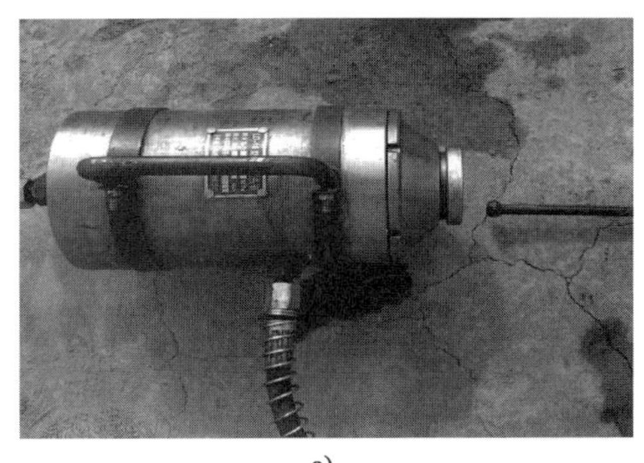

a)

b)

图 10-8　预应力钢筋下料

在预应力钢丝采用镦头锚固时，镦头所采用的机械包括：

（1）ZB2/63 型电磁换向阀油泵；

（2）GD250—10A 移动镦头器。

镦头的过程中需要注意以下几点：

（1）油管连接正确后，首先要排空气，以免压力不稳，流量不足，甚至产生压力不足等不良现象；

（2）要求下料的过程中钢丝端面应与母材垂直，自身平直，以免预应力钢筋镦头歪斜及尺寸不足；

（3）镦头过程中预应力钢丝要平直居中送入镦头器，并直至镦头模底部，以免镦头夹片损坏及镦头过小、偏余、裂缝等。

4）构造钢筋与板端补强钢筋布设

构造钢筋是沿路面边缘布置钢筋笼，为预应力筋提供支撑，应按设计图纸进行布置，钢筋笼下部焊接上小钢筋支架，以保持钢筋笼能平稳放置。相邻钢筋笼接头采用电焊连接。如图 10-9所示。

在路面板端无斜向预应力筋的位置，应用间距为 25cm × 25cm 或者 30cm × 30cm 的 $\phi 8$ 钢筋网加强,范围要覆盖空白的三角区域。如图 10-10 所示。

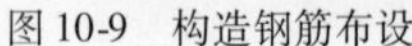

图 10-9　构造钢筋布设

图 10-10　板端补强钢筋布设

5)预应力筋固定端锚具的安装

(1)镦头锚具的安装。

当采用预应力钢丝时,预应力筋固定端采用镦头锚锚固,镦头锚具的安装方法是把镦头锚打圆的钢筋一端直接套在预应力钢丝镦头的一端,然后将垫板套上,紧贴在镦头锚后部。如图 10-11所示。

(2)挤压锚具的安装。

当采用预应力钢绞线时,预应力筋固定端采用挤压锚锚固,挤压锚的操作方法是:将挤压簧套在钢绞线上,然后再套上挤压环,启动挤压机开始挤压。如图 10-12 所示。

图 10-11　墩头锚具的安装

图 10-12　挤压固定端锚具

用挤压机挤压预应力筋固定端锚具时应注意,挤压前应擦掉预应力钢绞线上的缓黏结剂,挤压簧要塞入锚环中,塞入长度至少为锚环长度的三分之二。若挤压簧塞入长度不足,张拉时容易导致预应力筋滑丝。

6)预应力筋的布置与校直

(1)将安装好固定端锚具的预应力筋双向交叉布置,一端安置于固定端纵向构造钢筋内部,并将垫板与钢筋焊接固定,同时人工将镦头的部位与镦头锚拉紧,不能出现松动和有间隙现象;另一端预应力钢丝穿过张拉端纵向构造钢筋内部,并从事先加工好的三角模板盒中穿出,最终从张拉端模板的孔洞中伸出到模板外侧。

(2)按设计图纸双向交叉布置预应力筋,并在交叉位置上根据需要放置支撑钢筋架。

(3)预应力钢筋布置好后应进行校直,以保证预应力筋与路面纵向的夹角。可用线绳对预应力筋进行校直,并将校直好的预应力筋的交叉点位置(包括下部有支撑架和无支撑架两者)间隔用扎丝绑扎紧固。如图 10-13 所示。

a)

b)

图 10-13　预应力钢筋的铺设

7)涂抹缓凝胶黏材料

用预应力钢丝做预应力筋时,在进行完预应力筋和构造钢筋的所有工序后,再给每根预应力筋上涂抹缓凝胶黏材料,缓凝胶黏材料要求涂抹均匀,尤其是交叉部位与绑扎部位要特别注意涂抹到位。如图 10-14 所示。用预应力钢绞线做预应力筋时,应对预应力钢绞线用专用工具抹涂缓凝胶黏材料。

8)水泥混凝土拌和物的搅拌与运输

斜向预应力混凝土路面混凝土的搅拌与运输和钢筋混凝土路面对混凝土的要求相同,混凝土的搅拌与运输按照《公路水泥混凝土路面施工技术细则》(JTG/T F30—2014)第 6 部分的规定执行。

9)水泥混凝土浇筑

(1)滑模摊铺机施工

斜向预应力混凝土用滑模摊铺机施工时,路面两边应安置斜向预应力混凝土路面专用模板,并应对滑模两侧滑模板适当改造。滑模摊铺机的施工按《公路水泥混凝土路面施工技术细则》(JTG/T F30—2014)第 7 部分的规定执行。滑模摊铺机浇筑混凝土施工如图 10-15 所示。

图 10-14　涂抹缓凝胶黏材料

图 10-15　滑膜摊铺机进行混凝土的浇筑

(2)三辊轴机组与小型机具施工

对于规模较小的工程,一般采用三辊轴机组与小型机具施工。为了减少斜向预应力混凝土路面的施工缝,要求两施工缝之间的路面混凝土一次摊铺完成。在混凝土浇筑时,因为有预应力筋的存在,增加了混凝土摊铺的劳动强度。混凝土浇筑时要配足人力和设备,保证浇筑一次完成。混凝土振捣时要防止模板松动,并注意模板两侧要振捣密实。严禁作业人员踩踏预应力筋,以免预应力筋设计位置变动,影响张拉效果。

10)拆模、养护

混凝土浇筑完成后第二天进行拆模,拆模时要注意路面边缘处混凝土不被损坏。混凝土终凝后要用洒水的土工布进行覆盖养护,以减小出现早期收缩开裂的可能。养护过程需要每天均匀洒水,保持土工布处于潮湿状态。养护期(大约 2 周)满后,方可清除覆盖物。若混凝土路面浇筑当天夜里气温较低,则需在路面上面覆盖聚乙烯薄膜和其他保温材料以保持路面温度,避免由于温差过大而引起路面断裂。

11)张拉端锚具安装

预应力筋张拉端采用单孔夹片锚具,混凝土拆除模板后,需要安装夹片锚具和垫板,夹片锚具和垫板穿在伸出的预应力筋上,并安装在预埋的三角形模板盒内。安装的垫板应紧贴三角形模板和边,并与预应力筋垂直,保证张拉时混凝土受力均匀。

12)预应力筋张拉

为了保证斜向预应力混凝土路面板在施加预应力前不发生收缩开裂,预应力筋的张拉采用两次张拉。预应力筋的张拉顺序为从路面两施工缝中间先向一端依次进行。然后向另一端再依次张拉。张拉采用两个千斤顶同时对称张拉。张拉控制最大有效应力为 $\sigma_{con}=\sigma_p\times 80\%$,$\sigma_p$ 为预应力筋的极限抗拉强度。

(1)第一次张拉宜在混凝土浇筑完成 12h 之后,且混凝土强度不小于设计强度的 30% 进行。其张拉控制应力值一般为 $0.3\sigma_{con}$。

(2)第二次张拉在面板浇筑完成 5 ~ 7d 后,且混凝土强度达到设计强度的 80% 以上,第二次张拉时采用超张拉,张拉应力为 $1.05\sigma_{con}$,持荷 2min,再卸荷至 σ_{con}后锚固。

13)封锚

预应力筋第二次张拉锚固后应及时封锚,以防止预应力筋和锚具锈蚀,封锚时应切除过长的预应力筋,切除预应力筋应采用机械切割机切割,严禁采用电弧割断。预应力筋切断后露出锚具夹片外的长度不得小于 30mm,并用高强水泥砂浆进行封锚。

14)混凝土表面抗滑结构处理

斜向预应力混凝土路面混凝土表面抗滑结构处理和普通混凝土路面基本一样,较好的处理方式是刻槽。刻槽的方向有横向,即与路面中线垂直的方向;有纵向,即与路面中线平行的方向;由于斜向预应力混凝土路面不需设置胀缩缝,刻槽方向也可为双斜向,即与斜向预应力筋平行的方向。在抗滑和排水方面,双斜向刻槽优于横向和纵向。

刻槽间距宜为 30 ~ 50mm,刻槽的断面形式为梯形,梯形上口宽度为 5mm,下口宽度 3mm,深度 5mm。

刻槽时要事先放线,要依据刻槽机的宽度进行分组,每组之间间隔 10 ~ 20cm。遇有路线弯道时,弯道内外侧每组间隔适当调整,刻槽机应由有经验的熟练工操作,刻槽机刻槽时不要拐弯和上下跳动,以保证刻槽质量。

15)路面混凝土施工缝处理

斜向预应力混凝土路面分幅施工时,具有纵向和横向施工缝,全幅摊铺时,只有横向施工缝。施工缝的处理和普通混凝土路面的缩缝处理方式相同。

斜向预应力混凝土路面之间不设置胀缝,和桥隧构造物相接时,两者之间设置公用胀缝,胀缝设置方法和桥隧胀缝设置方法相同。

10.4　斜向预应力混凝土路面的施工流程

斜向预应力混凝土路面的施工流程如图10-16所示。

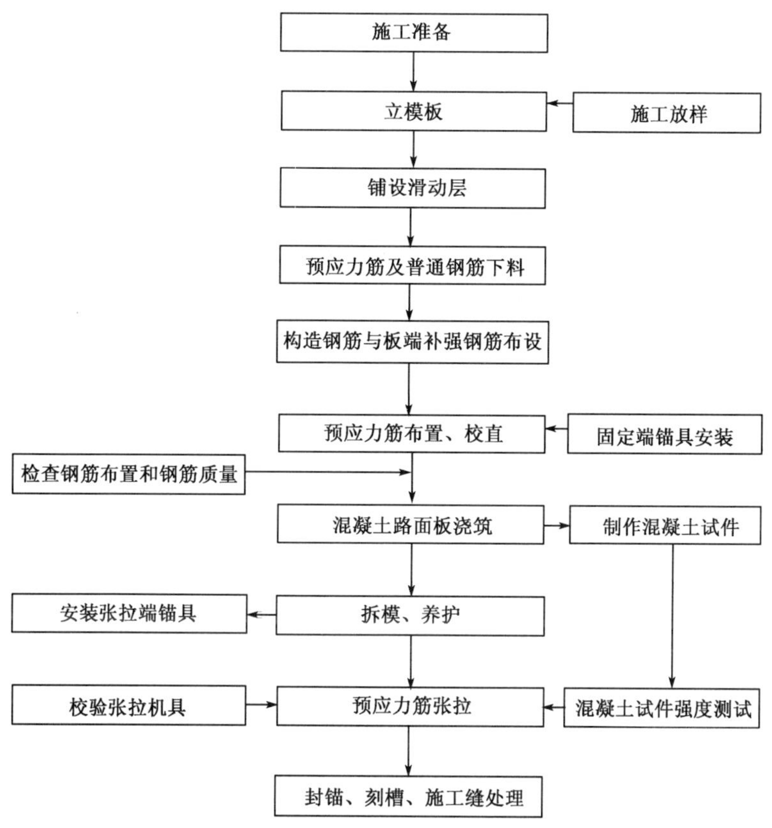

图10-16　斜向预应力混凝土路面施工工艺流程图

10.5　斜向预应力混凝土路面施工注意事项

斜向预应力混凝土路面施工应严格按照施工工艺和流程要求进行,并应在施工中特别注意做好以下几点:

(1)固定端的锚具、垫板之间要接触牢靠,不得留有缝隙,且固定端锚具与垫板应垂直,保证垫板均匀受力。

(2)浇筑混凝土前,预应力筋必须进行校直,且预应力筋要用提前制作的钢筋支架支撑并用扎丝绑扎,避免浇筑混凝土时预应力筋下垂和移位。

(3)预应力筋上涂抹的缓凝胶黏材料要均匀,尤其是预应力钢丝交叉等特殊部位不要留有空白。

(4)浇筑混凝土时要振捣密实,尤其是路面两侧构造钢筋布置密集的地方。若振捣不密实导致混凝土呈蜂窝状,影响锚固区混凝土的强度和施加预应力的效果。

(5)预应力筋张拉时要严格控制加力速度。预应力大小应用伸长量和张拉力进行双控。以防止预应力张拉机械误读出现预应力不均匀问题。

10.6 斜向预应力混凝土路面施工质量检查与验收

斜向预应力混凝土路面施工质量控制、施工检查必须严格要求。质量控制与检查过程必须遵循以下原则:

(1)斜向预应力混凝土钢筋加工、布置及模板施工,应符合行业现行标准《公路水泥混凝土路面施工技术细则》(JTG/T F30—2014),以及现行国家标准《混凝土结构工程施工质量验收规范》(GB 50204—2015)的有关规定。

(2)鉴于斜向预应力混凝土路面为一种新型结构路面,斜向预应力混凝土面层质量评定和验收按照《公路工程质量检验评定标准》(JTF F80/1—2004)进行。

(3)对于现有规范、规程没有覆盖的部分,应通过试验路施工,参照以下质量控制和检查标准制定相应检查标准。

10.6.1 滑动层的施工质量控制与检查

1)基本要求

(1)用于滑动层的砂子应进行过筛处理,将大颗粒及泥块剔除,滑动层的铺设应平整均匀。

(2)聚乙烯薄膜的铺设应平整,不出现鼓包。

(3)滑动层的砂层不能太薄或太厚,滑动层的厚度应随时检查。

2)实测项目

滑动层实测项目见表10-8。

滑动层实测项目　　表10-8

项　次	检 查 项 目	规定值或偏差	检查方法和频率	权　值
1	细粒状材料铺设厚度(mm)	±3	尺量,每200m每车道2处	2
2	细粒状材料铺设宽度(mm)	±50	尺量,每200m测4点	1
3	聚乙烯薄膜宽度(mm)	±50	尺量,每200m测4点	1

10.6.2 钢筋和预应力筋加工、安装及张拉

1)钢筋加工及安装

(1)基本要求

①钢筋、扎丝、规格和技术性能应符合国家现行标准规定和设计要求。

②冷拉钢筋的机械性能必须符合规范要求，钢筋平直，钢筋表面不应有裂皮和油污。

③钢筋安装时，必须保证设计要求的钢筋间距。

(2)实测项目

钢筋安装和钢筋网实测项目见表10-9、表10-10。

钢筋安装实测项目　　表10-9

项次	检查项目		规定值或偏差	检查方法和频率	权　值
1	箍筋间距(mm)		±10	尺量，每50m检查5～10个间距	2
2	钢筋骨架尺寸(mm)	长	±30	尺量，按30%抽查	1
		宽或高	±10		
3	保护层厚度(mm)		±10	尺量，每50m沿模板周边检查8处	3

钢筋网实测项目　　表10-10

项次	检查项目	规定值或允许偏差	检查方法和频率	权　值
1	网的长、宽(mm)	±10	尺量：全部	1
2	网眼尺寸(mm)	±10	尺量：抽查3个网眼	1
3	对角线差(mm)	15	尺量：抽查3个网眼对角线	1

(3)外观鉴定

钢筋表面无铁锈及焊渣。不符合要求时减1～3分。

2)预应力筋的加工和张拉

(1)基本要求

①预应力筋的各项技术性能必须符合国家现行标准规定和设计要求。

②预应力钢丝或钢绞线应梳理顺直，不得有缠绞、扭麻花现象，表面不应有损伤。

③单根钢绞线不允许断丝，单根预应力钢丝不允许断筋或滑移。

④预应力筋下料时应使用机械切割，严禁使用电焊或气割下料。

⑤预应力筋下料中应尽量保持直度，弯曲度过大的应剔除。

⑥预应力筋张拉时混凝土强度和龄期必须符合设计要求，严格按照设计规定的张拉顺序进行操作。

⑦预应力钢丝采用镦头锚时，镦头应头形圆整，不得有斜歪或破裂现象。

⑧千斤顶、油表、钢尺等器具应经检验校正。

⑨锚具应符合设计要求，按施工技术规范的要求经检验合格后方可使用。

⑩按设计要求浇筑封锚混凝土。

(2)实测项目

预应力筋和预应力钢丝、钢绞线实测项目见表10-11、表10-12。

预应力筋网实测项目　　表10-11

项次	检查项目	规定值或允许偏差	检查方法和频率	权　值
1	网眼尺寸(mm)	±10	尺量：每10m抽查3个网眼	1
2	对角线差(mm)	15	尺量：每10m抽查3个网眼对角线	1

预应力钢丝、钢绞线实测项目　　表 10-12

项次	检 查 项 目	规定值或允许偏差	检查方法和频率	权值
1	预应力筋位置允许偏差(mm)	±10	尺量:每 50m 抽查 3 处	1
2	预应力角度允许偏差(°)	±5	尺量:每 50m 抽查 3 处	1
3	张拉应力值	符合设计要求	查油表读数:全部	4
4	张拉伸长率	符合设计规定,无设计规定时 ±6%	尺量:全部	3

(3)外观鉴定

预应力筋表面应保持清洁,不应有明显的锈迹。不符合要求时减 1 ~3 分。

10.6.3　水泥混凝土面板的质量检查与验收

1)基本要求

(1)基层质量必须符合规定要求,斜向预应力混凝土路面施工前应对基层进行弯沉测定,验算的基层整体模量应满足设计要求。

(2)水泥强度、物理性能和化学成分应符合国家标准及有关规范的规定。

(3)粗细集料、水、外掺剂及接缝填缝料应符合设计和施工规范要求。

(4)施工配合比应根据现场测定水泥的实际强度进行计算,并经试验,选择采用最佳配合比。

(5)面板拉毛或机具刻槽等抗滑措施,其构造深度应符合施工规范要求。

(6)面板与其他构造物相接应平顺。

(7)混凝土路面板铺筑后按施工规范要求养生。

2)实测项目

水泥混凝土面板实测项目如表 10-13 所示。

水泥混凝土面板实测项目　　表 10-13

<table>
<tr><th rowspan="2">项次</th><th rowspan="2" colspan="2">检 查 项 目</th><th colspan="2">规定值或允许偏差</th><th rowspan="2">检查方法和频率</th><th rowspan="2">权值</th></tr>
<tr><th>高速公路、一级公路</th><th>其他公路</th></tr>
<tr><td>1</td><td colspan="2">混凝土弯拉强度</td><td colspan="2">在合格标准之内</td><td>标准小梁法或钻芯劈裂法</td><td>3</td></tr>
<tr><td rowspan="2">2</td><td rowspan="2">板厚度(mm)</td><td>代表值</td><td colspan="2">-5</td><td rowspan="2">挖验或钻芯法,每 200m 每车道两处</td><td rowspan="2">3</td></tr>
<tr><td>合格值</td><td colspan="2">-10</td></tr>
<tr><td rowspan="3">3</td><td rowspan="3">平整度</td><td>σ(mm)</td><td>1.32</td><td>2.00</td><td rowspan="2">平整度仪:全线每车道连续检测,每 100m 计算 σ、IRI</td><td rowspan="3">2</td></tr>
<tr><td>IRI(mm)</td><td>2.20</td><td>3.30</td></tr>
<tr><td>最大间隙 h(mm)</td><td>—</td><td>5</td><td>3m 直尺:半幅车道板带每 200m 测 2 处×10 尺</td></tr>
<tr><td>4</td><td colspan="2">抗滑构造深度(mm)</td><td>一般路段不小于 0.7 且不大于 1.1;特殊路段不小于 0.8 且不大于 1.2</td><td>一般路段不小于 0.5 且不大于 0.9;特殊路段不小于 0.6 且不大于 1.0</td><td>铺砂法:每 200m 测 1 处</td><td>2</td></tr>
<tr><td>5</td><td colspan="2">相邻板高差(mm)</td><td>2</td><td>3</td><td>每条 2 点</td><td>2</td></tr>
</table>

续上表

项次	检查项目	规定值或允许偏差		检查方法和频率	权值
		高速公路、一级公路	其他公路		
6	纵缝顺直度(mm)	10		每20m拉线,每200m测4处	1
7	中线平面偏位(mm)	20		经纬仪:每200m测4点	1
8	路面宽度(mm)	±20		抽量:每200m测4处	1
9	纵断高程(mm)	±10	±15	水准仪:每200m测4断面	1
10	横坡(%)	±0.15	±0.25	水准仪:每200m测4断面	1

注:表中 σ 为平整度仪测定的标准差;*IRI* 为国际平整度指数;*h* 为3m直尺与面层的最大间隙。

3)外观鉴定

斜向预应力混凝土路面的外观鉴定包括以下内容:

(1)混凝土板的断裂块数,高速公路和一级公路不得超过评定路段斜向预应力混凝土路面施工缝总长度的0.2%,其他公路不得超过0.4%。不符合要求时每超过0.1%减2分。对于断裂板应采取适当措施予以处理。

(2)混凝土板表面的脱皮、印痕、裂纹和缺边掉角等病害现象,对于高速公路和一级公路,有上述缺陷的面积不得超过受检面积的0.2%,其他公路不得超过0.3%。不符合要求时每超过0.1%减2分。

(3)路面两侧路肩应直顺、曲线圆滑,越位20mm以上者,每处减1~2分。

(4)施工缝填筑应饱满密实,不污染路面。不符合要求时,累计长度每1000m减2分。

第11章　斜向预应力混凝土路面经济效益和环境效益

11.1　经济效益

11.1.1　寿命周期成本分析方法

1)寿命周期费用分析的概念

寿命周期费用分析(Life-Cycle Cost Analysis)方法是涉及各种资源最有效利用的分析方法。寿命周期分析是以经济分析理论为基础来评价可选方案的长期经济效率的一种技术,它考虑了比选方案的初始建设费用以及未来的养护费用,其目的是为投资消耗确定最佳值,即获得满足所求性能目标下长期费用最低的方案[34]。寿命周期费用分析法是在系统的目的和目标确定后,计算出系统效率和费用,并在两者之间进行权衡,也在建设费和维护费之间进行权衡,以期找到最佳方案。

2)路面寿命周期费用分析的必要性

寿命周期费用分析是系统的分析方法,是为了选择有限资源的最佳使用方法和评价各种方案所必须进行的。路面寿命周期费用分析是指在一定的时期内,通过分析某一路段路面的初建费用和以后的折扣费用来评价其经济价值的过程[35]。

路面设计可以有多种策略性选择:

(1)花费较高的初期修建费用、采用承载力较强的结构和保证优良的施工质量,以获得较长的使用寿命、较少的改建费用、较好的使用性能和较省的使用者费用。

(2)采用较弱的结构,维持不高的施工质量,以节省初期修建费用,但由此带来较短的使用寿命,较多的养护和改建费用、较差的使用性能和较高的使用者费用。

靠单纯的力学分析、性能分析或经验判断很难进行简单选择,必须借助科学的分析工具——寿命周期费用分析,进行技术比较,才能从整个寿命周期角度去选择最经济合理的路面结构组合或改建方案。

3)分析方法

寿命周期费用分析的方法有净现值法(NPV)、年度等额费用法(AC)、净年值法(NAV)、内部收益率法(IRR)、投资回收期法(N)、效益成本比法(BCR)[36]。本节寿命周期费用分析的内容和比较的主要目的不是为各种路面结构做出准确的费用或效益的估算,而是通过对普通混凝土路面、钢纤维混凝土路面、连续配筋混凝土路面及斜向预应力混凝土路面四种路面的经济价值做出相对的评价,因此在分析过程中,没有对所有费用或者效益项考虑得十分全面和准确,只是考虑影响各方案评价结果的主要费用和效益项。根据分析目的采用年度等额费用法。所谓年度等额费用法,即是把分析期限内不同时间支付和发生的所有费用累加起来,换算成等额的年度费用,以便在共同的基础上进行比较。年度等额费用记作 AC,可按式(11-1)计算[37]。

$$AC = PV\left[\frac{i(1+i)^n}{(1+i)^n - 1}\right] \tag{11-1}$$

$$PV = I_c + \sum_{i=0}^{n} x \cdot PW_i - SV \cdot PW_n \tag{11-2}$$

$$PW_x = \frac{1}{(1+i)^n} \tag{11-3}$$

式中:PV——费用现值;

I_c——初期费用;

x——用于各期分别的费用;

PW——现值系数;

SV——残值;

i——贴现率。

对四种路面类型的年度等额费用 AC 进行比较,年度等额费用最小方案为最优方案。

在分析中,由于用户费用差别不大,因此主要考虑了以下几项:修建费,改建费和残值。

11.1.2 工程建设对比方案

斜向预应力混凝土路面板厚度为 24cm,预应力布置间距 50cm,预应力筋采用预应力钢丝,直径 10mm,混凝土强度等级 C35;连续配筋混凝土路面板厚度 24cm,钢筋配筋间距 20cm,路面板钢筋直径 12mm,混凝土强度等级为 C35;普通水泥混凝土路面板厚度为 28cm,混凝土强度等级为 C35;钢纤维水泥混凝土路面板厚度为 26cm,混凝土强度等级为 C40。假定基层及以下结构层相同,分析时只计算四种混凝土面层费用。

根据混凝土路面的设计年限,费用周期分析取 30 年。钢纤维混凝土路面和普通混凝土路面每年均需对伸缩缝进行养护,每隔 5 年需要对伸缩缝填料进行清理养护,普通混凝土路面 10 年后需做沥青罩面,20 年后需再做沥青罩面,钢纤维混凝土路面 20 年后需做沥青罩面;斜向预应力混凝土路面和连续配筋混凝土路面每年需要对工作缝养护,不需要沥青罩面。

11.1.3 经济分析基础资料

计算单元分别以每 1km 和每 $1m^2$ 造价计算,1km 造价包括相应的人工费和机械台班费,以此作为计算比较的基础,在计算比较中不计水泥混凝土拌和站的安装和拆除费用,同时,混凝土运距按 5km 考虑。路面结构材料均采用陕西省目前建筑市场的材料价格,人工及原材料价格,如表 11-1 所示。

人工及原材料单价表　　表 11-1

序号	名　称	单　位	预算单价(元)
1	人工	工日	45.04
2	机械工	工日	45.04
3	锯材木中板 § =19~35	m^3	1741.27

续上表

序号	名　称	单　位	预算单价(元)
4	带肋钢筋直径 15 ~ 24mm,25mm 以上	t	4211.52
5	钢绞线预应力筋	t	7500.00
6	型钢	t	4396.02
7	电焊条	kg	9.30
8	组合钢模板	t	5710.00
9	铁件	kg	4.40
10	20 ~ 22 号铁丝	kg	7.94
11	32.5 级水泥	t	470.51
12	42.5 级水泥	t	511.92
13	石油沥青	t	4662.52
14	汽油	kg	7.05
15	柴油	kg	7.03
16	煤	t	520.00
17	电	kW · h	0.85
18	水	m^3	2.00
19	青(红)砖	千块	570.57
20	砂	m^3	120.45
21	中(粗)砂	m^3	141.99
22	碎石(4cm)	m^3	133.81
23	钢纤维	t	7000
24	锚具(固定端 + 张拉端)	套	70
25	预应力钢丝	t	6500
26	其他材料费	元	1.00

注:路面结构组合的造价计算依据《公路工程预算定额》(TG/T B06-02—2007)、《公路工程机械台班费用定额》(JTG/T B06-03—2007)《公路工程基本建设项目概算预算办法》(JTG B06—2007)及陕西省补充规定[38-40]。

11.1.4 寿命周期内各项费用对比分析

1)四种路面结构初建费用的计算

以 1km 为单位计算四种路面面层的各项费用,这里仅是路面建筑安装工程费用。

根据陕西省目前建筑市场的材料价格(表 11-1),《公路工程预算定额》(TG/T B06-02—2007)计算四种路面面层的造价,路面长 1km,宽 19.5m(双幅)。普通混凝土路面、钢纤维混凝土路面、连续配筋混凝土路面及斜向预应力混凝土路面的每平方米造价分别为 171 元、242 元、276 元、247 元,如表 11-2 所示。

四种路面建安费用计算表

表 11-2

路面类型	工程或费用名称	单位	数量	预算金额(元)	技术经济指标
普通混凝土路面	水泥混凝土路面板	km	1.000	3338697	3338697
	水泥混凝土面层	m^2	19500.000	3338697	171.22
	①水泥混凝土面层	m^2	19500.000	3268369	167.61
	②钢筋	t	11.408	70328	6164.77
钢纤维混凝土路面	钢纤维混凝土路面板	km	1.000	4716660	4716660
	水泥混凝土面层(包括钢纤维)	m^2	19500.000	4716660	241.87
	①水泥混凝土面层(包括钢纤维)	m^2	19500.000	4658660	237.91
	②钢筋	t	9.408	58000	6164.77
连续配筋混凝土路面	连续配筋混凝土路面板	km	1.000	5377090	5377090
	水泥混凝土面层	m^2	19500	5377090	275.75
	①水泥混凝土面层	m^2	19500	3268369	167.61
	②钢筋	t	342.06	2108721	6164.77
斜向预应力混凝土路面	斜向预应力混凝土路面板	km	1.000	4831005	4831005
	(1)滑动层	m^2	19500.000	104338	5.35
	(2)水泥混凝土面层	m^2	19500.000	4726667	242.39
	①水泥混凝土面层	m^2	19500.000	2820316	144.63
	②钢筋	t	17.384	98412	5660.97
	③预应力钢筋制作、张拉	t	73.973	1807939	24440.52

2)养护、中修费用及现值计算

2006 年国家发展与改革委员会、建设部发布的《建设项目经济评价方法与参数(第三版)》中将社会贴现率规定为 8%[41],供各类建设项目评价时统一采用。在本文中采用 5% 和 8% 的贴现率对比分析,根据四种路面的养护方案,在 30 年分析计算期内,四种路面的养护费用如表 11-3 所示。

路面养护费用及现值计算(单位:元)

表 11-3

面层类型 \ 折现率	养护类型	$i=0\%$	$i=5\%$	$i=8\%$
普通混凝土路面	罩面 2 次	4719000	2454689	1727062
	接缝养护	49950	39440	31968
	3 次接缝和填料的清洁养护	81960	61597	52571
	合计	4850910	2555726	1811601
钢纤维混凝土路面	罩面 1 次	2359500	933734	546725
	接缝养护	105450	66192	52791
	6 次接缝和填料的清洁养护	163920	101303	78869
	合计	2628870	1101229	678385

续上表

面层类型 \ 折现率	养护类型	$i=0\%$	$i=5\%$	$i=8\%$
连续配筋混凝土路面	接缝养护	21090	13411	9289
	合计	21090	13411	9289
斜向预应力混凝土路面	接缝养护	21090	13412	9291
	合计	21090	13412	9291

3)路面残值的计算

路面寿命周期到分析期末,路面的使用性能可能还没有下降到所规定的最低水平,即路面还有剩余寿命可继续承受车辆荷载作用,这部分剩余寿命所具有的价值就是残值[42]。不同的路面结构具有不同的剩余寿命,在经济分析时应该考虑这部分价值[43]。路面残值可按多种方法近似计算,这里按剩余寿命占其预期使用寿命的比例来确定,如式(11-4)所示。

$$SV = \left(1 - \frac{L_A}{L_E}\right) C_r \tag{11-4}$$

式中:SV——路面残值;

L_A——最后一次改建的施工年份到寿命周期末的年数;

L_E——该改建措施的预期使用寿命;

C_r——该项改建措施的修建费用。

四种路面的使用20年罩面后使用寿命按10年估计,30年后三种路面残值均为零。

4)各路面结构在寿命周期内年度等额费用的计算

当社会贴现率i分别取5%、8%时,根据式(11-1)计算年度等额费用,计算结果如表11-4所示。

应用年等额费用法进行四种路面方案比较 表11-4

路面结构		斜向预应力混凝土路面	连续配筋混凝土路面	钢纤维混凝土路面	普通混凝土路面
年等额费用(万元)	$i=0\%$	16.17	17.99	24.49	27.30
	$i=5\%$	31.51	35.07	37.85	37.34
	$i=8\%$	43.00	47.85	47.92	45.75

5)经济分析结论

(1)四种路面的每平方米造价:连续配筋混凝土路面 > 斜向预应力混凝土路面 > 钢纤维混凝土路面 > 普通水泥混凝土路面,其中,斜向预应力混凝土路面与钢纤维混凝土路面的造价相当,连续配筋混凝土路面每平方米造价比斜向预应力路面高11.7%。

(2)从表11-3可以看出,寿命分析周期为30年,斜向预应力混凝土路面和连续配筋混凝土路面的养护费用最低。

(3)从表11-4可以看出,寿命分析周期为30年,当$i=5\%$和8%时,每1km斜向预应力混凝土路面比普通混凝土路面的等额年度费用分别减小了17.8%和6.0%;相比于连续配筋混凝土路面和钢纤维混凝土路面,年度等额费用也大大降低。

通过以上对比分析可知，斜向预应力混凝土路面的经济性明显优于其他三种路面，斜向预应力混凝土路面由于承载能力高，使用寿命长，能在较长时间内保持较高的服务能力，相对减少了行程时间费、车辆运营费和事故费，在使用期内，养护工作量小，可大大减少运营时间延误费。因此，斜向预应力混凝土路面有良好的经济效益，有较高的推广应用价值。

11.2　斜向预应力混凝土路面环境效益

长期以来，公路运输是陆上交通运输的主要形式，其灵活机动、迅速方便的特点，使其不仅成为一个独立的运输体系，也成为铁路、港口和机场集散物质的重要途径，对国家经济的发展起着重要作用。

公路路面铺筑于路基顶面，是用不同材料或混合料分层铺筑而成的供车辆行驶的一种层状结构物。由于路面结构直接承受车轮荷载和暴露在大气中，其质量好坏直接影响道路的使用品质及周边的环境质量。

水泥混凝土路面俗称白色路面，水泥混凝土路面具有较高的强度和耐久性。水泥混凝土路面主要有普通水泥混凝土路面、钢筋混凝土路面、钢纤维混凝土路面、斜向预应力混凝土路面等。

由于普通水泥混凝土路面受温度影响会产生裂缝现象。因此对于普通混凝土路面为防止温度影响而产生不规则裂缝，施工时预留胀缝和缩缝，然而，在普通水泥混凝土路面设置了胀缝、缩缝之后，虽然能有效避免因温度影响引起的不规则裂缝，但由于接缝较多，车辆行驶时不断冲击接缝，会引起噪声污染周围环境。斜向预应力混凝土路面作为一种新型结构路面，充分利用了混凝土抗压强度远大于抗拉强度这一特性，通过对路面混凝土板施加斜向预压应力，提高了混凝土路面的实际抗弯拉强度，并且，斜向预应力混凝土路面由于板较长，且不需设置伸缩缝，能有效改善行车的平稳性，从而减少了对周边环境的负效应。

此外，沥青路面由于无接缝行车舒适被广泛应用于城市道路、干线公路和高速公路。成为目前中国铺筑面积最多的一种路面结构。沥青路面属于柔性路面，不用设置伸缩缝，且路面具有一定弹性，能有效降低行车噪声，降低路面对周边环境的噪声污染。

综上，不同类型路面各有优势，对于公路工程而言，在对工程效益比较的同时，也应从对环境效应、周边群众居住环境影响等方面综合考虑，选择合适的路面类型以达到环境与人类活动的和谐共处。现对斜向预应力混凝土路面的环境效应进行评价，以期在斜向预应力混凝土路面的推广应用中，实现环境的正效应。

11.2.1　路面环境污染问题

1)路面材料的化学污染

随着交通事业的不断发展，路面铺装率不断提高，各种水泥混凝土路面、沥青路面逐渐替代原始的砂石路面和土路面，使路面的使用品质不断提升。但这些材料自身的组成是否具有潜在的污染风险，特别是微量重金属和有机物(多环芳烃)等，此外，路面材料在制作过程中还掺和了外加剂，这些添加剂材料中也含有一些重金属和有机物，道路污染物可以通过路面与轮胎的摩擦，风化、雨水浸泡等方式释放到土壤、大气、地表水中，从而增加了对路域环境污染的风险。土壤和地表水的污染最终会污染到地下水，水资源的保护越来越受到人们的重视，有效防止重金属污染地下水体一直是科学界关注的热点问题，因此，在道路路面设计过程中须具体分析路面材料中重金属及有机物的含量，避免重金属污染周边植被及地下水体，保证环境安全及降低环境负效应。

2）路面噪声污染

汽车在公路上高速行驶，公路交通噪声污染日渐严重，对公路两侧区域民众的正常工作和生活造成了严重干扰。如何根据交通噪声产生的机理及特点控制交通噪声，减少交通噪声污染，将其对环境的不利影响降低到最低程度，已成为相关研究者深入研究的热点课题。

根据噪声产生和传播的机理，降低公路交通噪声的方法包括：声源降噪、传播途径降噪和保护接受者三类。其中，声源降噪这一主动降噪方式，能够从源头减少声能量的产生，显著改善公路周边区域的声环境质量，是最经济高效的降噪方式。

公路噪声主要来自车辆机械噪声和其与路面摩擦产生的噪声。而路面摩擦产生的噪声与路面平整度关系密切，斜向预应力混凝土路面不但提高了路面的整体性，更重要的是去掉了伸缩缝，从理论上分析，可以有效地降低路面与车辆摩擦产生的噪声。为此对斜向预应力混凝土路面噪声进行研究具有重要的实际意义。

3）路面的热岛效应

近年来，全球气温变暖，造成陆地干旱增多、农作物减产、生物生长规律被打乱、生态环境遭到破坏等不良的环境影响。

类似地，由于混凝土、沥青的导热系数、太阳辐射吸收率均大于土壤，因此，大量的公路建设，相对土壤而言，水泥路面和沥青路面会造成额外的温度场，特别在城市会形成热岛效应现象，对周边居住环境造成一定程度的影响。同样作为常见的路面材料，水泥混凝土路面、沥青路面哪种材料的热岛效应更大，也是公路、环境工作者及公众关注的敏感问题。

11.2.2 路面材料污染物测定

1）水泥混凝土中重金属离子测定

水泥混凝土主要包括水、水泥、掺合料、外加剂、砂、石六大原料，在微观上主要考虑重金属对环境造成的污染，各种重金属元素主要来源于胶凝材料、集料和外加剂，若混凝土中重金属含量越高，则重金属浸出的可能性越大。

（1）消解法

以采集的水泥混凝土为原材料，称取 1.0g 粉末状水泥混凝土样品（125μm 以下），置于聚四氟乙烯瓶中，加入 40mL 王水和氢氟酸，再将其置于烧杯中，在电热板上加热，温度保持在 130～150℃，待蒸发至近干，用去离子水冲洗烧杯壁，再次加热蒸发至近干，然后从电热板上移下，冷却至室温，加入 1mL 浓硝酸和 20mL 去离子水，在预热至 90～100℃的控温电炉上持续加热，直至样品全部溶解。待冷却至室温后，转移至 100mL 容量瓶中进行定容，再用中速滤纸进行过滤取样，然后用 ICP－MS（美国 Thermal Elemental 公司 IRIS Intrepid ER/S）测定重金属的浓度（Cd、Cr、Cu、Ni、Pb、Zn），并计算混凝土中重金属离子的总量。

（2）最大浸出性试验

选择 pH 值等于 4 的硝酸溶液，粒径小于 125μm 的混凝土样品，以液固比 100∶1的比例混合，在 20℃水浴条件下连续搅拌 6h，然后室温静置 20min，再用中速滤纸进行过滤取样，最后用ICP-MS(美国Thermal Elemental公司IRIS Intrepid ER/S)测定重金属浓度(Cd、Cr、Cu、Ni、Pb、Zn),并计算混凝土中重金属离子的有效浸出量。

2)沥青路面中沥青化学成分检测

沥青是由不同分子量的碳氢化合物及其非金属衍生物组成的黑褐色复杂混合物,呈液态、半固态或固态,是一种防水防潮和防腐的有机胶凝材料。类型包括天然沥青、石油沥青、页岩沥青和煤焦油沥青四种。主要成分是沥青质和树脂,其次有高沸点矿物油和少量的氧、硫和氯的化合物,低温时质脆,黏结性和防腐性能良好。

石油沥青主要含有可溶于氯仿的烃类及非烃类衍生物,其性质和组成随原油来源和生产方法的不同而变化,主要组分是油分、树脂、地沥青质,以及少量的沥青碳和似碳物、蜡。石油沥青的结构以地沥青质为核心,吸附部分树脂和油分,构成胶团,而沥青中的油分和树脂又能浸润沥青质之中。

(1)四组分法

沥青的化学成分分析是按照国家行业标准《公路工程沥青及沥青混合料试验规程》(JTG E20—2011)中《沥青化学组分试验(四组分法)》(T 0618)进行试验。

(2)萃取试验

汽车在沥青路面上行驶的过程中,由于车轮的磨损会将部分重金属元素混入沥青材料,因此为避免重金属的污染,需进行试验检测(图11-1)。

按EPA Method-1311中试验方法,将140g样品碾碎至粒径小于19.1mm,再用去离子水以不同的流速不停冲刷样品,之后再用2.5L棕色玻璃瓶密封装取水样,并置于震荡机中24h,使溶液充分混合,然后利用漏斗和滤膜将样品过滤,萃取出所需检测样品,再用电感耦合等离子体发射光谱仪检测重金属含量。

3)路面径流污染物检测

在长安大学渭水校区试验场进行路面径流试验,由于试验期间没有降雨,于是采用人工喷洒的方式模拟降水径流过程,具体做法为:分别在选好的水泥混凝土路面和沥青路面上喷洒蒸馏水,待形成路面径流后用事先准备的塑料瓶收集样品,做好标记;之后在同等条件下用自来水喷洒,并采集样品。

在实验室采用重铬酸钾法测定样品的COD值,并用电导仪测电导率和pH值。

图11-1 材料化学成分检测

11.2.3 路面噪声监测

选择斜向预应力无缝水泥混凝土路面、普通水泥混凝土路面和沥青路面三种路面类型进行不同车辆类型(大、中、小车)、不同车速下单车行驶噪声的监测。

1)监测地点

普通水泥混凝土路面和沥青混凝土路面单车行驶噪声的监测选择长安大学渭水校区汽车试验场进行。在试验场内选择平直完好、周边无反射面、纵坡小于0.5%的两条不同路面类型的车道进行测试。

斜向预应力水泥混凝土路面单车行驶噪声的监测选择铜川市耀旬二级公路桩号 K45 + 400 段左幅车道进行。该路段平直完好、周边无大的反射面、纵坡相对较小，基本符合单车行驶噪声的测试要求。

三处测试地点的背景噪声（A 计权声级）至少比被测汽车噪声低 10dB。

2）监测仪器

采用 2 台四三八零厂嘉兴分厂 HS6288E 型多功能噪声分析仪，测试前用声校准器对仪器进行了校准。

3）监测方法

根据国家标准《汽车加速行驶车外噪声限值及测量方法》（GB 1495—2002）和汽车行业标准的要求，在测试车道距车道中心线两侧各 7.5m 各设置一台噪声仪，传声器距离地面 1.2m，仪器计权选择 A 计权，快响应，测试方法见图 11-2。A-A'和 B-B'为测试区，车辆以固定速度匀速行驶入测试区，要求匀速往返 5 次，每次读取最大 A 声级，同侧 5 次读数之差应小于 2dB（A），取同侧 5 次平均值，以平均值较大一侧的数值作为车辆的车外噪声测试值。

图 11-2　单车车辆噪声测量方法示意图

11.2.4　路面温度观测

选择土壤、水泥混凝土路面、土壤—水泥混凝土界面、沥青路面 4 个观测点，进行温度梯度观测。

1）观测地点及时间

分别于 2013 年 6 月 2 日铜川市耀旬二级公路桩号 K45 + 400 段左幅车道进行温度梯度观测，2013 年 6 月 11 日于长安大学渭水校区原位试验场进行温度梯度观测，如图 11-3 所示。

2）观测方法

在每个观测点垂向 0cm、10cm、30cm、50cm、80cm、150cm 处布置温度计，采用人工观测，温度计分度值为 0.5℃，见图 11-4。

3）计算方法

（1）对流换热系数

当空气以一定速度吹过水泥（或沥青）路面时，由于空气与路面的热容不同，会产生温度梯度发生对流换热，基于牛顿冷却公式可得路面对流换热的基本计算公式为：

$$q = h_e(T_w - T_a) \tag{11-5}$$

式中：q——对流换热热流密度（W/m^2），正值表示路面向外界环境放热，负值表示路面从外界环境中吸收热量；

h_e——路面对流换热系数[$W/(m^2 \cdot ℃)$]；

T_a——空气温度（℃）；

T_w——路面表面温度（℃）。

h_e 的影响因素很多，它与温差 ΔT、流体的流速 v、流体的物性参数（动力黏度 μ、导热系数

图 11-3　不同路面温度梯度观测

λ、比热容 c_p、密度 ρ，体胀系数 β）以及换热表面特征尺寸 L 和表面几何因素 φ 有关。一般情况下，水泥混凝土表面 h_e 值为 23.26W/(m^2·℃)，沥青表面采用 h_e = 20W/(m^2·℃)。

(2)路面辐射换热

①太阳直接辐射。

单位面积的路面接受的太阳直接辐射为：

$$S = Q_0 \cdot \sin h \cdot F(a,b) \cdot \Phi(m,n) \tag{11-6}$$

图 11-4　温度计布置

式中：Q_0——大气顶上辐射通量密度；

h——太阳高度角；

$F(a,b)$——表示大气透明程度的函数；

$\Phi(m,n)$——表示空气晴朗程度的函数；

a、b——反映大气透明程度的系数；

m——相对日照；

n——云量。

②大气散射辐射（天空散射辐射）。

太阳辐射进入大气层，经大气散热后，有一部分以散射光方式由空中射到地面，这部分辐射称为大气散射辐射，用 D 表示。

③总辐射。

$$E_0 = S + D$$

④大气逆辐射。

所有介质都会发出一种同它的表面温度和发射能力相适应的辐射热。大气层和路面也如此，会发出长波辐射。根据斯蒂芬—波尔兹曼定律，辐射量同介质绝对温度的四次方成正比。

$$E_a = \varepsilon_a \sigma_b T_{ak}^4 \tag{11-7}$$

式中：E_a——大气逆辐射（W/m^2）；

ε_a——大气发射率，同地球表面的水蒸气压力有关，通常可取为0.82；

σ_b——斯蒂芬—波尔兹曼常数（黑体辐射常数），为 $5.67 \times 10^{-8} W/(m^2K^4)$；

T_{ak}——空气绝对温度（K）。

⑤路面对辐射的吸收和反射。

沥青路面对太阳辐射的高吸收率是夏天沥青路面温度很高的主要原因。沥青路面在一般状态时辐射吸收率为0.86～0.90，水泥混凝土表面的吸收系数 α 变动在0.65～0.75，具体数值根据工程确定，本计算按照沥青路面吸收率为0.9、水泥路面吸收率为0.75进行计算。

⑥路面辐射。

路面长波辐射强度：

$$E_w = \varepsilon_w \sigma_b T_{wk}^4 \tag{11-8}$$

式中：E_w——路面长波辐射强度（W/m^2）；

ε_w——路面发射率，根据基尔霍夫定律在数值上等于其辐射吸收率 α；

T_{wk}——路面表面绝对温度（K）。

（3）进入路面的热流

由于路面袒露在地表，直接感受不断变化着的大气影响。由太阳直接辐射 S 和天空散射辐射 D 组成的全辐射 E_0，一部分被路面所反射，余下的部分则被吸收（吸收率为 α），从而增高了路面的热量。其中，太阳辐射是路面热量的主要来源。

在大气影响下，进入路面的热量 q_{in} 可按下式确定：

$$q_{in} = \alpha E_0 + q - E \tag{11-9}$$

即

$$q_{in} = \alpha E_0 + h_e(T_w - T_a) - 5.67 \times 10^{-8} \times \alpha \times [(273 + T_w)^4 - \varepsilon_a(273 + T_a)^4]$$

式中：E_0——日全辐射量（W/m^2）；

q——对流换热热流密度(W/m^2);

E——路面释放热量(W/m^2)。

(4)地表空气热边界层内空气温度计算

由于路面吸收了热量使得路面温度高于大气温度,一方面通过地面的热传导作用,沿厚度方向传至地面下层温度较低处,另一方面与地面上的空气进行对流换热。

根据传热学外掠平板换热边界层相关计算,空气在地面上流动,由于黏性作用,空气速度在近地面处逐渐降低,而在贴壁处被滞止,处于无滑移状态,地面获得的热流量除了向地面以下进行导热之外,只能以导热的方式通过贴近地面很薄的贴壁空气流体层,按傅里叶导热定律:

$$-\lambda\left(\frac{\partial T}{\partial y}\right)=h_x(T_w-T_{f,y}) \tag{11-10}$$

式中:λ——空气的导热系数;

h_x——热边界层内距离路面前缘点 x 距离处的局部表面传热系数;

$T_{f,y}$——热边界层内距离地面高度为 y 处的空气温度。

对该偏微分方程在 y 方向(即地面的外法线方向)从壁面($y=0$)到热边界层厚度($y=\delta_t$)进行积分,即可求出 $T_{f,y}$(热边界层内距离地面高度为 y 处的空气温度)。计算方程组为:

$$\begin{cases}-\lambda\left(\dfrac{\partial T}{\partial y}\right)=h_x(T_w-T_{f,y})\ (y=0\text{ 时 }T=T_w;y=\delta_t\text{ 时 }T=T_a)\\ T_a=\dfrac{T_{max}+T_{min}}{2}+\dfrac{T_{max}-T_{min}}{2}\times\left\{0.96\sin\left[\dfrac{\pi}{12}(t-9)\right]+0.146\sin\left[\dfrac{\pi}{6}(t-9)\right]\right\}\end{cases}$$

$$T=T_w\left(\frac{\dfrac{T_a}{T_w}-e^{\frac{h}{\lambda}\delta_t}}{1-e^{\frac{h}{\lambda}\delta_t}}+e^{\frac{h}{\lambda}y}\cdot\frac{1-\dfrac{T_a}{T_w}}{1-e^{\frac{h}{\lambda}\delta_t}}\right)$$

判断边界层为层流边界层或是紊流边界层:

①当 $Re_x=\rho vx/\mu\leqslant5\times10^5$,换热边界层内为层流边界层。

$$h_x=0.332\frac{\lambda}{x}\left(\frac{\rho vx}{\mu}\right)^{0.5}Pr^{\frac{1}{3}} \tag{11-11}$$

层流全板平均换热系数为:

$$h=0.664\frac{\lambda}{l}\left(\frac{\rho vl}{\mu}\right)^{0.5}Pr^{\frac{1}{3}}\text{(全板仅层流时)}$$

式中:λ——空气导热系数[W/(m·℃)];

v——空气风速(m/s);

ρ——空气密度(kg/m^3);

μ——空气动力黏度(Pa·s);

Pr——空气普朗特数,$Pr=\mu c_p/\lambda$,为无量纲数。

以上 λ、ρ、μ、Pr 热物性参数按边界层平均温度$(T_f+T_w)/2$查文献确定。

此时,热边界层厚度 $\delta_t=\delta Pr^{-\frac{1}{3}}$,其中 δ 为速度边界层厚度,对于层流边界层,$\delta=4.64xRe_x^{-\frac{1}{2}}$。

②当 $Re_x=\rho vx/\mu>5\times10^5$,换热边界层内为紊流边界层。

$$h_x = 0.0296\frac{\lambda}{x}\left(\frac{\rho vx}{\mu}\right)^{0.8}Pr^{\frac{1}{3}} \quad (11\text{-}12)$$

③对于混合边界层(层流和紊流),外掠平板的平均换热为:

$$Nu = (0.037\mathrm{Re}_l^{0.8} - 870)Pr^{\frac{1}{3}} \quad (11\text{-}13)$$

全板平均换热系数为:

$$h = (0.037Re_l^{0.8} - 870)\frac{\lambda}{l}Pr^{\frac{1}{3}}$$

λ、ρ、μ、Pr 热物性参数按边界层平均温度$(T_f + T_w)/2$查文献确定。

此时,热边界层厚度$\delta_t = \delta Pr^{-\frac{1}{3}}$,其中$\delta$为速度边界层厚度,对于紊流边界层,$\delta = 0.37xRe_x^{-\frac{1}{5}}$。

11.3 路面环境效益分析

11.3.1 不同路面材料污染分析

1)水泥混凝土路面材料污染因子分析

分别对用于路面建设的材料进行采样收集,并用消解法对水泥混凝土路面材料中的各种污染因子进行了测定,测定结果如表 11-5 所示。

水泥混凝土不同组分重金属测定结果　表 11-5

材料组分	测定项目(mg/kg)						
	Pb	Cd	Cr	Ni	Hg	TI	Zn
水泥	260	6	130	100	0.2	4	680
集料沙石	20	1	70	10	0.1	1	50
细磨料	800	4	330	300	7	4	910
混凝土	100	3	100	50	0.2	2	200

从表 11-5 可以看出,在水泥混凝土中锌、铅、镉、铬、铜、镍的含量较高,其中锌的含量高达 200mg/kg,而镉、铬、汞的含量较少,以汞的含量最低达 0.2mg/kg,可见水泥混凝土中不同重金属的含量不同,最大相差约 1000 倍。

2)沥青路面材料污染因子分析

由于沥青中本身不含重金属,但当其作为原料做成沥青路面时由于其他成分的混入,导致沥青路面含有一定量的重金属成分。所以测定分为两个部分,分别为沥青原料的测定和沥青路面的测定,其结果如表 11-6、表 11-7 所示。

沥青原料测定结果　表 11-6

沥 青 成 分	测定结果(%)		
沥青质	32.6	29.9	27.7
饱和分	25.2	30.3	30.6
胶质	26.7	24.6	27.2
芳香分	15.5	15.2	13.5

沥青路面材料测定结果　　表11-7

样　品	测定项目(mg/kg)					
	Al	Fe	Ca	Mg	Na	K
沥青1	0.11	0.07	0.15	4.90	0.02	0.02
沥青2	0.21	0.07	0.16	0.03	0.07	0.04
沥青3	0.05	0.01	0.04	2.25	0.02	0.03
样　品	测定项目(mg/kg)					
	Cd	Cr	Cu	Ni	Pb	Zn
沥青1	0.2	40	11	23	7	48
沥青2	0.1	54	20	20	3	86
沥青3	0.1	32	14	14	5	46

3)水泥混凝土路面材料浸出研究

运用最大浸出性实验方法对水泥混凝土路面材料进行浸出研究,其测定结果见表11-8。

水泥混凝土中金属有效量和标准值　　表11-8

样品编号	粒径(mm)	pH	Cd	Cr	Cu	Ni	Pb	Zn
			mg/kg					
1	0.75	6.8	<0.005	0.04	0.01	0.004	0.009	0.009
2	1	6.6	<0.005	0.06	0.004	0.002	0.01	0.03
3	1	6.5	<0.005	0.06	0.007	0.002	0.01	0.03
固体废物排放标准限值			10	0.3	50	—	3	50
国家废水排放标准限值			1.5	0.1	2	1	1	5
危险废物填埋标准限值			0.5	12	75	15	5	75
生活饮用水标准限值			0.005	0.05	1	0.02	0.1	1

从表11-8可知,混凝土中六种重金属离子有效浸出量都低于6%,其中Cd还未检测到有效浸出量(浸出量小于0.005mg/kg)(以试验测定的混凝土单位质量中重金属总含量做基础,不考虑所用混凝土中重金属含量的离散性),且均小于国家相应标准限值。大体上,在混凝土中随着重金属总含量的增加,各离子的有效量也略有增加,但是部分金属的有效量相差不大,说明水泥混凝土中重金属元素有效量与重金属总含量无必然联系。此外,各金属离子有效浸出量与粒径并不呈现明显线性关系。

综合上述规律,水泥混凝土路面在正常条件下,重金属离子的有效浸出量较小,对周边环境造成的影响有限,不会破坏周边植被的正常生长条件,但是值得注意的是,在混凝土路面初步设计时，应充分考虑混凝土粒径对重金属浸出量的影响，据有关研究资料，在粒径大于1mm时，随着混凝土粒径的增加，其重金属离子的浸出量不断减少，到粒径大于10mm时，重金属浸出量很低，基本接近检测下限，粒径在小于0.15mm时，多数元素均可检测到，而且重金属的浸出量并没有随着粒径的降低而出现明显增大，可见当粒径小到一定程度时粒径对重金属浸出量的影响较小。另外，若单独考虑各个重金属离子，由于Cr、Ni和Cd的释放主要靠扩散控制，As在释放前期有延滞现象，但中后期也有扩散控制，Pb的释放则有溶解度控制，因此，在设计混凝土路面时需在把握重金属浸出总量的前提下，综合考虑各个离子对周边环境的影响，尽量避免对环境造成负效应。

另外，由于重金属浸出量与pH有着一定的联系，因此，在混凝土路面设计时以及在后期的养护过程中，不要用酸性水体进行浇筑，尽可能地用中性水进行养护处理，最大程度减少重金属离子的浸出量，保护好周边环境质量。

总之，混凝土路面自身污染物含量很小，均不超过国家各类标准限值，但为达到环境的最大正效应，需准确选好水泥混凝土粒径以及水的pH值，尽量降低混凝土的重金属元素浸出。

4）沥青路面材料浸出研究

运用萃取试验方法对沥青路面材料进行浸出研究，其测定结果如表11-9所示。

沥青路面浸出测定结果 表11-9

流速(1/s)	测定项目(mg/L)												
	pH	Cl	SO_4	TOC	Cu	Zn	Pb	Hg	Mo	蒽	苯并蒽	苯并芘	苯并荧蒽
10	7.1	—	—	1	—	—	—	—	—	—	—	—	—
20	7.4	—	—	0.6	—	—	—	0.2	—	—	—	—	—
30	7.7	—	—	0.8	—	—	—	0.3	—	—	—	—	—

流速(1/s)	测定项目(mg/L)											
	pH	苯并二萘	二苯并蒽	荧蒽	茚并芘	萘	菲	芘	苣	苊烯	苊	芴
10	7.1	—	—	—	—	—	—	—	—	—	—	—
20	7.4	—	—	—	—	—	—	—	—	—	—	—
30	7.7	—	—	—	—	—	—	—	—	—	—	—

注："—"表示未检出。

由表11-9所知，沥青路面金属含量未检测出来，主要是氯化物、硫化物及烃类，沥青结构以沥青质为核心，吸附部分树脂和油分构成胶团。本身理化性质在正常条件下对周边环境造成的影响较小。

5）不同材料路面径流对水环境影响的研究

为了研究水泥混凝土路面和沥青路面的路面径流对水环境的影响，试验人员在长安大学渭水校区试验场进行了样品的采集。由于时间紧迫，在短时间内没有降雨，于是采用人工喷洒的方式来收集样品，具体做法如下：分别在选好的水泥混凝土路面和沥青路面喷洒蒸馏水，等形成路面径流以后用事先准备好的塑料瓶进行收集，并分别做好标记，在同等条件下，采用同样的方法收集自来水样品。然后在实验室采用实验方法对样品进行测试，测试结果见表11-10。

样品测试结果 表11-10

检测项目		pH	电导率(us/cm)	COD(mg/L)
蒸馏水		4.2	21.7	0
自来水		6.09	552	2.072
蒸馏水	沥青路面	6.23	167	67.83
	混凝土路面	5.99	147.6	66.49
自来水	沥青路面	6.03	661	150.4
	混凝土路面	5.78	609	127.31

从表11-10可以看出，当采用蒸馏水进行喷洒时，在沥青路面上和水泥混凝土路面上收集的样品的pH值都要高于原蒸馏水的pH值，而当采用自来水时，样品的pH值都要低于原自来水的pH值。在同等条件下水泥混凝土路面上收集的样品pH值要低于沥青路面上收集的样品pH值。对于电导率和COD，蒸馏水和自来水的样品值均高于本底值，同等条件下，水泥混凝土路面的样品值均低于沥青路面的样品值。

6)路面材料环境效应测试结果

通过对水泥混凝土路面、沥青路面各自原材料、溶出物、路面径流污染物等方面进行环境影响评价，结果表明：

(1)在原材料上，水泥混凝土材料所包含的重金属元素多于沥青材料，沥青则富含更多的有机物，在天然条件下，两者产生的重金属污染、有机污染很微弱，不会造成环境负效应。

(2)从溶出物分析，混凝土路面溶出的重金属元素多于沥青路面，但各元素的溶出量都很小，均在国家各类标准的限制以下，不会对环境造成影响。

(3)在路面径流模拟实验中，水泥混凝土路面的径流样品其电导率、COD值均低于沥青路面，水泥混凝土路面径流对周边环境造成的影响相对沥青路面而言要小。

在正常条件下水泥混凝土路面、沥青路面各自的路面材料均不会对环境造成影响，但相对而言，水泥混凝土路面在自身材料上要略优于沥青路面。

11.3.2 斜向预应力混凝土路面车辆行驶噪声影响测试

1)斜向预应力混凝土路面不同车型行驶噪声

图11-5为斜向预应力混凝土路面单车噪声测试结果。由图可见，单车辐射噪声随行驶速度增大呈显著增大趋势，且在相同车速下，大型车单车行驶噪声 > 中型车行驶噪声 > 小型车行驶噪声。

2)斜向预应力混凝土路面降噪性能

图11-6~图11-8分别为小型车、中型车、大型车在沥青混凝土路面、水泥混凝土路面、斜

向预应力混凝土路面三种路面类型以固定速度行驶时单车行驶噪声测试结果。

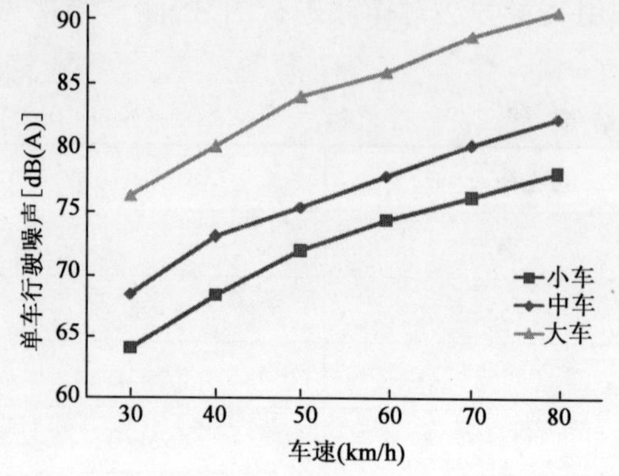

图 11-5 斜向预应力混凝土路面单车行驶噪声测试结果

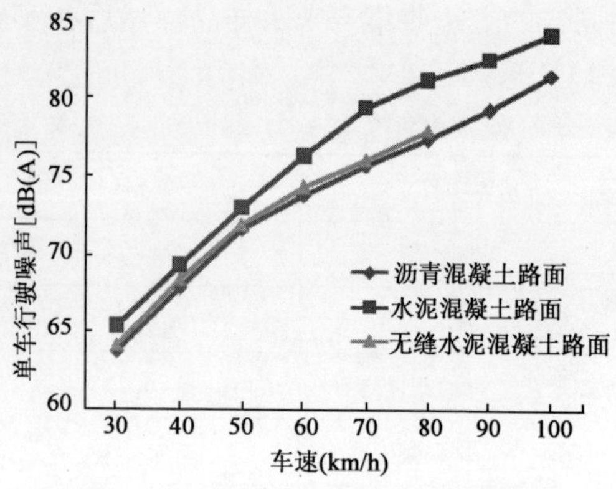

图 11-6 不同路面类型小型车单车行驶噪声

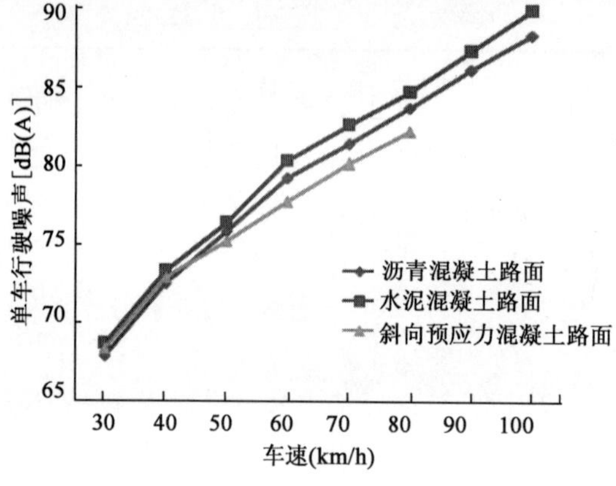

图 11-7 不同路面类型中型车单车行驶噪声

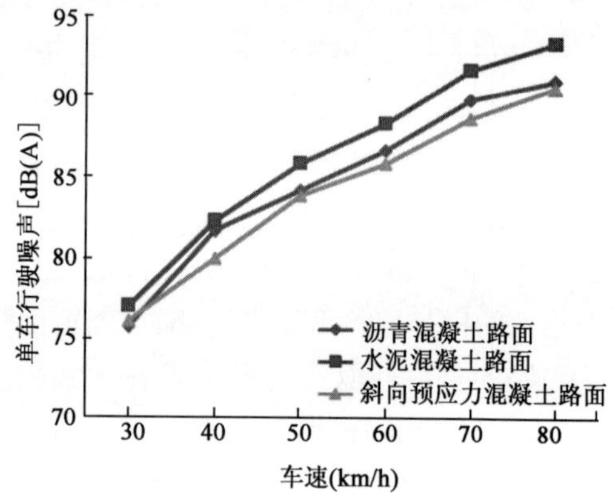

图 11-8 不同路面类型大型车单车行驶噪声

由图 11-6 可见，在相同车速下，小车在水泥混凝土路面单车行驶噪声 > 斜向预应力混凝土路面 > 沥青路面，小车在水泥混凝土路面单车行驶噪声明显高于其他两种路面类型，小车在水泥混凝土路面单车行驶噪声较沥青路面高 1.4 ~ 3.8dB(A)，较斜向预应力混凝土路面高0.9 ~ 3.3dB(A)，斜向预应力混凝土路面的单车行驶噪声略高于沥青混凝土路面 0.3 ~ 0.6dB(A)。可见，斜向预应力混凝土路面由于不设置伸缩缝，减少了轮胎冲击噪声和整车振动噪声，可显著降低小车的单车行驶噪声，其噪声值与柔性路面接近。

由图 11-7 可见，中车在水泥混凝土路面单车行驶噪声明显高于其他两种路面类型。当车速小于 40km/h 时，中车在水泥混凝土路面单车行驶噪声 > 斜向预应力混凝土路面 > 沥青路面，水泥混凝土路面单车行驶噪声比沥青路面大约高 0.8dB(A)，比斜向预应力混凝土路面高 0.3 ~ 0.4dB(A)；但当车速大于 40km/h 时，中车在水泥混凝土路面单车行驶噪声 > 沥青路面 > 斜向预应力混凝土路面，斜向预应力混凝土路面表现出良好的降噪性能，中车在斜向预应力混凝土路面单车行驶噪声较沥青路面低 0.6 ~ 1.5 dB(A)，较水泥混凝土路面低 1.2 ~ 2.6 dB(A)。可见，因大中型车辆自重重且载重量大，普通水泥混凝土路面伸缩缝处噪声影响较大，斜向预应力混凝土路面不设置胀缩缝，降低了车辆通过胀缩缝对路面的冲击，减少了整车振动噪声，可显著降低中车的单车行驶噪声，在高速行驶条件下，其噪声值比柔性路面更低。

由图11-8可见，大车在水泥混凝土路面单车行驶噪声与中车呈现相同的趋势。当车速小于40km/h时，大车在水泥混凝土路面单车行驶噪声 > 斜向预应力混凝土路面 > 沥青路面，水泥混凝土路面单车行驶噪声比沥青路面大约高1.3dB(A)，比斜向预应力混凝土路面大约高0.9dB(A)；当车速大于40km/h时，大车在水泥混凝土路面单车行驶噪声 > 沥青路面 > 斜向预应力混凝土路面，斜向预应力路面表现出良好的降噪性能，大车在斜向预应力混凝土路面单车行驶噪声较沥青路面低0.3~1.7dB(A)，较水泥混凝土路面低2~3dB(A)。可见，因大中型车辆自重重且载重量大，普通水泥混凝土路面胀缩缝处噪声影响较大，斜向预应力混凝土路面由于不设置胀缩缝，减少了整车振动噪声，可显著降低大车的单车行驶噪声，在高速行驶条件下，其噪声值比柔性路面更低。

3)测试结果分析

测试选择斜向预应力混凝土路面、普通水泥混凝土路面和沥青混凝土路面三种路面类型进行不同车辆类型(大、中、小车)、不同车速下单车行驶噪声的监测，对比斜向预应力混凝土路面的降噪性能。由监测结果可知，斜向预应力混凝土路面减少了车辆通过胀缩缝时对轮胎的冲击和整车振动，可有效降低单车行驶噪声，具有良好的降噪效果。小车通过斜向预应力混凝土路面单车行驶噪声较普通水泥混凝土路面低0.9~3.3dB(A)，略高于沥青混凝土路面0.3~0.6dB(A)；中车当车速小于40km/h时，在斜向预应力混凝土路面单车行驶噪声较普通水泥混凝土路面低0.3~0.4dB(A)，比沥青路面高0.4~0.5dB(A)，当车速大于40km/h时，斜向预应力混凝土路面表现出良好的降噪性能，其单车行驶噪声较沥青路面低0.6~1.5dB(A)，较水泥混凝土路面低1.2~2.6dB(A)；大车当车速小于40km/h时，在斜向预应力混凝土路面单车行驶噪声较普通水泥混凝土路面低1.3dB(A)，比沥青路面高约0.4dB(A)，当车速大于40km/h时，斜向预应力混凝土路面表现出良好的降噪性能，其单车行驶噪声较沥青路面低0.3~1.7dB(A)，较水泥混凝土路面低2~3dB(A)。

综上，在有大中车辆行驶的情况下，斜向预应力混凝土路面引起的噪声污染要低于普通水泥混凝土路面和沥青路面，能有效降低行驶噪声对公路周围居住环境的影响。

11.3.3　路面热岛效应测试

1)试验测试结果分析

(1)路面温度随时间变化结果

根据渭水试验场24h温度观测结果，土壤、水泥混凝土路面、沥青路面温度24h逐时变化曲线如图11-9所示。

由图11-10可知，土壤、水泥混凝土路面、沥青路面的地表温度均在午后13:30达到最大，凌晨4:30达到最小，水泥混凝土路面、沥青路面的地表温度均大于土壤地表温度，在白天太阳辐射下，水泥混凝土路面、沥青路面与土壤的地表温差约10℃左右，其中，沥青路面与土壤的地表温差大于水泥混凝土路面与土壤之间的温差。另外，沥青路面24h逐时地表温度比混凝土路面高，接受相同辐射量时，沥青路面升高的温度高于水泥混凝土路面。

沥青路面和水泥混凝土路面都会产生热岛效应，但沥青路面引起的热岛效应要大于水泥混凝土路面，对周边环境造成的影响也相应较大，采用水泥混凝土修筑路面有利于减小环境温度效应。

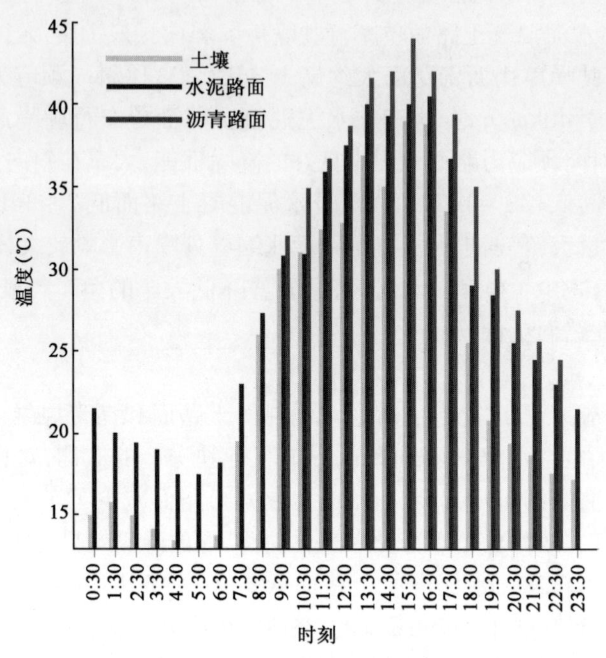

图 11-9　不同路面类型地表温度 24h 逐时变化曲线

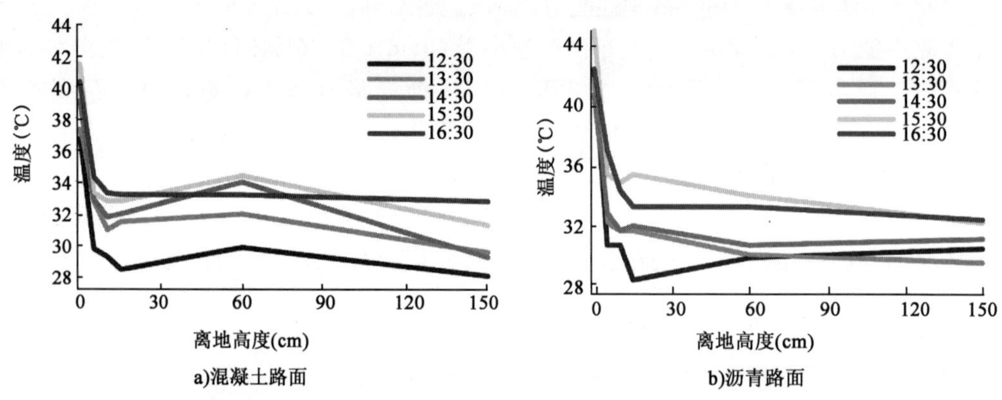

图 11-10　路面温度梯度观测结果

(2)路面垂向温度梯度分析

选取水泥混凝土路面、沥青路面和土壤三个观测点,从地面向上,依次为 0cm、5cm、10cm、15cm、60cm、150cm 的高度点分别设温度探头,进行温度监测。根据室外温度观测数据,进行结果分析,并考虑到太阳辐射对地面的影响,选取 12:30、13:30、14:30、15:30、16:30 共 5 个时段,土壤、水泥混凝土路面、沥青路面三种介质的温度梯度变化曲线如图 11-10、图 11-11 所示。

由图 11-10、图 11-11 可知,水泥混凝土路面、沥青路面均会产生热岛效应,且在同等太阳辐射下,沥青路面温度影响高度大于水泥混凝土路面,即沥青路面地表温度需要长的距离递减到气温。另外,整体上沥青路面的温度降幅要大于水泥混凝土路面,相应的降低速率也高。

沥青路面的温度影响高度大于水泥混凝土路面,对环境造成的热污染也相对较强,从而对周边环境的影响也大于水泥混凝土路面。

2)模拟计算结果分析

(1)路面总热流密度分析

由于水泥混凝土路面材料的导热系数较沥青路面材料大,太阳辐射吸收率比沥青路面小,因此将导致白天水泥混凝土路面温度较低,并随着太阳辐射吸收率的降低,路面温度也随之降低。在夜间没有太阳辐射时,两种路面温度变化并不大,说明太阳辐射对路面温度的影响占主导地位。在夜间,由于沥青混合物的热容较大,水泥混凝土路面较沥青路面温度略高。

经过计算,在风速为3m/s时,进入路面的逐时热流密度如图11-12所示。

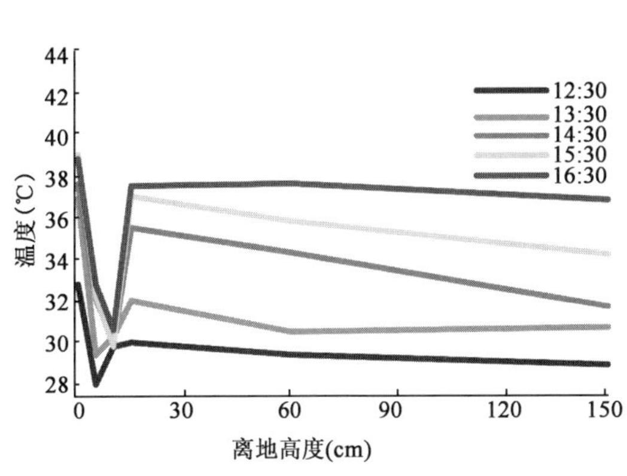

图11-11　土壤温度梯度观测结果

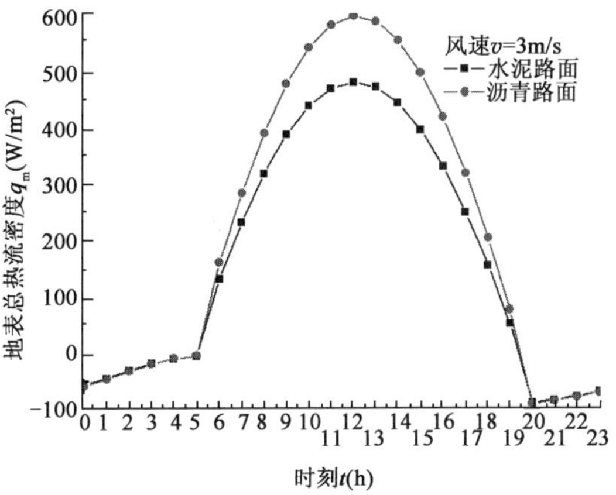

图11-12　两种路面总热流密度24h逐时变化曲线

从图11-12可以看出,两种路面逐时热流密度的最大值均出现在正午12时,说明太阳辐射对路面热流密度的影响占主导地位。同时,由于沥青混凝土路面的太阳辐射吸收率较大,导致白天路面热流密度较高。随着太阳辐射吸收率的降低,路面热流密度也会随之降低。在夜间没有太阳辐射时,两种路面热流密度变化并不大,几乎相同。

(2)路面边界层温度分析

以路面双向两车道,单幅3.75m、双向7.5m为例,对路面边界层内温度分布进行分析,即进行空气气流外掠路宽为7.5m的平板数值计算。由于在不同的风速下,层流边界层向紊流边界层转变的临界距离不同,分析时分别选取风速为2m/s、3m/s和4m/s进行计算,外掠平板临界雷诺数选为5×10^5。结果见图11-13。

如图11-13所示,两种路面均是在午后13时,临界距离最大,并在相同风速下,两种路面外掠绕流时边界层临界距离几乎相等,沥青路面略大。另外,风速越低临界距离则越大。在风速为2m/s时,临界距离随时刻的变化在4~4.7m;在风速为3m/s时,临界距离随时刻的变化在2.7~3.12m;在风速为4m/s时,临界距离随时刻的变化在2~2.33m。

通过边界层临界距离的计算,可判断在路面车道以外某一距离处于层流或是紊流,从而进行边界层的数值计算。以双向两车道(单幅3.75m,双向共7.5m宽)的路面为例,在单幅车道的中心线(1.875m)处,在风速为2m/s、3m/s和4m/s时均为层流边界层;在路面的中心线(3.75m)处,在风速为2m/s时为层流边界层,风速为3m/s和4m/s时为紊流边界层;在单幅对向车道的中心线(5.625m)处,在风速为2m/s、3m/s和4m/s时均为紊流边界层。

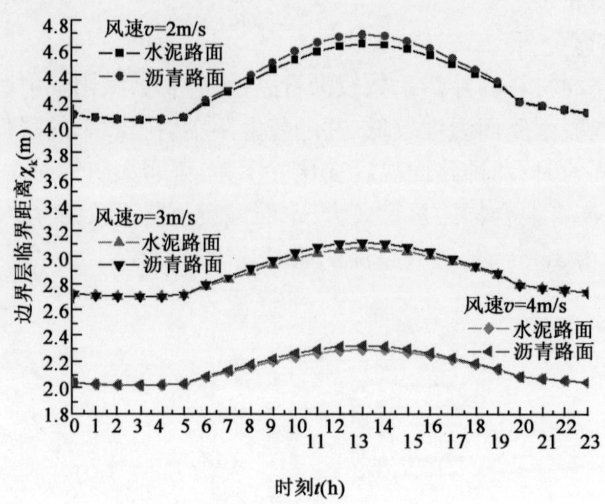

图 11-13　不同风速下两种路面外掠绕流时边界层临界距离的比较

以双向两车道(单幅 3.75m,双向共 7.5m 宽)的路面为例,计算热边界层厚度,结果如图 11-14所示。

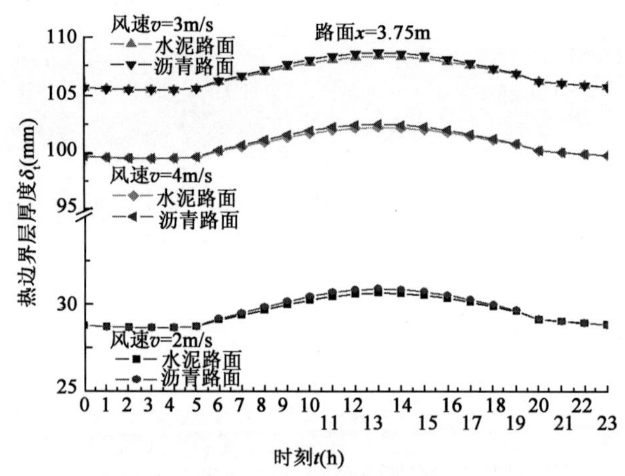

图 11-14　不同风速下路面热边界层厚度逐时分布图

由图 11-14 所示,在白天有太阳辐射情况下热边界层较夜间厚,且两种路面均在午后 13 时达到最大值。在相同状态下,两种路面的热边界层厚度几乎相等,沥青路面比水泥混凝土路面略厚 1 ~2mm,由于热边界层越厚,表明垂直于地面上方的空气温度达到稳定气温的垂直距离越大,因此,沥青路面的热岛效应影响范围比水泥混凝土路面大,对周边环境的影响也相对强些。

(3)热岛效应分析结论

通过野外试验观测和数值模拟计算,沥青路面吸收太阳辐射的能量多,温度相对混凝土路面要高,热边界层厚度也相应高于水泥混凝土路面,即沥青路面热岛效应的影响范围大于水泥混凝土路面,对环境造成的影响也相对强些,但这种影响比较微弱,不会打乱周围植物的正常生长规律。但在人口居住稠密的城市,沥青路面的热岛效应会对人的生活环境产生较大的影响。

综上分析,为尽量降低路面对环境造成的负效应,选择水泥混凝土路面要略优于沥青路面。在保证环境安全的前提下,从尽可能降低环境负效应的角度出发,斜向预应力混凝土路面要优于普通水泥混凝土路面和沥青路面,其对环境造成的负效应最低,因此,斜向预应力混凝土路面的推广应用有益于环境保护,有益于克服其他公路路面的诸多弊端。斜向预应力混凝土路面发展的"星星之火",终将"燎原"于公路所及的四面八方。

参考文献

[1] 黄晓明.水泥路面设计[M].北京:人民交通出版社,2003.

[2] 黄卫,钱振东.高等水泥混凝土路面设计理论与方法[M].北京:科学出版社,2000.

[3] 范跃武译,预应力混凝土路面设计指南/(美)ACI Committee 325[M].上海:同济大学出版社,2000.

[4] FIP-PLARC. Proceedingd Symposium on Prestresssed Concrete Roads and Airfield Runways [M]. Napples:1962.

[5] Friberyy B F. Investigations of Prestressed Concrete for pavements[R]. Bulletin No. 332 Highway Research Board, 1962.

[6] Alberto M D. Behavior of Long Prestressed Pavement Slabs and Design Methodology[D]. The University of Texas at Austin, 1986.

[7] Sargious, M. and Wang, S. K. Economical Design of Pre – stressed Concrete Pavements[J]. Journal of The Prestressed Concrete Institute, 1971,16.

[8] 雷拓, 钱江, 刘成清.混凝土损伤塑性模型应用研究[J].结构工程师, 2008, 24(2).

[9] 周仲荣.摩擦学发展前沿[M].北京:科学出版社,2006.

[10] 温诗铸,黄平.摩擦学原理[M].北京:清华大学出版社,2008.

[11] 周仲荣.摩擦学发展前沿[M].北京:科学出版社,2006.

[12] 葛世荣,朱华.摩擦学的分形[M].北京:机械工业出版社,2004.

[13] 尹飞龙,欧阳东.海砂与河砂、尾砂作为建筑用砂的比较研究[J].混凝土,2011(12).

[14] 刘万学,尹帅.机制砂与天然砂对沥青混合料性能的影响[J].建筑工程,2009(10).

[15] 左惠.水泥技术性质对道路混凝土路用性能的影响研究[D].西安:长安大学,2008.

[16] 张哲.道路水泥混凝土早期收缩及开裂性能研究[D].西安:长安大学,2008.

[17] 刘太军.粗集料对道路水泥混凝土路用性能的影响研究[J].道路水泥混凝土组成设计研究,2008.

[18] 中华人民共和国行业标准.JGJ 63—2006 混凝土用水标准[S].北京:中国建筑工业出版社,2006.

[19] 杨占启.掺加高效减水剂的高强混凝土配制与质量控制[J].路基工程,2004(6).

[20] 中华人民共和国国家标准.GB/T 8077—2012 混凝土外加剂匀质性试验方法[S].北京:中国标准出版社,2012.

[21] 陈伟.粉煤灰在建筑中的应用研究[J].山西建筑,2007(12).

[22] 杨磊,马良,赵云鹏.废旧沥青混合料性能研究[J].北方交通,2008(11).

[23] 吴晓春.掺废旧沥青混合料的水泥稳定基层路用性能研究[D].西安:长安大学,2009.

[24] 徐银鸣.道路水泥混凝土集料级配研究[D].西安:长安大学,2006.

[25] 张东省,王海朋.掺废旧沥青混合料细颗粒的水泥稳定碎石抗裂性能研究[J].中外公

路,2011(5).

[26] 中华人民共和国行业标准. CCES 01—2004 混凝土结构耐久性设计与施工指南[S]. 北京:中国建筑工业出版社,2004.

[27] 赵庆新,孙伟,郑克仁. 水泥、磨细矿渣、粉煤灰颗粒弹性模量的比较[J]. 硅酸盐学报,2005,33 (7).

[28] 赵晓妍,王文杰. 粉煤灰对混凝土耐磨性能的影响[J]. 粉煤灰,2010(5).

[29] 中华人民共和国国家标准. GB 50010—2010 混凝土结构设计规范[S]. 北京:中国建筑工业出版社,2010.

[30] ACI Committee 325, Recommendations for Designing Prestressed Concrete Pavement[J]. ACI Structural Journal,1988,85(4):451-471.

[31] ACI Committee 325. 预应力混凝土路面设计指南[M]. 范跃武,译. 上海:同济大学出版社,2000.

[32] Mendoza-Diaz, Alberto, B. Frank McCullough, et al. Design of the Texas Prestressed Concrete Pavement Overlays in Cooke and McLennan Counties and Construction of the McLennan County Project[R]. Research Report 555/556 – 1. Center for Transportation Research. The University of Texas at Austin, February 1986.

[33] 冯建农. 路面建设的经济分析[J]. 科技情报开发与经济,2004(9).

[34] 日比宗平. 寿命周期费用评价方法——方法与实例[M]. 高克勤,李敏,译. 北京:机械工业出版社,1981.

[35] 马庆雷. 基于刚性基层的耐久性沥青路面结构研究[D]. 西安:长安大学, 2006.

[36] 周伟,王选仓. 道路经济与管理[M] . 北京: 人民交通出版社, 1997.

[37] 中华人民共和国行业标准. JTG/T B06-02—2007 公路工程预算定额(上、下册)[S]. 北京:人民交通出版社,2008.

[38] 中华人民共和国行业标准. JTG/T B06-03—2007 公路工程机械台班费用定额[S]. 北京:人民交通出版社,2008.

[39] 中华人民共和国行业标准. JTG B06—2007 公路工程基本建设项目概算预算办法[S]. 北京:人民交通出版社,2008.

[40] 朱伟雄. 路面预防性养护及寿命周期成本分析方法[J]. 公路交通技术,2007(8).

[41] 刘浅居. 寿命周期成本分析法在道路设计方案比选中的应用[J]. 科学技术与工程,2009(20).

[42] 赵湘连, 李世聪. 价值工程在寿命周期成本控制中的应用[J]. 财务月刊, 2002(3) .